경제
학사

# 경제학사

최상훈 지음

한국문화사

## 경제학사

최 상 훈 지음

2007년 2월 21일 초판 1쇄 인쇄
2007년 2월 28일 초판 1쇄 발행

펴낸이 ■ 김 진 수
편집이 ■ 진 정 미
펴낸곳 ■ 한국문화사
133-823 서울시 성동구 성수1가 2동 656-1683 두앤캔하우스 502호
전화 ■ 02)464-7708(대표) 3409-4488(편집부) 468-4592~4(영업부)
팩스 ■ 02)499-0846
등록번호 ■ 제2-1276호(1991.11.9 등록)
e-mail ■ hkm77@korea.com
homepage ■ www.hankookmunhwasa.co.kr

가  격 16,000원

ISBN 978-89-5726-417-1  93320

잘못 만들어진 책은 교환해 드립니다.

이 도서의 국립중앙도서관 출판시도서목록(CIP)은 e-CIP 홈페이지
(http://www.nl.go.kr/cip.php)에서 이용하실 수 있습니다.
(CIP제어번호: CIP2006002317)

## 서문

　오늘날의 지역적, 국가적 및 나아가 글로벌화의 경제적 문제들을 극복하기 위하여 현실적인 정책들이나 그러나 또한 역시 경제학적 분야들에서의 상이한 해결제안들이 나온다는 사실의 관점에서 보면, 서로 다른 경제학적 위치들에 대한 지향이 도움이 될 뿐만이 아니라 또한 바로 역시 피할 수 없는 것으로 보인다. 경제학의 인습적 교재로부터는 이러한 지향이 기대될 수 없다. 왜냐하면 저자들이 일상적으로 그들의 각자의 사고유형을 따르기 때문이다. 과거와 현재에 있어서의 경제적 사고들의 유형에 대한 그리고 또한 경제적 학파들 및 이론들에 대한 조망을 이룩한다는 것에 대하여 역시 그렇게 경제적 이론사의 천재적인 과제가 있다.

　경제적 사고들의 역사에 종사하는 것은 경제이론에 대한 확대의 길을 열어주는 것이고, 경제적 상관관계들에 대한 관심과 흥미를 일깨워 주는 것이며, 스스로 투쟁하는 견해들 및 경제적인 위치들의 혼돈에서 투명성을 창조하고, 또한 역시 나아가 지향을 보장하는 것이다.

　위치에 있어서의 힘들을 능동적으로 만들어주는 것은 일반적으로 어제와 오늘, 낡은 것과 새로운 것, 전통과 진보에 대한 긴장이다. 진보는 우리들의 학과에 있어서 드물지 않게 우회로 이루어지기도 하며, 이는 논리의 계명에 따라 형성되는 것이 아니라, 오히려 새로운 생각들, 관찰들 및 욕구들의 질풍 하에서 혹은 새로운 개성/개인들의 정신적인 관심들이나 열정들의 독재 하에서 이룩된다. 사실 논란의 여지가 없는 것이 여기서 또한 사회적인 시기상황 뿐만이 아니라 또한 역시 경제학자들에 대한 생활상황이 나아가 이론형성에 영향을 미친다는 것이다. 이로서 전기적인 요소들을 저자, 저서 및 이론이라는 확대되는 태두리 내에서 이해하는 데에 도움이 되기 위하여 그에 수수료를 지불하는 자리에 할당한다는 것은 또한 어쨌든 교수법적 이유들로서 도움이 된다는 입장이다.

경제학은 그의 역사의 자아의식이 언제 결여되는지를 이해하지 못한다. 사실에 있어서는 유래의식/출처의식을 소유한다는 것은 또한 역시 삶을 안정화하는 요소들이다. 과거는 현재를 동시에 결정하는 것이다. 경제학의 오늘을 이해하려고 하는 사람은 또한 역시 나아가 어제를 등한시 하지 말아야 한다.

경제학적 이론사가 직접적인 이용사고 마찬가지로 응용사고에는 낯설다는 것을 인정한다. 연구결과들은 우선 형성하는 그리고 지향하는 성격을 가진다. 경제학적 이론사에 있어서의 인식은 오히려 상대화에 대한 또한 의심에 대한 능력을 생산한다.

여기 나타나는 이 작은 책자는 여러 대학들의 호의에서 비롯되는 경제학사/경제학설사에 대한 다년간의 강의의 경험에서 출생한다. 책의 출생 이전에 마지막인 2005학년도 2학기 가톨릭대학교에서의 경제학사 강의에서 원고를 끝낼 수 있었다.

끝으로 언제나 한결같은 사랑으로 한데 어울릴 수 있었던 한국과 독일의 학문적인 친구들과 삶의 친구들에게 고마움을 표한다. 이들로부터 받은 사랑을 다시 다른 사람들에게 전해줄 것을 노력할 것이다. 인명을 포함한 주요 개념들에 있어서는 정신적인 재산의 온전하고 직접적인 전달을 위하여 영어를 중심으로 라틴어와 프랑스어 및 독일어를 그대로 옮겨놓았다. 이러한 난삽한 원고를 작업하신 한국문화사의 여러분들께 고마워한다. 상업성이 없는 이 작은 책자의 출판을 가능하게 하여주신 김진수 사장님께 고마워한다. 언제나 묵묵히 삶을 해쳐가며 옆에서 지켜봐 주고 사랑으로 감싸 주는 아내 이군순에게 그리고 어느 사이에 훌쩍 커버린 치운, 치영에게 고마워한다.

2006년 10월 과천에서
최상훈

## PART 1 그의 진보의 역사로서의 경제학의 역사    1

1. 경제학의 진보    2
2. 축적적, 대체적, 순환적 진보    2
3. 지식진보의 형태들과 학문역사    5
4. 경험들: 축적적 진보    6
5. 방법들: 대체적 진보    7
6. 가치평가들: 순환적 진보    9

## PART 2 경제학의 선행자들    11

1. 고대에 있어서의 경제학의 실마리들    12
   - 1.1. 그리스의 시인들 및 철학자들에 있어서의 흔적추적    13
   - 1.2. 로마의 저술가들 및 법률가들에 있어서의 경제적 사상의 바탕    20
   - 1.3. 초기 기독교적 사고에서의 경제적 양상    22
2. 중세에 있어서의 경제적 사고    23
   - 2.1. 공정한 가격에 대한 이론    24
   - 2.2. 이자금지의 문제    26
   - 2.3. 화폐이론    27
3. 교회의 성직자들    30
4. 스콜라 철학    33
   - 4.1. Albertus Magnus    34
   - 4.2. Thomas Aquino    37
   - 4.3. Jean Buridan    39
   - 4.4. Antonin Firenze    40

|  |  |
|---|---|
| 5. Salamanca학파 | 42 |
| 6. 종교 개혁자들 | 45 |
|   6.1. Martin Luther | 45 |
|   6.2. Johannes Calvin | 47 |

## PART 3  중상주의  49

| | |
|---|---|
| 1. 문제제기와 구분 | 50 |
| 2. 중상주의적 이론들 | 52 |
|   2.1. 화폐와 고용 | 52 |
|   2.2. 능동적 국제수지정리 | 55 |
|   2.3. 임금-/인구정책 | 57 |
|   2.4. 조세정책 및 국가지출 | 59 |
| 3. 장소적 및 시간적으로 상이한 중상주의들 | 61 |
|   3.1. 영국과 네델란드에서의 상업주의 | 62 |
|   3.2. 프랑스의 꼴베르주의 | 64 |
|   3.3. 독일의 관방주의 | 67 |
|   3.4. 과도기의 저술들 | 70 |

## PART 4  중농주의  75

| | |
|---|---|
| 1. 철학적 배경: 자연법과 자연적 질서 | 76 |
| 2. 중농주의적 학파 | 79 |
| 3. 이론적 공헌들 | 82 |
|   3.1. 계급도해의 기반 | 82 |
|   3.2. 경제순환에 관한 이론: "경제표" | 84 |
|   3.3. 조세론과 재정정책적 및 경제정책적 귀결 | 89 |
|   3.4. 중상주의, 관방주의 및 중농주의의 영향 | 92 |

## PART 5  고전적 자유주의    95

1. 영국에서의 고전학파    98
   1.1. 낙관주의: 아담 스미스의 세계    98
      1.1.1. 아담 스미스    99
      1.1.2. "국부론"    101
   1.2. 비관주의: 말사스와 리카도에 의한 어두운 견해들    110
   1.3. 회의주의: 의문표를 가진 자유주의. 존 스튜어트 밀의 사고들    123
2. 프랑스에서의 고전학파적 이론    126
3. 독일에서의 고전학파의 특이한 행로    130
4. 고전적 정치경제학과 신고전학파    134
5. 아담 스미스의 경이의 세계    136
6. 임금, 가격 및 이윤    139
   6.1. 자연적 가격과 시장가격    139
   6.2. 임금과 이윤    143
   6.3. 노동가치들    145
7. 고전적 영국의 정치경제학의 전개    146
8. 규범적 고전적 모형    160
9. 고전학파의 해체    162

## PART 6  사회주의    165

1. 마르크스 이전의 사회주의    166
   1.1. Babeuf    169
   1.2. Saint-Simon    173
   1.3. Fourier    178
   1.4. Owen    182
   1.5. 여타의 마르크스주의 이전의 사회주의자들    186
2. 마르크스 이전의 사회주의의 마르크스주의와
   마르크스 이후의 사회주의에의 영향    187

| | |
|---|---|
| 3. 산업 경제적 발전의 초기에서의 비판 | 190 |
| 4. 연합적 조직형태들에 대한 희망: 협동조합 사회주의 | 193 |
| 5. 마르크스주의 | 198 |
|   5.1. 칼 마르크스와 그의 시대 | 200 |
|   5.2. 역사적 물질주의 | 205 |
|   5.3. 자본주의 비판 | 209 |
|     5.3.1. 방법론적 실마리 | 209 |
|     5.3.2. 부가가치의 생산 | 210 |
|     5.3.3. 부가가치의 실현 | 212 |
|     5.3.4. 부가가치의 분배 | 213 |
|     5.3.5. 위기와 붕괴 | 215 |
|   5.4. 마르크스의 정치경제학 | 219 |
|     5.4.1. 노동가치- 및 부가가치이론 | 219 |
|     5.4.2. 순환이론 | 224 |
|     5.4.3. 운동의 법칙 | 227 |
|   5.5. 사회주의 분석 | 229 |
|     5.5.1. 사회주의적-공산주의적 이전의 특징들 | 229 |
|     5.5.2. 계획사회주의 | 231 |
|     5.5.3. 시장사회주의 | 234 |
|   5.6. 비판적인 평가 | 235 |

## 역사주의    239

**PART 7**

| | |
|---|---|
| 1. 낭만파의 국가이론과 경제이론 | 241 |
| 2. 역사주의 | 242 |
| 3. 선행자들 | 243 |
| 4. 초기역사주의 | 244 |
| 5. 후기역사주의 | 244 |

## PART 8 — 현대적 가격- 및 비용이론의 길잡이들    245

1. 들어가면서    246
2. 객관적 및 주관적 가치- 및 가격이론들    246
   2.1. 선행자들    246
   2.2. 객관적 가치- 및 가격이론    247
      2.2.1. 고전학파의 가격이론    247
      2.2.2. 마르크스주의적 가치- 및 가격이론    250
   2.3. 주관적 가치- 및 가격이론    253
   2.4. 객관적 및 주관적 이론들의 화해에 대한 마샬의 시도    258
3. 시장형태 종속적 가격이론들의 형성    260
   3.1. 완전한 경쟁에서의 가격형성    260
   3.2. 독점에서의 가격형성    263
   3.3. 독점적 경쟁에서의 가격형성    263
   3.4. 과점에서의 가격형성    265
   3.5. 시장형태들에 대한 시간적 순번    266
   3.6. "공격할 수 있는 시장들"에 있어서의 시장형태들에 대한 시시함    268
4. 요소가격이론들에 대한 발전    269
5. 최근의 가격- 및 비용 이론적 발전들    273
   5.1. 일반적 경제적 균형의 이론들에 있어서의 수량들과 가격들에 대한 이원성    273
   5.2. 가격- 및 비용이론의 최근의 실마리들에 있어서의 불완전한 정보와 거래비용    274

## PART 9 — 한계효용이론    279

1. 빈 학파    282
   1.1. 가치이론    282
   1.2. 가격이론    285
   1.3. 분배이론    286

2. 로잔너 학파 287
3. 한계효용이론의 캠브리지적 방향 290

## 신고전학파 291

**PART 10**

1. 신고전학파적 경제이론과 복지경제학 293
   1.1. 알프레드 마샬과 구스타프 캇셀에 의한 신고전학파의 논증 294
   1.2. 신고전학파의 특수 연구 분야들 297
       1.2.1. 선택행위의 이론 297
       1.2.2. 시장형태 지향적 가격이론 298
       1.2.3. 일반균형이론 300
2. 신고전학파의 방법론적 개인주의 301
   2.1. 경제적 행태의 신고전적 모형 301
       2.1.1. 부대조건들 하에서의 극대화 301
       2.1.2. 배울 능력 있고, 신중하고, 극대화하는 인간의 모형 303
   2.2. 생산- 및 효용이론에 대한 관계 304
       2.2.1. 구조적 유사성 304
       2.2.2. 효용- 및 생산이론에서의 이원성의 관계 305
3. 균형 306
   3.1. 개별균형과 시장균형 306
   3.2. 비협력적과 협력적 해결들 308
   3.3. 균형의 안정 309
   3.4. 대외무역이론 310
4. 신고전학파적 분배- 및 성장이론 311
   4.1. 분배와 생산이론 311
   4.2. 신고전학파적 생산이론의 문제 312
   4.3. 힘과 분배 313
   4.4. 신고전학파적 성장이론 313
5. 복지경제학 314
6. 새 제도경제학 316

## PART 11  케인즈 주의    321

1. John Maynard Keynes    323
2. 케인즈 주의적 혁명    325
3. 케인즈 주의의 모형    326
   3.1. 모형의 골격들    327
      3.1.1. 재화부문    327
      3.1.2. 통화부문    332
      3.1.3. 전체 경제적 생산함수와 노동시장    334
   3.2. 전체 상관관계에서의 모형    336
      3.2.1. 부분 관찰들    336
      3.2.2. 전체모형: 변형 I    337
      3.2.3. 전체모형: 변형 II    339
4. 케인즈 주의적 이론으로부터의 귀결들과 그들의 작용    344
   4.1. 경제 이론적 함축성과 경제이론에의 영향    344
      4.1.1. 함축성    344
      4.1.2. 경제이론에의 영향    345
   4.2. 경제 정책적 함축성과 경제 정책에의 영향    346
      4.2.1. 함축성    346
      4.2.2. 경제 정책에의 영향    348

**참고문헌**    349
**색인**    358
   1. 영문    358
   2. 국문    362

# PART 1.
## 그의 진보의 역사로서의 경제학의 역사

경제학사 Economics History

## 1. 경제학의 진보

국민 경제학의 역사가 진보의 역사라는 점에서 교의사적인 개론이 이루어진다. 이러한 관점에서 본다면 이 학문분야에 있어서의 진보는 의문이 주어질 수 있는 범주에 속하기 때문에 논란의 여지가 없다고는 할 수 없다. 이 학문분야에서의 진보는 의문이 있는 범주에 속할 수 있으며 도대체 진보에 대해서 말할 수 있는 것인가 하는 것이고 진보는 논리의 제공에 따라 이루어지는 것이 아니고 새로운 이념, 관찰, 필요의 질풍 하에서 혹은 새로운 인물들의 정신적인 관심이나 열정의 받아쓰기 하에서 완성된다.

이 학문분야에 진보가 스스로 존재한다면 이는 무엇을 의미하는가이다. 경제학이 하나의 학문이어야 하는 학문적 경제학은 그가 인식에 대한 진보를 스스로 필요불가결하게 수용할 수 없다는 것이다.

국민 경제학이 진보를 하느냐 하는 데에 대한 문제점을 해결하기 위하여 지식진보의 세 가지 종류의 구분을 시도할 수 있다. 이러한 구분은 지식분야의 역사를 위하여 필요불가결 하게 보이는 진보의 개념을 이용하게 하는 가능성을 열어준다. 이로서 이는 지식부문의 진보하는 전개의 가능성과 이로써 도출되는 새로운 전문이해에 관한 것이다.

## 2. 축적적, 대체적, 순환적 진보

모든 학문은 그의 역사를 가진다. 어떠한 학문적 분야도 하나의 역시 그러한 천재적인 학자에 의해서 동시에 근원적으로 그리고 끝맺음으로 창조된 것은 아니다. 학문의 발전에 있어서는 학자들이 세대에 걸쳐서 작업하며 학자들에게는 계속되는 발전의 가능성들이 전문분야의 자극을 제공한다.

끝맺음이 된 전문분야는 -그런 것이 존재한다 하여도- 관심이 없을 것이다. 학문이란 새로운 인식에 대한 추구이다. 정지가 나타나는 곳에선 학문의 역사가 끝이 난다.

학문의 역사가 자본축적의 경제적 과정과 비교될 수 있다. 지속적인 학문축적이 이루어지며 새로운 인식들이 기존의 학문재고에 경상적으로 더하여 진다. 새로운 인식들은 이미 존재하는 지식을 보충하거나 확장하며, 그러나 또한 경우에 따라서는 가치 없게 만든다. 확실히 믿어졌던 지식이 망각으로 빠져들거나 무관심이 될 수도 있다. 하나의 학문적인 전문분야가 이에 대하여 제공하는 인적자본에 대한 재고는 경상적인 유입뿐만이 아니라 마찬가지로 유출 또한 제시하고 있다.

유입, 재고 그리고 유출사이의 특이한 관계에 마다 하나의 학문적 전문분야의 역사는 더 이상 역사로서가 아니며 그러나 스스로 하나의 인식원전이다. 만약 하나의 학문의 발전이 그에서 돌에 돌이 더하여 포개지는 것 같이 하나의 축적적 진보를 제시한다면, 그의 역사는 인식들의 확장의 과정들을 서술한다. 즉 지식의 확장과정이다. 이러한 경우에 있어서의 유출은 결함이 있는 인식들의 제거를 제외한다면 최소화하고, 새로운 지식에의 유입은 지식재고를 축적적으로 확장한다.

이에 반하여 새로운 인식들이 당해 전제조건 하에서는 전혀 틀리지 않았어야 했던 오래된 인식들을 진부하게 만드는, 즉 학문재고에의 유입이 또한 상응하는 유출을 야기하는 방식으로 발전이 진행되는 경우에는, 그럼 진보는 지식재고의 개별 구축물의 교체를 통하여 이루어진다. 즉 대체적 진보이다. 만약 진보가 이러한 종류이라면 당해 전문분야의 역사는 지속적인 새로움 과정으로 나타난다. 전문지식을 지배하기 위해서 과거를 소급해 갈 필요는 없다. "죽은 사람들의 잘못된 견해"들은 가치가 없다.

국민 경제학에도 또한 존재하는 이러한 축적적 그리고 대체적 지식 진보의 양 형태에 진보의 추가적인 형태인 순환적 진보가 추가된다. 즉 진부하게된 인식들의 회생이다.

국민 경제학에 순환적 진보가 있다는 것은 그의 경험대상 즉 실재의 경제가 언제나 다시 동일한 혹은 비슷한 문제들을 제시한다는 데에서 알 수 있다: 화폐가치 사라짐, 국제수지불균형, 공황, 실업 등. 경제라는 경험대상의 이러한 문제점들의 다소의 주기적인 회생으로서 경제학이라고 하는 인식대상에 있어서는 문제제기의 교차하는 강조들이 제시된다. 오래된 인식들이 새로운 현실성을 얻을 수도 있다. 혹은 오래된 인식들이 이미 망각으로 빠져들어 갔고 의식적이든 무의식적이든 새로운 활기가 이와는 독립적으로 이루어진다.

오래된 경제적 이론들의 회생의 가능성을 위한 중요한 환경은 그러한 이론을 최종적으로 반추하는 원칙적인 어려움에 있다. 그 아래서 하나의 특정한 인식이 강요되어 유효하여야 하는 전제조건들은 결코 완전하게 파악할 수 없다. 다음으로 반박되는 이론은 이전에 밝혀지지 않은 전제조건들의 명확한 고려를 통하여 가능한 방식으로 다시 유효성을 이룩하여야 한다. 그에서 이론이 유효하여야 할 수용의 부분은 가치평가들 위에서 논증되어야 한다. 가치평가들의 변천과 더불어 이론들의 수용들과 전제조건들이 변천하며, 이로서 그들의 서술들의 가치가 상당한 진동들에 놓일 수 있다.

## 3. 지식진보의 형태들과 학문역사

이미 본 것처럼 지식진보의 형태들에는 축적적, 대체적 그리고 순환적 진보가 있다. 하나의 각각 학문의 역사에는 이러한 세 개의 범주가 존재한다. 그의 비중은 하지만 학문마다 상이하다. 하나의 특정한 학문을 위한 지식의 세 진보종류의 의미마다에 따라 전문학문분야의 역사는 상이한 특징을 보인다.

지식확장의 과정에 기반을 두고있는 축적적 진보는 새로운 인식들의 날짜에 특히 관심이 있다. 즉 우선순위의 문제이다. 누가 언제 첫 번째 사고를 가졌으며 누가 결정된 이론의 최종적인 증명을 전수하였나 하는 것이다. 이를 위한 전형이 자연과학적 발견의 역사이다.

지식상태의 새로움 과정을 우선적으로 추진하는 대체적 진보 하에서는 일반적으로 방법에서 기본적인 변화들에 관한 것이거나 혹은 새로운 문제제기에 관한 발전들이 제시된다. 어떠한 경우든 당해 학문은 그림 기본에 있어서 변화하거나 새로워진다. 경제과학에 있어서의 예를 들면 지속되고 있는 수학화가 유효할 수 있다. 그러나 또한 고전학파의 객관적인 가치론으로부터 신고전학파의 주관적인 가치론으로의 전환과정이 부분적으로 대체적 진보의 의미로 이해될 수 있다. 주관적 가치론은 고전적 가치역설을 해체하였으며 미해결의 과제를 그들의 해법제안으로 대체하였다. 대체적 진보의 역사는 방법전환의 역사이고 견본전환의 역사이며 혹은 극단적인 표현을 쓰면 −자연과학에 있어서 생각할 수 있는 것 같이− 학문적인 혁명의 역사이다.

변증법적 과정의 범주에서의 순환적 진보는 사회과학이나 그리고 또한 경제학을 상당한 정도로 특징지었다. 그럼으로 경제학의 역사는 고려할 만한 정도로 기본적인 위치들에 대한 반복하여 회생하는 그리고 이들로부터 이 학문을 이해할 수 있는 논쟁/대결들의 역사이다. 경제학의 역사의 이러한 부분에서 어떻게 경제라는 객체세계의 스스로 변화하는 조건 하에서 그들의 학문적인 분석들의 시도들이 서로 해체하고, 열매를 맺고 그리고 계속 발전하는 가를 가르쳐 준다.

경제학의 역사는 그의 서로 다른 구성부분들을 위하여 척도가 되는 진보의 종류에 따라 이제 개별적으로 논증되어야 하는 상이한 양상들을 포함하고 있다.

## 4. 경험들: 축적적 진보

경제학은 하나의 경험학문이다. 의심의 여지없이 경제라는 경험대상에 대한 지식은 통계들, 계산들 그리고 여타의 선험 이론적인 정보들의 형태로서 현대적 정보- 및 유통체제의 발전과 더불어 지속적으로 증가하였다. 어떤 부분에 있어서는 오늘날 더 이상 자료확보- 및 자료처리문제가 아니고 분석적인 평가의 문제이다.

이로서 또한 분명하게 된 것은 자료들이 혼자서 말하지 않는다는 것이다. 자료들에 대답이 될 수 있는 질문이 제시되어야 한다. 축적적으로 성장한 정보지식의 평가는 대상의 복잡성으로 인하여 이론적인 실마리가 요구되고 있다.

경제과정의 관찰이 그것이 최후의 경제단위에 까지 그리고 그들의 결정상황의 개별 단위에까지 들어감으로서 경제과정의 완전한 서술이 제공될 수도 있지 않을까하는 것이 근본적으로는 상상될 지도 모를 일이다. 그렇다면 이는 완전한 서술을 통한 경제의 "발견"일지도 모른다.

1장. 그의 진보의 역사로서의 경제학의 역사   7

그러나 그럼에도 불구하고 경제는 이해되지 않을 수도 있을지 모른다. 경제적 과정의 들어갈 수 없는 복잡성은 이론적인 반향을 통하여 복잡성정도의 이해할 수 있는 축소를 요구하고 있다.

경제라는 경험대상에 대한 정보공급의 축적적 진보는 응용의 경제연구의 여러 가지 가능성들을 열어주고 있다.

## 5. 방법들: 대체적 진보

경제학의 방법에서는 어떻게 학문적으로 관심이 있는 문제의 해결에 접근되느냐 하는 종류와 방법을 이해하게 된다. 부분분석을 일례로 들면 국민 경제적 과정으로부터 일정한 조각을 관찰하며 그리고 부문영역과 국민경제 전체 사이에 존재하는 얼마의 역작용을 의식적으로 무시한다. 전체분석은 부분분석에 대한 보충적 방법가능성이다.

대체적 진보의 전형적인 경우가 질적인 서술의 방법의 양적 방법에 의한 지속적인 교체에서 나타난다. 이에서는 수학이 형성- 혹은 언어 도구로서 결정적인 역할을 한다. 이러한 것으로서 그것이 자체로서 방법은 아니다. 방법적 실마리는 훨씬 더 깊은 곳에 있으며, 즉 물론 서술형태의 선택에 있다: 하나의 경제적 문제 예를 들면 시장에서의 가격형성과 같은 경제적 문제가 상관관계들이 오로지 단지 일반적인 즉 바로 "질적으로" 특징 지워지는 방식으로 되어져야 하는지, 아니면 혹은 양적 관계들을 통하여 즉 수학적 기능들에 의하여 진행되어져야 하는지이다.

대부분의 경제적 문제들은 그의 본성에 따라 양적이다. 예를 들면 가격형성에 대한 문제 또한 그렇다. 경제학의 역사의 진행에서 양적인 방법들(통계적 파악, 수학적 형성, 실험)이 끊임없이 질적인 방법들을 교체하였다는 것은 그렇게 놀랄 일이 아니다. 이러한 발전의 외형적인 형상형태는 경제과학의 증가하는 수학화에서 나타나고 있다.

양적 방법들의 장점들은 그의 경제이론적인 모형의 가설들과 수용들의 비교적 정확한 형성과 해결에로의 이러한 가정의 설명의 명확함이다. 학문적 분석의 출발점과 결론은 이로서 더욱 개괄적으로 그리고 비판을 통하여 더욱 쉽게 파악될 수 있다.

경제학의 역사의 진행에서 방법적인 앞서감이 수량적인 방법들에로의 이러한 변천을 경험하기 때문에 오늘날 시대의 언어에로의 더 오래된 이론들의 특별한 전이문제가 주어진다. 더 오래된 서술가들을 현대적 대포에 맞추어 평가하는 것은 죄악이다. 죽을죄를 짓는 것은 더 오래된 서술가들의 저작의 현대적 내용들을 단지 이들이 현대적 개념들이나 상징어들을 사용하지 않기 때문에 인식하지 않는 모든 사람들이다.

더 오래된 서술가들의 방법 조건 지워진 불리함을 위한 하나의 예가 경제순환의 승수모형이다. 비록 그가 Knut Wicksell(1851~1926)과 Nikolaus A. L. J. Johannsen(1844~1928)에서 선행자들을 가졌음에도 불구하고 오늘날 승수원리는 그것의 천재적 발명가로 통하는 John M. Keynes(1883~1946)와 연관되어 있다. 경제순환의 승수과정을 숫자적 보기의 도움으로써 그러나 나중의 개념인 "승수"의 사용 없이 자유로이 서술한 첫 번째 서술가는 실재에 있어서는 Francois Quesnay(1697~1774)이다.

대체적 진보는 새로운 것이 낡은 것을 바꿔치는 하나의 새로움 과정을 특징짓는다. 이러한 경우는 양적 방법들의 사용의 지속적인 증가에 있어서 이다. 이러한 발전은 경제학적 방법의 개선과 섬세화의 과정으로 관찰될 수 있다.

부분적으로는 낡은 것을 바꿔치지 않고 새로운 방법들이 나타나기도 한다. 이러한 경우는 축적적 진보이다. 전형적인 경우가 더 능력이 있는 개선된 방법들에 의한 전수된 방법들의 대체에서 이다.

대체적 진보는 또한 축적적 진보와 마찬가지로 단지 국민 경제학의 역사의 부분 양상에 있어서 만이 해당된다. 그러나 지속적인 방법 개선의 과정이 이러한 역사로부터 생각되지 말아야 할 수는 없다.

## 6. 가치평가들: 순환적 진보

여기서 일반적으로 견해 및 관점이라고 말하여 지는 것은 사건평가가 아니라 종국에는 이에 대하여 학문적으로 논의되어 질 수 있는 가치평가에 관한 것이다. 이러한 가치평가들에 기초적인 경제적, 그리고 또한 경제학적 위치들이 기인하고 있다. 시장경제를 옹호하는 사람들은 계획경제를 지향하는 사람들과는 다른 가치평가들을 가지고 있다. 이러한 결정에 대한 시금석으로서 효율과 복지를 수용할 때는, 그리고 이러한 결정이 이로서 사건평가에 종속하게 할 때는, 이전에 이미 효율과 복지가 척도를 주어야 하는 가치평가가 마음에 든 것이다.

국민 경제학이 전제조건 없이, 즉 어떠한 가치평가도 없이 그들의 분석을 기반 할 수 없다는 것은, 관찰되어 지는 순환적 진보를 위한 기본적인 사실이다. 가치평가들에 대한 저장은 한정적이며 그리고 몇 백년이래 불변이다. 이러한 가치들의 가치탈락이나 가치변환이 있는 것이 아니라, 언제나 강조의 전이들이 있어왔다.

학문의 역사의 교재에 제시되는 것처럼 학파들의 논쟁은 어느 부분에 있어서는 가치체계에 있어서의 이러한 강조의 전이에 기인할 수가 있다. 국민 경제학의 고전학파는 개인주의적으로 지향되어 있다. 경제적 사회주의는 하나의 사회적 존재로서 인간에 대하여 더 강하게 지향하고 있다. 개인적인 자유와 단결의 양대 원칙들 사이에는 제 삼의 결정이 없다. 두 개의 기본적인 가치들의 비중에 관한 것이다.

여기서는 언제나 이전에 이미 한번 대표되었으며 순환적 진보의 여정에서 새로운 의미를 가졌었던 전문과목의 위상을 결정하는 기본적인 위치에 관한 것이다. 이로서 언제나 또한 새로운 관점이 고려되어지는 한, 낡은 관점들의 반복 뿐 만이 아니라 또한 이로서 그들의 지속 발전도 연관되어 있다. 그러나 이들은 하나의 아주 새로운 표시를 이룩할 만큼 그렇게 강하지는 않다.

가치체계에 있어서의 강조의 전이는 국민경제의 역사에 있어서의 순환적 진보를 위한 기반이다. 여타의 기반들은 경험대상 경제에 있어서의 문제전이/문제이전 이다. 근래에 있어서의 특출한 보기가 실업의 격퇴의 문제들을 다루는 케인즈 주의, 혹은 화폐가치의 안정화의 문제를 최고의 위상을 최고의 위치에 두는 통화주의이다.

국민 경제학의 역사의 흥미 있는 과제들의 하나는 순환적 진보의 범주에서 완성되는 변천을 위한 결정기반들의 분석에 있다. 경험대상 경제에 있어서의 일정한 정세들과 가치체계에 있어서의 강조 전이들이 반복될 수 있기 때문에 근본적으로는 역사가 또한 인식의 원전으로서의 전문과목으로 파악되는 것이 가능하다.

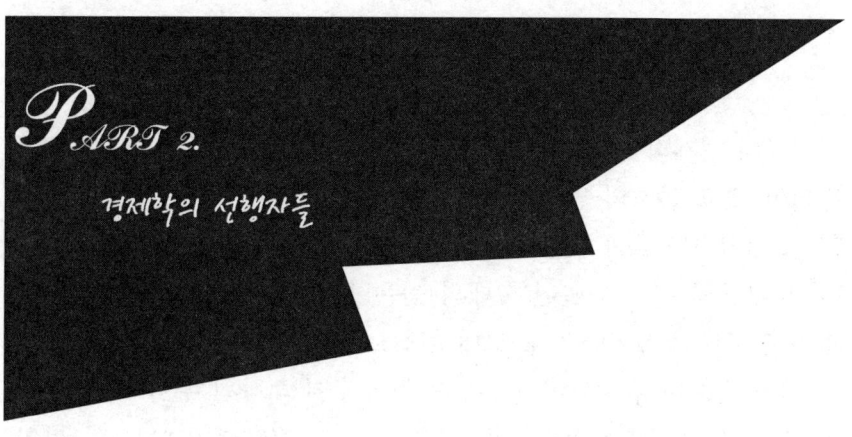

# PART 2.
## 경제학의 선행자들

## 1. 고대에 있어서의 경제학의 실마리들

  인류의 경제적 생활부문이 아주 오래 전부터 상응하는 반향으로 동반되어 졌고 문자의 발명으로 상응하는 서술들이 보여짐에도 불구하고, 고대의 시인들과 사상가들에 있어서의 흔적추적은 아주 힘든 것이다. 대부분의 이와 연관된 고대의 높은 문화들의 원전들은 되돌릴 수 없을 정도로 소실되었으며, 고대 이집트의 경제적-사회적 갈등을 다루는 가장 중요한 유지되어진 문헌들은 오로지 하나의 우연에 가깝다고 할 수 있을지도 모르겠다. 이를테면 기원전 2100년의 "농부의 탄원" -"말 잘하는 오아시스의 사람"으로 현대적으로 제목 지어질 수 있을지도 모를- 은 정의의 일들에 관한 선행의 논쟁가 일지도 모를 일이다. 이로서 동시에 몇 천 년 동안 경제적 문제들에 관한 양상을 위한 개념이 주어졌다. 최소한 부분적으로 경제적 사건관계에 관하여서는 또한 초기 고대의 다른 문화원전에서도 볼 수 있다. 티그리스 및 유프라테스의 높은 문화에서 유래하는 기원전 1700년의 함무라비 법전은 무엇보다도 사적 소유의 보호에 관하여 보여주고 있다. 암시되는 것이 또한 법적 규정에 관한 것들이 많은 것이며, 드물지 않게 경제에 관한 것들은 구약성서 일지도 모를 일이다.
  나아가 인도나 중국의 다른 양대 높은 문화들에 있어서의 경제적 사고들의 추적들을 할 수 있을지도 모르나, 여기서는 고대의 오리엔트나 서양에 한정한다.
  현대적 의미에 있어서는 16세기까지는 국민 경제적인 견해들에 대해서는 말하여질 수 없다. 고대로부터 종교개혁까지의 경제적으로 중요한 문제에 대한 서술들은 그들이 학문으로서 오늘날 흔히 경제학에서 존재하는 것과는 전혀 다른 문제제기를 하고 있다. 경제학자들은 없었으며, 포괄적인 상관관계의 범주에서 오히려 철학자들과 신학자들이 경제적인 개별 문제에 대한 위치들을 점하였다.

경제생활이 자체가 스스로 관심의 대상이 되는 것이 아니라, 오히려 경제 윤리적인 관점 하에서 판단되었다.

고대나 중세에 있어서 "경제"에 대하여 서술된 많은 것들이 이로서 철학적인 및 신학적인 문맥 하에서 만이 이해될 수 있다. 이러한 사고의 행로들을 경제적 관점 하에로 종합 파악하는 시도에서는 단순화가 거의 피할 수 없다.

다음의 서술에서는 고대의 철학자들 및 신학자들의 경제적 사고들이 주어진다. 여기서는 단지 가장 중요한 저자들과 문제의 덩어리들만이 고려된다.

커다란 조심성으로 "경제적"으로 표현할 수 있을지도 모를 첫 번째의 고려를 모든 그 당시 알려진 민족들의 경제적 얽힘에 대한 상업을 이끌었으며 그리고 화폐체제가 형성되어 졌던 희랍 고대의 문헌들에서 발견할 수 있다.

이러한 경제적 고려들은 두 가지 뿌리들을 가지고 있다. 하나는 경영적 실재의 요구에서 이고, 다른 하나는 철학에서 이다. 경제적인 생활은 사회적인 현실과 연관되어 있으며 그리고 이와 연관된 사회 윤리적인 문제들과도 결부되어 있다.

## 1.1. 그리스의 시인들 및 철학자들에 있어서의 흔적추적

첫 번째의 고대 그리스의 시인은 Hesiod로서 약 기원전 700년의 그의 저서 "날들과 일들"에서 경쟁에 기반하고 있는 경제적- 및 사회적 질서에서의 어부들과 농부들의 노동을 서술했다. 여기서는 나중의 고대의 "정신적인 것이 없는" 노동 위의 "노동 없는" 정신의 구축은 아직 고려되지 않고 있다.

희극 시인 Aristophanes(기원전 약 445~386)는 Gresham보다 약 2000년 전에 16세기에 그에 의해서 관찰되었던 것을 미리 알려주고 있다. 즉 악화는 양화를 구축한다는. Aristophanes는 그레샴의 법칙의 발견자이다. 그리스의 아티카의 시인인 그는 기원전 405년에 나온 그의 저서 "개구리들"에서 기원전 406년 아테네에서 주조된 동화를 "나쁜 구리화폐"라고 하고 이것이 은화를 대체하고, 즉 모든 "좋은" 옛날 화폐들이 사라지는 마찬가지로 축재되는 결과를 가져온다고 했다.

경제적 문제들에 대하여 종사하였던 그리스의 작가들 가운데서는 무엇보다도 특히 Xenophon(기원전 약 430~354)이 특출하다. 기독교적 철학자들에게 더 많은 영향을 미친 Platon이나 Aristoteles와는 달리 Xenophon은 실재적 및 경제 정책적 문제들(넓은 의미에 있어서의)에 의한 경제적 상관관계들에 논점을 찾았다. Xenophon은 광범한 저서들을 남겼으며, 경제적 문제제기와 연관하여 현실적으로 두 개의 저서를 들 수 있다: "Oikonomikos"(경제)와 "아테네의 국가수입들에 대하여"이다.

"경제"는 가계와 농업에 대한 이론들의 교재로서, 노동 분업이 도시와 농촌의 차이를 바탕으로 자세히 제시되어 있다. 다음으로 개인의 부의 의미에 대한 문제들이 논의되고 있으며, 이에서는 특히 개인의 자유와 연관되어 있다. 다음으로는 부가 어떻게 취득되고 유지되어 지는가에 대하여 반추하고 있다. Xenophon은 또한 왜 농부들의 경제적 결과가 그렇게 상이한가에 대한 문제들을 추적하였다. 그는 큰 이윤을 이룩하는 것은 오로지 결핍된 상품이 존재하거나 높은 가격이 이룩된 곳에 그곳에 농부들이 그들의 곡물을 판매할 때라고 강조하였다. "경제"에서는 즉 우선 가계의 관리와 농업적 경영체의 운영에 관한 개별 경제적 문제제기들에 관한 것이며, 동시에 도시와 농촌의 상이화의 상관관계 하에서의 직업적인 노동분업이 제시되어 졌다.

국민 경제적 사고의 흐름들은 특히 "아테네의 국가수입들에 대하여"에서 발견된다. "경제"에서 개별 경제적으로 추적된 사고흐름은 이제 전체 공동체 사회에 관계되어 지며, 여기서는 국가의 수입들은 어떻게 증가될 수 있는가 하는 문제들이 제기된다. 그는 우선 농업과 어획을 아티카에 있어서의 부의 원천으로 꼽았다. 그리고 그는 특히 은 채광과 대리석 채석 이외에 채광에 눈길을 돌렸다.

국가수입들을 위한 은 촉진의 효용이 자세하게 제시되었다. 그는 아무리 많은 은이 유통되어도 충분하다고는 할 수 없다고 서술함으로서 인플레이션의 현상은 인식하지 못했다. 그는 여기에서 농업에 대한 차이를 보았으며, 즉 농업에서와는 달리 채광에서의 수입은 노동력의 투입에 비례하여 증가한다고 인식했다.

계속해서 그는 상업의 의미나 이방 상인들의 유용성을 조사하였다. 그에 의하면 국가의 수입들은, 아테네가 상업과 항해 마찬가지로 이방 행상인들의 유입을 촉진함으로서 증가 될 수 있다. 그는 전쟁이 이미 이루어진 투자들을 무위로 만들기 때문에 전쟁의 공포는 시민들을 투자들로부터 놀라게 만든다고 강조함으로서, 경기를 위한 심리적인 요인들의 의미가 인식되었다. 아테네의 국가예산에 대한 그의 저술은 나아가 이미 경제의 국가적인 조정의 사고를 인식하게 하였다. 저자는 경제적으로 약함의 시기에는 근본적으로는 개별 사람들에게 주어지는 기능들이 국가에 증가된다고 제시했다.

전체 경제적 및 재정적인 주제들에 있어서는 국가의 수입들과 화폐수단들에 대한 조달 가능성에 관한 것이다. 여기서는 기원전 4세기 중엽의 대 결핍의 시기와 노예에 대한 시민권의 관계의 동시대적인 표상들의 배경 하에서 국가의 수입을 채우는 데에 대한 제안들의 모음에 관한 것이다. 특출한 것이 또한 위기의 시기에서의 국가에 대한 증가하는 지출들이다.

다음으로 Platon(기원전 427~347)은 첫 번째로 이론과 실재를 개념적으로 구분하였다. 여기서 그는 "전체"를 요구하였으며, 이론은 현실화되는 데에 맞추어져야 한다고 했다. 이러한 여기서 흥미 있는 관점 하에서의 그의 저서들로는 "Politeia"(국가), "Politikos"(정치인) 및 "Nomoi"(법률들)이 중요하다. Platon은 정의를 개별의 과제인 동시에 국가의 과제로 보았다. 정의의 본질은 국가와 국가의 작용에서 계시되는 것이다. 경제적으로 중요한 결론들은 부정의에 대한 Platon의 서술로부터 얻을 수 있으며, 부정의는 모든 공동체의 적이며, 이 속에 파괴적인 것이 놓여 있다는 것이다. 이로서 귀결될 수 있는 것이 또한 교환에 있어서의 부정의는 공동사회의 파괴에로 인도하며, 이윤추구를 통하여 공동사회의 반대를 지향하고 있는 자기이용의 이익들이 추적된다는 것이다. 이러한 추구들은 법률을 통하여 희석되지 않으면 안 된다는 것이다.

"법률들"에 있어서는 그는 상업을 결정적으로 거부했다. "국가"에서는 역시 무역의 정당성을 인정한 반면, 여기서 상업은 어떠한 형태로든 명예롭지 못한 것으로 보여 진다. 특히 그는 그에 의해서 이해되는 의미에 있어서 이를테면 토지의 경작에서 노동 없이 이윤을 달성하려고 시도하는 모든 사람들을 반대했다. Platon은 상업에 대한 이와 같은 멸시로써 나중 중세 종교 지도자들에게 영향을 미쳤다.

이러한 상관관계 하에서 그는 또한 가격에 대하여 표현했다. 가격은

"실재의 가치"를 통하여 결정되어야 한다는 것이다. 어떠한 시금석들이 이에서 응용되어야 하는지에 대하여서는 그는 어쨌든 말하고 있지 않다. 상관관계로 볼 때 이러한 "실재가치"는 생산비용에 의해서 결정되는 것으로 귀결될 수도 있다. Platon은 국가가 가격들을 확정지어야 한다는 것을 강조했다. 이것은 국가적 가격결정에 대한 최초의 우리들에게 전수된 요구이다.

  Platon에 있어서는 사회적 정의의 덕이 그의 국가이론의 중심에 있다. 여기서는 나중 Aristoteles나 Thomas Aquino에 의해서 그렇게 중요하게 되었던 교환정의의 문제에 관한 것이 아니고, 오히려 거기서는 개별이 전체의 조화에 봉사하고, 반대로 국가가 스스로 조화로운 정의의 인간들로 형성되는 정의의 국가의 이상형에 관한 것이다. Platon의 국가이상은 귀족정치적 및 사회주의적인 요인들을 동등하게 포함하고 있으며, 여기서 공동체적 소유는 양대 상위 신분인 통치자들 마찬가지로 철학자들과 전사들 마찬가지로 무사들에게 적당한 것으로 보아진다. 원래의 경제적으로 노동하는 계층에 대하여서는 그는 거의 관심이 없었다. 그는 의미 있는 노동 분업의 배경에서 재화교환의 필요성을 보았으나, 그의 후기 저서 "법률들"에서는 이윤추구 적인 상업을 불명예롭게 표현했다. Platon에 있어서는 경제적 생활부문을 위한 분석적 노력이 주어진 것이 아니라, 그의 관심은 이상적 국가의 탈 경험적인 견해에 있었다.

  현상의 본질에 대해서 더 암시하였던 Platon과는 달리 그의 제자 Aristoteles(기원전 384~322)는 추가적으로 그들의 형성과 종종 또한 그들의 관계들을 파악하는 데에 주의를 기울였다. 중세 서양에 가장 큰 영향을 미쳤던 그는 우선 현실의 정확한 관찰에 관심을 가졌다. 경제이론적인 관점에서 그의 저서들 가운데에서 "정치"와 "니코마흐 윤리학"이 의미를 갖는다. "정치"의 1권에서 그는 국가경제의 중요한 기반으로서 가계를 조사하였다. 가계의 경영의 의미에 있어서 가계는 외부로부터 물질적인 재화들로 조달되어져야 한다. 이러한 조달은 농업이나 사냥을 통하여 조달 될 수 있으며, 또한 가계들 사이의 생산품들에 의한 유통을 통하여 혹은 물물교환과는 대치되는 화폐가 필수적인 간접유통을 통하여 이루어질 수 있다. 이러한 관점에서 그는 교환수단으로서의 화폐의 특성에 대하여 종사하였으며 부의 예술로부터 화폐교환의 효용을 구분하였다. 부의 예술이란 화폐나 화폐가치를 "인간과 가계의 좋은 삶"을 위한 물질적인 바탕을 이룩하기 위한 수단으로서가 아니라 목표로 보았다. 화폐의 본질이 교환수단에 있기 때문에 이자영업은 반 자연적이란 것이다. 이러한 그의 관점은 이자금지의 논쟁에 이어진다.

"정치"의 2권에서 그는 사적소유에 관하여 서술하고 있다. 소유는 그러나 공공복지에 봉사하여야 한다는 것이며 이러한 관점은 스콜라 철학자들의 신에 대한 소유자의 의무의 사고에 전수되었으며 특히 소유로부터 가난한 자를 도와주는 계명에서 그러하다.

그에게서는 정당한 가격의 이론에 대하여서도 유추할 수 있으며 "정의"는 국가공동체의 행복이 창조되고 유지되는 경제생활일 것이다. 정의의 이해로부터 그는 교환거래에서의 정당하게 나타나는 것을 규정하기에 열중하였다. "니코마흐 윤리학"에서 그는 정의의 개념에 대하여 논하고 있다. 부분적인 정의는 개인적인 덕목에 속한다. 다른 덕목들과 마찬가지로 정의는 두개의 극단사이의 중앙에 위치한다. 사회적 양상에 있어서 의미가 있는 것은 교환에 참가한 생산품들을 그의 정의의 요구를 충족시키는 수학적 상관관계로 제시하려고 했던 그의 노력이다. 이러한 문제는 중세의 스콜라 철학자들에 의해서도 계속되었으며 경제적 가치의 어떠한 종류가 화폐로 측량될 수 있으며 이로서 교환정의에 상응하는 교환된 상품들의 가치들이 동등함이 이루어 질 수 있는가 하는 것이다.

즉, 그의 업적은 경제적 양상에 있으며 경제를 독자적인 학문적 인식목적물로 분석하였다. 그의 저서들은 수사학 이외에 정치학과 윤리학으로부터 이루어지는 보조학문의 종류인 "실재적인 철학"을 제시하였다. 이러한 실재적인 철학은 궁극적으로는 행동하는 본질로서 인간에 관한 것이며 경제는 집/가계(Oikos)를 경영하는 것이며 그의 대상은 욕구충족을 지향하는 가계-/가족-/재화경제로 특징된다.

그의 이론의 특징은 정치의 우위이며 정치적인 것의 아래에 경제적인 것의 하부질서와 전체를 위한 정치적인 책임에 관한 것이다. 핵심적인 과제가 공동체의 가장 합당한 질서의 실현이며 (자유로운) 시민들의 "좋은 생활"을 위한 국가적인 작동이다. 이러한 목표설정의 배경에서 욕구충족에 노력하는 "자연적인" 영업노력과 무제한 적인 부의 증가를 지향하는 부의 예술을 구분할 수 있다. 이로서 가계경영을 위하여 삶의 필요로 인식되는 자연적인 측도로 보아지는 상품교환과 자연에 거역하는 것으로 인식되며 충족되지 않는 부를 추구하는 영업적인 상인들의 "이윤중독적인 영업예술"이 구분된다. 경제적으로 이는 우선 자연적, 합목적, 가계적인 것이며 결코 수익 있는 이윤을 가져오는 것을 의미 하지 않는다. 경고되는 것이 "좋은 생활"에 필요불가결한 것에로의 조임인 소유추구의 "자연적인" 경계선이다. "경계선은 덕의 자연에 속한다."

그는 또한 감소하는 한계효용의 법칙의 발견 없이도 사용가치와 교환가치의 차이를 인식하였다. 재화의 가치의 핵심적인 요소를 유용성과 희귀성에서 도출하였다. 욕구의 현상에서 경제적인 가치의 순수한 주관적인 이론을 도출했다.

　화폐의 유입으로서 그는 일반적인 교환수단으로서의 화폐의 기능뿐 만이 아니라 가치저장 및 계산단위로서의 기능들을 인식했다. 화폐가치의 진동도 인식했다. 그러나 그에 있어서의 화폐의 의미는 경제적인 기능들에만 있는 것이 아니라 국가적 및 사회적 기능이 우선이었다. 화폐는 수단과 척도로서 재화의 정당한 교환의 과정에서 공동체의 실현에 공헌하는 과제를 가진다.

　그는 또한 정의의 문제에 대하여서도 다양하게 언급하고 있으며 경제적인 중요한 관점에 대하여서는 분배하는 정의(분배정의)와 균등하게 하는 정의(능률정의)가 있다. 분배하는 (나누는) 정의는 질서 된 공동체의 시민들에게 속하는 공공의 인정들, 화폐 및 기타의 가치들의 분배에 있어서 작동한다. 분배하는 정의는 소위 말하는 평등원칙에 의한 것이 아니라 그에 의하면 "기하학적" 비례, 즉 신분, 사회적 외형, 업적에 따른 것이다. 균등하게 하는 (규정하는, 교체하는) 정의는 인간 사이의 계약적, 또한 자유로운, 그러나 또한 비 자의적인 관계의 부문에서의 균등대우에 관한 것이다.

## 1.2. 로마의 저술가들 및 법률가들에 있어서의 경제적 사상의 바탕

　고대 로마에 있어서의 경제에 관한 전수된 공헌들은 의외로 적다. 비록 로마제국이 당시의 세계지배와 이에 상응하는 세계경제를 구가하였음에도 불구하고 로마제국에서 경제적 사건에 대한 반향은 아주 적다. 고대 그리스의 경제에 대한 문제들이 적지 않게 점점 더 망각 속으로 빠져들어 갔으며 이러한 적자적인 정신의 세계에서의 예외가 농업과 법 분야이다.

농업은 신분을 나타내고 또한 동시에 수익이 있는 영업형태였다. 일련의 농업저술가들이 이와 연관된 경영적으로 중요한 문제들에 관하여 저술하였다. 가장 잘 알려진 것이 기원전 160년경에 나온 Cato(기원전 234~149)의 저서 "De agricultura"이다. 수익이 있는 계산으로 특징되는 추천으로 핵심을 이루는 저서로서 생산비용들은 노예노동의 이용(착취)으로써 낮게 유지할 수 있으며 농업적 생산물의 시장지향적인 판매를 추진하는 것이다. 그밖에 그는 토지에 대한 우열의 순위를 정하였다.

이러한 그의 이론과 역시 기원전 2세기에 카르타고의 Mago에 의해서 저술된 28권의 농업에 대한 기본서들을 바탕으로 Varro(기원전 116~27)는 기원전 37년에 그의 저서 "Rerum rusticarum libri tres"에서 토지의 수익이 있는 이용종류의 선택은 시장에 대한 거리에 의존한다는 것을 서술함으로서 농업경제론의 위치이론의 처음으로 등장하였다.

기원전 5세기에서 기원후 6세기까지 발전한 로마법에서 로마적인 경제이론들을 도출해낼 수 있으나 기본지식에 대한 오늘날 경제학에서 전적으로 사용되는 수집에 관한 정의에 대한 형식이나 개념의 설명에 관한 것이다. 이를테면 사적소유, 교환, 가격, 가치, 화폐, 화폐대출 등에 관한 것이다. 관심을 끄는 것은 특히 로마법에서 전개되는 "정당한 가격에 대한 관점"이다. 처음에는 사실 재화에 대한 지불된 가격이 유용성에 따라 결정된 재화의 가치와 전혀 구분되지 않았다고 한다면, 기원후 2세기 경에는 개별 교환행위에서 "주관적으로"주어진 가격과 (verum pretium, centrum pretium) 교환목적물의 객관적인 가치(iustum pretium) 사이의 구분이 일어났다.

## 1.3. 초기 기독교적 사고에서의 경제적 양상

끝나가는 고대에서 중세까지의, 즉 초기 기독교에서 스콜라 학자들까지의 경제적 양상에 관한 것이다. 이세상이 저세상에 대한 전단계로서 다르지 않는 유효성을 지녔으며 세계의 정치적, 법적, 그리고 나아가 경제적 질서가 동등하게 유효하고 잠정적으로 나타나는 이러한 1200년 동안에서 인간들에 있어서의 경제적 이론들은 무엇일까 하는 것이다. 사실 초기 기독교 시대에 이미 공동체적인 요구들이 개인주의적인 관심들보다도 위에 있었다. 공동체적인 소유가 우선 오로지 최상위의 두 신분에게만 주어진다는 Platon의 국가이념 또한 팔레스타인 원시공동체에 있어서의 기독교인들의 공동체적인 생활을 함께 각인하였던 마태복음/누가복음과 같은 성경구절과 연관이 있다. 하지만 원시기독교의 종교적 공산주의에 있어서는 (나중의 수도원에서와는 달리) 전적으로 소비의 공산주의에 관한 것이며, 생산의 그러한 것에 관한 것이 아니다. 기원후 2세기에서 7세기까지의 학자적인 종교저술가들에 있어서도 기존의 경제적-/사회적 질서에 대한 변환을 위한 추천들이 결코 발견되지 않는다. 변화 될 수 있는 것은 단지 풍습적-개인적인 생활의 유지에 있어서 이며 이웃사랑에 대한 의무가 암시되어 진다. 가장 의미 있는 종교저술가로서는 Ambrosius(339~397), Hieronymus(347~420), Chrysostomus(354~407), 중세에 대한 고대의 정신적 유산의 중요한 중개자로서의 Augustinus(354~430) 등이며, 이들의 이론에 있어서의 경제적 양상은 서로 상이한 관점들을 보이고 있으나, 그러나 언제나 윤리의 관점아래에 있다. 특히 주제화한 것들이 이세상의 재화에 대한 관계(사치나 "이윤욕심"에 대한 반대), 상업에 관한 관점(경제부문들에 대한 평가는 전체적으로 적은 반면, 증가하여 관심을 보인 것이 교환당사자들의 윤리적인 행위에 관한 것들), 이자수용의 문제(이자금지), 필요한 자의 유지에 대한 사회적 의무의 관점에서의 노동의 가치평가(게으름에 대한 경고), 그리고 Augustinus의 저서 "De civitae Dei"의 핵심인 정의를 위한 노력이다. 국가에 정의가 결여된다면, "거대한 도둑무리"와 다를 바가 없지 아니한가?

## 2. 중세에 있어서의 경제적 사고

비록 부분적으로 물물교환경제에로의 후퇴의 과정에서 경제문제에 대한 관심이 10세기까지는 오히려 감소하였다 하더라도, 경제가 고대의 폐쇄된 학문사적 이론접합(enkyklios paideia) 내에서 최소한의 양상을 제시한다는 것은 형성사적으로 의미가 있다. 고대의 이론접합에서 중세의 "자유로운" 시민의 7개의 예술부문들/학문분야들(septem artes liberales) 에로의 연결이 있다는 것은 경제적 양상이 또한 중세의 수도원이나 교회학교에서 유지되었기 때문이다. 방향을 제시하는 이론체계적인 저술이 Isidorus Sevilla(560~636)가 저술한 "Etymologiae"의 20권으로서 물론 Triviums인 문법, 수사학, 변증법과 Quadriviums인 수학, 지리학, 천문학, 음악과 같은 이론 부문들로서 시작하여서 "가계, 경제, 가계적 및 농업적 기술"로서 끝난다. 7개의 자유로운 예술들에서 물리학, 역학, 경제학이 포함된 10개 학문부문에로의 확장은 Honorius(1080~1137)의 저서 "De animae exilio"에 의해서 이다. 스콜라 학자들 가운데에서 학문분할 및 이론재료분할을 위하여 노력한 사람은 12세기 최대의 신학자 Hugo St. Viktor(1096~1141)로서 그는 그의 저서 "Didascalion"에서 경제학이외에 mechanicae의 종류들인 농사, 사냥, 직물, 상업, 항해 등에 관하여 서술하고 있다. 중세 스콜라 철학(라틴어로 schlastica, 학교학문, 상대적으로 동일한 학교적인 방식에 의한)에 있어서의 경제적으로 중요한 내용은 신학적으로 종속된 스콜라적인 이론들로서 기독교적 철학으로 이해되며 믿음의 계시를 합리적으로 이룩하고 하나의 폐쇄된 체제로 형성하려 하고 있다. 우선적으로 Platon과 Augustinus에 의존하는 초기 스콜라(9~12세기)에서는 이렇다 할 경제관계의 표현들이 거의 없다. 이러한 상황은 13세기의 고도 스콜라 기간에는 근본적으로 변화한다. 특히 Albertus Magnus(1193~1280)와 Aristoteles의 철학을 확장한 Thomas Aquino(1225~1274)는 그들의 신학적-철학적 업적들의 범주에서 경제적 사실관계들을 주제화 했다. 그들의 서술들은 경제적인 상관관계들을 목표로 한 것이 아니며, 특히나 경제적 법칙성에 관한 것은 더욱 아니었으며, 오히려 신학적 이론과 경제적 현상들과의 양립성의 문제들을 목표로 하였다. 규범적인 경제윤리적인 관점과 정의의 덕을 지향함으로서 "고전적으로" 표현되는 정당한 가격에 대한 이론과 이자금지의 문제를 다루었다. 경제적 사고의 세속화가 점차 나타나는 후기 스콜라(14 · 15세기) 에서는 특히 화폐가치의 문제가 관심의 대상이 되었다.

## 2.1. 공정한 가격에 대한 이론

공정한 가격의 이상은 Aristoteles이래 초기 기독교 철학자들의 가격윤리에서나 로마법에서의 경제정책적인 범주로서 오히려 개인비판적인 경제적인 반향들에 속한다. 사실 iustum pretium의 추구에 있어서는 개인의 관심위상에 관한 것이 아니라 오히려 훨씬 더 공동체의 복지에 관한 것이다. 이로서 Albertus Magnus에 있어서 모든 공동체적인 생활의 기반으로서의 정의의 추구는 공정한 가격에 대한 그의 요구의 출발점을 형성하고 있다. 정의의 과제는 공동복지정의/법적정의/법적으로 규정되어야 함으로의 정의(iustitia legalis)로서 한 공동체의 전체전부에서 개별의 옳은 구분이나 위치를 창조하는 것이다. 이로서 iustitia distributiva의 의미가 이루어 질 수 있으며, 부담과 의무 및 권한과 사용의 정당한 분배가 공동체 전체의 가장 높은 관점에서 그들의 구성원들에게 예상되며, iustitia commutativa의 목표는 동등하게 정렬된 함께 서 있는 혹은 신분에 따라 차등한 구성원들을, 즉 개별을 동등하게 규정하는 것이다. 능률과 반대급부 사이의 동등을 보장하기 위하여 Albertus에 의하면 노동과 비용(Labores et expensae)에 대한 동등한 수량들이 서로 교환되어야 한다.

공정한 (물물)교환은 Aristoteles에 있어서와 마찬가지로 관계의 적합성의 기본위에서 이루어져야 하며 (상품에 대한 반대급부로서의 화폐의 연관 하에서) 동일한 방식으로 공정한 가격이 등가원칙에 따라 이루어진다.

여기서 스콜라 학자들은 Aristoteles의 철학을 해설하는 데에 묶여 머문 것이 아니라, 오히려 (이미 초기 기독교적 사고들이 길을 튼 것과 같이) 노동의 가치평가를 함께 고찰하였다. 노동과 원료를 통하여 조건 지워진 생산비용의 주관적인 시금석 이외에 또한 역시 욕구의 주관적인 순간이 가치척도로서 제기되었다.

공정한 가격에 대한 이론의 극치가 Thomas Aquino가 쓴 "Summa theoloqiae"의 2권에 있다. 그의 유기체적 진화적 사고의 중요성은 국가적 접합적인 유기체로 파악된 공동체내에서의 교환성의 정의에 앞선 분배성의 정의이다. 이로서 공동체 내에서의 생산자들의 신분적인 위치가 재화의 가치를 위하여 하나의 결정적인 역할을 한다. 공동체 내에서의 신분의 기능적인 의미가 그가 생산하는 생산품의 가치를 결정하는 것이지, 단순한 더욱 높은 개인적인 혹은 전문적인 자질이 아니다. 생산자의 사회적 의미가 그에게 이에 상응하는 능률을 요구하기 때문에, 자질은 그의 내적 덕목과 온전함을 나타내는 재화의 질을 포함하고 있다. 재화에 흘러들어간 상이한 자질들은 교환에 있어서 오로지 수량을 통하여서 만이 교환될 수 있으며, 이로서 한 재화의 질은 수량적으로 다른 재화의 질과 연관될 수 있다.

이러한 관점에서 요소 노동은 "노동과 비용"(labores et expensae) 의 양식으로 볼 수 있으며, 이러한 원칙에 따른 재화의 교환에 있어서는 (모든 것에 그의 존재를 지불하는, suum ciuque) 가치동등이 보장된다. 이러한 원칙에 포함되는 것이 또한 동시에 공정한 임금의 문제이며, 이에서는 신분적인 유지의 보장이 핵심적인 시금석을 형성한다.

Thomas Aquino는 상업이 관습적으로 좋은 목표를 지향하고 공공의 복지에 봉사 한다 면은 어느 정도의 상업이윤은 원칙적으로 덕목에 반하지 않는 것으로 보았으며 또한 나아가 사적소유의 타당함을 위한 일련의 논점들을 전개하였으나, 공정한 가격을 위해서는 어느 정도의 진동 폭을 보인다. 그의 가격윤리는 이로서 자유로운 시장가격형성과 국가의 개입 가능성들이 전적으로 허용되거나 경우에 따라서는 필요불가결한 것으로 여겨지는 국가적 가격고정 사이의 중간형태의 종류이다.

## 2.2. 이자금지의 문제

공정한 가격과 마찬가지로 이자금지의 문제는 고대 철학의 측면으로부터의 위상수용에서나 성경이나 종교지도자의 관점에서 보거나 여러 차례의 종교회의의 결과에서 보는 것처럼 인간적인 공동생활의 질서과제로 파악된 경제의 관점에서는 중세적 사고노력들의 특징에 속한다. 누가복음의 성경을 인용하여 해석하면 이자계산의 포기뿐만이 아니라 되돌려 받는 것을 기대하지 말고 주어야 한다.

Thomas Aquino에 있어서는 이자수용을 통한 부당한 축재가 소비대출에 있어서 뿐만이 아니라 생산대출을 위한 반대급부에 있어서도 그러한다. 제외되는 것이 위험에 참가한 것이 실현될 때 투자에 대한 사회계약적으로 이룩한 몫인 배당의 형식으로서의 이자이다.

현실적인 논점은 (소비재와 사용재의 구분에서) 화폐를 전적으로 소비재로 파악하였다는 것이며, 교환목적으로서의 화폐의 사용으로서 그의 소비가 이루어진다고 보았으며 이로서 그는 지속하여 사용될 수 없다고 파악했다. Thomas Aquino의 견해에 따르면 이자를 받고 돈을 빌려주는 사람은 동일한 물건을 두 번 파는 것과 마찬가지로서 한번은 돈을 소비되는 교환수단으로서 또 한번은 이자에 대한 화폐의 효용을 파는 것이다. 그에 의하면 이자수용은 극단적인 개인주의화에 유리하게 경제생활의 단결특성을 분쇄한다고 생각했다.

## 2.3. 화폐이론

후기 스콜라에서는 신학적 전제에 대한 학문 지향적 사고의 독립이 점점 더 증가하여 나타났으며 이는 특히 경제적인 사실의 관찰의 배경에서 이루어졌다.

가격을 결정하는 요소에 관하여 보면 전통적인 확정인 노동과 비용(labores et expensae) 만으로 더 이상 충분한 것은 아니고 이에 희귀성(raritas)과 위험(periculum)이 더하여 고찰되었다. 이에 속하는 학자들이

Bernardin Siena(1380~1444)와 Antonin Firenze(1389~1459)이다. Thomas Aquino의 경제이론이 정태적이라면, 이들의 이론들은 초기 자본주의의 역동성에 공간을 제공해 줌으로서 새로운 기업가의 특성인 "Industria", 즉 "열심/몰두/집중/노동가능성/영업가능성"을 의미 하였다. 마지막 스콜라 학자인 Gabriel Biel(1430~1490)은 이러한 관점에서 관청의 가격확정에 치우쳤다.

이자금지의 문제에 있어서도 (생성된 손상[damnum emergens]과 수용된 효용[lucrum cessans]을 넘어서) 상이한 위상수용들이 나타났으며, 이를테면 지대매매(화폐필요시에 자본공급자에게 유리하게 토지가 점유되고 채무자 측으로서는 지속적인 토지사용을 함으로써 이로서 귀결되는 채권자에 대한 장기적인 화폐- 혹은 현물지불인, 소위 말하는 지대를 사는)에 있어서의 토지이자로서의 자본이자의 한 형태나, 혹은 피해진 위험이나 수송비용에 대한 반대급부로서의 계산상의 비용의 종류로서 제시되는 어음이자들이 이에 속한다.

그러나 무엇보다도 화폐의 가치와 본질에 대한 문제들이 경제적 관심의 중심이었다. Thomas Aquino는 화폐의 기능을 전적으로 교환행위들에 대한 작용으로 보았으며 그에 의하면 화폐는 합목적적 이유에서 합의의 수단을 통하여 창조된 교환에서 소비되는 교환수단인 것이다. 화폐의 가치는 국가의 권위에 의해서 선포된 유효성으로 이해되어졌다.

화폐의 가치와 본질에 대한 문제점들을 중심으로 연구한 대표적인 학자들이 14세기 프랑스의 Jean Buridan(혹은 Johannes Buridanus, 1300~1358)과 그의 제자 Nicole Oresme(혹은 Nocolaus Oresmius, 1320~1382) 이다. Jean Buridan은 소르본 대학에서 철학을 가르쳤으며, 그는 주조화폐가 악화로 되는 것을 화폐의 본질에서 찾았고 화폐의 가치는 금속의 가치라고 보았다. 그는 이러한 가치는 (귀)금속에 대하여 충족되는 욕구에 의존적이라고 보았으며, 충족되는 욕구가 크면 클수록 금속의 가치 또한 더 커진다고 보았다. 그의 제자 Nicole Oresme는 1378년 주교로 서품받은 신학자로서 또한 수학, 물리학, 천문학에 대한 저서들이 있다. 1355년에는 최초의 경제학 전문지라고 할 수 있는 "화폐평가절하에 대한 논문" (Tractatus de origine, natura et mutationibus monetarum) 이 Nicole Oresme에 의하여 출판됨으로서 화폐이론을 다루었다. 그의 이러한 화폐이론은 우선 경제정책 지향적이었으며 그의 학문적 인식은 그의 경제적으로 관심이 있는 선행자들의 범위를 벗어나지 못하였다 하여도 당시 수많은 주조화폐에서 특히 화폐본질에 대한 서술이 체계적인 신학, 윤리학, 정치학의 산더미 같은 집합을 벗어나 독자적으로 파악된 경제학으로 이끌었다. 그는 화폐의 형성에 공헌을 하였고 화폐를 인위적인 도구 및 인위적인 부라고 보았다. 화폐재료는 운반이 쉬워야 하고 상대적으로 가치가 있고 충분한 양이 존재하여야 하며 그러나 너무 넘치지는 말아야 한다고 했다. 주조화폐의 변경은 단지 의심의 여지가 없는 경우에만 공공의 효용을 위하여 이루어져야 하며 화폐변경의 5가지 종류들을 열거하였다. 첫째, figurae는 위조화폐로 인한 화폐형태의 변경이다. 둘째, proportionis는 금화의 은화에 대한 관계와 같은 주조화폐의 새로운 가치관계의 확정이다. 셋째, appelationis는 주조화폐 표시의 변경이다. 넷째, ponderis는 주조화폐 무게의 새로운 확정이다. 마지막, materiae는 다른 주조화폐 재료의 도입이다. 어떠한 경우든 이러한 대책들은 오직 제후들(princeps)에 의해서만이 아니라 전체(peripsam communitatis)의 측면에서도 실현되어야 한다.

화폐이론은 16·17세기에 들어오면서 법률과 법에 대한 후기 스콜라의 관점에서 출발하는 Salamanca학파의 업적이 있다. Luis de Molina (1535~1600)는 여전히 공정한 가격과 이자금지의 문제에 대하여 집중하였으며 전체적으로 르네상스는 전혀 다른 조망을 인도하였다. 관점은 점점 더 이 세상으로 좁아졌으며 허용된 혹은 허용되지 않은 경제적 행위에 대한 윤리적인 서술은 거의 없으며 오히려 높은 혹은 낮은 이자의 문제나 국가적인 혹은 자유로운 규정이 나라의 복지에 가장 잘 봉사하는가 하는 문제들이었다.

## 3. 교회의 성직자들

고대에서 중세에로의 전환기의 가장 중요한 저술가들이 교회의 성직자들이다. 이들의 저서들은 교회의 이론이 본질적인 구성요소이고 경제문제에 대한 그들의 세계형상이나 이로서 귀결되는 관점은 특히 비잔틴 시대의 경제적인 현실을 지향하고 있다. 민족이동의 시기의 와중에서 비잔틴은 고대의 경제적 전통을 유지하였으며 이를 지속 발전시켰다. 경제적 생활을 위한 교회 성직자들의 의미는 그들의 경제적인 사실에 대한 서술에서 뿐만이 아니라 또한 인간의 행위에 있어서의 선과 악에 대한 그들의 일반화한 사고들과 이 세상의 재화들에 대한 인간들의 관계 및 국가나 신앙인들을 위한 국가의 의미에 대한 그들의 일반화한 사고들에 있어서 이다. 성경해석에 있어서의 그리스 철학으로부터의 개념들의 사용을 통하여 그들은 기독교적 윤리의 바탕이 되는 기반을 마련했다.

중세에 있어서의 기독교적으로 결정된 사고나 행위를 위하여서는 교회의 성직자들이 최고의 권위를 가졌으며 그들의 사고는 종교개혁의 시기까지 지속된다. 그들은 신학자로서 저술하였으며 이로서 경제적인 생활은 그들에 있어서는 당위의 관점 하에서 고찰되었다.

성경에 있어서의 경제적으로 중요한 위치들은 거의 예외 없이 규범적인 성격을 가졌으며 성경은 현재 있는 것을 설명하지 않으며 사회적 혹은 경제적 상관관계를 어떠한 방식으로든 분석하려고 시도한 것이 아니라 오히려 신의 계명을 갈파했다. 특히 두드러진 계명성격이 모세서이며 이에서는 인간들의 공동생활을 위한 자세한 규정들이 있다. 이러한 구약성서의 관심 있는 규범들이 이자금지, 가격확정에 있어서의 장점의 금지, 채무관계에 대한 규정, 노예와 이방인들의 권리들, 동물들에 대한 관계, 안식일 지킴의 의무 등이다. 이 모든 것들을 정의의 계명으로 종합할 수 있다. 성경이나 유태교적 기독교적 언어사용에 있어서의 "정의"는 인간의 전체 종교적-관습적 행태이다. 그리스인들의 견해와는 달리 이러한 정의는 신에 대한 계시와 연관되어 있으며 정당(함)은 특히 신의 의지를 충족하는 자이다.

신약성서는 사회윤리적인 규정들을 유태교적인 전통의 법률형식으로부터 해방시킨다. 이에서는 윤리적인 규정들이 현실적으로 목표표상들이며, 복음서들에는 경제적인 행위들에 대한 서로 상충하는 서술들이 있다. 이로서 이러한 원문의 상이한 해석들이 또한 귀결되며, 복음서들이 구체적이고 관습적인 행태를 요구하는가 하는 문제는 나아가 오늘날 부정되고 있다. 이러한 것은 그러나 교회 성직자들의 시대에서는 전혀 달랐다. 초기 기독교적인 저술가들은 예수나 사도와 같은 개별 단어들을 전체의 상관관계 하에서 수용 하였으며 신약성서로부터 또한 경제생활을 위한 관습적인 규정들을 구축했다. 이러한 경향이 중세에서 종교개혁의 시기까지 지속되었다. 이를테면 이윤욕심의 평가로부터 모든 상업의 평가를 도출하였으며, 특히 이자금지에 있어서는 이러한 일방적인 해석이 분명해진다.

그리스의 저술가들의 관점과는 극도로 상반된 위치에 기독교적인 저술 작업의 열정들이 이루어졌으며 특히 데살로니가 1서 및 2서에 나타나는 바울이다. 바울은 노동을 사회적 의무로 관찰할 것을 공동체에 환기시켰으며, 기독교인은 다른 사람에 부담을 주지 않기 위해서가 아니라 필요한 사람을 도와줄 수 있는 위치에 있기 위하여 일을 하여야 한다고 했다.

교회의 성직자들은 교환거래에 있어서의 행위를 위한 규정들을 제시하였으며, 그들은 "공정한" 가격의 규정에 대하여 고려한다든지 욕구(수요) 혹은 비용에 대해서는 거의 문제제기를 하지 않고, 특히 교환 당사자의 윤리적인 행위에 대하여 관찰하였다. 그들의 목표는 사기나 소유욕심을 희석시키는 것이었으며, 이 세상에서의 소유를 가치중립적인 것으로 파악하였으며, 재화들이 어떻게 소비되느냐에 따라 관습적인 선과 악으로 인정되었다.

중세의 가장 의미 있는 교회의 성직자가 Augustinus이며, 그의 사고들은 중세의 신학자들에게 뿐만이 아니라 역시 또한 종교개혁자들에게 까지도 영향을 미쳤다. 그는 광범한 설교활동과 저술활동을 하였으며, 신학과 철학의 거의 모든 부문에 있어서 기독교적 이론의 발전에 커다란 공헌을 하였다. 그의 국가이론은 중세의 사회의 자화상을 나타내며, 그의 저술들은 고대 철학자들의 광범한 영향을 보인다. 경제문제에 관한 대부분의 서술들은 공동체의 강조와 연관되어 있으며, 끝없는 이윤추구를 공동체에 있어서의 사랑의 계명을 헤치기 때문에 비판하였으며, 특히 약한 자의 궁핍이 그로 인하여 착취당할 때는 더욱 그러하다.

## 4. 스콜라 철학

　서 로마 제국의 후신의 국가들에 있어서는 고도로 발달했던 로마의 유통경제가 다시 물물교환으로 형성되었다. 오늘날 서유럽 지역에 있어서는 11세기까지 경제적인 문제들에 대한 관심들이 이에 상응하여 낮았다. 11세기까지 상업은 주로 사치재화의 공급에 봉사하였다. 융성하는 도시들의 인구를 위한 상업이 중요성을 더하였을 때도 교회적인 이론들은 단지 지체하면서 실재의 당위에 적응하였다.

　스콜라 학자들도 교회의 성직자들과 마찬가지로 순수한 경제적인 상관관계를 인식하는 시도들은 적었다. 기독교적 윤리와 실재의 경제적인 행위의 양립성의 문제를 훨씬 더 인식하였다. 경제적인 법칙성이 시도된 것이 아니라 경제생활을 위한 행위규범이 시도되었다. 중세 신학자들의 경제관련 사고들은 공정한 가격과 이자금지의 문제들에만 맴돌았다. 사고의 바탕은 첫째로 교회의 성직자들의 이론들 이외에 Albert Magnus가 중재한 Aristoteles의 철학이었다. 이로서 공정한 가격의 명제는 고대이래로 생동적이었으며, 정치적인 요구로서 특히 경제적인 위기의 시기에는 나타났다. 이러한 문제의 국가적 가격조정과 신학적 반향 사이의 상호의존이 수용되어질 수 있다.

　가격은 사회윤리적인 의미에서 공정하여야 하며 개인의 교환의 관점에서가 아니라 공동체의 목표의 관점에서 간여하여야 한다. 가격은 (간단히 표현하여) 비용 지향적이어야 하며, (상대적으로) 수요에 대하여는 독립적이어야 한다. 공정한 가격에 대한 요구는 첫째로 개별의 양심을 지향하며, 이러한 개별은 양심에 거역하여 행동하는 자유를 가지기 때문에 국가가 옳은 행동을 강요하여야 한다.

경제적 문제들에 관한 중세적 고려들의 두 번째의 의미 있는 대상은 이자금지 이다. 폭리금지는 경제적으로 중요한 법적 규정의 핵심이다. 이러한 이자금지 조항은 가격공정성에 대한 요구와 밀접한 관계가 있으며, 대출에 대한 불공정한 반대급부에 대응하고 있다. 이자금지가 라틴어의 교회들에 의해서 채권자들에게 강요되고 있는 이러한 시기가 바로 화폐경제가 특히 이태리에서 확장되던 때였다. 교회는 여기서 분열이 일어났으며, 그들은 정신적인 힘으로서 그들이 스스로 실천하는 것을 평가했다. 상업거래와 화폐경제가 막강하게 발전하면 할수록 경제는 이자금지를 우회하는 새로운 길을 성공적으로 찾았다.

## 4.1. Albertus Magnus

Albertus Magnus는 Aristoteles의 사상, 특히 경제적인 사고에 영향을 미친 양 저서들인 "정치"와 "니코마흐 윤리학"을 그의 동시대 사람들에게 논의하고 라틴어로 번역하고 완전하게 해설한 최초의 학자이다. 이로서 그는 경제적인 사고에 커다란 영향력을 미쳤다. 그에 의한 해설의 가장 중요한 대상이 Platon에 거역하는 사적소유에 대한 Aristoteles의 논점이다. Albertus Magnus를 통하여 Aristoteles는 스콜라 철학의 전통에 커다란 영향을 미쳤으며, 사적 소유는 하나의 정치적인 사실이며 기독교적인 박애의 실행을 위한 하나의 기회라는 사고가 강조되었다.

문제가 되는 것은 공정한 가격의 규정의 요소들로서의 사회적 신분에 대한 스콜라 학자들의 자세이다. 여기에 정의에 대한 Aristoteles적인 이론이 도입되며, 그러나 종종 공평-/능률정의와 분배정의가 혼돈된다. 공정한 가격의 규정에 있어서의 신분귀속을 고려하는 것은 Albertus Magnus가 따르지 않는 견해이다. 그는 중세의 그리고 또한 고대의 신에 의해서 혹은 자연적으로 주어진 불평등으로 각인된 사회에서의 신분차등의 착취를 비판하였다.

그의 저서에서 상업의 일반적인 평가나 또한 종종 중세의 저서들에서 종교개혁까지 줄곧 발견되곤 하는 기만적이고 폭리적인 상인들에 대한 서술이나 비난들은 찾아보기 힘들다. Aristoteles가 상업이윤을 비판하였던 "정치"의 1권에 대한 해설에서 그는 인간들이 그들의 욕구들을 자체의 거대가계에서 충족할 수 없을 때는 물물교환이 시작한다는 것을 확신했다. 인구증가로 말미암아 상업은 더 멀리 떨어진 지역으로 확장되었으며 이로서 여타의 문제들과 더불어 운송의 문제가 나타났으며 화폐가 교환수단으로서 필요불가결하게 되었다. 화폐기반의 이러한 거래의 목표는 언제나 필요불가결한 것을 남는 것과의 교환으로 취득하는 것이었다. 이 이외에 화폐의 발명의 결과로서 거래의 두 번째 종류가 나타났으며, 여기서는 화폐가 언제나 더 많은 화폐와 교환되었다. 이러한 교환과정은 화폐의 본성에 반한 것이었으며 그의 동기는 소유욕심이다. 소유욕심의 다른 표현 형태는 독점이다. 독점적인 실행들은 공동체를 헤치며, 이러한 고려들에서 다른 거래 당사자의 부담아래에서 개별 상인들의 부를 확대하는 것에 맞추어진 행위방식에 대한 비판들이 귀결된다. 그러기 때문에 그는 상업을 감독하는 필요성을 보았다. 이에서 그는 사람이나 주일이나 혹은 나아가 계절에 대한 제한들을 들었다. 이를테면 의식적으로 결핍을 초래해서 이로서 나중에 이윤을 추구할 수 있기 위하여 가을에 대량으로 곡물이나 포도주를 사들이는 것을 금지할 수 있다. 이 외에 상업에 있어서의 기만이나 착각을 차단하기 위하여 대책들이 제공되어야 한다.

공정한 가격에 있어서는 무엇보다도 Aristoteles의 "윤리"의 5권에 있는 교환공정성에 대한 그의 연구를 꼽을 만 하다. 그에 의하면 공정한 가격은 비록 Aristoteles적인 등가의 원칙이 충족되지 않았다 하여도 재화거래에 있어서 착각이 없고 거래에의 참가자들이 자유로이 수용할 때이다. 여기서 암시할 수 있는 것은 중세에 있어서의 가격은 종종 국가에 의해서 결정되고 관습적으로 유효하다. 이러한 가격규정이 약한 교환당사자를 보호하는 데에 봉사되는 한 그는 이를 환영하였다. 그는 판매되는 재화가 판매행위에 있어서 시장의 평가에 상응할 때 가격이 공정하다고 생각했다. 경쟁에서의 (착각의도 없이) 시장가격과 그의 공정한 가격의 동일시는 논란의 여지가 없는 것은 아니다. 공정한 교환의 관점에서의 시장의 시금석은 노동이나 비용과 같은 다른 시금석과 양립할 수 없는 것으로 보아졌기 때문에 의심이 되는 것이다. 그는 "윤리"에 대한 해설에서 이러한 관점을 강조하였으며, 이러한 시금석들이 서로 보완하는 기준을 제시하며 양립할 수 없거나 거역되지 않는다는 것을 확신했다.

Aristoteles의 "윤리"의 5권에 대한 Albertus Magnus의 해설로서 정의에 대한 Aristoteles적 이론은 중세의 철학과 신학에 깊이 뿌리를 내렸다. Albertus Magnus에 있어서는 정의의 두 형태, 즉 분배정의와 공평정의 사이의 구분이 분명해졌다. 교환거래에 있어서의 정의는 공평정의의 문제이다. 이러한 정의논쟁의 단순한 도식들이 중세 내내 지속되었다. Albertus Magnus는 이러한 그의 관점을 마태복음의 해석에서 출구를 발견하였으며, 그는 이룩된 폭리군의 평가를 필요한 사람의 억압이라 강조했다. 여기에 이자금지에 대한 핵심이 다시 포함되며, 이를테면 가옥의 임대에 있어서는 일정한 기간 동안 효용이 주어지지만 화폐에 있어서는 어떠한 효용(utilitas)도 주어지지 않으며 화폐는 사용으로 소모되지 않는다는 것이다. 이러한 전통적 논점의 강조에 있어서 그는 이러한 것은 언제나 해당되지는 않는다는 것을 확신했다. 누가복음의 해설에 있어서 그는 위험의 논점을 추가하였으며, 그러나 계속하여 특히 화폐의 본질에 대한 논점을 강조하였다. 그는 또한 채무자는 그의 궁핍으로부터 탈출하기 위하여 대출이 요구되며, 폭리군은 채무자가 힘든 노동으로 이룩한 데에 참가하려고 한다고 보았다.

## 4.2. Thomas Aquino

그는 중세의 신학자로서 가톨릭교회의 이론에 가장 큰 영향을 미쳤다. 그의 윤리는 신적 법, 자연법, 국가 및 백성의 법 제정 (lex divina, lex naturalis, lex positiva) 사이의 구분에 기반하고 있다. 이러한 질서에 하나의 서열이 있다. 신적 법칙성과 자연적 법칙성에서 생겨난 제도들은 국가적 법률의 임의에 종속되지 않는다. 그에 의하면 덕은 그의 목표방향이 사적 법에 상응하는 이성질서의 유지이다. 경제문제에 대한 그의 고려들은 그의 저서 "Summa Theologiae"의 2권에 제시되어 있으며, 그 대상은 정의이다. 그에 의하면 구매, 임대, 대출, 이를 결정하는 계약들과 같은 경제적 교환의 형태들은 언제나 정의의 요구 하에 존재하여야 한다는 것이다. 그에 의하면 경제는 윤리적으로 규정되는 행위의 장이며, 정의는 경제를 그의 과제에 완전히 일치할 수 있는 것으로 인도하는 행위의 지향이다.

Thomas Aquino도 상업을 비판하였으나, 상업이 일반이나 약자를 해칠 때만이 이다. 그도 Aristotles처럼 결핍과 잉여를 상이한 지역에 평준화시키는 상인들의 효용을 보았다. 필요충족의 목적을 위한 상품교환은 하나의 불가피한 과제이다. 상인들은 이로서 상품들을 더 비싸게 팔 수 있으며, 그의 비용들을 가격에 계산할 수 있다. 그 자신을 위한 순수한 이윤추구는 거절되며, 이윤은 적당하여야 하고 상인의 노동의 임금에 봉사하여야 한다.

그는 공정한 가격에 대한 이론도 확장시켰으며, 노동 분업의 경제로부터 이룩된 교환은 그의 목적을 전체 사회적으로 수용하여야 한다. 중요한 것이 이미 당시의 교회의 성직자들에 의해서 완성된 "공정한" 가격을 위한 결정요소로서의 노동능률의 인정이다. 다른 가격요소는 "비용"에 나타나며, 여기서 비용에 이해될 수 있는 것이 원료비용이다. Thomas Aquino는 이에서 당시 길드를 통하여 규정된 수공업의 생산조건을 고려했다. 그는 가격의 결정에 있어서 이것이 존재함으로서 처음으로 교환행위가 일어나는 욕구들을 또한 고려했다. 재화의 가격은 노동과 "비용"의 고려 하에서 욕구들의 정도에 따라 결정된다. 그는 이러한 "가치"가 측정될 수 있는 통일적인 척도를 시도하였다. 이에서 그는 오늘날의 견해로 해석하면 상품의 가치는 교환당사자들의 서로간의 효용을 기록하는 시장가격을 통하여 가장 잘 나타날 수 있다는 결론에 도달했다.

이자금지 문제에 있어서 그는 또한 Aristoteles에 의존하고 있다. 여기서 결정적인 것이 화폐의 가치에 관한 그의 견해이며, 화폐의 가치는 그의 의미가 그의 가치의 지속성이나 다른 재화를 위한 대표 가능성에 있다고 보았다. 그는 화폐를 "소비재"로 계산했다. 욕구충족의 그의 기능의 수행으로 소비재의 존재는 중단된다. 화폐는 교환행위를 가능하게 하는 데에 봉사하며, 그의 사용은 동시에 또한 그의 소모이다. 소비재로서 이는 지속하여 사용되지 말아야 한다. 사용재는 욕구충족 이후에도 존재할 수 있다. 이로서 이자에 대한 일반적인 거부가 귀결된다.

그럼에도 그는 이자문제를 단순한 금지로서 해결되었다고 보지 않았다. 변화한 경제문화와 화폐업의 융성은 이자를 필요로 했으며, 어떻게 이자수용이 허용될 수 있는지에 대한 이유들이 파악되었다. 그는 이자수용의 합당한 이유들을 네 가지로 들었다:
- 대출에 있어서의 가능한 손실(damnum emergens)
- 얻으려다 놓쳐버린 이윤(lucrum cessans)
- 상인의 기업에의 참가(societas)
- 지켜지지 않는 만기 지불기간

여기에 이미 자본의 생산성의 인식에 대한 실마리가 보인다. Thomas Aquino가 이자수용을 허용된 것으로 보는 경우들에는 이자금지의 우회의 길을 터주는 것일 뿐만이 아니라, 여기서는 화폐의 생산적인 효용의 가능성을 포함한 것으로 들리는 이자금지 해제의 기반을 형성한다.

임금확정의 문제도 또한 그에 의하여 연구되었으며, 그는 이를 "공정한" 가격의 특수한 경우로 보았다. 노동계약은 그에게는 법률적인 임대계약이다. 노동자들은 사용자들에게 그의 노동력을 이용하게 한다. 상품의 교환에서와 마찬가지로 임금에 있어서도 능률과 반대급부가 일치하는 정의가 존재한다. 그의 견해는 중세적으로 임금의 크기를 위해서는 당해 개인의 "전체모두"에서의 자질과 사회에서의 그의 "신분"이 결정적이다. 모든 신분에 일정한 소득이 존재한다. 노동자의 임금은 그것이 신분적 소득에 상응할 때에 "공정한" 것이다. 그는 신분제적 질서를 문제 삼지 않았으며, 이는 그를 위해서는 신적 및 자연적 질서의 부분이다.

## 4.3. Jean Buridan

그는 그의 제자 Oresme와 화폐이론을 확장시켰으며, 그의 시대는 화폐경제가 커다란 진전을 보이고 있었으며, 또한 로마 교황청과의 거래를 위하여 의미를 더해갔다. 그는 화폐의 본질을 두 가지 관점인 금속함유와 구매력에서 연구하였으며, 그는 화폐의 구매력이 그 자체의 가치에서 나온다고 보았다. 그는 경제생활은 인간들의 욕구에 의해서 결정된다고 보았으며, 개별이 아니라 소비자들 전체에 의하여 결정된다고 보았다. 그는 최초로 전체수요를 고려했다. 시장가격은 공급과 수요의 결과라는 것이다. 이러한 가격은 소비자들의 전체가 인정한 가격이며, 그럼으로 이를 "공정한" 가격이라고 표현할 수 있다. 그는 최초로 전체수요와 전체공급을 공정한 가격과 연관시켰으며, 이로서 가격형성과정의 현대적인 연구에 대한 실마리를 제공했다. 충족되는 욕구가 크면 클수록 재화의 가치 또한 더 크다. 결정적인 것이 그러나 개별욕구가 아니라 일반적인 욕구였다. 정의는 모든 교환 당사자들이 그들에게 필수적으로 보이는 재화를 서로 교환할 수 있을 때라고 그는 생각한다. 그가 가격이 도덕적인 척도가 주어지기 이전에 어떻게 형성되는가를 연구하는 데에 노력했다는 사실은 그의 저서들에 경제이론적인 사고들의 사실적인 실마리들이 나타난다는 것이다.

### 4.4. Antonin Firenze

그는 "경제"의 인식대상에 자세하게 몰두하였던 얼마 안 되는 신학자 중의 한 사람이다. 그의 견해는 우선 그의 주 저서 "Summa theologica"에서 볼 수 있으며, 특히 가격공정성과 자본에 대한 이론의 문제들을 다루었다. 경제 부문에 대한 그의 인식들은 전수된 사고재산과 관찰되는 경제적 현실 사이의 점점 더 커져가는 격차로 귀결된다. 그는 스콜라 철학의 가치체계에 의무 지워져 있었지만, 그의 시대의 경제적 발전을 이해하기 위하여 Thomas Aquino 체제의 정태적 관찰을 피할 것을 시도했다. 경제적 현상에 관한 그의 견해의 핵심적인 문제는 정의의 문제이다. 그의 가격이론에서 그는 가격결정의 표상과 자유로운 가격형성의 표상 사이의 종합을 시도했다. 그의 가격이론의 출발점이 가치이론에 대한 표현이다. Duns Scotus(1266~1308)에 의지하면서 그는 "자연적" 가치와 사용가치를 구분하였다. 교환 가능한 재화의 가치결정을 위해서는 단지 사용가치가 결정적이다.

그는 사용가치의 결정기반들을 세 가지로 꼽았다. 첫째 재화의 가치는 그의 유용성인 욕구를 충족시키는 특성(virtuositas)에 의해서 결정된다. 둘째 재화의 가치는 그의 희소성(raritas)에 의존적이다. "virtuositas"와 "raritas"는 재화의 객관적인 특성이다. 그러나 이러한 객관적인 특성만이 가치를 결정하는 것이 아니라, 주관적인 요인들도 가치결정에 역할을 하며, 그는 이를 "complacibilitas"로 표현했다. 의미하는 것은 개인에 의한 당해 재화의 서로 상이한 주관적인 평가들이다.

재화의 가치평가에 있어서의 이러한 주관적인 차이는 이제 가치의 정확한 고정을 한 점에 두는 것이 아니며 이로서 공정한 가격의 결정이 이루어지지 않는다. 그의 견해에 따르면 모든 재화들에는 나아가 일정한 가치 폭이 존재하며, 이러한 가치 폭 내에서 가격이 진동할 수 있다. 그의 가치이론에서 그는 공정한 가격에 대한 3단계를 구축하였다. 모든 재화들은 경건한 가격(낮은 단계), 관심가격(중간단계), 엄한 가격(높은 단계)이 존재한다. 낮은 가격과 높은 가격이 경계선이며, 이 가운데에서 실재 가격의 진동이 이룩될 수 있다. 확정된 경계선 안에서 가격은 이제 "노동과 비용"을 통하여서도 결정되며, 또한 "raritas"와 "complicibilitas"의 관계에 의해서도 결정된다.

이러한 3단계에 의한 공정한 가격의 구축에 의해서 그는 신용수용의 문제를 해결했다. 그는 현금지불의 장점을 강조하였지만, 지불기간이 보장되는 영업 또한 유효하게 봤다. 이러한 경우 그는 더 높은 가격의 요구를 정당하게 봤다. 지불 기간이 지난 경우의 가격도 그러나 높은 가격을 넘지 말아야 한다. 그의 가격이론의 화해의 성격은 공정한 가격이 상이한 평가의 결과로 주어지는 일정한 진동에서 고정된다는 것이다. 이러한 가격형성의 어느 정도의 경계선에서 보아지는 자유는 개인적인 이윤추구에 대응하는 것이다.

가격공정성에 대한 그의 견해들로써 상업의 긍정적인 평가가 이루어진다. 상업은 상이한 장소에서의 잉여와 결핍을 균등화하는 것만이 아니라, 동시에 민족들의 평화로운 공동생활을 촉진한다. Antonin Firenze는 개별 사업의 능률을 분석하고 이에서 상응하는 반대급부를 도출해 냈다.

자본에 대한 이론도 그는 지속 발전시켰으며, 현실적으로 생산성의 기준의 방법으로 이루어진 금전대출과 자본설비의 구분이다. 그는 자본설비를 생산적으로 보았으며, 그럼으로 자본-이자를 정당한 것으로 보았다. 순수한 금전대출에 있어서 그는 원칙적으로 이윤의 목표를 거절했다. 그러나 화폐지불이 손실에 대한 보상이나 예상되었으나 이루어지지 않은 이윤에 봉사할 때는 실행될 수 있는 것으로 보았다.

## 5. Salamanca학파

이러한 중세의 화폐이론의 출구로서 16세기의 Salamanca학파는 경제적-이론적 인식의 실마리를 위하여 하나의 중요한 의미를 가진다.

14 · 15세기의 이베리아 반도에서는 고대의 저술가들의 사고들이 이

슬람교, 유태교, 기독교적인 전통들과 어우러져 있었다. 철학과 신학이 새로운 문제들과 직면하였으며, 새로운 해결책들이 연구되고 발전되었다. 서양의 지리상의 확장 이후에 경제적인 문제들이 변화하였다. 귀금속의 유입의 부정적인 결과들이 감지되었으며, 16세기 중엽에 이미 금과 은이 부(복지)와 동일하지 않다는 것이 분명해졌다. 거대한 규모의 가격상승들, 농업의 등한시, 영업에 있어서의 질적 저하, 거대 상업회사들의 파산들이 경제적-이론적 인식의 기반이 되고 있는 공정한 가격이나 이자금지에 대한 새로운 고려들을 불러 일어 켰다. 이때까지 자연법과 국제법의 지속발전에 있어서 지도적인 위치에 있었던 Salamanca대학이 이제 경제적-사회 윤리적 지향적인 연구의 중심이 되었다. 핵심이 "화폐"의 문제이며, 인플레이션의 현상과 국가적 및 국제적인 재화- 및 화폐순환이 분석되었다. 이러한 기반위에서 가격형성과 금융업이 연구되었다. 이러한 연구의 결과가 주관적인 가치이론에 대한 실마리와 국제무역의 관점하에서의 화폐의 수량이론의 발전이다.

16세기의 가장 의미 있는 경제윤리가가 Luis de Molina(1535~1600)로서, 그는 경제적 사실들의 경험적 연구의 귀납적인 방법을 스콜라 철학의 규범적인 윤리와 연결하기를 시도하였다.

Salamanca학파들의 인식들은 신학적-철학적으로 지속 발전되었으며, 이러한 방향은 방법론적으로 스콜라 철학의 전통에 머물었으며, 그러나 내용적으로는 특히 구체적인 것, 역사적인 변천 가능성을 강조했다. Luis de Molina는 아주 열심히 상업의 연구에 몰두하였으며, 특히 16세기 이베리아 반도의 경제의 의미에 있어서의 상업의 연구에 열중했다. 상업 그 자체로서는 선도 아니고 악도 아니며, 그에 기반하고 있는 목표를 통하여 처음 밝혀진다. 허용된 목표들 하에서 그는 부의 축적을 통하여 더 높은 사회적 위치에 도달할 수 있다는 목표를 도출했다. 이로서 그는 모든 사회적 위치는 합법적인 영업노력의 범위를 정한다는 Thomas Aquino의 이론을 넘어섰다.

Luis de Molina에 있어서도 핵심적인 주제는 "공정한" 가격이었다. 특히 인플레이션과 같은 당시 스페인 경제의 실재적인 문제의 관점에서 그는 가격을 위한 가능한 결정기반들을 연구하는 것뿐만이 아니라, 이를 넘어 구체적인 가격형성의 문제에로 나아갔다. "노동과 비용"을 넘어서는 결정적일 수 있는 요인들을 Salamanca학파는 연구해냈다. 가격형성의 결정적인 요인들은 Luis de Molina에 의하면 상품에 대한 결핍과 잉여, 수요의 크기들, 욕구들의 강도, 통화량의 확장과 축소이다. 마지막의 관점들은 가격들의 실재의 관찰된 발전을 반영하는 것이며, 이로서 전통적인 요소들인 효용가치, 희소성, 가치평가(utilitas, raritas, communis aestimatio)를 훨씬 넘어섰다. 그의 가격형성에 있어서의 복잡한 상관관계의 인식은 스페인에 있어서의 국가적인 가격정책에 대한 강한 비판을 가져왔다. 그에 의하면 입법가들이 가격고정을 시간적으로 장소적으로 상이한 관계들이 정당화 될 수 있도록 그렇게 유연하게 형성한다는 것은 불가능하다는 것이다.

가격형성과 연관하여 또한 이자와 자본의 문제들이 논의되었다. 선불(조달유예의 구매)에서는 가격이 억압될 수 있으며, 신용으로 구매될 때는 가격이 더 높을 수 있다. 그는 상업과 운송업의 경제적인 기능을 인식한 최초의 신학자로서, 노동자의 사용을 통한 생산의 금융을 긍정적으로 보았다. 그는 또한 "화폐"를 위한 시장의 존재를 확신했으며, 화폐의 변화한 기능을 인식했으며, 화폐의 소비와 사용이 병행된다는 것을 강조했다. 이로서 또한 화폐에 공급과 수요의 법칙이 응용되어질 수 있으며, 화폐의 "시장가격"이 존재할 수 있다. 이러한 인식에도 그는 이자금지의 폐지를 도출하지 않았으며, 허용된 신용업의 차등화한 관점만을 보였다.

## 6. 종교개혁자들

중세 말기에는 경제적인 생활을 기본적으로 변화시키는 발전들이 진행되었다. 경제문제들에 대한 종교개혁자들의 서술들은 역시 또한 대부분 중세적인 사고에 의해서 각인되었다. 이 시대의 저술가들을 위해서도 또한 역사는 순수한 "국민 경제적인" 견해들을 제시하지 않았다. 변함없이 윤리적인 문제들이 경제적으로 중요한 고려들의 핵심에 있었다. 스콜라 학자들에 있어서와 마찬가지로 종교개혁자들의 사고의 행보들은 이자수용의 문제와 "공정한" 가격의 문제로부터 출발했다. 경제와 사회에 있어서의 변화들이 체계적으로 연구된 것이 아니라, 사회윤리적인 요구들을 위한 배경이나 돌출만을 형성했다.

### 6.1. Martin Luther

Martin Luther(1483~1546)는 경제적으로 중요한 문제들을 그의 주위에 존재하거나 혹은 영혼을 담당한 사람으로서 그에게 닥아 왔던 문제들과의 상관관계에서 서술하고 있다. 이로서 그의 표현들은 이를테면 Thomas Aquino에서와 같이 체계적인 반향의 결과가 아니다. 이러한 것은 특히 그의 이자문제에 대한 서술에서 나타난다. 그는 스콜라 시대에서 허용되던 이자 요구권을 허용되지 않는 것으로 보았으며, 심지어 지대구매를 "폭리"로 표현했다. 그는 또한 사치에 대하여 극단적으로 투쟁하였으며, 그의 견해에 의하면 부자들의 사치적인 욕구들로 인하여 금과 은이 외국으로 흘러 들어가기 때문에 화폐가치의 하락을 야기 시킨다고 보았다. 특히 그는 수공업의 황폐를 야기시키는 대형상업회사를 집중 공격했다. 그는 국가적인 가격확정을 특별히 대표했다.

이자와 가격에 대한 그의 위상수용 만이 경제학자들에게 중요한 것이 아니라, 특히 국가의 역할이나 복종에 대한 그의 사고들은 폭 넓은 조망을 보여줬다.

그는 그의 혁명적인 강점들을 의식함이 없이 현실적으로는 고래로 전수된 현재 상태에의 집착을 원했던 보수적인 성격의 소유자이었다. 이러한 것은 농민전쟁이나 교회법에 대한 그의 위상수용에서 잘 나타나고 있다. 비록 그가 교회법을 교황청의 요새로서 거부함에도 불구하고, 가톨릭교회에서 이미 논쟁이 되고 혹은 약화된 교회법의 많은 규정들을 거의 글귀 그대로 충실하게 따랐으며, 특히 경제생활에 관한 조문에 있어서 그러했다. 1525년의 대 농민전쟁에 대한 그의 위상수용은 신에 의하여 유지된 공권력에 대하여 긍정적인 자세를 보일 뿐만이 아니라, 농민전쟁에서 수행된 살인에 대한 그의 경악을 나타냈다. 그는 불가피한 개혁들이 소요를 통하여 강요되어야 하는 것이 아니라 국가적인 공권력에 의하여 실행되어야 한다고 강조했다.

그의 이러한 위상수용은 제후적인 힘의 강화에로 인도했다. 구체적으로 그는 국가적인 공권력에 의한 경제생활에의 개입을 요구했으며, 특히 가격들의 확정, 사치의 몰아냄, 무역의 규정과 제한에서 그러하였으며, 곡물무역에서 그는 국가적인 기구가 들어서야 한다고 했으며 사적인 곡물무역을 폭리라고 수없이 표현했다. 교회법적 이자금지도 국가적 공권력에 의하여 지속적으로 실행되어져야 한다고 했다.

## 6.2. Johannes Calvin

Johannes Calvin(1509~564)은 경제적인 발전을 위한 자본의 의미를 인식했다. 그는 또한 영업열심 (산업), 상업, 금융업의 전개의 긍정적인 측면을 보았다. 그가 이자수용을 기독교에서와 같이 무차별하게 보지 않았다는 사실은 현대적인 경제생활을 위해 폭넓은 의미를 지닌다.

그는 이자의 혜택에 대하여 논의하며, 화폐로서 수익을 일구어낼 수 있는 땅덩어리를 살 수 있다는 것이다. 만약 상인이 화폐를 다른 경제 부문에 투입한다면, 이로서 그는 수익을 기대할 수 있으며, 즉 이자를 요구할 수 있다. 화폐는 화폐를 생산할 수 없다는 고대의 Aristoteles적인 변명을 그는 경제적인 실재를 통하여 부분적으로 반대할 수 있었다. 성경의 이자금지는 부유한 사람들의 사랑이 없는 데에 대한 가난한 사람들의 보호에 만이 요구되는 것이며, 번창하는 화폐들로서 그의 영업의 수익을 증가시키는 그러한 사람들의 보호를 위한 것이 아니란 것이다.

# PART 3.
## 중상주의

## 1. 문제제기와 구분

경제적인 발전은 산업화의 시작 이전에 유럽의 나라들에서는 아주 상이하게 진행되었다. 나라들의 경제- 및 사회구조 또한 극도의 차이를 보였다. 이미 15·16세기에, 그러나 특히 17·18세기에 지배자들은 이를 통하여 정치적 및 경제적인 힘을 획득하기 위하여 자기 나라의 경제력을 (급한 경우에는 다른 나라들의 비용위에서라도) 증가시키기를 시도했다. 이러한 것은 유럽 대륙에서는 대체로 왕들과 제후들을 위하여, 영국에서는 특히 거대 기업 및 상업조직들을 위하여 유효했다. 이로서 상이한 제안들, 행위지침들, 프로젝트 및 프로그램들이 형성되었으며, 동시에 또한 두 가지 문제점들이 주어진다.

- 목적과 수단의 중요한 동일성이 유럽 국가들에 있어서의 경제정책의 동일적인 표본을 인식하게 하느냐 하는 것이다.
- 이러한 기본적인 경제이론들을 경제이론의 실마리로 혹은 심지어 독립된 체제로 자리 매김 하는 것이 정당한가 하는 것이다.

절대주의 시대에 있어서의 유럽 국가들의 경제정책의 기본모형을 한계짓고 기본적인 이론들을 특징짓기 위하여 "중상주의" 및 "중상체제"(특히 영국과 프랑스에서) 개념이 응용된다. 15·16세기의 경제적 사고들의 화폐 정책적 제안들(또한 초기 중상주의자들로 표현되는)을 Karl Marx는 "통화주의"의 저술가들로 종합했다. 이들은 특히 영국에 있어서 경제적인 영향력을 달성했다. 프랑스에 있어서 중상주의 이론들은 특히 국가의 재정을 담당했던 Jean Baptiste Colbert(1661~1683)의 시대에 의미가 있다. 신성로마제국에 있어서의 중상주의적 이상들과 규정들은 대부분 "관방주의"의 개념 아래로 종합된다. 이로서 한편으로는 독일의 작은 제후국들에 있어서의 중상주의의 특이한 형태들이, 다른 편으로는 제후들의 입법, 행정 및 재정경제(camera)를 위한 행위규범들에 대한 경제정책적인 제안들의 확충이 표현될 수 있다. 그럼으로 독일어 언어영역의 모든 중요한 관방주의자들은 경제정책적인 문제들에 있어서 관방주의적인 견해들을 대표한다. 이들은 프로시아와 오스트리아에서는 18세기 말엽까지 지배적이었다.

이에 반하여 프랑스에서는 18세기 중엽에 하나의 반대의 움직임인 중농주의(자연의 지배)가 정착했다. 이 개념은 Francois Quesnay(1694~1774, 프랑스 루이 15세의 주치의)에 의해서 설립되어 그의 추종자들에 의해서 확장 지속 발전되었던 일련의 프랑스 경제학자들 및 국가철학자들의 이론들을 의미한다. Colbert주의에 대한 비판과 자연법으로부터 출발하여 Quesnay는 그의 제자들과 더불어 원형적인 사고가로서 국민 경제학의 독립적인 학파를 형성했다.

중상주의의 영향은 프랑스에서 또한 루이 14세가 사망한 이후(1715) 줄었다. 영국에 있어서의 중상주의는 비록 1767년에 James Steuart가 역시 또한 중상주의적 이론들을 체계적으로 종합하였다 하여도, 18세기 중엽 경에는 산업화의 영향 하에서 내몰아쳐 졌다. 또한 Adam Smith의 "국부론"의 출판이 중상주의에 대한 파멸적인 비판과 더불어 자유주의적인 경제이론의 확산을 준비했다.

## 2. 중상주의적 이론들

### 2.1. 화폐와 고용

비록 중상주의가 독립적인 경제이론의 이론구축물로 발전되지 않았다 하더라도, 중상주의적 저술가들의 얼마의 공헌들은 경제이론에 또한 현실적인 실마리를 제공했다. 이들은 여기서 경제적인 행위를 이기주의의 기반 위에서 설명하고 그리고 국가의 경제정책적인 대책들을 수단-목표의 관계로 간주하여 설정하려는 르네상스와 종교개혁이래의 증가하는 시도들과 결부시켰다.

유럽의 개별 나라들에 있어서의 경제정책적인 이론들과 처방들이 이렇게 상이한 종류였음에도 불구하고 경제과정의 단일적인 견해가 기반에 있었으며, 저고용 경제에 관하여 중상주의자들은 국가 경제적으로 생각했다. 그들은 상업, 영업, 농업에 있어서의 생산적인 힘들(생산력)의 고양에 대한 경제정책적인 대책들을 설정하는 것을 추천했으며, 생산력의 증가된 전개를 통하여 경제뿐만이 아니라 국가를 촉진할 것을 추천했다. 이에서 그들은 장기적인 및 단기적인 문제들을 고려했다. 장기적으로는 생산적인 힘들(생산 잠재력)이 확장되어져야 하고, 단기적으로는 그들은 노동력, 토지 및 생산자본을 언제나 인플레이션적인 가격상승들 없이 경제과정에 정렬시키기 위해서 구매력 있는 수요의 증가를 추구했다. 경제정책의 이러한 안정화정책적인 지향이 얼마나 중요한가 하는 것은 16세기에서 18세기까지의 유럽의 경제사가 보여준다. 유럽에로의 금의 유입, 식민지에 의한 상업영역의 확장, 30년전쟁과 그의 귀결, 경제적 자유에 대한 상업과 영업의 요구들은 경제정책적인 대책들이 필수적으로 화폐량과 생산적인 힘들의 발전을 조성하고 국내적 경제의 촉진을 통하여 제후국들의 경제적 및 정치적 힘을 증가하는 것을 목적으로 하게 하였다.

이로서 경제정책적인 대책들의 기반들이 시간의 흐름에 따라 변화하였다. 초기 중상주의적 저술가들이 금속의 화폐의 소유에서 나라의 부와 발전을 위한 높은 의미를 인식하는 것을 믿었던 반면, 중상주의의 나중의 저술가들은 화폐의 기능들을 전방에 세웠다. 그에 의하면 화폐는 경제과정을 자극하는 하나의 수단이었으며, 국가수지잉여는 경제성장과 힘의 확장의 표현으로 보였으며, 이러한 것은 전적으로 다른 나라의 비용 위에서 뿐만이 아니라 오히려 (동태적 관찰방식에 상응하여) 장기적인 경제적 성장의 범주에서도 그러했다. 이로서 국가는 경제정책의 주체와 객체로서 중상주의의 중앙에 나왔으며, 특히 유럽의 대륙에서 그러했다. 중상주의는 이로서 특히 단일형상을 보여주었으나, 최근의 연구들은 이에 반하여 중상주의적 경제정책의 시간적 및 장소적 차이를 (특히 프랑스에 있어서) 제시한다.

고용과 생산의 관점에서의 화폐의 유통속도의 증가의 그리고 화폐량의 증가의 자극적인 그리고 안정적인 작용들은 이미 17세기의 전반에 영국에서 제시되었다. 화폐량의 증가는 영업과 수공업에 있어서의 새로운 작업장을 창조하고, 당해의 나라를 영업적 경제의 중요한 상품의 수입으로 부터 독립적이게 하고, 그리고 이로서 나라의 경제적 및 정치적 힘을 확장하는 데에 봉사하여야 한다. 대륙유럽의 나라들에서는 이러한 경제정책적인 대책들이 특히 지방 제후들의 힘을 강화했다.

그러나 화폐의 유통속도 및 통화량에 대한 변화의 확장적인 작용들 뿐만이 아니라 또한 역시 축소적인 작용들도 연구되었다. 축재와 "보물형성"의 상이한 형태들이 화폐작용들과 중상주의적 표현들에서 추측할 수 있다. 중요한 예들이 Johann Joachim Becher(1635~1682)와 Johann Heinrich Gottlieb von Justi(1717~1771)의 것들이다.

Becher는 오스트리아적인 방향의 중상주의의 가장 의미 있는 대표자로서 "보물형성"의 부정적인 작용들에 대하여 서술했다. Justi는 나라의 화폐량을 인간 신체의 혈액순환과 비교했다. 혈액은 부이고, 영업은 혈관이며, 정부는 심장이라고 했다.

화폐가 끊임없이 유통에 유지되어져야 한다는 요구는 중상주의적 화폐이론의 필수적인 구성요소를 형성한다. 동시에 화폐적인 및 상품경제적인 순환흐름들의 고려는 중상주의자들을 위한 특징이다. 그럼으로 그들은 이러한 재화들이 국내에서 생산되는 한 재화와 서비스를 위한 국가의 화폐지출과 사치재화를 위한 부유한 가계들의 화폐지출들에 큰 의미를 부여하였다. 이에서 그들은 인플레이션 위험은 적게 평가하였으며, 그들은 나라의 높은 공급 탄력도와 저 고용을 인식했기 때문이다.

영국에서는 James Steuart(1712~1780)가 국가가 경제적 순환에 있어서의 장애들을 방지하는 과제를 가져야 한다는 견해를 대표했다.

또한 영국계의 아일랜드 은행가인 Richard Cantillon(1680~1734)은 그의 저서 "Essai"(1734 저술, 1755 출판) 에서 중상주의적 화폐- 및 고용정책의 기반들에 대하여 서술하고 있다. 그는 하나의 아주 중요한 경제정책적인 도구로서 능동적인 국제수지의 촉진을 꼽았다. 이에서 그는 이와 연관된 증가하는 화폐공급의 인플레이션적인 작용들을 간과하지 않았으며, 또한 그는 상인들과 생산자들의 증가하는 저축과 축재의 가능성들 및 증가하는 국제적인 화폐이전거래들의 가능성들을 제시했다. 이로서 그는 가격들이 국내적 통화량과 반드시 같은 정도로 증가하지는 않는다는 것을 결론지었다.

스웨덴에도 중상주의적 이론들이 도입이 되었으나, 대부분 대륙의 중상주의적 저술가들, 특히 독일의 관방주의자들의 영향아래에 있었다. 국가적인 조정정책의 스웨덴적인 추종자들(예를 들면 Anders Berch)에게는 그들이 개혁관방주의자들이며 심지어 자유주의자들이었다는 비판을 받았다. 최근의 연구들은 스웨덴에서도 실재의 경제정책이 이론적인 기반 없이 실행된 것은 아니라는 것이며, 이에서는 경제적 및 사회적 문제들의 상이한 형태들이 논의되어야 한다.

## 2.2. 능동적 국제수지정리

15·16세기의 "통화주의자들" 혹은 "금덩어리주의자들"(Karl Marx의 표현)은 귀금속덩어리와 금-/은화에 대한 재고들을 한 나라의 부나 경제적 복지의 척도라고 생각했다. 이로서 그들은 외국에로의 귀금속이나 화폐의 유출을 방지하는 제안들을 도출해 냈다. 이미 동인도 회사의 사장 Thomas Mun(1571~1641)이 영국과 인도사이의 무역에서 실재로 보여 주었다.

나중의 중상주의자들도 또한 한 나라의 전체적인 국제수지를 언제나 능동적인 국제수지를 추구하게 추천하는 견해였다. 이에서 그들은 국제수지에 있어서의 서비스 부문들과 국제적인 자본이동들의 영향을 고려했다. 그들은 동시에 "보이지 않는 불입금"의 작용들, 특히 운송료 및 보험금의 불입금, 우방 국가들에 대한 지원불입금, 외국에서 수행된 전쟁을 위한 지출재정, 외국에의 여행객들을 위한 및 교황청에 대한 기부금을 위한 지출재정과 같은 "보이지 않는 불입금"의 작용들을 논의했다.

능동적인 국제수지에 대한 중상주의적 정리는 1656년 John Lock에 의해서 화폐의 이중기능으로 증명되었다. 이에 의하면 화폐는 한 편으로는 이자수익을 가져와야 하며, 다른 편으로는 교환을 통하여 "신체의 필요와 안락함을 위한" 재화들을 창조하여야 한다. 즉 화폐는 부분적으로 생산수단이고, 또한 부분적으로는 일반적인 교환수단이다. 이로서 Lock은 한 나라의 화폐를 증가시키는 가능성을 단지 두 가지로 보았다. 즉 당해 나라의 채광에 있어서의 귀금속 생산을 통하여, 혹은 상업과 마찬가지로 신용의 수용을 위한 폭력의 사용을 통해서 이다. 영국을 위해서는 그는 상업, 특히 무역을 현실적인 진로로 인식했다.

경제적 발전에 있어서의 국제수지잉여의 작용들을 강조한 다른 원형의 저술가는 영국의 의회의원이며 소아시아-아프리카 회사의 사장인 Dudley North(1641~1691) 이다. 그는 화폐의 기능들과 상업의 작용들로부터 많은 중상주의적 저술가들과는 하지만 다른 결론들을 도출해냈다. 그의 견해에 따르면 국가의 상업제한들은 국민의 복지를 방해한다는 것이다. 귀금속의 축적은 번성하는 상업의 부산물이고, 그럼으로 국가는 귀금속과 화폐로 경제의 공급을 걱정할 필요가 없다는 것이다. 그럼에도 그는 19세기의 자유주의적인 경제학자들과 동일시 될 수 없으며, 오히려 상업행위의 우선적인 의미를 가졌으나 그러나 경제적 흐름의 자연법칙성의 표상이 없었던 그의 시대의 경제적인 사고들과 밀접한 관계가 있는 것으로 보인다.

James Steuart도 결국 또한 능동적인 국제수지의 정리를 기초했다. 그에 의하면 국민적인 부의 증가는 한 나라가 소비할 수 있는 재화를 수출하고 이를 위해 소비할 수 없는 재화(화폐)를 수입할 때만이 가능하다. 귀금속들이 교환- 및 지불수단으로 유효 하는 한 이러한 귀금속들의 취득은 국민적인 부를 증가시킨다.

이로서 중상주의자들의 통상정책적인 제안들은 재화의 수입- 혹은 수출의 제한에 대한 다양한 대책들(금지, 보호주의적 규정들, 수량제한)과, 또한 역시 수입- 및 수출의 촉진에 대한 개입들(국가보조, 조세혜택, 상업- 혹은 생산독점들, 상업전쟁, 군사적 행위들)을 만났다. 중상주의적 도구로서의 전쟁에 대한 인정으로부터 그러나 중상주의자들이 일반적으로 지구의 부들은 전체적으로 고정된 양으로 존재하기 때문에 한 나라는 다른 나라의 비용위에서 만이 이익이 될 수 있다는 것을 확신했다는 견해를 도출할 수는 거의 없다. Richard Cantillon에 있어서는 이미 동태적인 견해가 나타나고 있으며, 이러한 견해에 의하면 자본재고는 한정적이지 않고, 기술적인 지식도 고정되어 있지 않다. 저술가들은 민족들의 부와 힘은 전적으로 개별 나라들의 비율들에 완전히 의존한다는 견해를 대표하는 한, 그들은 전 산업적인 시대에 있어서의 정태적인 경제흐름의 경험들과 연관되어 있다.

## 2.3. 임금-/인구정책

노동 분업을 확장하고 대외무역에서의 기업들의 경쟁력을 강화하기 위하여 중상주의자들은 가능한 한 낮은 임금수준을 요구하였다. 노동집약적인 생산의 결과로 상대적으로 낮은 임금률은 (수입되는 원료의 지출의 저하에 대한 중상주의적인 대책들과 더불어) 생산의 상대적으로 낮은 단가로 이어졌다. 이로서 수출재화들의 경쟁력이 국제적인 시장들에서 증가하였다. 동시에 국내 상업도 지역적 및 국제적인 필요의 상품들로 확장되었으며, 노동 분업은 강화되었다.

국내에 있어서의 낮은 임금률의 전제조건은 그러나 노동력에 대한 지속적인 높은 공급이다. 그럼으로 중상주의자들은 노동공급의 증가에 대한 국가적인 대책들을 추천했다. 그들은 국가가 인구증가를 촉진해야할 것을 요구했다. 이로서 국내적인 수요가 증가하게 되며, 결국 노동 분업과 국내 상업이 확장되어질 수도 있다. 17세기 말엽에는 이로서 인구증가를 위한 광적인 노력들이 지배적이었다. 추천된 대책들은 외국인 유입이민의 촉진, 외국에로의 이민 방해, 비 거주지역의 개간과 이주, 결혼촉진, 노동시간의 통제, "먹고 노는 생활"의 폐지, 국가와 교회에 의한 후생대책들의 폐지 및 빈민보호 법률의 폐지를 포함하고 있었다. "노동가옥"들에서나 "공장가옥"들에서는 노동을 기피하고 돌아다니는 사람들을 노동훈련에로 "길러"시켜져야 했다. 중상주의자들은 또한 노동력에 대한 직업교육과 재교육의 개선에 대한 대책들의 의미를 암시했다. 그들은 교육체제의 확산, 특히 전문학교의 설립을 요구했으며, 이러한 길로서 또한 기업들의 경쟁력(특히 수출 지향적인 영업 부문)이 증가될 수 있다.

프랑스의 중상주의자 Francois Veron de Forbonnais(1722~1800) 는 인구의 증가를 위하여 대변했으며, 이것은 산업체제의 발전을 위한 전제조건이기 때문이다. 프랑스의 재정장관 Jean Baptiste Colbert(1619~1683)도 또한 인구의 증가에 커다란 비중을 두었다. 그는 조기 결혼을 촉진하였으며, 결혼지참금을 낮추기에 노력하였고, 또한 유태계 상인들과 위그노파의 사람들(16세기 프랑스의 칼빈파의 신교)의 추방을 제한할 것에도 노력했다. 인구의 증가를 통하여 그는 유리한 생산조건들(노동력, 낮은 임금수준)과 영업적 상품에 대한 증가하는 수요를 유도하려 했다. 인구, 고용, 생산 및 수요의 증가에서 그는 조세수입, 국가지출 및 나라의 복지의 증가를 위한 기반들이라고 생각했다.

중상주의에서 고전적 국민 경제학에로의 과도기의 이론가였던 Richard Cantillon 또한 그의 저서 "Essai"에서 인구를 내생적인 변수로 제시했다. 커다란 인구수를 그는 (군사적인 측면에서 뿐만이 아니라) 긍정적으로 평가했다. 폐쇄된 국민경제에서는 고용이 생산에 있어서의 노동과 토지의 관계에 의존하며, 이러한 관계는 여기서 재화수요에 의하여 결정된다. 개방된 국민경제에서 고용은 노동집약적으로 생산된 재화의 수출과 토지 집약적으로 생산된 생산품의 수입을 통하여 증가될 수 있다.

영국에서는 James Steuart가 인구수와 토지에 대한 관계를 고려하였다. 그는 한 나라의 인구성장과 식량 놓이 공간 사이의 긴장들을 제시했으며, 이로서 인구문제는 인구와 인구의 유지(식량)가 확보될 때만이 해결될 수 있는 것으로 알았다. 이에 국가의 경제정책적인 대책들이 맞추어져야 한다고 보았다.

## 2.4. 조세정책 및 국가지출

국가재정의 질서에 대한 프랑스 중상주의의 기본적인 견해들은 실재적인 대책들로부터 귀결되어져야 하며, 왜냐하면 절대주의가 국가의 재정정책에 대한 학문적인 저술의 형성을 어렵게 하였기 때문이다. 이로서 루이 14세 때의 프랑스 재무장관인 Jean Baptiste Colbert의 재정- 및 조세정책적인 원칙들이 시사하는 바가 많다. 국가지출을 다시 가처분의 국가수입의 범주로 되돌리기 위해서 그는 모형계산에서 조세액과 유통되는 통화량과의 사이의 관계를 1:3으로 할 것을 추천했다. 이에 상응하는 관계가 또한 개별 지방을 위해서도 유효하여야 했다. 거기서 지방 감독자들은 조세징수의 비용을 줄이는 데에 노력하여야 했다. 동시에 국가지출들은 지역적으로 차등화 될 수 있어야 했다.

그는 또한 영업- 및 상업정책을 재정정책의 목표를 위하여 맞추었다. 조세율과 조세측정 기반들의 변동들과 조세지출의 변화된 비중들 및 재정관청의 재조직에 대한 질서정책적인 대책들을 통하여 그는 프랑스의 경제적 발전을 안정화할 것을 시도했다. 한 편으로는 그는 농부들에게 부담을 주는 직접세(traille)와 염세(gabelle)를 낮추었으며, 다른 편으로는 소비세들, 영업세들 및 도시의 간접세(akzise)들을 증가하였다. 동시에 그는 조세수입에 대한 조세징수 공무원들의 비중을 낮추고, 조세징수를 그의 공무원들을 통하여 집중 통제하였다. 여타의 대책들은 차입에 대한 해약고지, 국가의 부(정)당한 지출들의 반환요구, 조세특권자들에 대한 제한, 국내의 자원과 식량에 대한 수출관세의 인상, 수입되는 자원과 생필품들에 대한 수입관세의 인하, 수입되는 완성된 제품들에 대한 수입관세의 인상, 국내의 산출물의 수출을 위한 수출관세의 인하 등이다.

이러한 질서정책적인 대책들은 행정의 탄탄한 중앙 집중화와 프랑스의 핵심지역을 포괄하는 공동적인 경제- 및 법질서를 이루어냈다. 국가지출의 새로운 중점분야들이 도로, 운하, 항구 및 교육설비의 건설들을 위한 지출들과 새로운 특권화 된 그러나 통제되는 기업들의 이주를 위한 그리고 왕립 공장제 수공업을 위한 지출들이 이에 포함된다. 이들은 절대주의의 새로운 산업부문들을 제시한다. 이들이 새로운 산출절차들을 응용하고 사치재화들은 대부분 수출을 위하여 생산함으로서, 화폐를 국내로 끌어들였다. 궁중에 대한 물자조달로 그들은 또한 동시에 이러한 재화의 수입을 위한 국가적 지출을 절약했다. 그는 또한 상업회사들의 설립과 마찬가지로 대형 상업- 및 전쟁함대들의 건설과 장비를 유발하였으며, 상업회사들은 프랑스의 외국무역을 실행하여야 했으나 오래 지속하지 못했다.

영국에서는 재정정책적인 대책들이 특히 시민의 융성에서 이루어졌으며, 직접적으로는 조세혜택이고 간접적으로는 사업과 영업적 생산의 촉진을 통해서였다. 독일어 언어영역에서는 재정- 및 질서정책적인 대책들이 하나의 특별한 비중을 차지하고 있으며, 여기서는 중상주의적인 조언자들과 공무원들의 추천들이 거의 제후들의 재정경제(camera)에 맞추어졌다.

## 3. 장소적 및 시간적으로 상이한 중상주의들

중상주의(mercari, systeme mercantile)는 대략 유럽의 지리상의 확장의 초기(1492)부터 미국의 독립선언 및 Adam Smith의 "국부론(1776)"까지의 유럽 절대주의의 "경제정책 및 -이론들"을 포함한다. 중상주의의 목표는 상이한 사회적 경제적인 형상들에 정신적인 귀속성과 상호적인 정돈질서의 인장을 각인하려고 시도했던 중세의 우주주의에 대한 반항이며, 유기체적인 공동체에서 "역학적인" 공동체에로의 전환이었다. 특징적인 것이 경제에 대한 국가의 통치권인 힘의 순간이며, 이로서 개인은 국가적 및 국민 경제적인 요구들과 연관되어 있었다. 이로서 중상주의적 정책은 또한 도시들이나 신분들(동업조합들)의 개별 이익들에 반하였다.

중상주의는 "상업주의, Colbert주의 및 관방주의"로서 그의 중요한 국민적인 놀이종류들이 특징될 수 있다. 여기서는 생산적 힘의 촉진을 지향하는 국가경제적인 사고들이 각각의 발전 상태와 지리적인 조건들에 따라 부분적으로 상이한 경제정책적인 우선순위들로 된다는 것은 자명한 일이다.

## 3.1. 영국과 네덜란드에서의 상업주의

영국과 또한 네덜란드에 있어서는 중상주의는 우선 대외 상업의 촉진을 지향하였으며, 상업과 교통의 강조와 더불어 상업자본의 초기 자본주의적인 지배를 의미하는 "상업주의"로 표현될 수 있다. 특징은 국가적인 조정으로서 국가가 지휘하지만 실행하는 이들은 대부분이 개인들이다.

경제이론적인 관점에 관하여서는 저술가들이 학자들이 아니라 대부분 영향력 있는 상인들로서 그들 자체의 이익의 관점에서의 위치에 있어서의 논쟁을 하거나 이에 상응하는 제안들을 하였다. John Hales(1500~1571)는 중상주의적 국제수지이론을 저술하였으며, 가난과 실업에 대한 해결책의 원칙으로부터 출발하였다.

다음으로 경제 이론적으로 대칭을 이루는 이들이 당시의 경제위기의 원인에 대한 논쟁을 한 Gerald de Malynes(1560~1641)와 Edward Misselden(1600~1654)이다. Malynes는 경기하강을 위한 원인들을 통화부문에서 추적하였으며, 통화결핍이 영국환의 환율조정으로 야기된 저평가의 책임으로 돌렸다. 낮은 환율이 외국에로의 화폐유출에 결정적이란 것이다(약한 영국의 파운드가 수출기회를 유리하게 하며 이로서 화폐를 자국으로 끌어들인다는 것을 전혀 반향하지 못했다). 이에 반하여 Misselden은 Thomas Mun의 국제수지정리의 기반위에서 수출잉여의 필요성을 강조했다. Misselden은 그밖에 고용창출대책들을 위한 재정에 대한 사고들을 전개했다.

Mun은 당시 수입에 대한 비판을 재수출의 개념으로 반박하였으며, 전체적인 외국무역에 있어서의 능동적인 국제수지정리를 강조했다.

Nicholas Barbon(1640~1698)은 가치와 가격의 문제들을 다루었으며,

객관적인 가치에 문제를 제기하였고, 효용에 의존하는 재화의 주관적인 가치평가를 강조했다. 그는 1690년에 출판된 그의 저서 "Discourse of Trade"에서 법에 의해서 만들어진 가치뿐이라는 견해를 대표했다. 그의 저서는 어느 정도 자유무역주의자의 경향을 보인다. 나아가 Dudley North(1641~1691)는 그의 저서 "Discourse upon Trade"에서 특히 공적인 가치 확정에 반대하였으며, 국내 상업의 전체경제적인 의미를 제시했다. 그는 또한 낮은 이자는 번성하는 경제의 원인이 아니라 결과라고 인식했다. 한 나라의 부는 생산에 있어서 모든 부의 원천으로서 인간적인 노동이라고 보았다. Charles Davenant(1656~1714)도 이러한 부의 원천에 또한 특히 상업 및 영업에 대한 국가적 촉진, "게으름" 추방, 고용창출 프로젝트의 실행을 꼽았으며, 결국 인간들이 부와 힘의 첫 번째 조건이며, 그들의 노동과 산업에 의해서 국민은 균형에서의 이득을 보는 것이다. 외국으로 부터의 이익의 목표가 그의 서술의 핵심이며, 국민의 복지와 고통은 능동적인 국제수지에 의존한다는 것이다. 여기서 그는 그에 대한 이유를 논쟁하는 것이 아니라 당연히 그렇게 되어야 한다는 것이다.

William Petty(1623~1687)는 그의 주 저서 "Political Arithmetic"(1676 저술, 1690 출판)에서 국민 전체의 소득에 대한 논점들을 제시하였으며, 그밖에 화폐의 유통속도, 고용창출 프로그램 및 기술적인 노동 분업에 대하여 서술했다. 노동과 토지가 경제적 성장의 핵심적인 요소들이라고 보았다.

1767년에 출판된 James Steuart의 주 저서는 후기 중상주의의 관점의 간략한 서술들을 정확히 반영하고 있다. 유럽 대륙에서 오래 동안 체류하였던 그는 경제적인 정책에 관하여 각 당해 나라의 발전 상황에 따른 상대적인 입장을 취하고 있다. 그는 역사적인 조건의 고려 하에서 경제적인 현상들의 상호의존성을 제시하였으며, 이를테면 국가의 전체이익, 지배자의 이성에 의하여 결정된 복지의 의지, 많은 경우에 있어서의 피할 수 없는 "주권의 개입과 행정의 새로운 계획들"이었다.

Steuart는 또한 인구의 성장과 식량의 놀이 공간 사이의 긴장을 주제화했으며, 그의 특별한 고려는 고용문제에 있었다. 자기이용의 원칙에 전적으로 의미를 부여하였으나, 이로서 귀결되는 "노동과 수요에 대한 균형"의 확보에 대한 역학은 국가의 추가적인 행위 없이는 거의 성공 기회가 없다는 것이다. 가격에 관하여 그는 다음으로 가격의 구성요소들을 응용된 생산비용들(real, true, intrinsic value)과 이윤(profit)을 구분하였다.

### 3.2. 프랑스의 꼴베르주의

유럽의 대륙에서는 프랑스가 일련의 국가들을 위해서는 형성되어진 중상주의적 상업-/교통-/영업정책에 대한 모범이 되었으며, 이는 루이 14세 하의 재정 담당관이었고 획기적인 경제형성자였던 Jean Baptiste Colbert와 직결되었다. 꼴베르주의(Il Colbertismo)라는 개념은 18세기 말엽 이태리의 저술가(Mengotti)에 의해서 (심지어 "상업주의"에 대칭적으로) 중상적 체제의 표현으로 나타났으며, 국가에 의한 광범하고 대부분 팽팽한 규정들로 특징된다.

루이 13세까지의 프랑스의 중상주의적 정책이 무엇보다도 농업과 목축업에 우선을 두고 나아가 세련되게 시행된 식민정책이외에 공장제 수공업의 유리한 조건들이 전방에 놓여 있었다. 루이 14세 하에서 처음으로 Colbert의 정책의 특징이 상업과 영업의 전개에 우선을 두었다. 이러한 목적을 위하여 이미 시작되었던 하부구조의 구축이 육로나

수로의 망을 통하여 확장/지속되었다. 양대 상위 신분의 특권의 감소의 결과로 특히 농업부문에서는 낮은 직접세 부담이 (귀족과 성직자는 나아가 계속 면세했음) 이루어졌으며, 이 대신에 높은 소비세 징수가 주어짐으로서 국가의 단일적인 법질서와 영업적 및 문화적 촉진의 창조에로 나아갔다. Colbert는 국내적 관세를 폐지하였으며, 이로서 비록 국내거래에 부담을 주는 지출들이 여전히 존재하였다 하더라도 통일적인 관세의 경계선을 이루었다. 부분적으로 아주 높은 보호관세는 사고에 따라 국내 산업의 지팡이로 표현되었다. 또한 특기할 만한 것이 거대한 상업함대들과 이와 연관된 전쟁함대들이 공장제 수공업의 현실적인 참여하에서 빠르게 구축되었다는 것이다.

극단적인 경우는 1,000명 이상의 영업이었던 공장제 수공업은 동업조합의 질서 하에서 발전되었으며, 이에서 국가는 동업조합에 대한 상위 감독관의 수단을 통하여 영향을 미쳤다. 생산과정은 자체가 세부사항에까지 가는 규정들과 국가적 감독관으로부터의 엄한 통제 하에 있었다. Colbert주의가 심각한 패배를 당한 것은 그의 사후 2년 후에 루이 14세가 1598년 낭트칙령에서 종교의 자유를 반대함으로서, 이에 계속되는 시기들에 대부분 경제적으로 지도적인 위치에 속하였던 약 300,000명의 위그노파의 사람들이 망명자(refugies)로서 나라를 떠날 때였다.

Colbert주의의 전성기의 중상주의적 문헌들은 근본적으로는 행정적인 대책들, 중앙부처의 규정들 및 허가들로 이루어졌다. Vauban(1633~1707)은 단순하고 공정한 조세체제를 제안하였으며, 이는 소비세를 대체하는 수익세로 표현되며, 지배하는 계층의 조세특혜의 폐지와 조세하락을 통한 인구의 가난한 부분의 부담감소이었다. 그의 이러한 조세체제는 오늘날 재정학에서의 소득세 징수의 현대적 형태에 대한 이전의 길잡이로 보인다. 당대의 절대주의적 및 중상주의적 실행에 대한 비판적인 자세를 취한 사람이 Pierre Le Pesant Boisguillebert(원래 Boisguilbert)로서 그는 화폐를 미워하였으며(argent criminel), 심지어 물물교환 경제의 부흥을 역설하였다. 그는 또한 자유경제적 체제의 도입보다도 최소한 반세기 이전에 경제적인 질서원칙으로서 경쟁을 보았다. 경제적인 유기체를 상호의존적인 경제적인 크기들의 균형체제로 관찰하였으며, 이러한 체제의 구축에 있어서는 소비에서 시작한다고 보았다.

Richelieu (1624이후 수상)에 의해서 프랑스에서 절대주의가 완전한 발전을 이룩하기 이전인 1576년에 Jean Bodin은 수량이론의 기반과 능동적인 국제수지의 달성에 대한 대책카타로그를 제시했다.

가난해진 위그노파의 귀족혈통으로서 재단사였고 나중엔 프랑스 상업회의소 소장이었던 Barthelemy de Laffemas(1545~1611)는 프랑스의 경제적 및 사회적 개혁에 대한 프로그램을 도안해 냈으며, 이에는 잘 알려진 중상주의적 제안들과 설립을 위한 결정적인 요구들 및 공장제 수공업을 위한 국가적인 혜택들이 포함되어 있었다. 이와는 달리 Antonie de Montchretien(1575~1621)은 그의 저서에서 나라의 복지를 위한 원천으로서의 노동능률에 관심을 환기시켰다.

18세기에 Jean-Francois Melon(1675~1738)은 그의 1734년에 출판된 주 저서 "Essai politique sur le commerce"에서 이미 프랑스적인 중상주의의 종합에 대한 노력을 보였다. 또한 Francois Veron de Forbonnais (1722~1800)는 특히 그의 저서들인 "Elemente du commerce"(1754)와 "Principles et observations oeconomique"(1767)에서 요소 노동력과 토지의 균형으로서 당시 점점 더 명확해지는 자유경제적-중농주의적인 공격들로부터 중상주의적인 견해들을 방어하였다.

## 3.3. 독일의 관방주의

신성로마제국의 영토(간단히 독일)에서는 1648년의 베스트팔렌평화조약에 의해서 개별 지방 국가들의 주권이 고착되었다. 그럼으로 여기서는 국가중상주의와 지역중상주의로 구분이 가능하다고 할 수 있으나, 프로시아와 오스트리아를 제외하면 그들이 중상주의적 대책들을 거대한 형태로 실행할 수 있었겠다고 생각할 만큼 정치적으로 그렇게 중요한 의미를 갖는 것은 아니다. 독일에서의 중상주의적 경제이론들 및 대책들의 해석은 관방주의라고 볼 수 있으나, 독일의 관방주의는 서유럽 나라들의 중상주의와 개념의 관점이나 경제- 및 재정정책의 중점의 관점에서 서로 상이하다.

아주 일반적인 경제적인 추락, 노동이질성 및 30년전쟁 동안의 부분적으로 거대한 인구손실 이후에 주권적이 된 제후국들이 경제적 힘의 전개의 목적을 위한 그리고 힘의 위상의 강화를 위한 능력 있는 재정적인 기반을 구축하는 것이었다. 가장 혹은 "집의 장"에 의한 가계운영에 대한 전승된 표상이 지방제후들과 공무원 계층에 의하여 작동되는 절대주의적 지방 국가들에 변천되었다. 형성되는 공무원국가는 가장 가치 있는 국민의 소유로 나타났을 뿐만이 아니라, 나아가 문화발전의 현실적인 요소로서 및 자체목적으로서 나타났다. 관계들이 그 자체에 포함된 것처럼 실재에 있어서 공무원국가 없이는 아무것도 일어날 수 없으며, 이로서 결국 또한 학문에 있어서도 우선 국가를 눈앞에 두지 않고서는 아무른 사고과정을 실행할 수 없다. 영국에 있어서의 경제학인 것이 독일에 있어서는 어떤 의미에 있어서 행정학이다. 영국에서의 경제학이 국민 경제학이라면, 독일에서의 경제학은 국가경제학이다. 영국에서는 상인들이 상인들에 대하여 서술한다면, 독일에서는 공무원들이 공무원들에 대하여 서술한다. 이러한 방식으로 독일의 관방학(camera=제후의 금고)이 형성되었으며, 이는 좁은 의미에 있어서는 또한 역시 재정경제적인 고려들이 관심의 핵심을 이루는 절대주의적 영역의 국가- 및 행정학으로 해석될 수 있다. 그럼으로 이러한 대부분 재정적 지향에서 나중의 재정학의 전신을 볼 수 있다. 넓은 의미로서는 관방학이 복잡한 학과의 영역들을 포함하며, 그의 핵심이 재정이론과 경찰학으로서, 여기서 경찰은 공적인 안전과 질서의 연관에서가 아니라 질서 되는 국가행정(고대 프랑스어 police=국가행정, 그리스어 Polis=도시국가)의 의미에서이다. 보조학문으로는 법학적 및 사경제적 행위지향들과 농업, 기술 등에 대한 관찰들이 있다. 관방주의의 시대가 3세기에 긍하기 때문에 서로 상이한 발전국면들을 구분할 수 있다.

비록 종교개혁이 초기 자본주의에로의 전환을 위하여 제한적으로 수용되어졌다 하여도 Luther의 직업이론과 Calvin의 예정설(직업과 직업적 성공에 있어서의 의무실행의 종교적-윤리적 의미, 현세의 모든 일이 신의 의지로서 미리 예정되어 있다는 기독교 신학이론)이 과소평가되는 정도로 나타나는 것은 아니다. 인본주의에 대한 기본사고로서 원전을 지향하였으며, 학문의 고대 그리스어와 라틴어 원전에 대한 소급(특히 Aristoteles와 로마법에 의하여 각인된 국가 이론들)이 관방주의의 전신과 준비자로서 하나의 중요한 의미를 갖는다. 이들은 주로 관방행정의 법학적이고 재정경찰적인 문제를 취급했다. 이러한 두 개의 문제더미들은 언제나 또한 사회경제적인 의문들과 엮여 있었다. 이에 관한 이들이 Melchior von Osse(1506~1557), Georg Obrecht(1547~1612), Christoph Besold(1577~1638) 및 Kaspar Klock(1583~1655) 이다.

국가- 및 관방행정의 완전한 전개와 더불어 관방주의는 그에서 경제정책의 이론이 주어지는 정치경제학으로 전개되어졌다. 이러한 발전은

17세기 중엽 이래 정착되는 중상주의시대의 실질적인 전향과 더불어 진행되었다. 우선 여기서는 능동적인 국제수지의 문제보다도 인구손실에 따른 대책들로서 능동적인 인구대차대조표가 나타났다. Johann Joachim Becher(1635~1682)는 경제정책의 목표를 "국민을 크게 하고 영양으로 유지되게" 하는 것이라고 했다. 국민들이 많고 영양이 공급되는 공동체를 암시하였으며, 이에서 국가공권력은 공동체의 시녀로 보이며 공동체가 국가를 위하여 있는 것이 아니라 국가가 공동체를 위하여 존재한다고 보았다. 그는 또한 세 신분적 공동체의 조화되는 균형을 방해하는 세 요소들이 독점, 과점 및 시장에서의 가격인상을 겨냥한 구매라고 보았으며, 이를 시정하기 위한 국가의 역할을 강조하였다.

이성의 온전함에 대한 신뢰와 "자연적 질서"의 이상과 결부된 자연법적 및 계몽철학적인 근본들을 바탕으로 18세기 후반부와 19세기 초엽에는 관방주의의 체계적인 완성이 이루어졌으며, 이로서 계몽된 절대주의의 국가이론들이 관방주의의 기본학문의 종류로 되었다. Johann Heinrich Justi(1717~1771)는 관방학을 재정학과 경찰학으로 구분하였으며, 경찰학의 최고의 목표를 공동체의 행복감의 촉진으로서 경제정책 지향적인 국민복지 고양으로 보았다. Joseph von Sonnelfels(1733~1817)는 가격이론에 대한 논문들을 발전시켰으며, 인구증가는 고용의 성장과 동일시 되었고, 상업의 대차대조표를 고용의 대차대조표의 복사로 파악했다. 화폐수량이론에 기반 하는 그의 화폐이론에서는 화폐의 유통속도의 증가는 상품교환의 증가 및 고용의 증가와 같이 파악됨으로서 논점의 연결고리들을 보여주고 있으며, 그의 재정이론에서는 인구의 증가가 이로서 개별 조세부담자들의 낮은 조세부담에로 귀결되는 것을 제시한다.

관방주의도 중상주의와 마찬가지로 경제정책적인 대책들을 통하여 절대주의적 국가의 힘의 증가를 추구하였지만, 이는 중상주의보다도 훨씬 더 강하게 재정적, 법률적, 정치적 및 사회적 목표들과 대책들을 경제정책에 연관시켰다. 이러한 것은 30년전쟁 이후 독일어 언어영역에 있는 국가들의 경제적 및 사회적 위상 및 재건의 어려움에 상응했다. 높은 인구손실과 영토들의 파괴는 독일국가들로 하여금 그들의 경제- 및 재정정책을 인구증가와 재정경제의 안정화에 우선적으로 지향하게 하였다.

초기 관방주의자들은 절대적인 군주가 국가의 목표인 일반의 행복감을 충족시켜야 한다고 보았다. 반면 나중의 관방주의자들은 제한된 군주를 요구하였으며, 여기서는 군주의 힘이 개인의 자유권과 경계를 지었다. 그러나 이러한 차이는 최근의 연구들에 의해서 충분하지 않은 것으로 인식된다.

### 3.4. 과도기의 저술들

자유경제적 체제에로는 계산되어질 수 없을지 모르지만 18세기의 20년대부터 자연법과 계몽주의 철학(Lock, Montesquieu)의 바탕위에서의 관방주의자들 보다도 더욱 결정적으로 개인적인 추구와 집단적인 효용 사이의 이익조화의 유지에 대한 표상들과 이기주의원칙에 점점 더 치우치는 경제학자들이 나타났다. 이미 1714년(팜플레트 형식의 출현은 1705)에 그의 저서 ("The Fable or the Bees; or Private Vices, Publick Benefits") 로서 인간적인 행태의 기본적인 동기를 분석했던 영국의 의사이며 저술가인 Bernard de Mandeville(1670~1733)가 여기서 고려될 만한 봉사를 했다.

1722 · 1723년에는 익명의 약 1,500쪽에 달하는 파리에서 출판된 세 권으로 형성된 교재 "Traite de la richesse des princes et de leurs etats, et des moyens simples et naturels pour y parvenir"가 나타났으며, 안스바하 및 바이로이드의 백작에 봉사하고 있던 Ernst Ludwig Carl(1682~1743)에 의해서 편작되었다. Machiavelli에서 정치가 도덕에서, Bodinus에서 국가이론이 신학에서, Pufendorf와 Thomasius에서 법이론이 윤리학에서 각각 풀려나는 것과 마찬가지로, Carl도 국민 경제학이 독자적인 분야로서 국가학의 무리들에서 해방되어야 한다고 보았다. Vauban과 Boisquillebert에 연관시키고 (이들과 특히 농업의 가치평가에 있어서 그러했다) Becher를 인용했던 Carl은 그의 업적을 전적으로 방법론적인 데에 기반을 두고 있으며, 그는 (1권 서문에 쓴 것처럼) 국가의 경제의 좋은 형성을 위한 기반들을 구축했으며, 이들을 자연적인 질서(ordre naturel)에 따라 정리하고 연관시켰다. 사회의 본질은 인간적인 보충필요성과 보충능률을 통하여 결정 지워지는 협력에 있으며, 이에서 인간적인 사회는 신으로부터 인간에게 주어진 자질과 힘이 처음으로 완전한 그의 전개가능성을 가지는 초 개인적인 단위들로 보인다. 사회는 그의 자연적인 구성을 통하여 서로 상이한 신분들과 직업들로 질서되게 하며, 역시 그에 의해서 창조된 제도들에 의해서 그의 구성의 노력들과 능력들을 전체의 목적, 물론 공공복지, 아래에 질서 지운다.

그는 Boisquillebert에 의존하는 재화의 필요한, 편안한 및 넘치는 재화에로의 구분을 통하여 (오늘날 존재-, 문화- 및 사치욕구) 스콜라 이론 이래로 잘 알려진 (객관적인) 비용과 (주관적인) 욕구의 시금석을 구분하는 가격형성의 문제에 접근하였으며, 가격을 통하여 스스로 형성되는 소득분배를 인식함으로서, 주권에 의해서 주어지는 질서(ordre positif)의 과제로서 생활필수의 재화에 있어서는 고정가격을 역설했다.

(국가의 곡물독점의 범주에서의 공공의 곡물거래소들이 곡물가격을 지속하여 고정하여야 한다.)

"Traite"의 1권의 대체로 경제 이론적 지향적인 관찰들의 뒤에 2권은 제시된 원칙들의 농업, 영업 및 상업에의 실재적인 전환에 관한 것이며, 또한 나아가 화폐와 신용 부문들에도 독자적인 장들을 헌납하고 있다. 3권의 내용은 국가의 재정들과 지출들이다(오늘날의 경제이론, 경제정책 및 재정학).

그는 또한 사회적 평등의 필요성을 항상 강조했다. 가난한자를 도와주는 것을 대부분 그의 유지를 보조해 주는 것으로서 반대하고, 노동과 그들의 자식들을 위한 상응하는 직업교육을 역설함으로서, 이로서 모두가 국가전체의 부와 복지에 동참자들이 된다는 것이다. 이러한 상관관계에서 그는 교육정책적인 고려들로서 직업지향적인 수업, 학생들에 대한 직업자문, 개선된 훈련생교육 등을 제시했다. 그는 또한 인간의 보충필요성에서 도출되는 노동 분업의 현상을 보았으며, 여기서 직업적 및 기술적인 노동 분업(고전적인 Adam Smith적인 분업이론)이나 국제적인 노동 분업(중상주의적 관계에서와는 아주 대칭적으로)은 일방적인 이익수용의 관점에서 더 이상 보아지지 말아야 한다는 것이다. "Traite" 3권은 조세이론에 대해서만이 300쪽 이상을 헌납하고 있으며, 징세의 기본율들, 비례세, 상이한 조세 종류에 관한 연구, 나아가 재정규정의 단순화를 위한 개혁제안들이 이에 포함된다. 즉 재정학에 관한 이론들이었다. Carl은 이로서 전체의 상관관계를 지향하는 노력들을 보였으며, 국민복지에 대한 이론의 방법론적이고 지속적인 체제를 제시했다.

Cantillon도 Boisquillebert에서 인용하는 그의 초기의 연구에서 부와 복지의 개념을 제시하였다. 특히 Cantillon의 분석적이고 일정불변의 조항을 포함하는 방법에 있어서의 인식의 노력들은 우선 가치-, 분배- 및 화폐의 문제에 관한 것이다. 가치- 및 가격이론에서는 시장가격은 언제나 생산비용을 통하여 결정된 내적 가치의 범위 내에서 진동하여야 한다는 것이다. 그는 또한 그의 분배이론에서 지주, 농업적인 소작인 및 (도시의) 상공인의 세 계급에 대한 "세 지대"들을 봄으로서, 분배의 관점에서 순환이론적인 고려들을 보였다. 이러한 고려는 한 기간에 이룩된 토지수확은 이에 따라 동등하게 사회적 계층들에 기반이 되고 있다는 Quesnay의 "Tableau economique"에 정착된다. Cantillon은 그의 화폐이론에서 수량이론의 내용을 심화하였으며, 소득변화와 통화량증가의 관점에 관하여 소득이 증가하는 사람만이 통화량증가에 의해 이익을 볼 수 있다는 것이다. 증가한 소득의 해당자들은 그들의 재화수요를 증가시킬 수 있고, 다음의 결과로는 생산과 고용의 확장이라는 것이다(승수이론).

상승한 가격들은 무역에 있어서의 경쟁력을 방해할 수 있으며, 이로서 수지적자로 된다는 것이 인식되었다. 그는 또한 통화량 증가가 반드시 이자율 하락을 끌어오지 않는다는 것이다. 결정적인 것이 화폐증가 이면의 힘들이며, 화폐공급의 증가(여타사정 일정불변, ceteris paribus)에서는 아마 이자하락이 되고, 이에 반하여 이를테면 유리한 경기발전의 기반에서 동시에 화폐수요가 증가하면 이와 같은 것이 기대될 수 없을지도 모른다.

이탈리아에서는 Ferdinando Galiani(1728~1787)가 그의 가치- 및 가격이론에 있어서 중상주의적 견해들을 넘어서고 있으며, 이미 중농주의적인 이론의 비판가로 나타났다. 그는 1750년에 출판된 그의 익명의 화폐에 관한 5권의 책(Della moneta libri cinque)에서 그의 가치- 및 화폐이론을 제시했다. 가치의 결정요소로서는 유용성(utilita)과 희소성

(rarita)이 알려져 있다. 이러한 상관관계에서 가치역설이 다시 나타났으며, 아주 낮은 혹은 전혀 가치를 갖지 않는 극도로 유용한 재화들(물, 공기)이 있는가 하면, 이에 반하여 훨씬 덜 중요하고 유용한 물건들(다이아몬드)이 높은 가격에 거래된다는 사실이다. 그는 여기서 재화의 유용성은 주관적 가치이론의 기반인 언제나 인간의 욕구에 따라 관찰되어져야 한다는 것을 확신했다. 그는 한계효용은 인식하지 못했지만, 그의 상대적 희소성은 이에 흡사한 개념이다. 그는 그의 화폐이론에서 교환수단과 가치척도의 기능들을 작업해 냈으며, 계약적 합의의 실행의 용이성과 비용절감에 대해서 암시했다(이전거래비용). 그는 또한 금속으로 각인된 유효한 화폐를 종이의 증명서의 가상의 화폐와 구분하였으며, 그는 금속적인 통화를 강력하게 주장했다.

그는 언제나 인간의 변화가능성과 모든 정책의 시간적 및 공간적 상대성을 강조한 학자이었으며, 일반적인 유효성의 실재적인 원칙을 주장하였다.

# PART 4.
## 중농주의

많은 동 시대의 사람들로 부터 높이 칭찬되었으며 부분적으로는 또한 현대에 있어서도 경제적 사고의 전체 역사에 있어서 경제학자들의 가장 흥미 있는 무리들로 역시 감탄되고, 다른 편에서는 오히려 조롱되고 (특히 Voltaire) 또한 당시의 지주들로부터는 제출된 조세개혁들로 말미암아 불신 없이는 관찰되지 않았던 중농학파는 18세기의 후반에 프랑스에서 형성되었으며, 그의 논리적인 짜임새에 연관하여 개념의 좁은 의미에 있어서는 드물지 않게 최초의 국민 경제적 학파로 표현되기도 한다. 창설자이며 중농학파가 말하는 "경제학자들의 머리"로 인식되는 사람은 Francois Quesnay(1694~1774) 이다.

## 1. 철학적 배경: 자연법과 자연적 질서

"자연"이 상이한 시대들에 있어서 전혀 다르게 해석된다는 것에 대하여 분명하게 되어져야 한다는 것은 중요하지 않은 것은 아니다. 고대 그리스 철학의 확산적인 방향들에 있어서의 "자연"의 단어는 18세기에 있어서 와는 다른 의미이다. 그밖에 Quesnay의 "자연"이 Rousseaus의 것과 다르고, 프랑스 계몽주의의 "자연"이 독일 낭만주의의 것과 다르다. Rousseaus에 있어서 와는 반대로 Quesnay에 있어서의 "자연"은 윤리적인 및 문화적인 이점도 없으며, 오히려 변화하는 역사적인 형태들의 저편의 머물러 있는 것, 지속적인 것이며, 이는 동시에 매년 새로워지기 때문에 이론에 역동적인 특성을 주는 바로 그러한 작용하는 힘이다.

이해의 비슷한 변천을 보이는 것이 또한 자연법이며, 이는 유효성이 언제나 그에게 주어지고 모든 법적으로 제정된 혹은 법적으로 제정되지 않은 실증법의 척도로서 봉사하는 규범으로 아주 일반적으로 파악 될 수 있다. 이를테면 Aristoteles에 있어서의 정의의 표상들이 인간의 도덕적인 자연에서 기초한다고 한다면, 그러면 스콜라 철학에 있어서 의 정의는 자연에 스스로 선언하는 신적 질서에 연관되어 지고 있다. 이러한 오히려 정태적인 자연법 이론(삶의 세계적인 역동성에 대한 방어 자세로서)은 계몽주의의 시대에 있어서는 이제 개인주의적 마찬가 지로 합리주의적인 자연법의 방향에로의 변형을 경험하였다. 이러한 것들은 이미 스콜라 철학에서 제시되었던 자연적인 권리들, 삶, 자유 및 소유이었으며, 이들은 계몽주의의 이성법에 따라 이성필수적으로 연역되어 질수 있다.

(자연)과학의 해방되는 힘에 대한 그들의 믿음과 더불은 합리주의적-개인주의적 계몽철학에서, 그리고 인간들의 이세상의 행복에 대한 그들의 지향에서, 어느 관점에 있어서는 물론 또한 이들에 대한 방어 자세를 유지하면서 (이로서 자연권의 세속화는 단지 제한적으로 대표되어 지는), 중농주의의 학자들은 개개인의 자기이용에서 나중에 Adam Smith가 "보이지 않는 손"으로의 전이를 비슷하게 이룩했던 "경제의 인간적인 법칙성"을 본다. 경제적 및 사회적 생활에 있어서는 영원한 자연법칙들이 유효할지 모르며, 인간에 의해서 창조되고 그럼으로 필수적인 방법으로 불완전하게 유지하는 실증적 질서(ordre positif)가 자연적 질서(ordre naturel)에 접근하는 한, 이러한 자연법칙들은 예정되는 조화로 인도할 지도 모른다. 이성의 도움으로 자연적 질서의 법칙들이 기반 되는 것이 유효하며, 여기서는 창조적인 행위로서 우주에 중재되는 신적 원칙들에 관한 것이며, 이러한 원칙들은 가장 확실한 것으로 인식 되어질 수 있다. 어떠하든 중농주의 학자들의 이러한 맹세된 자연적 질서는 전적으로 사실들의 관찰을 그들에게 노출시키는 그러한 것

이 아니라, 오히려 그러한 것들을 그 자체에 포함시키는 것이었다. 이러한 자연적 질서가 바로 이러한 방식으로 초자연적인 것이 되기 때문에, 즉 현실의 우연성을 훨씬 넘어서는 것이기 때문에, 이는 그의 일반유효성과 불변성의 이중성으로 나타난다. 이로서 자연적인 질서는 "신에 의하여 인간의 행복을 위한 의도된 질서", 즉 "섭리의 질서"로 이해된다. 이러한 관점에서 자연적 질서는 심지어 중농주의적 이론의 핵심으로 보이며, 중농학파는 나아가 "자연적 질서에 대한 학문"으로 이해된다.

 Quesnay는 1765년 "Le droit naturel"이라는 제목의 그의 논문에서 이미 17세기에 Grotius, Hobbes, Pufendorf 및 여타의 저술가들에 의해서 대표되고 부분적으로는 모순이 되는 자연법적 관점을 서술하였으며, 그는 이에서 중재자적인 입장을 취했다. 그는 스스로 사회적인 원시상태에서 출발하지만, 그러나 (이를테면 Rousseau에서 와는 달리) 자연적 질서의 기본규칙들에 따라 조직된 사회에 있어서는 어떠한 단점도 인간들에게 생길 수 없다는 것이며, 왜냐하면 원시상태에 있어도 또한 소유에 대한, 즉 노동과 연관된 사유화에 대한, 자연적 권리가 단지 제한되기 때문이라는 것이다. 나아가 Quesnay는 생활유지에 대한 자연적인 권리와 자체유지에 대한 개별의 의무를 강조하였다. 그는 또한 나아가 누구에게나 해당되는 자유권을 옹호했다.

 철학-방법론적 배경에 대하여 두 개의 추측이 되는 상반적인 순간들이 확신되어질 수 있다.

 -중농주의 학자들은 한편으로는 그들의 인식의 작업의 포괄적이고 전체적인 권리를 따랐다. 스스로 그들에게 그 자체가 하나의 독립적인 경제이론이 주어진 것은 아니며, 경제학, 정치학, 사회철학 및 사회윤리학과 같이 동일하게 구분될 수 있는 하나의 학문체제를 구축하는 것

은 훨씬 더 그들의 의도였으며, 그러므로 그들의 업적은 또한 "거대한 사회과학적 체계의 연장선상에" 있다.

-다른 편으로는 그들은 Descartes의 이성주의적-역학주의적 사고방식과 연관되어 경제학에 있어서의 Quesnay의 "Tableau economique"로서 지금까지의 추측의 학문(science conjecturale)을 뒤로 쳐지게 하였던 하나의 정확한 훈련을 보았다. 그러나 중농주의 학자들은 역사적인 과정에 대하여서는 Descartes와 어느 정도의 불 이해를 보인다.

## 2. 중농주의적 학파

중농주의 학파는 그들의 독단적인 거드름과 그들의 드물지 않게 확정된 격정으로 이루어진 표현들 때문에 경우에 따라서는 "경제적 사이비 종파"로 표현되기도 하며, 여기에 부연되어야 할 것은 하나의 작은 신념공동체에서 하나의 커다란 사회경제적 학파를 만든다는 데에 처음부터 노력을 경주 하였으며, 이는 비록 시간적 및 공간적으로 단지 한정된 성공을 거두었다 하여도, 중농주의의 이론들은 사이비 종파적으로 기대되었던 것보다는 훨씬 더 적은 기념비적인 것이다.

프랑스에 있어서의 중농주의적 운동의 흐름을 대표하는 사람이 셋이다. Francois Queasnay는 그의 시대의 사회적인 질병형상의 치료에 대하여 자연과학적인 방법에 따라 제도된 체제를 제시하였다. Marquis de Mirabeau는 반대로 오히려 이론의 뒤쳐진 창설자로 보이나 종종 진짜 부풀은 서술로서 그들의 인기인으로 간주되고 있다. 세 번째로는 Gournay로부터 강한 영향을 받은 Anne Robert Jacques Turgot(1727~1781)는 루이 16세 하의 재무장관(controleur general des finances)으로서의 지위에서나 얼마의 이론적인 공헌들에서 전적으로 중농주의적인 견해를 나타내고 있다.

1756년 소작인(Fermiers)에 대하여 논문을 썼을 때가 Quesnay의 나이 62세이었다. 연이어 1757년 곡물(Grains)에 대한 논문이 발표되었으며, 1758년에는 그의 저서 "Tableau economique"가 극소수의 부수(추측컨대 4부)만이 나타났으며, 이는 부의 분배, 순환 및 재생산을 취급함으로서 중농주의 학파의 출생순간이 되었다.

2년 후인 1760년에 Mirabeau는 Quesnay와 공동으로 유일한 조세에만 초점이 맞추어진 재정이론을 발표함으로서 중농주의적 체제의 두 번째 특징이 작업되어졌다. 그는 또한 Quesnay의 업적을 극찬하였으며, 세계의 처음 이래 정치적인 사회에 그들의 강점을 제공하는 세 개의 발견이 주어졌는데, 첫째는 글 쓰는 예술이고 둘째는 화폐의 발명이다. 셋째는 이들 둘의 결과이며 둘의 목적을 다른 것을 완전하게 함으로서 이들 둘을 처음으로 보완하는 "Tableau economique" 이다. 이는 다른 모든 것을 능가하는 발명으로서 국민경제적인 관계들의 그래프적인 제시로서 유명한 것은 그 시대이었지만 그의 열매는 후세에 가서 따먹는다. Mirabeau는 자유방임을 중농주의적 학파의 징표로 삼았으며, 이로서 Quesnay의 의도보다도 더 절대적이었다. 마찬가지로 "자연적 질서"와 "실증적 질서"의 이중성을 강조하는 Quesnay와는 달리 Mirabeau는 일방적으로 "자연적 질서"를 제시하였다.

Turgot는 대부분 가치-, 이자-, 생산- 및 분배이론의 문제에 관하여 작업하였으며, 중농주의에 점점 빠져들어 가지만 동시에 이들 경제학자들과 어느 정도 거리를 유지하고 있는 그의 주 저서는 1766년에 발표된 정치경제학의 종류이다. 국민 경제학에 대한 그의 가장 가치 있는 업적은 1768년에 발표된 체감하는 토지수확 증가의 법칙으로 알려진 농업 경제적 수확의 법칙이다.

여타의 중농주의 학자로서 Mercier de la Riviere(1720~1794)는 그의 1767년에 발표된 저서에서 현실적으로 중농주의적 이론의 기본관점들의 종합을 제시하였다. 그는 같은 해에 짜르 황제 카타리나 2세의 초빙으로 러시아로 가서 당시 작업 중이던 법률에 일방적으로 "자연적 질서"를 각인하는 데에 영향을 미침으로서 결국 이러한 일들이 중농주의 학자들을 위해서는 상반되는 것이었다.

Le Trosne(1728~1780)는 그의 1777년의 저서에서 Condillac에 의해서 발표된 가치- 및 가격이론을 공박하였다.

나중 1767년이래 중농주의 학파의 주간지의 편집인 겸 출판인으로서 Abbe Baudeau(1730~1792)는 문학적인 표현에서 아주 생산적이었으며, 끝으로 Du Pont(1739~1817)는 Quesnay의 업적들을 수집하는 데에 공헌을 하였다.

중농주의적 가치- 및 생산이론과 연관하여 농업에 만 한정된 생산성의 개념이 논박되었으며, 특히 Graslin(1767)과 Galiani(1770)가 이에 속한다.

중농주의는 Turgot가 실재의 행정으로부터 물러나면서 중농주의적 이론들이 더 이상 현실을 만족시켜주지 못하자 프랑스에서 중농주의 학파의 영향이 쇠퇴하기 시작했다.

프랑스 이외에서도 중농주의의 다소간의 관점들에 따른 동정자들이 있었으며, 특히 계몽주의 군주들에서 그러했으며, 러시아(카타리나 2세), 오스트리아(요셉 2세), 폴란드, 스웨덴, 공작령 토스카나, 후작령 바덴 등이다. 그러나 폭넓은 중농주의적 운동은 아무 데서도 일어나지 않았으며, 중농주의적 이론의 학문적인 반향은 근원지를 제외하면 독일어권 지역에 한정되었다. 이에 속하는 스위스의 저술가가 Isaak Iselin(1728~1782)이며,

독일에서는 Johann August Schlettwein(1731~1802)과 Johann Georg Schlosser (1739~1799)가 있다.

## 3. 이론적 공헌들

### 3.1. 계급도해의 기반

국가적 경제조정에 대한 그리고 중상주의자들을 통한 농업의 등한시에 대한 비판은 Francois Quesnay를 중심으로 한 일련의 프랑스 경제학자들을 18세기 후반에 경제과정과 경제정책에서 "자연의 지배"를 실행시키고 또한 국가적 경제조정을 극복하기 위하여 고려들과 개혁제안들을 하게 하였다. 사실 중농주의자들은 절대주의의 기본원칙들에 집착하였으나, 그러나 그들의 경제정책에 대한 제안들과 요구들은 중상주의를 훨씬 넘어섰다. 중상주의자들과는 달리 이들은 그들이 경제정책적인 프로그램을 제안하기 전에 우선 경제흐름의 정확한 분석에 노력을 경주하였다. 여기서 그들은 서로 상이한 저술가들, 이를테면 후기 중상주의자들 뿐 만이 아니라 국민 경제적 초기 고전학파에 속해지는 학자들과 그리고 중농주의의 개척자들로 나타나는 Boisguillebert, Petty, d'Argenson, Cantillon 등과 같은 저술가들과 연관하였다. Boisguillebert는 인간의 자기관심을 강조하였으며, 국가적인 개입은 단지 경제과정과 경제구조의 방해될 때에 만이 요구되는 것으로 간주했다. 이로서 그는 농업의 관심을 갈파했다. Petty는 그의 저서 "정치적 산술"에서 이론과 실재를 합일시켰으며, 실재의 측량을 실행하기 위해서 사회생산 계산에 대한 길을 개척하였다. d'Argenson에 의하여서는 자유방임주의가 도입되었으며, Cantillon은 Quesnay보다도 먼저 순환도해를 발전시켰으며, 이는 나중의 Quesnay의 "Tableau economique"에서와 동일한 계급구조를 보인다. Joseph Alois Schumpeter는 Petty-Cantillon-Quesnay로 이어지는 연결고리를 암시했으며, 그는 그들의 "경제수량적인 감탄"과 부의 원천으로서의 토지와 노동에 대한 그들의 서술들로서 정당화했다. 토지-노동의 가치척도에 대한 시도들은 그러나 성공하지 못한 것으로 보인다. 그러나 이들의 시도들은 가치규정, "부"의 측정 및 경제순환의 안정에 대한 문제들에서는 같은 것으로 보인다.

중농주의적 경제이론의 발전에 있어서는 국민경제의 모형의 도움을 인용한 경제과정에 대한 Quesnay의 분석이 기반을 형성하고 있다. 여기서는 "계급"으로 표현되는 세 부문을 포함하고 있으며, 농업(la classe productive), 지주(la classe des distributive 혹은 proprietaires) 및 특히 상인들과 수공업자들을 의미하는 영업적 경제(la classe sterile) 이다. 중농주의적 기본가정에 따르면 농업적인 생산에서 만이 순수익 혹은 부가가치(Produit net)가 이루어질 수 있다. 국민경제적인 수익의 순환에서는 중상주의 학자들에 따르면 이들 세 계급들은 분배라는 중요한 국민경제적인 기능을 수행하고 있다. 이에 반하여 Quesnay의 추종자들은 영업적 경제에서는 생산성의 기능이나 분배기능도 측정하지 못했다. 이러한 가정은 한 편으로는 기술수준과 당시 프랑스의 경제적인 발전에 상응하며, 다른 편으로는 꼴베르주의의 거부로서 기반 되어진다. 실행되고 있는 경제조정과 농업의 높은 조세부담 및 프랑스 국가의 증가하는 부채들이 중농주의자들로 하여금 지주계급 이외에서는 더 많은 경제적인 자유와 더 적은 조세지불을 시도하려고 했던 것이다. 이러한 시도들은 궁중으로서는 혁명적인 것이었다. 그러하기 때문에

Quesnay와 그의 추종자들은 그들의 프로그램 발표에 극도로 조심하였다. 이로서 결국 경제순환의 수량적 도해는 당시 프랑스 왕의 인정 하에서 확대될 수 있었다.

또한 여타의 수용들도 프랑스의 경제의 발전과 연관되어 있었다. 수공업 장인들은 단지 생활의 유지만을 벌 수 있는 반면, 지주들의 소작수입들의 사용을 위한 것이나 영업적 경제에 있어서의 동업조합의 막강한 위치를 위한 것이 이에 속하였다. 전 산업적 프랑스의 경제에 있어서의 그들의 미약한 자본장비나 침체하는 소득발전이 18세기에 있어서의 이러한 소득위상에 영향을 미쳤다. 이로서 "Tableau economique"는 프랑스의 경제의 국민경제적인 전체계산으로 보여지는 것이 아니라, 오히려 생산요소들, 생산 및 소득의 거시적인 관계의 모형적인 표현으로 보여진다. "정확한" 해설을 위한 토론은 경제학자들과 역사학자들에게서 아직까지도 끝나지 않았다.

## 3.2. 경제순환에 관한 이론: "경제표"

자연과 경제사이의 유사성은 18세기에 있어서 계몽철학과 자연권의 영향 하에서 심도 있게 논의되었다. 인간적인 혈액순환에 대한 인식들이 많은 저술가들에게 경제순환을 혈액의 순환과 비교하게 자극시켰다. 이로서 이를테면 Cantillon과 Justi처럼 Quesnay도 경제과정의 그의 표현에 있어서 혈액순환의 모형에 의하여 자극되었다는 것은 거의 추측이 간다. Cantillon의 경제순환의 서술이나 그의 사회적 계급구조를 Quesnay가 알고 있었음엔 분명한 것 같다. Cantillon의 "Essai"의 출판부수가 극소수만이 있었기 때문에, Quesnay에 의한 1758년에 자극된 "Tableau economique"("경제표")는 중농주의 학자들 사이에서는 그리고 이를 넘어서 바로 커다란 주의를 환기시켰다. 노동 분업적 경제의 인식과 상관관계에서 순환표상을 보며 이로서 경제순환이 여기선 핵심이다. 상이한 경제 단위들 사이의 가치흐름의 존재에서 볼 때 Petty에 기반을 두고 있는 Cantillon의 1730년의 (1755년 출판) 저술은 한 기간에 이루어지는 토지수익의 분배의 관점에서 특히 순환이론적인 고려들을 제시하고 있으며, 여기서는 "경제표"에서 나타나는 것과 같은 동일한 사회적 계층이 기반을 이루고 있다. Justi는 1755년 혈액순환과 유사성에서 국가의 수입과 지출의 순환의 모형을 제시하였으나 Quesnay는 이러한 모형에 아무 영향을 받지 못한 것으로 보인다. 중농주의적 순환 유사성의 개념은 변증법적-사회학적, 유기적-생물학적 및 역학적-물리학적 유사성으로 볼 수 있다. Quesnay의 순환분석인 "경제표"에서는 흐름크기들이 언제나 완전하게 제시되지 않으며 흐름크기들과 재고크기들이 분명히 구분되지 않는다. "경제표"는 세 개의 결코 절대적으로 파악되지 않는 사회적 계급들 마차가지로 부문들 사이의 가치흐름에 의해서 정태적인 경제흐름을 제시한다. 이는 농업부문 마찬가지로 소작인들(la classe productive), 지주들 부문(la classe des proprietaires, 왕실, 귀족, 성직자; 분배기능의 질서 때문에 la classe distributive라고도 불린다) 및 현실적으로 수공업자들, 공장제 수공업자들과 상인들을 포함하는 영업적 경제(la classe sterile) 이다. 번식력 없는 계급은 단지 변형하는 위치 변화하는 기능으로 생각되었으며, 실재적인 가치증가는 하지 않고 사용된 비용의 추가만을 작용한다. Quesnay에 의하면 토지만이 부의 유일한 원천이며, 토지의 경작의 과정에 의해서만이 추가(addition)를 넘어서는 창조(creation)를 실재적인 재화증가를 비용을 넘어서는 수익의 잉여를 즉 순이익(produit net)을 기대할 수 있다. 중농주의자들에 있어서 생산적 계급은 우선적으로 독립적인 농업적 소작인들과 그들의 도와주는 가족 구성원들이였으며, 결코 농업에서 활동하는 임금 종속적 노동력을 의미하는 것은 아니다. 이러한 Quesnay의 이론은 특히 Mirabeau, Nemours, Riviera 및 Le Trosne 등에 의하여 확장되어졌으며, 한편으로서는 "Tableau fondamental"로서 경제의 이상적인 언제나 노력하는 상태를 제시하기 위하여 그리고 "ordre naturel"를 표현하기 위하여, 다른 편으로는 "ordre positif"를 통한, 너무 높은 조세 혹은 지주들의 사치지출들을 통한, 즉 소득사용의 변화들을 통한 경제순환의 장애들을 수량화하여 제시하는 것이었다. 지주들이 (모형의 가정들에 상응하여) 그들의 소작수입들의 절반을 식량구매를 위하여 지출하는 한, 투입된 자본은 다음의 기간에 대체되고 그리고 경제순환이 유지된다. 이에 반하여 지주들이 소작수입들을 비축하거나 혹은 큰 부분을 영업적 사치재화의 구매를 위하여 사용한다면, 순환이 축소된다. 지주들이 식량을 위한 그들의 지출들을 증가시키고 그리고 사치재화와 다른 영업생산물을 위한 지출들을 제한 한다면, 순환의 침체가 회피되며, 왜냐하면 농업적 총생산이 다음의 기간에 증가하고 그리고 영업적 경제가 (그들의 매출액의 잠정적인 감소 후에) 다시 증가하는 매출액들을 이룩할 수 있다. 농업의 감가상각결정적인 증가된 지출들과 결과적으로 모든 "계급"의 증가하는 지출들이 이에 공헌한다.

이러한 결과들이 중농주의자들로 하여금 프랑스의 농부들의 조세부담을 줄이게 하며, 농업적 생산품의 "벌이가 되는" 가격들을 실행되게 하고, 그리고 농업적 생산의 확장을 촉진하게 할 것을 정부에 요구하게 하였다. 이러한 것들은 그러나 격렬하게 비판 되었으며, 왜냐하면 토지만이 생산성 증가들을 실현할 수 있고 그럼으로 농업이 경제성장의 원천이라는 가정들로 부터 그들이 출발하기 때문이다.

Quesnay는 "경제표"를 단순하게 혹은 개별 연구로 발전시킨 것은 아니다. 그는 그의 경제 이론적 견해의 기반들을 그의 경제적 저술들에서나 특히 상이한 저술들과 잡지들에 발표되었던 많은 백과사전적 주제들에서 발전시켰다. 그는 "경제표" 이전에 이러한 논문의 얼마를 서술하였으며, 그의 최종적인 형태(1766)가 가장 이해가 가는 것으로 보이며 그럼으로 종종 인용되어진다.

  1757년과 1759년 사이의 (경제)표의 세 번의 출판에서 그는 계급들 사이의 이전 거래를 지그자그 모형으로 표시했다. 그가 여기서 인간적인 혈액순환의 형상에 의하여 자극을 받았다는 지금까지 확산된 견해와는 반대로 최근의 연구들은 이는 오히려 역학적인 유사성에 관한 것이라는 것을 보여준다. 이로서 중농주의자들의 혈액순환 유사성의 가설이 상대적이 됨이 틀림없으며, 왜냐하면 "경제표"의 지그자그 모형은 구슬-시계 흐름과 커다란 형식적인 유사성을 인식하게 한다. 이에 더하여 최대의 국민 경제적 재생산을 설명하기 위하여 구슬흐름-유사성이 추측컨대 더 적합할 지도 모른다. Quesnay는 본래 국민 경제적 전체계산을 폐쇄된 경제순환의 표현으로 하려한 것이 아니라, 오히려 그에서 소득흐름이 지속적으로 재생되는 순환의 원천과 조건들을 표현하려 했다. 중농주의자들의 견해에 따르면 토지는 부들의 유일한 원천이며 농업은 국민 경제의 하나 뿐인 생산적 부문으로 유효하다.

  운동- 및 역학 유사성의 의미에 있어서 Quesnay는 Descartes의 물리학의 인식들을 정치경제학의 차원으로 이전하려 하였다. 이에 반하여 Adam Smith의 저서는 뉴턴의 물리학의 응용으로 보여 질수 있다.

  "경제표"의 가장 잘 알려진 표현은 1766년의 저술로서 또한 종종 해설되는 형태이다. 이에서는 세 부문 마찬가지로 세 계급(농업적 소작인들, 소유자들, 영업부문)으로 분류되며, 생산에로 투입된 자본재고의 배분과 주어진 구조의 가정 하에서 그리고 농업만이 순수익을 이룩할 수 있다는 가정의 기반 위에서 Quesnay는 재생산과 순환의 흐름을 몇 개 안되는 수치로써 제시했다. 이에서 그는 자본을 각각 농업의 수명이 긴 자본재(avances primitives)를 위한, 농업의 종자, 원자재(avances annuelles) 등을 위한 및 토지 개량과 개간(avances foncieres)을 위한 선불금의 총계로 보았으며, 후자의 둘에 관하여서는 더 이상 고려하지 않았다. 농업적 생산물의 소비 소유화와 농업의 생산계수에 대한 여타의 가정 하에서 그는 부문들 사이의 이전 거래를 보여주는 경제흐름의 형상에 이를 수 있었다. 이에 의하면 첫 경제기간의 끝에서 농업에는 다시 처음과 같은 선불금이 주어지며, 영업부문은 그의 투입된 영업자본을 다시 이룩한다.

"경제표"는 "순 생산물"의 분배에 관한 서술이며, 이에서 가치관계들이 정말 동등하게 그의 재생산이 우선 세 계급들 사이에서 이루어지는 이전거래의 비용의 관점에서의 표현의 방법으로 제시된다. 생산적 계급에 의해서 생산된 순 생산 50억 Livres중에서 20억은 지주들에게 흘러들어간다. 이들은 (마찬가지로 그들의 선조들도) 토지를 경작했고 또한 개간(avances foncieres)하며, 국가를 통치하고, 공중질서를 보장하며, 분배기능을 수용한다. 이 20억 중에서 10억은 식량구매로 다시 생산적 계급에 그리고 나머지 10억은 상공재품 구매로 영업적 경제로 "분배"된다. 생산적 계급도 10억으로 상공재품을 구매하며 나머지 20억은 생산적 계급 자체의 재생산에 투입된다. 영업적 경제는 지주계급과 생산적 계급으로부터의 각각 10억씩이 합쳐져 식료품 구매로 분배된다.

그의 표현은 그의 추종자들에 의하여 지속 발전되고 모형화하였다.

## 3.3. 조세론과 재정정책적 및 경제정책적 귀결

실증적 질서(ordre positif)에 대한 중농주의자들의 재정 정책적인 비판은 프랑스의 지배가문의 증가하는 채무의 배경 및 귀족과 성직자들에 대한 계속되는 조세해방 때문에 증가하는 불평등으로 감지된 국민들의 조세부담의 배경에서 나왔다. 자연적 질서(ordre naturel)에 대한 접근을 위한 제안들은 국가적-절대주의적 권력에 의하여 이루어질 수 있다고 보았으며, 다른 편으로는 국가는 경제적 자유를 위하여 경제과정에서 뒤에 머물러 있어야 한다고 제안했다. 프랑스의 중농주의자들이 비록 정치적 자유주의와는 거리가 멀다고 하여도, 그들은 경제적인 자유주의의 관점에서 국가지출의 제한을 현실적으로 대외적 안전, 대내적 보호(자연적 질서, 특히 소유권의 보호)와 실행의 보장(하부구조적 업적에서의 공공의 작업과 같은)으로 보았다.

국가지출의 축소로서 동시에 국가수입의 개혁이 연관되었다. 토지의 경작만이 순수익을 귀결할 수 있다는 가정 하에서 이러한 순수익이 지주들에게만 귀속되기 때문에 중농주의자들은 유일세로서 토지(지대)세의 도입을 요구했다.

이러한 유일세로서의 토지(지대)세는 비 농업국가 들에서는 (상업공화국) 현실적이지 못하였으며, 나아가 Mirabeau가 예외규정의 한 종류로서 간접세를 인정함으로서 유일세의 개념이 퇴색되었다. 유일세로서 토지(지대)세는 사실 어느 곳에서도 실행되지 않았다. 물론 이러한 중농주의자들의 재정 이론적 및 재정 정책적인 견해들은 언제나 프랑스의 당시의 관계들에서 연유될 수 있다. 그들의 현실에 관한 좁은 안목으로 인하여 중농주의자들은 나쁜 예언자들로 표현될 수도 있으나, 이 때문에 나쁜 경제학자들은 아니었다.

국민 경제적 순환과 재생산의 표현으로써 중농주의자들은 정치적 목표들을 추적했으며, 특히 생산의 개혁과 농업의 가격형성의 개혁, 조세체제의 개혁, 국가채무 및 국가지출의 개혁에 있어서 그러했다. 이로서 그들은 가치- 및 가격이론에 대한 그리고 중농주의적 견해를 넘어서 경제 이론적 및 -정책적 의미를 가지는 경제 질서의 이론에 대한 실마리를 가졌었다.

중농주의자들이 서로 다른 계급 사이의 경제적 이전거래를 증명하려했기 때문에 그들은 가격형성의 설명을 위하여 노력하였다. 이러한 목적으로 그들은 사용가치와 교환가치를 구분하였으며, 여기서 그들은 교환가치를 한 재화의 가격에서 인식할 수 있는 것으로 믿었다. 하지만 그들은 가격의 두 가지 형태들을 경계 지었으며, "자연적인" 혹은 "근본적인" 가격과 "경상"가격이다. 자연적인 가격은 상공업계급의 상품에 있어서는 단지 생산비용만을 포함하며, 이에 반하여 농업적 생산품에 있어서는 자연의 순수익을 형성하는 추가적인 부가가치를 포함한다. 경상가격은 수량적인 공급과 구매력의 수요에 의한 진동들의 기반위에서 주어진다. 이것이 생산비용을 넘어설 때를 중농주의자들은 "좋은 가격"(bon prix)이라 표현하며, 왜냐하면 그들의 기본자세에 따르면 농업적 생산품의 높은 가격은 지주들의 높은 수입과 지출이 되고 이는 결과적으로 전체 경제의 높은 수입과 지출로 인도되기 때문이다.

임금형성에 대하여 Quesnay와 그의 추종자들의 견해는, 노동력이 새로운 가치들을 창조하지 않고 노동자들이 노동시장에서 서로 경쟁관계에 있기 때문에 노동수입이 노동자들의 최저생계비를 넘어서 증가할 수 없다는 견해이다. 다른 편에서는 명목임금이 증가될 수도 있으며, 곡물가격과 생필품가격이 증가한다면 이러한 경우에는 농업경영인들이 더 많은 노동력들을 수요로 하기 때문이란 것이다. 이에 반하여

하락하는 곡물가격들은 농업에서의 감소하는 노동력수요를 그리고 나아가 이를 넘어 전체 국민 경제에 있어서의 감소하는 고용과 소득으로 이어진다. Quesnay는 이로서 경제과정에 있어서의 국가적인 개입들을 요구했다. 국가적인 개입들은 높은 곡물가격들을 가능하게 해야 한다. 그밖에 그는 나아가 이자조정을 대표했다. 이로서 농업의 자본부족이 해소되어야 했다. 동시에 능력 있는 농업적 대 경영체들이 (영국 농업의 모범에 따라) 구축 되어져야 했다. 그는 그의 이론적인 고려들을 통하여 그밖에 직접세의 징수를 주장했다. 농업만이 순수익을 이루고 반면 여타 부문들은 단지 생산비용들만이 가격들에 이전시킬 수 있기 때문에, 조세들은 언제나 지주들의 계급에 의해서 수행되어야 했다. 그럼으로 Quesnay와 그의 추종자들은 조세징수를 비싸게 하는 우회길인 간접세를 포기하고 대신에 지주들의 순수익에 의한 유일세(impot unique)인 하나의 조세만을 징수할 것을 요구했다. 그러나 중농주의자들은 국가지출과 결여되는 조세수입의 관점에서 또한 어느 정도의 간접세를 수용할 것을 시인했다. 동시에 그들은 국가부채에 대한 그들의 거절을 나아가 유지하고 있었다. 그들은 그들의 부채 적대적인 견해들을 특히 이자지불은 유일한 생산적 부문인 농업을 방해하며 그리고 노동 없는 소득의 수령자들을 지원하는 것이라는 암시로서 기초하였다. 또한 조세 대차인을 통한 간접세의 징수는 "더 낮은" 소득계층의 높은 조세부담으로 그리고 국가채무의 증가로 이어진다는 것이다. 중농주의자들은 국가부채의 탈 안정화적인 작용들과 부정적인 이전효과들을 무척 강조하였으며, 제한적인 국가부채의 가능한 긍정적인 작용들이 그들에게는 토론의 가치가 없는 것으로 보였다.

 재정- 및 경제정책에 대한 중농주의자들의 추천들은 중농주의적 이론체계로부터의 필연적인 귀결이다. 자연적 질서(ordre naturel)와 인간에 의해서 이룩된 질서(ordre positif)와의 사이의 구분에서 기인하고 있다. 자연적인 질서가 실현되지 않는 한, 경제과정에 있어서의 국가적인 개입들이 필수적이다. 다른 편에서는 자유로운 교환거래가 안정된 경제적 발전으로 유도할 때에는, 국가는 조정하는 개입들을 억제하여야 한다. 그럼으로 중농주의자들은 세 방향에 있어서의 개혁들을 요구하였다.

- 농업개혁, 기술적 및 경제적으로 능력 있는 대 경영체들의 촉진을 통한
- 상업개혁, 모든 국내적 생산자들이 참가할 수 있고 그러나 국외로는 높은 수준의 곡물가격의 안정화를 목적으로 곡물의 수출과 흉년에서의 곡물수입을 제외하고는 폐쇄된 국내시장의 창조
- 공중 재정경제 및 -정책의 개혁, 특히 토지의 순수익에 대한 유일세의 징수 그리고 경우에 따른 추기적인 간접세의 징수. 국가부채의 거부 및 제한 그리고 조세징수와 국가지출의 엄격한 통제

개혁의 목표는 프랑스 정치의 위기의 극복이었다. 동시에 중농주의자들은 또한 그러나 경제- 및 재정정책의 새로운 이론적인 기반을 추구하였으며, 이들은 최초의 폐쇄된 국민 경제학의 학파를 형성했다.

## 3.4. 중상주의, 관방주의 및 중농주의의 영향

중상주의의 경제이론들은 중농주의와 다음 시대의 고전적 자유주의에 의해서 거부되어졌다. 19세기 말의 증가하는 개입주의, 보호관세 혹은 자유무역에 대한 토론, 구조위기들과 경기위기들의 점증하는 강도가 처음으로 다시 중상주의적 이론들에 대한 관심을 증가시켰다. 중

상주의의 목표들과 추천들을 위한 나중의 관심들은 그러나 세계경제 위기의 결과를 야기했다. Thomas Robert Malthus(1766~1834)가 이미 Adam Smith(1723~1790)나 Jean Baptiste Say(1767~1832)의 이론들에 반대하여 비판하였던 것(투자들을 넘어서는 저축은 전체 경제적인 저고용을 초래할 수 있다는)을, John Maynard Keynes는 1936년에 그의 "일반 이론"에 다시 수용하였다. 그는 중상주의자들에게 이미 저고용 균형을 인식 하였으며 그리고 저축성향 이 뒤의 투자성향의 침체를 보는 것을 그들의 업적이라고 했다.

Keynes는 임금 종속적인 노동자의 더욱 지속되는 비 자발적 실업을 설명하려 하였으며, 그 원인들을 유효한 수요의 특히 민간 투자의 감소에서 보았다. 이에 반하여 중상주의자들은 주로 구조적 실업을 극복하기 위한 길을 발견해야 했으며, 이들은 낮은 노동생산성의 문제를 해결하려했다. 이러한 목적으로 그들은 한편으로는 상업자유를 다른 편으로는 국가의 조정적이고 질서 정책적인 개입들을 추천했다. 또한 엄격한 노동훈련을 수행하고 이로서 공장제 수공업과 노동 분업의 발전을 촉진하여야 할 대책들이 중상주의적 프로그램에 속한다.

관방학도 영향을 미쳤으며, 특히 Becher, Sonnenfels 및 Justi의 업적들이 재정학, 경제정책 및 사회정책에 연관되어 졌다. 국가의 역할을 분석하고, 경제적 발전을 위한 국가적인 수입과 지출의 의미를 기초하고, 경제과정에서의 공공 기업들의 위치를 제시하고, 나아가 복지국가의 장점과 단점을 연구하는 것들이 이들의 업적들과 연관된다. 중상주의의 초기와 후기의 업적들에 대한 관심들이 특히 독일어 언어영역에서 확인된다.

중농주의적 인식들은 18세기 말 경에 프랑스와 일부 유럽의 국가들에 있어서 경제에 대한 이론적인 학설과 실재적 요구로서 자극적으로 영향을 미쳤다. 그러나 이들은 이론과 실재에 있어서 빨리 영향을 상실하였다. 중농주의적 개혁들이 실재에 있어서 지속적으로 성공을 거두지 못하였으며, 경제적 사고와 경제정책에 대한 자유주의의 영향이 영국으로부터 유럽 대륙으로 지체는 하였으나 지속적으로 몰려들어왔다. 그럼에도 중농주의는 경제학에 지대한 영향을 미쳤다. "경제표"의 기반 위에서 순환분석과 그리고 또한 자본형성과 재생산의 이론이 발전되었다. Karl Marx는 그의 부가가치 이론의 표현과 자본축적의 이론에 있어서 Quesnay와 연관짓고 있다. 또한 순환이론, 거시 경제적으로 기초된 균형이론, Input- Output-분석, 자본형성 이론, 경제의 성장의 이론의 발전들이 중농주의적 인식들을 통하여 자극되어 졌고 촉진되었다.

"경제표"는 하나의 정태적 경제의 균형조건들에 대한 인식들을 하였을 뿐만이 아니라, 또한 하나의 일반적인 국민 경제의 균형의 조건들에 대해서도 인식했다.

"경제표"는 나아가 다른 중농주의자들에 의해서 (특히 Quesnay의 제자 Nemours) 프랑스에 있어서의 경제과정의 수량화의 최초의 실마리로 사용되었다.

재정학은 중농주의에 값진 관점들에 감사하며, 조세실행의 전제조건들과 작용들, 국민 경제의 공공 및 사적 부문 사이의 의존성, 징세의 재정적 및 경제적 이유들, 국가부채의 평가에 있어서의 관점들이 이에 속한다.

경제정책의 이론은 중농주의 학자들의 경제연구, 경제자유, 경제과정에 대한 국가의 조정하는 개입들에 대한 고려들을 이용할 수 있다.

# PART 5.
## 고전적 자유주의

중농주의적 자유경제적 체제에 대한 구분으로서의 고전학파는 장기간의 모형 유효성, 완전함, 척도를 주는 것과 연관되어 있다. 고전적 자유주의로서는 경쟁사회에서 구축되는 국민 경제학의 고전적 학파의 체제에서의 방향을 제시하는 높은 능률의 시대로 바꿔 쓸 수 있다. 중농주의에서는 신분적으로 각인된 구 체제(Ancien Regime)의 척도를 주는 시금석들이 언제나 발휘되었다.

자유주의의 개념을 위하여 수용된 시금석들을 보면 개인적 자유와 자아실현에 대한 개인적 기회에 대한 극대화이다.

초기 시대를 위한 정신적인 기반들은 계몽주의에서 각인된 자연권적(각 개인에 내재하여 태어난 권리), 이성주의적(질서 되는 이해력의 우위) 및 개인주의적(모든 더 높은 사회적 무리들은 개인들의 단순한 합계들로서 유효하다) 사고방식이다. 여기에 Bentham에서 유래하는 공리주의로서, 인간의 삶의 목표는 불쾌에 대해서는 최대한 피하는 반면 최고의 개인적인 행복감을 추구하는 것이다.

사실 경제학의 이론사에서 고전학파는 시대는 물론 또한 이론을 표현하기도 한다. 이론적인 관점에서는 19세기 말 이래로 고전학파와 신고전학파로 구분한다. 고전학파 경제학은 경제의 재생산조건들에 대한 분배나 가격의 설명에 관한 것인 반면, 신고전학파는 주관적인 효용평가의 강조로 특징된다. 케인즈주의적 전통에서는 경제가 스스로 완전고용을 추구한다는 가설의 추종자들을 또한 고전학파로 표현한다.

고전학파의 이론적 및 역사적 선행자들에 속하는 이들이 특히 William Petty(1623~1687), David Hume(1711~1776) 및 James Steuart(1713~1780)이다. 핵심적인 고전적 사고들의 얼마는 나아가 중농주의자들에서 특히 Richard Cantillon(1697~1734)에서 발견된다. 고전학파의 시작은 좁은 의미로 그의 최초의 위대한 대표자이며 스코틀랜드의 도덕철학가인 Adam Smith의 주 저서 "국부론"(An Inquiry into the Nature and Causes of the Wealth of Nations)이 출판된 때(1776) 이다. 이러한 저서의 처방을 통하여 정치경제학은 19세기 초에는 유행학문이 되었다.

시대를 구분 짓는 것으로서는 David Ricardo(1772~1823)에 의해서 저술된 "On the Principles of Political Economy and Taxation"의 출판(1817) 이며, 이는 그의 동시대 사람들이며 친구들이자 대응자들 이었던 James Mill(1773~1836), Thomas Robert Malthus(1766~1834) 및 Robert Torrens (1780~ 1864)와 더불어 고전학파의 전성기를 구획한다. 이에 직접적으로 계속되는 고전학파 학자들로서는 John Stuart Mill(1806~1873)과 Karl Marx (1818~1883)가 있다.

고전학파는 시기적으로는 19세기의 70년대에 특히 Leon Walras, Carl Menger 및 William Stanley Jevons의 이름들과 연관된 한계효용학파적(신고전학파적) 중간휴지를 통하여 끝난다. 그들의 업적은 고전학파의 시대에 살았던 그러나 Smith나 Ricardo에 의하여 형성되었던 이론들과는 다소의 거리를 두었던 선행자들에 기인하고 있으며, 이들 선행자들로는 특히 Jean Baptiste Say(1767~1832), Nassau William Senior(1790~1864), Johann Heinrich von Thuenen(1783~1850) 및 Hermann Heinrich Gossen (1810~1858)을 꼽을 수 있다. 고전학파 학자들은 신고전학파 학자들이 가치규정의 사고를 효용을 통하여 할 수 있지 않기 때문이 아니라, 오히려 가치의 다른 규정에 그들이 우선을 주었기 때문이 아니라서 제외하지 않는 것은 아니다. 고전학파의 주 대표자의 시대 이전에 이미 효용이론의 기본사상을 진술한 저술가가 일찍 유명하게 된 Ferdinando Galiani (1728~1787) 이다.

Ricardo적 가격- 및 분배이론은 이른 20세기의 진행에서는 단지 소수의 국외자들에 의해서 만이 계속 추적되었다. 지속적인 새로운 관심은 1960년 Piero Sraffa의 주 저서 "Production of Commodities by Means of Commodoties"의 출판을 통해서 야기되었다. Sraffa는 50년대에 스스로 Ricardo의 저서들의 출판에 열중하였으며, 또한 Ricardo의 주 저서 "Principles"의 서문에서 그의 이론의 발생사를 자기이론처럼 이해하여 서술하였다.

## 1. 영국에서의 고전학파

하나의 분명한 시대구분은 1707년 (의회합석과 국경선 개방을 통한) 이래 영국에 통일된 잉글랜드와 스코틀랜드에서의 경제적 고전학파가 보여주고 있으며, 여기서는 낙관주의적(그의 대표자 Adam Smith로써), 비관주의적(Thomas Robert Malthus 및 David Ricardo로써) 및 회의주의적(John Stuart Mill로써) 사이가 구분되어질 수 있다.

### 1.1. 낙관주의: 아담 스미스의 세계

그는 "속속들이 스코틀랜드인이며... 순수하고 혼돈될 수 없다"고 Schumpeter는 아담 스미스에 대하여 말하며, 그의 주 저서인 "국부론"을 "경제학에 대한 가장 성공적인 책"이며, "다윈의 종의 기원의 가능한 예외를 제하고는 오늘날까지 발표된 최고의 성공적인 학문적인 저서"라고 평가했다. 아담 스미스는 함께 반향 하는 경제윤리적인 전제조건들을 포함하여 지속되는 하지만 전체적인 개념에서의 자유의 정치경제학을 제시했다.

### 1.1.1. 아담 스미스

아담 스미스는 에딘버그의 북쪽 당시 1500명의 인구를 가졌던 작은 어촌마을 키르크켈디에서 태어났다. 자세한 출생일자는 알려져 있지 않지만, 몇 달 전에 죽은 동일한 이름을 가진 법학자와 재산가인 대 지주가문 출신의 그의 처 마가레트와의 아들은 1723년 6월 5일에 세례를 받았다. 어머니에 대한 평생 동안의 밀접한 관계는 종종 나타난다. 그는 평생 독신으로 지냈으며, 일찍부터 혼자 중얼거리고 종종 정신이 나간 경향을 보였다.

그는 14세에 대학에 들어가 우선 글라스고우 대학에서 도덕철학자 Francis Hutcheson아래에서 공부하였으며, 1740년 부터는 장학금을 받고 옥스퍼드 대학에서 공부했다. 당시 아주 과거지향적인 대학들의 지적인 요구들에 실망하여 그는 1746년 다시 그의 고향으로 돌아왔다. 1748년 그는 에딘버그로 옮겨서 영문학과 법률문제, 그리고 또한 경제적인 문제제기(여기선 특히 자연적 자유의 Hutcheson에서 수용한 이론들에 대한)에 관한 괄목할 만한 발표들을 한다. 그의 나이 27세 때인 1751년 초에 글라스고우 대학의 논리학 강좌를 초빙 받아 같은 해 10월에 강의하였으며, 1752년에는 같은 대학에서 Francis Hutcheson교수 아래의 도덕철학 강좌 자리를 맡았다. 도덕철학은 자연적인 신학(계시의 관점이 아닌 철학의 관점에서의 신에 대한 문제들에 종사하는), 윤리학, 법학 및 정치경제학의 부문들을 포함하고 있었다. 당시 그는 David Hume으로부터 강한 영향을 받았으며, 나중 그와 밀접한 친분관계로 연결되었다. 1759년 그의 첫 대작 "The Theory of Moral Sentiments"가 출판되었으며, 이는 1774년 제4판의 부제에서 나타나는 것처럼 인간들이 그들의 이웃들과 또한 자기 자신의 행위와 특성을 평가하는 기본조항들을 분석했다. 구체적으로 어디에 덕목을 볼 수 있으며, 윤리적인 평가를 어떻게 할 수 있나 하는 문제에 관한 것이었다. 하나의 핵심적인 역할이 동정의 원칙, 함께 느끼는 것(동감) 이었다.

 1764년 그는 교수직을 그만두고 젊은 귀족에 의해 더 나은 대우를 받는 수년간의 외국체류를 하게 된다. 1764년에서 1766년까지의 여행에서 특히 투루스, 제네바 및 파리에서 긴 시간을 체류하였으며, 투루스에서는 그가 이미 글라스고우에서 착안한 경제적 기본 사고에 대한 나중에 "국부론"이 된 책을 쓴다는 결정에 이른다. 파리에서 그는 핵심적인 중농주의자들과 접촉을 가진다.

 1766년 11월 그는 다시 우선 런던으로 돌아와서 재무부의 자문이 된다. 6개월 후 그는 그의 고향 키르크켈디에 안주하였으며, 그의 주 저서를 집필하기 시작하였고, 1773년에는 일이 끝난 것으로 보았으나, 그 후 몇 년간 런던에 머물면서 보충 및 개선하였다. 나중에 John Kenneth Galbraith가 "자본론" 및 성경과 함께 인류의 3대 걸작으로 꼽았던 "An Inquiry into the Nature and Causes of the Wealth of Nations"의 출판은 1776년 3월 9일에 이루어졌다. 6개월 후에 이미 초판이 절판되었다(출판된 부수는 그러나 알려지지 않고 있음). 저자의 생존기간에 이 책은 다섯 번 출판되었으며, 1784년에 나온 3판에서는 개정 및 보충되었다. 이미 1776년에서 1778년까지 독일어 판이, 1778년에서 1780년까지 프랑스어 판이, 1779년에서 1780년까지 덴마크어 판이, 1780년에 이태리어 판이, 1796년에 네덜란드어 판이, 1802년에서 1806년까지 러시아어 판들이 계속하여 출판되었다. 1778년에 스미스는 에딘버그에 있는 스코틀랜드의 왕립관세위원회의 위원이 되었으며, 이는 1970년 7월 17일 그가 죽기까지 가졌던 최고의 직위였다.

### 1.1.2. "국부론"

스미스가 그의 대부분 알려지지 않은 선행자들의 저서들로 부터 얼마나 자유주의적인 사고유산을 창조했느냐 하는 것은 여기서 그렇게 중요하지 않다. 그에게 성공이 이루어진 것은 그 때까지 단지 약한 메아리만이 잡을 수 있었던 사고를 대중화하는 데에 있다. 그가 그의 경제적인 사고들을 부분적으로 상충적인 사고의 흐름으로 부터 도출했다는 사실은 그의 저서의 해설가들이 수없이 골머리를 앓았던 상충과 함축의 원인들을 형성했다. 국가의 보이는 손에 대한 바로 완전고용의 기쁨의 전달자로서, 완전고용극대화의 과정으로서의 "시장의 보이지 않는 손"이 바로 이러한 것이었으며, 이는 당시 영국 뿐 만이 아니라 구조적 실업으로 특징되는 현실과 상반되는 것이었다.

스미스에 있어서의 경제적인 자유가 바로 자유원칙으로 이해된다면, 그가 자아 사랑에 기초된 역동적인 자기이익의 동인에 관심을 둔다면, 생업이나 인정에 대한 개인적인 추구가 바로 동시에 공중을 위해서도 유용하다고 인식된다면, 그러면 그는 모든 이러한 공리주의에도 불구하고 무비판적이라고는 할 수 없다. "상업과 영업의 모든 부문의 상인들의 관심은 그러나 많은 관점에서 공공적인 것으로부터 차이가 나며, 경우에 따라서는 이들은 서로 상반된다." 이익의 상충이 종종 암시된다. "우리들의 상인들과 기업가들은 사실 높은 임금의 나쁜 결과에 대하여 항의하며, 이것이 가격상승으로 유도하기 때문이라며, 이로 인하여 국내외에서의 그들의 매출이 줄어든다는 것이고, 그럼에도 그들의 높은 이윤의 해가되는 작용들에 대하여는 말하지 않는다." 스미스는 그의 책이 공장제 수공업적 자본주의의 시대에 생겨났기 때문에, 그가 산업적 혁명과 연관된 사회적 문제들을 인식할 수 없었을 것이란 것은 중요하지 않다고 할 수 없다. 이로서 마르크스는 이를 "공장제 수공업 시대의 종합적인 정치경제학"으로 표현했다.

5권으로 되어 있는 "국부론"은 1권은 생산과 분배의 이론이고, 2권은 자본이론이고, 이와 분석적인 범주에서 구분이 되는 3권은 주로 경제적 발전의 역사이고, 4권은 정치경제학의 체제로서 중상주의- 및 농업체제로서 주로 경제 정책적인 부문이며, 마찬가지로 강한 역사지향적인 광범한 5권은 공공재정에 관한 이론들이다.

스미스가 그의 저서의 시작에 노동 분업에 관하여 쓴다는 것은 새로운 일이 아니다. 우리들은 이미 고대 그리스의 철학자들을 알고 있으며, William Petty도 시계공장의 예에서 기술적인 분업을 제시했으며, Ernst Ludwig Carl도 이미 안전핀의 생산에서의 이러한 문제에 노력을 기울였다. 이태리와 프랑스의 저술가들도 노동 분업을 통하여 이룩되는 생산성의 증가를 오래전부터 토론의 장으로 끌어들였으며, 이를테면 Hutcheson과 Ferguson이 이를 자세하게 저술하고 있다. 이로서 전문화로서 일어나는 숙련, 시간절약 및 기술개선이 단점으로 인식된 노동자의 둔감과 함께 노동 분업의 논쟁에 있어서 이미 하나의 전통적인 위치를 차지하게 되었다. 이러한 국민복지수준의 제고에 대한 개별로 뿌리내린 대책들의 자아이익에 있어서의 경계선으로는 시장의 크기가 제시되었다. 스미스에게는, 그의 논점들을 수많은 일목요연한 예들로 나타내고, 중농주의자들의 서열적인 계급모형을 더 이상 이용하지 않고, 경제적 세계를 "하나의 커다란 노동 분업을 통하여 창조된 공장의 형상으로" 보는 스미스에게는 (그의 선행자들과 비교하여 볼 때) 노동 분업의 사고를 대중화하고 개인적인 단점들을 보완하기 위하여 기본적인 문화기술(읽기, 쓰기, 계산하기)들에서의 수업을 선전하는 것이 또한 아주 우선적으로 성공할 수 있었다. "아주 적은 비용으로 국가는 거의 전체의 국민들에게 이러한 학교교육을 용이하게 할 수 있으며, 이들을 그렇게 용기를 북돋아줄 수 있으며, 심지어 그들을 그렇게 강요할 수 있다.

스미스는 일반적인 복지의 증가에 의식적으로 지향된 목표들을 위하여 노동 분업을 인도한 것이 아니라, 오히려 "사물을 거래하고 서로 교환하는 인간의 자연적인 성향으로부터" 노동 분업을 서술한다. 그는 이러한 상관관계에서 안정된 가치척도를 추구하였으며, 귀금속의 가격이 스스로 진동에 팽개쳐져 있기 때문에 화폐에서는 볼 수 없을 것으로 믿었으며, 그 대신에 노동을 "모든 재화의 교환을 위한 진정되고 사실적인 척도"라고 일컬었다. 이로서 사용된 시간으로 만은 측정될 수 없는 상이한 노동량들의 관계를 설정한다는 어려움이 전적으로 예상된다. "이로서 한 시간의 긴장된 활동에서는 두 시간의 쉬운 종사에서 보다도 더 많은 것이 있을 수 있으며, 혹은 10년의 교육을 전제로 하는 한 시간의 직업수행은 한 달의 단순하고 쉬운 고용보다도 더 많을 수 있다." 개별 활동들의 상이한 생산성에 대한 "비 생산적인" 문제에 있어서 스미스는 중농주의적 사고덩이에 갇혀있음을 보여준다. 예를 들면 그는 심부름꾼의 노동이 그로써 어떤 지속적인 대상이나 판매할 수 있는 재화가 귀결될 수 없음으로 비 생산적으로 표현했다. 그가 4권에서 상공인 계급의 비 생산성에 대하여 잘못이라고 비판한 후에는, 그는 결국 "농업경영인들과 농업노동자들의 일이 상공인들, 수공업자들 및 영업에 종사하는 사람들 보다도 확실히 더 생산적이라는 견해에 도달한다.

그 이전에 그는 교환가치와 사용가치의 대치에 있어서 나중에 일컬어지는 "고전적 가치역설"에 이른다. "높은 사용가치가 있는 물건들은 흔하게 단지 적은 혹은 전혀 교환가치를 가지지 않고, 반대로 많은 교환가치를 가지는 것들은 종종 아주 적은 혹은 전혀 사용가치를 가지지 않는다. 물보다 더 유용한 것은 없지만 그것을 가지고 거의 아무것도 살 수도 교환할 수도 없다. 이에 반하여 다이아몬드는 거의 사용가치가 없지만, 교환에 있어서 종종 이를 위해 다른 재화의 수량을 얻을 수 있다." 비록 오래전부터 이를테면 Davanzati, Montanari, Galiani 등이 (주관적 가치이론의 선행자들로서) 효용가치 문제에 대하여 봉사하였음에도 불구하고, 스미스는 객관적으로 규정된 교환가치의 설명에 집착했다. 이루기 위한 (생산하기 위한) 사고, 노력 및 어려움이 물건의 실재가격을 나타낸다면, 또한 효용과 비효용의 비교의 의미에 있어서의 주관적인 것이 의미될 수 있다면, 그럼 스미스에 있어서의 효용가치 이론의 표상이 그렇게 멀리 있는 것도 아니다. 이로서 스미스의 노동가치 이론은 주관적인 이론의 실마리에 전혀 관계가 없는 것도 아니다.

이미 "국부론"의 첫 문장에서 노동이 국민의 복지의 원천으로 서술되고 있다. "모든 물건의 현실적이고 실재적인 가격은, 즉 이를 가지려고 하는 사람에 진실에서 비용이 되는 것은 그것을 그의 소유에로 지불해야 하는 열심과 노력이다. 어떤 물건이 그를 취득해서 사용하고 혹은 이를 다른 것과 교환하려고 하는 사람을 위한 진정한 가치는 이를 위하여 애쓰고 부담을 가지는 열심과 노력이다." 아주 분명하게 스미스는 그의 가치의 노동이론으로써 원칙적으로 중농주의자들의 견해에 대한 그의 이론의 대칭을 제시하려 하였으며, 왜냐하면 그의 분배이론에 있어서는 노동임금 이외에 또한 지대 및 이윤이 상품가치의 요소로서 발견되며, 즉 어쨌든 문명화된 사회의 역사적인 사실에 연관되고 있었다. 토지취득(토지에 대한 사적소유)이나 자본형성이 존재하지 않았던 원시적인 사회와 같은 단지 근원적인 경제단계에 있어서는 노동의 전체 수익이 노동 제공자에게 속한다. "그는 지주들이나 기업가들과 나눌 필요가 없다. 토지가 사적 소유가 되면, 토지 소유자는 노동자들이 경작으로 이룩할 수 있는 거의 모든 수익산물에 대한 부분을 요구한다. 지주들의 지대는 이로서 토지의 주문에로 투입되어야 할 노동의 수익을 첫 번째로 잠식한다. (이윤이) 농업노동의 수익에 대한 두 번째의 차감이다." 사실 스미스의 분배이론은 여러 곳에서 서로 상충적이다. 일단 지대와 이윤은 토지와 자본에 대한 생산적인 능률의 반대급부로 보여 질수 있으나, 그러나 다시 노동의 수익에 대한 차감으로 보여 진다. 이러한 관점에서 원시적인 사회를 위한 노동비용 이론과 문명화된 사회를 위한 생산비용 이론의 가능한 해설이 스미스는 결국 또한 노동가치 사고로부터 완전히 해결되지는 않았다는 주장으로써 경우에 따라서는 이로서 의문이 제기된다. 지주들은 "그들이 결코 씨를 뿌리지 않았던 그곳에서 수확을" 하려고 한다는 저자의 말을 상기 하게 된다. 그들은 스스로 토지의 자연적인 수익을 위하여 지대를 요구한다. 달리 말하면 스미스는 "노동은 노동에 스스로 응용된 가격의 구성요소의 가치만을 측정할 뿐만이 아니라, 나아가 또한 지대 및 이윤에 녹아있는 구성요소들도 포함한다"는 서술로써 가격구성요소인 지대와 이윤을 다시 자연히 노동에로 연관시킨다. 어쨌든 여기선 노동이 단지 가치의 척도로서 만이 노력되어 진다는 것은 간과되지 말아야 한다.

　스미스의 분배이론에 있어서의 소득종류에 대한 관점을 살펴보기 전에 종종 고전학파 경제학의 골격으로 이해되는 가격역학이 논의되어야 할 것이다. 이에 의하면 자유로운 경쟁은 경제주체들의 자기이익의 영향 하에서 작동하며, 단기적인 공급과 단기적인 수요로부터 스스로 주어지는 시장가격은 생산비용들(이윤 포함)을 통하여 결정된 "자연적" 가격에를 진동하며, 지속적으로는 자동적인 적응의 과정에서 후자와 동일하게 된다. 시장가격이 자연적인 가격 이상이면 (공급이 유효의, 즉 통화적으로 작동하는 수요보다 적기 때문에), 그럼 여기에 더 이상의 설명이 필요 없는 연결고리가 주어진다. 더 많은 이윤－생산의 확장－증가된 공급－자연적 가격에로의 시장가격의 하락. 공급이 유효수요보다 클 때는 반대이다.

"어떤 경우, 노동자들을 위하여 유리한 상황 하에서는 최저생계비의 크기를 상당히 초과하는, 즉 바로 인본주의에 대한 우리들의 표상과 일치하는 최소의 임금률을 상회하는 임금을 실현할 수 있다. 노동력의 결핍은 노동력을 얻기 위하여 서로 대항하여 더 제공하는 기업들 사이에서 경쟁으로 이어진다." 이에 따라 스미스에 있어서의 임금은 상품 노동의 가격이었고, 임금노동자에 대한 수요는 소득과 자본의 성장에 의존적인 것으로 보아진다. 높은 임금은 다시 증가하는 인구로 귀결된다. 비록 스미스가 노동자의 유지에로 결정된 펀드가 인구보다도 더 빨리 증가할 것이라는 그의 낙관적인 기본자세를 수용한다 할지라도, 또한 스스로 기업가의 장점에 대하여 분명했으며, 왜냐하면 당시의 노동자들의 단결금지를 일단 차치하고라도 그들의 적은 수 때문에 쉽게 연대할 수 있으며, 그밖에 기업가들은 임금갈등의 경우에 더 오래 지속할 수 있으며, 이에 반하여 많은 고용 없는 노동자들은 "채 일주일도 못 되게, 한 달도 안 되게, 거의 일년을 지탱할 수는 없다." 스미스의 분배이론에 있어서의 상충되는 점들은 이미 언급되었다. 이로서 토지지대는 한편으로는 가격의 원인으로 보아지며, 다른 곳에서는 "높은 혹은 낮은 임금 및 이윤은 높은 혹은 낮은 가격의 원인이며, 반면에 높은 혹은 낮은 지대는 가격에 대한 결과이다." 동일한 이율배반이 이윤에도 연관되어 있으며, 이는 한번은 가격요소로, 그리고 다시 나머지

크기로 나타나며, 여기서 이윤으로는 자본제공자의 소득은 물론 또한 기업가소득이 표현된다. 이윤을 어느 정도의 중간치로 계산하는 것이 어렵다 하여도 화폐이자의 도움으로 대략의 크기표상에 도달할 수 있다. "그럼으로 한 나라에 있어서 통상적인 시장이자율이 변화하면, 그럼 우리는 또한 정상적인 자본이익이 상응하여 진동해야 한다는 것을 확신하여야 하며, 이자가 하락하면 이도 또한 하락하며, 이것이 상승하면 상승하여야 한다." 그밖에 스미스는 자본증가는 임금의 상승을 인도하며, 이로서 이윤을 감소한다는 견해를 가졌었다. "물론 많은 부유한 상인들이 동일한 부분에 투자를 한다면, 그들의 상대적인 경쟁이 자연적으로 그들의 이윤을 감소하는 경향이 있으며, 그리고 한 국민경제의 모든 영업부문들에 같은 정도로 더 많은 자본이 흘러들어가며, 이로서 동일한 경쟁이 도처에서 동일한 작용을 가질 것이다." 보충 설명이 되어질 것이 있다면, 고전학파의 이해에 있어서의 자본은 원료에 대한 재고품과 노동자의 유지에로 결정된 펀드(다른 것과 더불어 또한 생필품에 대한 재고품으로 해설되는)를 포함한 생산에 투입된 수단들의 전체로 정의될 수 있다.

이제 경제적 질서가 수많은 인간적인 의지의, 목표를 인식함이 없이 모두가 동일한 본능적인 힘의 충동에로 비축되는, 물론 자아사랑에 기반을 둔 자기이익의 충동에, 스미스가 말하는 "자기 위치를 개선하기 위한 모든 인간의 자연적인 추구"에로의 의지의 유기적인 창조로 이해된다면, 경제생활에서의 국가의 무 개입의 요구가 결코 또한 모든 집단욕구의 충족이 힘들의 자유로운 놀이에로 놔둬야 한다는 것을 의미하지는 않는다. 스미스는 명시적으로 국가에 과제들을 주며, 첫째 외부에로의 안전을 위한 (나라를 다른 독립된 국가들의 무력이나 침입에 대하여 보호하는 의무), 둘째 내적으로의 보호를 위한(사회의 모든 구성원들이 가능한 한 한 동류 시민에 의한 불의나 억압으로부터 보호를 취하거나, 혹은 신뢰할 수 있는 법률체제를 정비하는 의무), 셋째 비용이유에서 사적인 종사가 없는 공공설비들의 확충이다. 하부구조 구축을 위한 해당됨 이외에 특별한 국가적인 개별과제들이 특히 일컬어진다. 우편의 행정, 기본적인 학교수업의 확보, 특별한 직업들을 위한 국가시험에 대한 수령, 이자율의 법률적인 확정 및 공적 재정행정이며, 이에서는 징세의 기본규칙들로서 정확성, 안이성, 용인성 및 정의가 나타났다.

스미스 또한 역시 개별이익과 집단이익의 조화의 사고를 절대적인 유효성으로 대표하는 것은 아니다. 흔히 대부분의 경우 그에게 잘 사용되는 어법이 언제나 예외들이었던 것이다. 스미스의 자유무역 공리도 스스로 타협점을 알고 있으며, 왜냐하면 원칙적으로 "우리들이 스스로 더 싸게 산출해낼 능력이 없는" 상품은 외국으로부터 가져오는 것이 유리하다는 것으로 출발하며, 이는 즉 "이들을 우리가 다시 외국보다도 더 싸게 산출할 수 있는 우리들의 생산품의 부분들로써 살 수 있다." 역시 국제적인 노동 분업이 절대적인 비교우위에서 선전되고, 그리고 이로서 보호관세의 체제에 대한 비판이 이루어진다면, 그럼 스미스는 외적 안전의 관점에서의 (국가적인 방위가 부 보다도 더욱 중요한 것으로 보였으며, 항해조례를 모든 영국의 통상법률의 가능한 한 가장 원대한 법률로 제시한) 보호주의가 다른 각도에서 보인다는 것을 안다. 동일한 것들이 국내에서의 그의 생산이 조세로 가중되는 상품들을 위한 수입관세와 외국의 보호주의적인 실행의 제거를 목표로 하는 경우의 보복관세이다.

여기서 또한 종종 나타나는 것이 "자연적" 이란 말로서, 자연적인 자유, 자연적인 가격, 교환에 대한 인간의 자연적인 경향, 위치의 개선에 대한 자연적인 추구, 나아가 "nature of the wealth of nations" 등이다. 이에 함축되어 있는 확신은 자연에 의해서 결정되어지는 과정을 위한 자연에 의해서 의도되어 진 것들과 일치들에 관한 것이다. 섭리의 "보이지 않는 손"의 이신론(이신론; 신의 존재를 인정하나 그 섭리와 예배를 인정하지 않음)의 견해를 통하여 (프랑스의 백과사전파들에게는 은유가 한번 진로로 옮겨진 시계 틀에 되돌아가며, 그럼 바로 세상은 스스로 움직인다는 것이다) 경제에 있어서의 역학들, 상관관계들, 법칙성들이 유도될 수 있으며, 이러한 경제는 그의 구조에 있어서 뉴턴의 운동의 자연법칙들에 최소한 가깝다는 것이다. 경제는 자연적인 과정이고 기계와 같은 조직적인 과정으로 보인다. 이에 속하는 것이 또한 경제적 설비들의 "자연적" 근원에 대한 표상이며 그의 자발성의 이상이다.

  자연주의적 기본사고는 (우리가 이미 보아온 것처럼) 낙천주의에 의해서 측면이 강화된다. "18세기에 있어서 사람들은 자연적이고 근원적인 것은 모두 다 좋은 것으로 생각했다. 사람들이 그 당시 동의어로 생각했던 것들이 자연적, 정의로운, 장점의 등의 표현이었다." 스미스는 경제적인 설비들의 "자연적" 근원을 설명하면서, 동시에 그는 유용하고 착한 일을 하는 성격을 증명하려했다. 이러한 것은 학문적인 고증보다도 오히려 깊이 신뢰하는 자세를 암시하는 것 같으며, 학문적 고증에 관한 것이라 하여도 적은 확신적인 노력들이 (이를테면 자본들의 축적과 상이한 사용들에 해당시킨다면) 보인다. 또한 간과되지 말아야 할 것이 스미스의 낙관주의는 생산에, 그러나 분배에는 더 적게 연관된다는 것이다. 동시에 강조할 필요가 있는 것이 "국부론"의 저자가 우선 생산자들을 그리고 적게 소비자들을 고려의 대상으로 삼았다는 것이다. 그러나 그가 4권의 8장에서 서술하는 것으로 실망할 수는 없다. "소비만이 오로지 모든 각각의 생산의 목표이고 목적이며, 그럼으로 생산자의 관심들을 본래는 단지 소비자들의 복지를 촉진하기 위하여 그것이 어떻게 요구되어질 수 있는가 하는 것에 배려시키는 것이다. 이 원칙은 더 이상 아무것도 없이 자명하기 때문에, 이를 또한 증명하려고 하는 것은 어리석은 일이다." 이로서 스미스는 생산자들의 부분 관심에 대한 그리고 반대로 소비자들 관심의 공공관심과의 일치에 대한 고전적 자유주의적 견해의 창시자이다.

## 1.2. 비관주의: 말사스와 리카도에 의한 어두운 견해들

  Thomas Robert Malthus(1766~1834)와 David Ricardo(1772~1823)가 왜 고전학파의 비관론자들로 유효한가 하는 것은 아래의 포괄적인 이유들이 전해주고 있다.
- 왜냐하면 이들은 개인적인 관심과 일반의 관심과의 더 이상 일치하지 않는다는 것을 믿게 하는 수많은 이유들을 밝혀냈으며, 그럼에도 이들은 이러한 일치의 존재를 강조하는 것을 스스로 계속했다.
- 왜냐하면 이들은 지주들과 자본가들 사이의, 자본가들과 노동자들 사이의 혼란스러운 상충들을 도처에서 우리들에게 보여주기 때문이다.
- 왜냐하면 이들은 자연의 법칙들 가운데에서 다른 것, 직접적인 관계에서 인구에 궁핍을 증가시키는 쓸모없는 토지소유자들의 작은 수가 수입을 확보하는 토지지대의 법칙과 같은 것, 혹은 이에 의해 필요불가결한 생필품의 산출이 숙명적인 한계로 이어지는 체감하는 토지수확의 법칙과 같은 것, 혹은 인간의 노력을 일러든

늦든 언젠가는 "정태적인 상태"에 끝나게 하지 않으면 안돼는 지속 감소하는 이윤의 법칙과 같은 것을 발견하려고 했기 때문이다.
- 왜냐하면 이들은 이들의 견해에 따라 입법권자적 개혁들이 힘이 없이 대치된다는 이러한 변화할 수 없는 법칙들의 과정을 변천시킬 수 있는 가능성에 대하여 믿지 않았기 때문이다. 우리가 진보라고 명하는 대에 대한 이들의 신뢰는 전부에 전부가 극히 적었다.

1766년 공작령 서레이에서 태어난 말사스의 삶과 업적은 기이함의 연속을 보여준다. 젊은 말사스는 루소와 친분을 유지하고 있는 아버지의 업무에서 진보적인 사고에 영향을 받은 바로 일상적이 아닌 학교-및 대학교육(특히 캠브리지의 Jesus College에서)을 받았으며, 이에서 일련의 진정한 비 정통적인 교사들을 만났으며, 이러한 대신에 보수적 기반에 대한 추구에서 그에게 제공되는 진보적인 사고에 대한 증가하는 방어 자세를 발전시켰다. 1798년에는 몇 년 전에 영국국교의 성직자로 봉해진 Jesus College의 임원이 무명으로 인구문제와 사회의 미래의 개선에 대한 그의 영향을 다룬 "Essay on the Principle of Population"이 발표된다. 이러한 선동적인 교회의 견해와는 언제나 편안하지 만은 않은 "선험적 출판"은 어렵지 않게 저자로 판명되는 말사스를 빨리 유명하게 만들었다. 5년 후에 그는 "An Essay on the Principle of Population; or, a View of its Past and Present Effects on Human Happiness"라는 제목으로 하나의 통계적인 자료들을 통해서 확대되고 이로서 경험적으로 기반 되었을 뿐만이 아니라 또한 여전히 어설픈 초판을 내놨다(저자의 생존기에 나머지 4판들이 나타났다). 1805년 말사스는 허트포드에 있는 이스트 인디아 컬리지 대학에서 역사 및 정치경제학 교수로 임명되었다. 1810년부터는 그는 리카도와 교제하였으며, 이들 둘 사이에는 부분적인 상충되는 이론적인 견해에도 불구하고 높은 상대적인 가치평가가 수반된 우정이 발전되었다. 1820년 말사스의 두 번째의 저서 "Principles of Political Economy"가 나타나며, 이는 그가 이전인 1815년에 "An Inquiry into the Nature and Progress of Rent"로써 중농주의자들의 영향을 확신하는 주제를 지향하고 그리고 Quesnay와 마찬가지로 높은 농산물 가격들(그리고 높은 임대이자들)을 복지와 동등하게 취급한 이후의 일이었다. 의미가 없는 것이 아닌 것은 또한 결국 그의 1827년에 나타난 "Definitions in Political Economy"이다. 아마 가장 열정적이고 동시에 아주 논란거리의 칭찬을 케인즈가 1834년에 죽었으며 그리고 오늘날까지도 상이하게 평가되는 인구학자이며 국민 경제학자를 꼽았다: "말사스가 오히려, 리카도보다도, 19세기 국민 경제학의 기본 뿌리가 되었다."

근본적으로는 "Principles of Population"은 인간의 자연에 대한 관계로써 마찬가지로 인구의 식량놀이공간에로의 관계로써 옮겨 쓰인 바로 고대적인 토론주제에 관한 것이며, 그럼으로 논문의 의미는 사실의 새로움에 있는 것이 아니고 오히려 그가 그로부터 나오는 소박한 일반화에 주는 시끄러운 음향에 있다. 나아가 Godwin이나 Condorcet가 다른 주제까지 나아갔다. 강한 인구증가를 국민의 복지의 증가로 본다면 (특히 중상주의적 저서에서), 그럼 영국의 사회철학자 William Godwin에 있어서의 이러한 낙관주의는 거의 장엄한 결과를 가져온다. 그는 물론 1793년 출판된 저서에서, 만약 국가가 제도로서 존재하는 것이 중단("모든 정부는, 물론 최선의 것이라도 나쁜 것")되고 자기이용대신에 상대적인 배려가 실행되고 그리고 공동소유가 지배한다면, 인구증가에 아무런 한계도 주어지지 않는다는 것을 주장했다. 같은 시기에 또한 프랑스의 혁명의 사고에 지배된 Marquis de Condorcet가 비슷한 주제에 대하여 저술하였으며(나중 1795년 출판), 이러한 사회이상향으로부터 출발하는 저서에서는 거의 무제한 적인 생계수단 증가를 예시했다. 이러한 학문적-기술적 그리고 사회적 진보에 맞춰진 표상들에 대하여 말사스는, 가난은 경제- 및 사회질서의 기능이 없으며 국민은 배려되지 않는 애기생산에 대하여 스스로 비참의 주 원인으로 관찰되어야 한다고 논쟁했다. 그는 계속했다: "A man who is born into a world already possessed, if he cannot get subsistence from his parents on whom he has a just demand, and if the society dose not want his labour, has no claim of right to the smallest portion of food, and, in fact, has no business to be where he is. At nature's mighty feast there is no vacant cover for him. She tells him to be gone..."

말사스는 독자들의 숫자에 대한 믿음을 평가하면서 그의 이론에 수학적 인용을 하는 것을 이해했다. 그는 물론, 인구증가는 기하적 급수(1, 2, 4, 8, 16 등)를 보이고, 반면에 식량(체감하는 토지수확증가의 법칙의 결과로)은 단지 산술적 급수로만 증가할 수 있다는 것을 주장했다. 그는 여기서 25년에 긍하는 기간에서 출발하고 있다. 인구의 증가가 필요불가결하게 식량위상에 종속되는 것으로 인식되었기 때문에 (이에서 식량생산에 있어서의 기술적인 진보는 거의 주의를 기울이지 않았던), 두 개의 성장제한들, 즉 비참(misery)과 고통(vice)이 있다. 초과인구를 조정하는 것이 비참과 고통이며, 기아와 질병에 의한 폭력에 있어서의 비참과 전쟁, 도덕, 무분별한 성관계 등을 통한 고통이다. 말사스가 자연조건적인 장애들이나 수단들(positive checks)에 대하여 말하면, 그럼 그는 전염병, 전쟁, 기아 등의 결과로 인한 높은 사망률을 본다. 이에 반하여 방어적 "checks"가 이야기 되면, 임신유산이나 고통을 통한 영향에서가 아니라, "moral restraint", 혼외 및 혼인관계에 있어서의 금욕, 가족을 부양하는 가능성이 존재하지 않는 한 결혼에 대한 금지를 통한 것이다.

그의 인구통계적인 모형이 자연적인 추출에 기반을 두고 있는 진화론과 연관된 말사스는 가난한자를 위한 사회정책적인 노력들의 극도의 비관적인 평가에 도달했다. 그는, 당시의 영국의 빈민구제법을 통한 일반적인 지원들은 "성들 사이의 열정"과 연관하여 정신적인 자세에 공헌하기 보다는 단지 더 많은 사람들을 비참이나 고통의 제재에로 내몰 뿐이라고 논쟁했다. 동시에 그는 경제적 공산주의에 대한 모든 종류의 참패를 예시하고, 그리고 이에 반하여 사적소유의 필요성을 역설했다.

말사스의 이름을 우선 인구법칙과 연관시킨다면, 저자의 좁은 의미에 있어서의 국민 경제적 서술들이 또한 관심이 없는 것은 아니다. 우선 그의 방법론적 훈계는 성급한 단순화나 일반화를 기획하는 것이 아니고 그리고 특히 경제적 과정들의 결과를 위하여 단지 하나 뿐만이 아닌 이상의 원인들을 고려하는 것이다. 귀납적인 경험에 기인하는 실마리의 우열선호로써 그는 "Essay"의 초판에 응용된 연역적 선험체계에 대한 반대를 보였다. 아주 복잡한 것이 가치- 및 가격이론에 대한 그의 견해들이다. 이를테면 그는 생산(비용)가치에서 공급 및 수요를 통한 가치결정에 있어서 그가 서열상 아래에 두었던 공급에 수렴하는 "필요불가결의" 가격만을 보았다. 또한 그의 분배이론에 있어서도 말사스는 우선 지주들, 노동자들 및 자본소유가들 사이의 공급과 수요에 대한 관계를 제시했으며, 바로 지대, 임금, 이자 및 이윤에 관한 정의적인 기본원칙들에 관하여서는 아니었다. 말사스의 서술들은 경제가 상대적으로 작용하는 기술적-경제적 요인들의 다수는 물론이고 또한 제도들과 상대적인 시장 힘에 의한 결과로서의 기능적인 소득분배를 가지는 하나의 복잡한 상호작용의 체제라는 그의 견해를 반영한다. 두드러진 것은 말사스의 지주들의 이익의 끊임없는 방어이며, 이에서는 나아가 일반적인 국가이익과의 일치가 확립된다. 리카도와는 반대로 이론적으로는 실질임금의 증가가 가능한 것으로 파악했으며, 이것이 실재로 생활조건들의 개선으로 인도하는지 혹은 이로 인하여 야기된 인구-/노동력증가를 통하여 다시 임금률의 하락이 되는지의 의문에 대하여 말사스는 오히려 비관적이었다. 비관적으로 보이는 것은 또한 복지의 증가에 대한 그의 견해에서 이며, 이로서 그에게는 세이의 정리가, 일반적인 초과생산은 가능하지 않다는 정리가 실행될 수 없는 것으로 보였다. 대신에 불안정화를 보았으며, 그리고 단지 귀족의 토지소유자들(landlords)에게서 만이 동일하게 되는 수요와 더 높은 문화적인 욕구들의 접합을 위한 보장을 인식했다. "Principles"의 더욱 넓혀진 "On the immediate causes of the progress of wealth"로 제목 지워진 7장은 놀라운 분석이며, 왜냐하면 이것이 (비록 완전하지는 않다 하더라도) 그렇게 근본적으로 유효수요의 그의 강조로써 John Maynard Keynes의 "General Theory of Emploment, Interest and Money"(1936)를 선취하기 때문이다.

  David Ricardo에 관하여 말하면, 이미 특이한 것이 있으며, 실재를 실험한, 여기에 더하여 그의 재산을 800~700,000파운드로 거의 천 배의 증가를 이룬 성공한 증권 중개인으로서, 그리고 또한 통화적인 영국의 경제정책에 막강한 영향력을 수행했던 리카도가 현실과 먼 이론가처럼 국민 경제적 학문사에 들어왔다는 것이다. 말사스가 리카도적 가설들과 일치하지 않는 사실들로 그를 주의를 환기시키려 한다는 것은 또한 아무 소용이 없다. 리카도는 기본 법칙성과 합일하지 않는 사실들에는 관심이 없었다. 이 추상적-연역적인 "구름속의 머리" (케인즈), 그의 이윤이론을 슘페터가 "우화와 같은 이론이며 결코 반박될 수 없는 모든 것을 가진 -단지 아무 의미도 없는" 것으로 평가하며, 이와는 달리 나중 Paul A. Samuelson이 "Ricardo was right!"로 방어한 그는 누구인가?

태어나긴 리카도는 홀란드 태생의 증권 중개업자의 아들로 1772년 런던에서 이다. 이미 14세에 아버지에 의해서 증권 업무에 들어와 졌으며, 살아남은 14형제자매 하에서 어떠한 이렇다 할 전통적인-인본주의적인 교육도 받지 못하였으며, 그러나 이미 아주 일찍부터 추상적인 사고에 대한 그의 경향이 두드러졌다. "국부론"의 저서를 통하여 리카도는 어떠한 대학에서도 공부하지 않고 교육받은 것도 없이 1800년경 정치경제학에 이르렀다. 우선 그의 학문적인 관심은 프랑스와의 전쟁에서의 상관관계에 있는 주화와 은행권에 대한 상이한 가치평가에 관한 것이었으며, 이러한 주제를 다룬 신문사설의 연재는 1810년의 사설 기사인 "The High Price of Bullion, a Proof of the Depreciation of Bank Notes"이다. 1817년 리카도는 그의 주저 "On the Principles of Political Economy, and Taxation"을 (적은 부수의 명명은 여기서 포기함) 출판하였으며, 그의 생존기간에 또한 두 번의 출판이 이루어졌다. 1819년 그는 어느 당에도 속하지 않고 아일랜드의 포트앨링턴의 대표로서의 국회의석을 사들였다. 이미 51세의 나이로 1823년 죽은 리카도에 대해서는 겸손, 순수 및 자기비판이 유명하게 된다. 그가 은행가 이였음에도 불구하고 그는 은행의 과도한 이윤에 반대하여 집요하고 열정적으로 논박하였으며, 그 스스로 주주가 아니었음에도 불구하고 또한 역시 주주들의 일을 방어하였고, 토지소유자들의 이익에 반대하여 취급할 때에는 그 스스로가 대지주로서 그는 자책되었으며, 마찬가지로 그는 의회의원으로서 그것이 실행되었더라면 그의 자리가 박탈당할 개혁을 옹호하였다.

리카도는 처음부터 논란의 여지가 있었으며, 그는 바로 모순에 도전하였다. 이는 첫 번째로 그의 형식적 연역적 기본개념에 있어서 그러하며, 여기서는 가능한 인과요인들의 다수에서 여타사정 일정불변(ceteris paribus) 절차의 종류에 따라 어떤 요소들이 일정한 것으로 가정되는 것이다. 이에 더하여 어렵게 보이는 것이 그가 그의 전제들을 명명하지 않는다는 것이다. 매번의 조사대상이나 조사목표에 따라 몇 번이고 변화되어지는 시행된 전제들을 스스로 이들의 이면에 숨어있는 것을 발견하게 독자들에게 내버려둠으로서 그는 독자들에게 높은 요구들을 제시했다. 그는 절차방식에 있어서 거의 예외 없이 충실했으며, 이는 또한 그가 방법적인 기본문제에 대하여 아무데도 연관시켜 표현할 수 없을 때에도 그러했다. 그는 장기적인 발전경향의 도출을 위하여 노력하였으며, 그러하기 때문에 더 많이 지속적으로 영향이 있는 그리고 더 적게 잠정적인 인과요인들에 관심이 있었다. 조건들은 그러나 또한 그의 개별 가설들에 있어서 그러하며, 특히 그의 분배이론에 기초되는 노동가치 이론이 그러하다.

국민복지수준의 원인에 대한 전통적인 의문에 대한, 마찬가지로 자유경제적 방향들에 의해서 지금까지 핵심적으로 추진된 생산문제에 대한 대칭으로 리카도는 분배문제를 그의 연구의 핵심으로 삼았다. "To determine the law which regulate this distribution, is the principal problem in Political Economy." 라는 것이 그의 "Principles"(1817)의 서문이며, 추구되는 것이 이에 따라 지대, 이윤 및 임금으로 지주들, 자본소유가들 및 노동자들의 세 사회적인 계급으로 사회생산물을 분배하는 (나중에 소득의 기능적 분배의 문제로 표현되는) 그러한 경제적 법칙성들이었다. 이러한 상관관계에서 리카도의 가치이론에 있어서는 생산비용이론에 긍한 것이며, 말사스가 그렇게 큰 가치를 두었던 단지 단기적으로 유효한 것으로 보이는 공급과 수요의 위상들과는 단절되었으며, 구체적으로 리카도에 있어서는 노동량이론에 관한 것이다. 한 상품의 가치 혹은 이것이 교환되어지는 다른 상품의 수량은 이러한 노동을 위하여 지불되는 더 높은 혹은 더 적은 보수에 의한 것이 아니라 그의 생산에 필요불가결한 노동의 비례하는 양에 의존적이다. 상이한 노동질의 문제가 실은 전적으로 인식되었으며, 그러나 일단 주어졌고 변화할 수 없는 것으로 수용된 가치척도(더 높은 가치의 노동은 다소간의 인위적으로 단순노동의 더 큰 양으로 파악되는)로써, 그리고 상이한 질들과 그에 따른 노동의 상이한 보수들이 상품들의 상대적 가치의 변화를 위한 원인이 아니라는 설명으로써 잘못 된 장소에서의 기회가 주어진다. 전체적 설명은 일정범위 안에서 맴돌며, 이에서 재화의 가치는 우선 노동량으로 소급되고, 그리고 노동량은 부분적으로 노동가치 혹은 가격 마찬가지로 임금에 의해서 결정되는 것으로 관찰되어지며, 이는 물론 스스로 재화의 가치에 의존적인 것으로 보여야 한다. 사실 모든 비용의 노동에의 환원은 단지 현실과 먼 가정 하에서 만이 성공할 수 있으며, 노동과 자본은 생산과정에 있어서 언제나 근사치로 동일한 관계로 작동하여야 하고, 그리고 "실행된 노동"으로 평가된 자본은 동질적인 것으로 보여야 한다. 그밖에 토지지대는, 가격의 원인이 아니라 가격결과이기 때문에, 가치결정을 위하여 아무 역할도 하지 말아야 한다. 역설적으로 리카도는, 그의 가치이론을 그의 "Principles"의 I장에 광범하게 제시하는 그는, 그의 제자 MacCulloch에 보내는 나중의 편지에서 그가 관심 있어 하는 분배의 기본문제들은 "가치이론과 필요불가결하게 연관된 것은 아니라"는 견해에 오게 된다. 리카도가 우선 "가치"라고 말하는 것은, 이에 의하여 그는 임의의 재생산 가능한 재화들의 "자연적 가격"으로 표현한다. 공급과 수요의 현실적인 정세상황들에 의하여 결정된 시장가격에의 대칭에서의 자연적 가격은 장기적인 관점에서 지불된 보수에 관한 것이며, 이에서는 리카도의 비교적-정태적 모형이 일반적으로 장기적인 발전경향들의 인식에로 지향될 수 있다는 것이 반복되어질 수 있다.

이제 원래의 소득분배이론을 본다면, 그럼 토지지대는 어쨌든 이미 40년 전(1777)에 스코틀랜드의 농업경영자 James Anderson에 있어서 차등지대로 이해되었다. 이것이 산출되는 것은, 만약 증가하는 인구에서 식량에 대한 증가하는 수요의 충족에로 낮은 품질가치의 혹은 불리한 위치의 토지들이 개간되어 진다면, 그러면 나은 토지의 소유자를 위해서는 나쁜 토지(토지 산출물의 가격을 결정하는, 욕구충족을 위해 역시 관여되는 "한계토지")의 비용에 대한 비교에서 차등소득이 주어진다. 이미 언급한 것처럼 지대는 이에 의하면 가격의 원인으로서가 아니라 가격의 결과로서 유효하다. "지대가 지불되기 때문에 곡물의 가격이 비싼 것이 아니고, 곡물의 가격이 높기 때문에 지대가 지불된다." 이로서 토지지대는 자연의 자유이주성에 기인하는 것이 아니고, 반대로 그의 탐욕에 고마워해야한다. 품질지대와 위치지대 이외에 리카도는 또한 감소하는 토지수익증가의 법칙에 의하여 결정된 강도지대(증가하는 사용강도에 감소하는 수익증가)를 논의하였다. 자유무역에 있어서 리카도는 토지지대의 빠른 증가를 억제하기 위한 수단을 보았다. 이로서 그는, 부가 가장 빨리 증가하는 나라는 "가용 토지가 가장 수확이 좋고 무역수입이 가장 적게 제한되는 나라이며, 생산이 노동할당의 비례적인 증가 없이 경작의 개선들을 통하여 몇 배가 될 수 있고 이로서 지대가 서서히 증가하는 곳"이라는 견해에 이르게 된다.

임금, 상품으로 파악된 노동을 위한 보수는, 재화들의 가격들에서와 마찬가지로 "자연적" 가격과 시장가격 사이가 구분된다. 생필품의 상승하는 가격들로써 노동의 "자연적" 가격이 상승하여야 하며, "자연적" 임금은 역시 노동자에게 그와 그의 가족들의 삶을 유지하고 자식을 번식하게 하는 (최저생계비이론; 물질적인 최저가 아니라 "문화적" 최저에 관한 것이다) 것을 가능하게 하는 바로 그러한 보수에 관한 것이다. 노동의 실재 "시장가격"은 (노동의 공급과 노동에 대한 수요에 의존적으로) 노동의 "자연적" 가격을 중심으로 진동하며, 여기서 리카도는 (실재) 노동임금의 지속적인 증가의 가능성을 비관적으로 평가하며, 왜냐하면 인구증가의 진행에서 또한 노동력의 공급이 증가하기 때문이라고 했다. (당시 대표되었던 임금기금이론과 연관하여서) 이윤(자본이자와 기업가이익)은 잔류수입으로 파악되었다. 리카도의 예견에 의하면, "이윤의 자연적 경향은 하락하는 것이며, 왜냐하면 사회의 진보하는 발전과 더불어 생필품의 추가로 필요 되는 양이 오로지 점점 더 많은 노동의 희생을 얻을 수 있게 하기 때문이다." 왜냐하면 임금이 하여튼 최저생계비에 상응하기 때문에 토지지대의 증가는 또한 오로지 이윤의 부담에서 만이 이루어 질수 있다.

사실 리카도는 분배를 결정하는 법칙들을 그의 이론적 고려들의 핵심으로 삼았지만, 사실 국민 경제적 학설사에 있어서의 그의 이름은 그러나 더 많이 상대적 비용의 무역정리와 연관되어 있다. 비록 이러한 인식의 현실적인 내용들이 이미 2년 전인 물론 1815년에 Robert Torrens의 "Essay on the External Corn Trade"에서 제시되어졌다 하여도, 리카도는 상대적 비용(처음 John Stuart Mill이 상대적 비용에 대하여 말함)의 이론의 "고전적" 매무새에 성공했다. 상대적 비용의 무역정리는, 절대적 비용에 있어서는 한 나라가 두 재화 모두 우위라 할지라도 상대적 비용에 따라 특화하여 생산하고 두 재화에 대한 양 국가의 국내교환 비율의 범위 내에서 무역교환 하면 양 국가가 모두 이익이 된다는 이론이다.

- "영국은 직물 산출에 100명의 1년간의 노동이 요구되고, 포도주 생산에 120명의 동일한 기간의 노동이 필요한 위치에 있다고 하자. 그럼 영국은 그의 이익에 상응하여 포도주를 수입하고 직물의 수출의 도움으로 포도주를 살 수 있다는 것을 알게 된다.

포도주를 포르투갈에서 산출하기 위해서는 1년 동안의 80명의 노동이 요구되고, 이 나라에서 직물을 생산하기 위해서는 같은 기간 동안의 90명의 노동을 필요로 한다고 하자. 그럼 포르투갈로서는 포도주를 직물을 위한 교환으로 수출하는 것이 유리하다. 이러한 교환은 비록 포르투갈에 의해서 수입된 상품이 여기에서 영국에서 보다도 더 적은 노동으로 생산될 수 있어도 심지어 이루어 질 수 있다. 직물을 90명의 노동으로 생산할 수 있다 하여도 포르투갈은 이것을 그의 생산을 위해 100명의 노동을 필요로 하는 곳으로부터 수입하게 될 것이며, 왜냐하면 포르투갈을 위해서는 포도주 생산으로부터 직물 생산에로의 그의 자본의 부분의 이전을 통하여 생산할 수 있는 것보다도 영국으로부터 더 많은 직물을 얻기 위하여 그의 자본을 포도주의 생산에 투자하는 것이 더 큰 장점이기 때문이다.-

다시 말하면, 영국은 포도주에 대한 직물의 교환에 있어서 국내에서 120명의 노동능률로 생산되어질 수 있을 재화를 100명의 노동 능률로써 얻을 수 있다. 포르투갈은 국내에서 90명의 노동능률로써 산출될지도 모를 재화를 80명의 노동능률로 취한다. 오로지 절대적 비교우위에 기반을 둔 자유무역 논쟁에 대하여 상대적 비용의 이론으로써 상대적으로 비용 유리한 생산품으로의 생산의 전문화에 의한 자유로운 국제적 통상관계의 장점이 증명된다. 이에서 리카도는 이러한 전적으로 결코 비관적이지 않은 과정들을 그리고 아무런 이익상 충돌이 없는 것을 통하여 이루어지는 무역이론에 있어서, 국내경제와 대외경제가 노동과 자본의 생산요소들의 상이한 이동성을 통하여 구분된다는 가정으로부터 출발하고 있다. 나아가 이로써 저자는 또한 그의 노동가치 이론을 국내경제에만 제한하려 한다는 것을 주의하여야 하며, 왜냐하면 대외경제의 거래에 있어서는 80명의 포르투갈의 노동량이 100명의 영국의 노동자들과 교환될 수 있기 때문이다.

추가되는 것은 말사스와 리카도에 기초하는 이론들이 새로운 방향들로 생존한다는 것이다. 만약 개도국들에 대한 관점에서 일반화에 대한 경고를 할 수 있다면, 인구증가통제를 위한 각 나라들의 입법을 통하여 보조된 움직임이 이에 속할 것이다. 통제되지 않는 지속적으로 증가하는 인구를 부양하는 지구의 능력은 한계에 찼을지도 모르며, 세계인구의 욕구와 식량공급 사이의 만족할 만한 균형을 산출할 수 있기 위해서는 인구증가통제의 지렛대가 투입되어야 할지도 모를 일이다. 신 말사스주의는 때때로 또한 인류의 발전의 질적이고 문화적인 순간을 경고한다. 신 리카도주의의 표현으로서는 마르크스적인 리카도 해설에 영향을 받은 리카도의 전집을 출판한 Piero Sraffa가 있으며, 그 외 Joan Robinson, Luigi Pasinetti 등의 업적도 이에 속한다. "신 라카도적 사고의 모든 변수들을 연결하는 것은 자본주의에 대한 기본적인 거부 자세이다. 두 가지 결론들을 하기 위해서는 리카도의 가르침의 견해들이 봉사되고 있으며, 노동은 모든 가치의 원천이고, 그리고 이윤은 생산된 수량으로부터 유도되고 이로서 노동의 몫으로부터 유도된다"(Kenneth J. Arrow).

## 1.3. 회의주의:
### 의문표를 가진 자유주의. 존 스튜어트 밀의 사고들

John Stuart Mill(1806~1873)은 이성주의의 성자로서 자유주의의 특허처방들에 대해서나, 또한 국가적 행위들, 노동조합 및 역시 또한 산업사회에 대하여 회의적이었다.

런던에서 태어난 존 스튜어트 밀의 이력서를 보면, 언제나 이른 연령에 다다른다. 그의 아버지 James Mill에 의해서, "History of British India"와 "Elements of Political Economy"(여기선 토지지대를 국가가 징수할 것을 제안하고 있음)를 저술한 그의 아버지에 의해서 경이의 아이로 교육된 그는 3세에 희랍어와 산수를 하고, 8세에 라틴어와 수학을 미분까지 하고, 12세에 논리학을 시작하였으며, 동시에 리카도와 스미스의 저서들에 종사하였다. 1823년 그는 35년간 직업수행을 했던 동인도 회사에 들어갔다. 1830·1831년에 그는 "Essays on Some Unsettled Questions of Political Economy"를 집필하였으며, 이는 그 사이에 성공을 거둔 "System of Logic"의 뒤인 1844년 출판되었다. 1848년 두 권으로 된 그의 경제학의 주 저서인 "Principles of Political Economy"가 나타났다. Saint-Simon주의자들의 사고의 흐름과 이러한 방향에 가까이 있는 그의 부인의 영향 하에서 온건 사회주의에 강하에 접근하였다. 1860년대에는 그는 급진적 자유주의자로서 영국의회 의원이었다. 1873년 투병생활을 한지 얼마 되지 않아 그의 오랫동안의 거주지였던 아비그농에서 죽었다.

그의 "System of Logic"에 제시된 방법론적 견해의 제시 뿐 만이 아니라 그에 있어서는 일련의 학문의 뿌리를 볼 수 있으며, 우선 일반적으로 철학, 윤리학을 포함하여, 그리고 경제학이외에 사회학, 정치학, 심지어 "The Subjection of Women"으로 여성학에 까지 긍한다. 대부분의 그의 작업들이 사회철학의 하나의 포괄적인 사회과학적 개념을 위하여 노력하는 것에 처소를 마련하였다 할지라도, 그는 또한 좁은 의미에 있어서의 정치경제학의 확장의 필요성을 인식하였으며, 그러나 그는 그 이전의 다른 사람들과 마찬가지로 조급한 일반화를 경고하였으며, 장소와 시간에 있어서의 사회과학적 대상물의 역사적 변천가능성에 주의를 기울였으며, 영국의 국민 경제학자들을 자기 나라의 전제조건을 전제조건들이 다르고 영국에 맞는 이론들을 단지 제한적으로 응용할 수 있는 나라들에 아무 생각 없이 이전하려 한다고 비난했다. 사실 그는 Comte에 기반 하여 이전의 존재론적 사고유형들에 되돌아가는 자연과 정신의 대칭을 방법론적으로 기초된 사회의 상대적 독자성을 통하여 수정하려고 하였으며, 이에서 그는 사회과학을 방법결합의 도움으로 구축하려는 시도를 하였다. 또한 정치경제학에 관해서도 그는 여기서도 인과관계의 법칙이 유효하다는 견해였으며, 하지만 또한 정확한 법칙을 유도해 낸다는 것은 어려운 일이며, 왜냐하면 사회적 현상들이 복잡한 상관관계들을 제시하며, 그리고 모든 원인들을 조망하고 마찬가지로 그들의 영향의 정도를 규정한다는 것은 항상 가능한 것은 아니기 때문이다. 이러하기 때문에 "원인의 작용이 우주적인 방식으로 주장되는" 어떠한 견해도 제시될 수 없으며, 이에 반하여 가설적인 문장들의 형성들이 제안된다: "이들은 상황의 어떠한 가정된 순서에 따라 기초되고 주장되며, 이는 마치 주어진 원인이 이러한 상황들 하에서는 작동을 하는 것처럼 되는 것이 전제되어지며, 어떠한 상황들도 이러한 것들과 연관되지 않는다." 이러한 관점에서 밀은 이러한 가설적인 문장들로부터 출발하는 절차방식들과 여타사정 일정불변(ceteris paribus) 가정으로써 국민 경제적 이론형성에 상당한 영향을 미쳤다.

국민 경제학자로서의 밀의 평가는 다소 유동적이다. 부분적으로는 그가 사회주의에 대한 그의 비판적인 접근 때문에 이로서 자유주의의 불안전한 신봉자로 보인다. 모든 그를 움직이는 의혹들에 관한 것은 경제적 자유와 대중의 비참함 사이의 상충에 관한 것이다. 그는 또한 경쟁에 대하여 확신하였다. "if competition has its evils, it prevents greater evils" 그는 또한 약자의 보호를 위한 농가의 지출과 같은 오래된 풍습과 관습이 경쟁을 사회적으로 충격을 완화시킨다는 것을 잊지 않았으며, 그러하기 때문에 한 나라의 경제를 현실적으로 이해하려 한다면 사회를 전체로서 파악하여야 한다는 것이 또한 바로 유효하다. 그의 업적을 단지 초기 고전학파의 저서들을, 특히 리카도의 것을 교수법적으로 재정립하고 폭 넓은 독자층들을 끌어들인다는 데에 있다면, 이러한 것은 인정을 받을 만하다. 그러나 그는 또한 바로 그의 선행자들을 넘어섰다. 초기 고전학파 학자들이 그들의 주 관점을 역시 무의미한 규정들의 퇴치에 두고 시장의 힘들이 일들을 수직선상으로 가져올 것이라는 희망을 가질 수 있었다고 한다면, 그러면 1814년 이래 영업자유가 실현되고, 1833년 빈민보호법이 개정되고, 1846년 곡물 관세가 폐지된 경험들은 자유방임만으로 충분하지 않다는 것을 보여준다. 형성이 필요한 것이다. 그의 아버지로부터 밀은 본세에 의한 토지지대의 사회화의 사상을 수용하였으며, 그는 종속적인 임금노동에 반대하여 자영생산의 보호를 위하여 소농업적 소유의 확장을 제안했다. 또한 상속법도 그에게는 자유로운 경쟁의 조건들(출생의 우연)과 일치하지 않는 것으로 보였으며, 그러하기 때문에 그는 재산의 불균등을 허물기 위해서 상속에 있어서의 상속의 제한을 추천했다. 가장 크게 관심을 주기 위하여 자극을 한 것이 그의 "Principle"에서 대표되는 임금기금이론이며, 이는 비 분석적 관찰들로서 노동조합의 강력한 방어를 구축하기 위한 시도로 혹은 노동자들을 지원하기 위한 국가의 역할의 확장을 위한 기원으로 보인다. 임금체제의 변화를 그는 생산협동조합의 창설을 통할 것으로 희망하였다.

이러한 사회 정책적 프로그램이외에 그는 이론가로도 평가될 수 있다. 그는 자연법칙의 유효성에 상응하는 관계들에서의 생산과 분배사이의 기본적인 차이를 환기시키며, 이는 체감하는 토지수확증가에 대한 법칙의 유효성과 같은 것으로서, 혹은 기업의 비용에 있어서의 크기의 반비례이다("Principles"의 1장 4절: Of Production on a Large, and Production on a Small Scale"). 역시 생산의 부문에 있어서의 자연법칙과 유사한 관계들, 나아가 소득분배에 있어서의 이에 반하여 자유로운 사회적 형성가능성들. 그는 또한 노동자들의 상이한 계급들 사이에 경쟁 없는 구분을 주제화했다(2장 14절: "Of the Differences of Wage in different Employments"). 그의 가치이론에서는 대체 가능한 비용의 개념이 제기되며, 지대가 비용요소로 보였다. 그는 또한 특히 리카도가 토론한 "tendency of profit to a minimum"에도 제기 하였으며, 발전이 정태적인 상황에서 움직이는 것을 두려워했다. 그는 그러나 생산방식들의 개선이나 위기를 통하여 결정 지워진 자본의 황폐화에서 최소한 잠정적으로 이윤율의 하락을 방어하는 기회를 인식했다.

## 2. 프랑스에서의 고전학파적 이론

"국부론"의 아주 이른 번역에도 불구하고 스미스에서 출발하는 학설이 유럽대륙에서 느낄 수 있을 정도의 반향을 일으키기까지는 몇 년이 걸렸다. 우선 1803년 Jean Baptiste Say의 "Traite d'economie politique"가 출판되었다.

결함들을 공적으로 얘기하고 이러한 것을 자기 자신의 저서에 전혀 게재하려고 하지 않은 물론 그러한 단지 스미스의 사고의 인기로서만이 나타나게 하는 사람으로 1767년 리옹에서 신교 상인의 아들로 태어난 Jean Baptiste Say 또한 근접하지 않게 정당하다. 그의 경력에 의하면 상업적 그리고 다음으로 언론에서의 업적을 볼 수 있고, 나아가 국가의 재무 부문의 관료이외에 특히 1806년에서 1813년까지는 방직업의 기업가로서 실재경험을 쌓았다. 1814년 그의 "Traite"의 신판이 나타났으며, 그의 생전에 나아가 4판까지 나왔다. 1815년에는 처음으로 그의 "Catechisme d'economie politique"가 출판되었으며, 또한 유명한 것은 그의 1820년에 출판된 "Lettres a M. Malthus"이다. 2년 간의 프랑스 정부의 위탁을 받아 영국에서 경제학적 연구를 한 후인 1819년 그는 프랑스 정부에 의하여 산업적 경제학의 강좌가 주어지며, 당시 정치란 말에 놀란 프랑스 정부 때문에 "economie industrielle"를 가르치는 것으로 만족해야 했다. 그 뒤 1830년 그는 College de France에서 정치경제학을 위한 최초의 프랑스 강좌를 맡았다. 이미 오랫동안 건강상으로 고통을 받던 그는 1832년 파리에서 죽었다.

Say의 이름은 판로/판매 진로들의 이론과 직접적인 관계를 가지고 있으며, 이러한 견해를 간략하게 다시 서술하면, 전체적인 초과생산이나 마찬가지로 일반적인 판매애로는 자유로운 경제적 활동에서는 있을 수 없다는 것이며, 왜냐하면 생산이 스스로 그의 판매를 창조하기 때문이다. 어쨌든 단기적으로 한 재화에 있어서 초과생산이 가능하면 다른 재화에 있어서 미달생산이 대칭되어 있으며, 결국 생산물들이 언제나 스스로 생산물들로서 구매된다는 것이다. 결국 부분적으로 막힌 판매로에 대해서는 어떠한 국가적 조정도 없이 가능한 한 많이 생산하는 것을 추천하며, 결국 이로서 귀결되는 소득흐름들이 수요를 통하여 경우에 따른 지체를 다시 빨리 없애버린다는 것이다. 오늘날 우리는 Say의 정리는 판매에서 수령된 화폐가 다시 바로 다른 생산품의 구매로 지불 될 때, 혹은 잔고비축(축재)을 모르는 자연교환경제에서 만이 중요한 의미를 가진다는 것을 안다. 논란의 여지가 있는 것은 (막힌) 판매진로들의 법칙이 사실 원천적으로 Say에서 유래하느냐 하는 것이며, "Traite"의 초판에서는 단지 애매모호 하고 산만한 의미를 가지던 것이 11년 후의 2판에서는 그의 형식으로 나타난다. 완전하게 제시되는 것이 1808년의 James Mill에 의한 평론집에서이며, "Traite"의 초판에서 나타나는 것과 같은 경직된 Say의 법칙의 완전한 설명을 보여주는 것이 또한 "국부론"에 세 군데는 있다는 것이다(Baumol). 그밖에 Say는 이러한 학설에 집요하게 집착하는 것이 아니고, 이로서 법칙의 그의 비판가들로 하여금 그의 신뢰성을 의심하게 내버려 뒀다. Say의 법칙이 출처에 있어서나 내용에 있어서나 의문시 됨에도 불구하고 프랑스에 있어서의 자유주의의 학파는 기초가 제공되었으며, Frederic Bastiat는 그의 경제적 조화설로서(증가하는 임금비중의 가설과 연관하여), 또한 Adolphe Blanqui, Charles Dunoyer 및 Michel Chevalier 등이 1846년에 설립된 맨체스터 학파에 가까운 사회주의적 흐름에 투쟁하는 프랑스의 자유무역 연합에 속하는 사람들이다.

비록 Say의 법칙에서 국민 경제학이론의 어떠한 특별한 풍부함도 인식할 수 없다고 할 수도 있지만, 동 저서의 저자는 다음의 사항들을 형성하는 데에 성공하였다.

• 그는 비물질적인 산출물의 교환될 수 있는 가치를 제시하였으며,

이에서 그는 생산하는 것이 물질적인 대상들을 산출하는 것이 아니라 오히려 유용성들을 창조하는 것이라는 점을 암시하였다.
- 이윤(이익)과 이자의 대치로써 그는 기업가를 자본가와 구분하였으며, 이에서 기업가 이익은 자본조달, 조직재능 및 위험수용을 위한 보상으로 기반 되어졌다.
- 마지막으로 Say를 위해서는 정치경제학은 이론적이고 서술하는 학문으로 보아졌지, 사회 정책적으로 기초된 학문으로 보인 것은 아니다. 국민 경제학자는 "동요되지 않은 방관자로 머물러야한다"고 그는 1820년에 말사스에게 보낸 서신에서 쓰고 있다. "공중성에 대한 우리들의 과제는 어떻게 그리고 왜 일정한 사실이 하나의 일정한 다른 결과를 가지는가 하는 것을 그에게 말하는 것이다. 이러한 결과들이 그에게 맞는지, 혹은 이들이 그의 놀람을 자극하는지는 국민 경제학자들을 위해서는 의미가 없다. 그는 그가 해야 하는 것을 안다. 결코 그러나 그 자리에서의 경고들은 없어야 한다." 물론 잘못일 수도 있는 것이 저자가 또한 개인적으로 빈곤과 실업에 대한 문제를 동등하게 대치시킬 지도 모른다는 것을 이로써 결론 내리려고 하는 것이다. 실업을 그는 새로운 기계들의 도입의 결과로서의 현상으로 간주했으며, 그리고 이를 오히려 잠정적인 구조적 현상으로 평가했다. 하나의 대상을 여러 면에서 관찰하려고 한 Say의 방법론은 직관적으로 유도되는 이론화의 연합으로 그리고 사물적인 사실의 비형식적인 관찰의 연합으로 특징되어질 수 있다. 그는 나아가 경제적 분석에 있어서 수학적-형식적 증명유도는 별 의미가 없다는 것을 확신하였으며, 왜냐하면 경제적인 행태는 그를 위하여서는 너무 복잡하다는 것이다.

## 3. 독일에서의 고전학파의 특이한 행로

고전학파가 영국과 프랑스에서 유효한 표준을 고착하였다고 한다면, 독일에서의 고전적 이론은 단지 부분적인 수용 만 이루어진다. 확실히 여기서는 또한 이를테면 Say에 의해서 이룩된 비물질적인 능률들의 생산성을 위한 기반들이나 그리고 자본이자와 기업가이익 사이의 구분을 위한 기반들이 이룩되었다 하여도, 이는 오히려 신중한 독일의 고전적인 처방에 속할 것이며, 관방주의와 역사주의 사이의 전환기의 진행에서 중상주의적 사고모형은 역사적 지리적으로 조건 지워진 국가특이성을 반영하는 경향과 마찬가지로 팽개쳐지지 않고 있었다. 이들에 속하는 것들이 또한 국가에(이상주의적 철학의 영향에 상응하여) 거의 언제나 하나의 상대적으로 높은 위상가치가 주어진다는 것이며, 완전한 영업자유에 반대하는 유예가 영향을 미치고, 극단적인 자유주의적 사회이해는 유지되어지지 않는다. 생산비용에, 즉 객관적으로 도출된 영국적-고전적 교환가치이론에 반하여 19세기 전반기에 독일적인 사용가치이론이라 할 수 있는 주관적인 가치이론의 윤곽이 나타났다. 여기서 또한 과소평가되지 않는 의미가 Karl Heinrich Rau(1792~1870)로서, 그의 1826년에 출판된 "정치경제학 교재"는 그 뒤 독일어권에서 국민 경제학이 경제이론, 경제정책 및 재정학으로 나뉘는 기폭제가 되었으며, 그는 또한 공급- 과 수요곡선에 의한 Cournot로부터 수용된 그라프의 제시를 통하여 방향을 제시하는 교수법적 혁신을 이룩하였다.

독일에서의 고전학파에 대하여 주의를 모으는 것은 오히려 특이한 행로로 표현될 수 있으며, 이는 Johann Heinrich von Thuenen, Friedrich Benedikt Wilhelm von Hermann 및 Hans von Mangoldt의 이름으로 대표된다.

Thuenen(1783~1850)은 스스로 당시의 적은 반향에 대하여 항의하였으며, 그의 1826년에 출판된 "농업과 국민 경제학의 관계에 있어서의 외톨이 국가"가 이를 잘 말해주고 있다. 이로서 그는 경제학적 부분분야에 있어서의 창시자이었으며, 이는 일반적(경영학적)인 위치이론, 농업적 경영이론, 한계생산성이론, 심지어 수량경제학, 이윤참가에 관한 이론 및 "자연에 따른 반대급부"에 대한 정치적 및 사회적 서술들이 이에 속한다.

그는 스스로 대지주로서 "자연조건적인 노동임금과 농업지대 및 이자율에 대한 그의 관계"를 저술하였으며, 그의 위치 모형은 오늘날의 도시공학에 속하는 이상형적 목적구축을 보여주고 있다. 그는 그에 의한 전제조건하에서 어떻게 도시와의 상이한 거리 하(시장거리를 유일한 변수)에서 토지의 농업- 및 임업 경제적 이용이 이루어지느냐 하는데에 의문을 제기하였다. 결과로서 그는 (수송비용 의존적 하에서) 도시를 핵심으로 하는 원을 그려서 제1영역에서는, 즉 시장에 가까운 곳에서는, 쉽게 상하는 부드러운 채소의 경작으로 생각되었으며 여기서는 또한 중앙 곳으로부터 쉽게 거름을 운반할 수 있다. 경작 운영에 있어서 어떠한 엄격한 규정들이 주어지지 않기 때문에 이러한 경작방식을 "자유로운 경제"라고 했다. 제2영역은 그의 산출물이 특별한 가치가 별로 없는 "임업경제"이다. 제3영역의 "휴경경제", 제4영역의 "연동경제" 및 제5영역의 "이모작 휴경경제"에서는 곡류경작으로 생각되었다. 휴경경제에서는 휴경 뒤에는 강화되어 경작되었으며, 연동경제에서는 경작-목초 경제로서 곡류경작 이전에 목초의 전 수확작용을 이용함으로서 거름이 필요 없게 되었다. 이모작 휴경경제에서는 여름곡류, 겨울곡류 및 휴경이 연속되었다. 제6영역은 "가축사육"으로 사냥 군들이 분산하여 거주하며 "문화 가능한 야생"의 영역이다.

모든 토지이용의 이상적인 위치는 이에 의하면 소비지에 있어서의 산출물의 주어진 가격에 의존적이고 또한 생산지에서 판매지에로의 거리를 통한, 무게, 수량 및 산출물의 훼손을 통하여 결정되는 비용들에 의존적이다. 판매중심지에 대한 거리가 멀면 멀수록 이러한 토지는 생산품의 가치의 관계에서 적은 운송비를 요구하는 그러한 생산품들이다. 이에 반하여 단지 어떠한 제약으로써 시장위치에 대한 증가하는 거리에 있어서 경작의 감소하는 강도를 말할 수 있다. 중앙과의 증가하는 거리에서 이룩할 수 있는 지대가 감소하고, 제1영역에서는 모든 영역들을 통틀어서 고려해도 최고의 달성 가능한 토지지대가치(즉 차등소득으로서 시장가격에서 생산비와 수송비를 뺀 것)를 이룩함으로, 이러한 것은 매 영역에 이어서 당해 영역의 지대가 가장 높게 나타난다. 결과적으로 토지이용을 위하여 결정적인 것이 모든 영역에 있어서의 최고의 토지지대를 가져오게 하는 것이다.

Thuenen에 의하여 1850년에 제시된 분배의 한계생산성이론에 대한 공헌은 이자율의 한계생산성적 이론에서 볼 수 있다. "자본이 전적으로 대출됨으로서 보장되는 지대는 마지막으로 투자된 자본부분의 이용을 통하여 결정된다."

노동 산출물의 분배가 노동자, 자본가 및 지주들 사이에서 자연에 상응하게 이루어 질 수 있는 법칙이 무엇인가를 Thuenen은 고려하며, 여기서 그는 지금까지의 고전적 국민 경제학자들에 의해서 확산된 견해와는 상반된 비판을 보였으며, 자연적인 임금은 지속적으로 최저생계비의 크기와 같다고 했다. 동시에 그는 이러한 분배법칙의 연구는 국민 경제적 관심을 충족시킬 뿐만이 아니라 "또한 아주 진정한 도덕적 관계"를 가지고 있다고 제시했다.

스미스주의자에 속하는 사람이 또한 Hermann(1795~1868)으로서 그는 그의 1832년에 출판된 "국가 경제적 연구"의 주저에서 가격형성의 결정요인들과 분배에 관하여 몰두했다. 특히 그는 한계분석에 집착하였으며, 분배에 있어서는 임금기금이론을 반대하였다. 그의 욕구나 재화에 대한 전문용어적인 구상은 현대의 효용이론과 복지이론에 공헌하였다. 그는 또한 소유권과 이전비용에 대하여서도 암시하였으며, 혁신에 대한 역동적인 경쟁을 제시하였고, 국가가 경쟁의 안전과 촉진을 책임지는 질서 자유주의를 요구했다.

Hans von Mangoldt(1824~1868)에서도 개척자적 기업가에 가까운 견해를 볼 수 있으며, 기업가 이익의 구성요소들을 위험 프래미엄, 기업가 이자 및 기업가 지대와 같은 기업가 임금으로 보았다. 그는 그의 저서 "국민 경제학 기초"에서 지대원칙의 일반화를 발전시켰으며, 이에서 토지지대를 단지 이자지대의 특수 형태로 해설하며 이를 임금지대와 이익지대로부터 구분 짓고 있다. 손실은 부의 지대로서 가격과 생산비용사이의 차이로서 제시된다. 그는 또한 그의 가격이론에 있어서 수학적으로 기초된 공급- 및 수요함수와 "연관된 가격의 법칙"을 제시함으로서, 오늘날의 수요에 있어서의 보완 및 대체관계에 있어서의 가격문제를 제시했다.

독일에 있어서의 고전학파의 특이한 행로의 주 흐름은 한계효용학파를 넘어서고 있었으며, 이를테면 Mangoldt도 수학적인 지향이외에 역사적인 관찰방식도 결코 거절하지 않았다.

## 4. 고전적 정치경제학과 신고전학파

고전학파는 경제학의 정통역사에 있어서 한 시대를 또한 역시 하나의 이론을 표현한다. 이론적인 관점에 있어서는 19세기 말 이래의 고전학파와 신고전학파로 구분한다. 고전학파의 경제학자들은 경제의 가격이나 재생산조건들의 분배의 설명으로부터 출발하는 반면, 신고전학파에서는 주관적인 효용가치평가를 통하여 특징된다. 케인즈의 전통에서는 경제가 스스로 완전고용을 추구한다는 가설의 추종자들을 또한 고전학파 학자들로 표현한다.

고전학파의 이론적 그리고 역사적 선행자들에는 특히 William Petty (1623~1687), David Hume(1711~1776) 및 James Stuart(1713~1780)를 꼽는다. 핵심적인 고전적 사고들의 얼마는 나아가 중농주의학자들에 특히 Richard Cantillon(1697~1734)에서 발견된다. 좁은 의미에 있어서의 고전학파의 시작은 그의 최초의 위대한 대표자인 스코틀랜드의 도덕철학가 Adam Smith(1723~1790)의 경제적인 주 저서인 "An Inquiry into the Nature and Causes of the Wealth of Nations"(1776)의 출현으로 기록되어 질수 있다. 이러한 저술의 처방을 통하여 정치경제학은 19세기 초에 유행학문이 되었다.

시대를 구분하는 것으로서는 David Ricardo(1772~1823)의 저서 "On the Principles of Political Economy and Taxation"(1817)과 그의 동시대인들이었으며 친구들이고 반대자들이었던 James Mill(1773~1836), Robert Malthus(1766~1834) 및 Robert Torrens(1780~1864)에 의해서 고전학파의 극치를 이루었다. 이들의 직접적인 후계자들로서는 James Mill의 아들인 John Stuart Mill(1806~1873)과 리카도적 이론의 범주에서 경제학자로 움직인 Karl Marx(1818~1883)을 꼽는다.

시대로서의 고전학파는 19세기의 70년대에 한계학파적(신고전학파적) 중간휴식에 의해서 끝이 났으며, 이는 특히 Leon Walras, Carl Menger 및 William Stanley Jevons의 이름과 결부되어 있다. 이들의 업적 또한 스미스나 리카도에 의해서 형성되었던 이론에 다소간의 차이를 두었던 고전학파의 시대에 살았던 특히 Jean Baptiste Say(1767~1831), Nassau William Senior(1790~1864), Johann Heinrich von Thuenen(1783~1850) 및 Hermann Heinrich Gossen(1810~1858)과 같은 선행자들에 기인하고 있다. 고전학파 학자들이 신고전학을 그러한 것이 아니기 때문에 제외되지 않았다는 것은 강조되어야 하며, 왜냐하면 그들은 효용을 통한 가치결정의 사고를 인식하지 않은 것이 아니라 오히려 그들은 가치의 다른 기반들에 우선을 두었기 때문이다. 고전학파의 대표자의 시대이전에 이미 효용이론의 기본사고들을 말한 저술가가 일찍 유명하게 된 Ferdinando Galiani(1728~1787)이다.

리카도적 가격- 및 분배이론은 20세기의 초기의 흐름에서 단지 소수의 국외자들에 의해서 만이 추적되었다. 지속적인 새로운 관심은 1960년 Piero Sraffa의 주저서 "Production of Commodities by Means of Commodities"의 출판을 통하여 야기되었다. Sraffa자신은 50년대에 리카도의 저서들의 출판에 종사하였으며, 그의 "Principles"의 서문에서 그의 이론의 창세기를 재구축했다.

고전적 정치경제학의 양대 창시자이며 주창자인 스미스의 "국부론"과 리카도의 "원리"를 중심으로 고전학파에 접근하는 것이 하나의 핵심일지도 모를 일이다. 가치와 분배의 이론에 집중하면서, 얼마의 사고 가능한 방식들 이를테면 스미스의 자유주의적 경제정책과 성장과정으로서의 경제적 발전의 관점이 전면으로 부상하면서, 고전학파에 있어서 경제학이 분석적인 학문이 된다는 것을 볼 수 있다.

## 5. 아담 스미스의 경이의 세계

"국부론"의 1권의 제목에서 이미 고전적 경제학이 그의 관심을 어떠한 대상에 헌납하는가를 볼 수 있다. 해가 없고 일반적으로 들리는 "Of the Causes of Improvement in the productive Powers of Labour, and of the Order according to which its Produce is naturally distributed among the different Ranks of the People"의 문구는 자세히 보면 동시대적 경제적 신조에 대한 예리한 비판이 포함되어 있다. 스미스는 그의 주된 비난을 중상주의자들에게 돌렸으며, 그의 눈에는 그들은 그들에 의해서 증가될 수 없이 상상되는 귀금속보물의 국민들에의 분할 만을 애쓰는 것처럼 보였다. 이러한 보물이 그러나 그들의 부를 위하여 측량될 수 있는 것이 아니고, 오히려 노동생산물의 지속적인 증가이다.

국민의 1인당 사회생산물은 개념적으로 노동생산성(Y/L)의 산출물과 그리고 고용률(L/B)과 같다. 스미스가 그의 개념들로서 바로 저서의 첫 장에 도입한 이러한 분해는 그에게 국민의 부양을 "necessaries and convenience of life"로써 조정하는 현실적인 결정기반들을 결론짓게 하는 것을 허락한다. 이는 첫째로 노동생산성의 수준이나 성장(skill, dexterity and judgement)에 의존적이고, 그리고 둘째로 생산적인 고용의 범위를 결정짓는 자본축적의 진보에 의존한다. 이들 양자의 거대한 주제들이 "국부론"의 첫 부분에 자세하게 취급되며, 첫 번째 것은 스미스가 안전핀의 생산에 있어서 증가하는 노동 분업의 장점들로써 보고하는 유명한 예로써 시작한다. 노동 분업은 경제의 성장엔진으로서 그의 특출한 의미를 가진다. 이에 대하여 기계화의 특징이나 의미를 그는 아직 파악하지 못했다. 이는 리카도에게 남겨졌으며, 그는 가능한 공학적인 실업의 결과를 인식하였으며, "Principles"의 마지막 장에서 논의하고 있으며, 반면에 Andrew Ure(1778~1857)과 Charles Babbage(1791~1871)는 처음으로 기술적 발전의 내적 논리와 공장체제의 제도들을 기술하기 시작했다. 예를 들면 노동 분업이 손놀림의 단순화에로 유도하고, 단순화한 손놀림이 비로소 간단한 기계의 행위를 통한 대체가 되게 하며, 그럼 그의 발명이 가까워진다.

사회의 계급들에의 증가하는 부의 소득분배가 스미스의 연구의 두 번째의 거대한 주제이다. 잉여생산물의 형성과 사용이 중농주의학자들의 전통에 있어서는 경제의 발전이다. 연간 산출물에서 사용된 생산수단의 대체를 하고 노동자의 유지를 위한 필요불가결한 임금재화들을 제하고 잉여가 산출되며, 이는 이윤과 지대로서 여타의 계급들에게 분배로 제공된다(잉여이론). 하나의 전형을 스미스는 그의 "경제표"에서 조건들을 연구하였던 Francois Quesnay에게서 보며, 그에서는 하나의 경제가 매년의 재생산과 이를 능가하는 잉여를 이루는 것이 충족되어져야 한다. 스미스는 매년 재생산되는 경제의 표상에 합류하지만, 농업적 생산만이 잉여를 가져온다는 중농주의적 견해를 결정적인 행보로 넘어서고 있으며, 수공업, 산업 및 상업(artificers, manufacturers and merchants)의 노동 또한 생산적이라는 것을 설명한다.

스미스의 대중적인 형상은 그를 시장 경제적 자유주의자 그리고 야경 기능들에 만 축소된 국가 활동의 쟁의자로 표현된다. 스미스는 그의 "natural order of liberty"로써 스스로 형성되는 자본주의적 사회를 철학적으로 정당화 하고 사실주의적 인간형상을 제도해 냈으며, 이에서는 자기이용이 행위의 추진력으로 작용한다. "it is not from the benevolence of the butcher, the brewer, or the baker, that we expect our dinner, but from their regard to their own interest." 인간적인 본성의 이러한 추진력이 홀로 나타나는 것이 아니고, 이는 원할 가치가 있고 그리고 유용하며, 왜냐하면 개별이 그의 이윤동기에 따라 행동하면 모두의 가장 가능한 복지를 위하여 부양하는 것이다. "led by an invisible hand to promote an end which was no part of his intension."

그에서 스미스가 자유주의적 사고를 도출해 낸 강력한 형성들은 그의 독자들로 하여금 사실 언제나 또한 그 위치에 그대로 있게 하는 능력을 주었다. 그의 안목은 오늘날까지도 자유로운 행위에 바탕을 둔 경제 질서의 기반들을 결정하는 데에 공헌하였다. 이러한 행위가 적당한 범주 안에서 전혀 시도하지도 않았던 "보이지 않는 손"의 유명한 문구가 핵심으로 표현하는 그러한 긍정적인 결과들을 가질 수 있다는 것은 스미스에 의해서 출발이 성공된 정신사의 경이로운 발명의 하나이다.

도덕철학자로 시작하였고 사회과학의 모든 분야에서 열정적으로 종사하였던 한 학자의 전체 저술의 관점이나 기본적인 저술은 일상에서는 어쨌든 상이한 형상을 촉진한다. 옳은 것은 스미스가 절대적인 확신을 가지고 그와 같은 나라 사람인 Steuart에 의해서 대표되었던 오늘날의 시장실패라고 할 수 있는 것들의 시정에 있어서 사려 깊은 이상적인 국가정치인에게 폭넓은 권능을 제시하는 중상기간의 개입주의에 반대했다는 것이다. 스미스는 국가가 경제적 발전을 형성할 수 있다는 Steuart의 믿음을 거절했으며 혹은 강하게 상대화 시켰다. Steuart의 견해들은 스미스에게는 실패하고 진부한 것으로 보였으며, 왜냐하면 그는 국가정치가의 권능에 의문을 품고 시장의 힘들에는 더 신뢰하였다. 스미스의 인간형상은 그러나 나중의 신고전학파의 것과는 구분이 된다.

"국부론"이전에 출판되었던 "도덕감성론"에서 스미스는 물론 윤리를 제시하였으며, 이에서는 그의 상대자에 대하여 느끼는 인간의 능력

(sympathy)과 공정한 관찰자(impartial spectator)의 승낙에로의 그의 양심의 연결이 시민적 사회에서의 그들의 공동생활을 가능하게 한다고 보았다. 동정은 자기이용과 대치되며, 후자는 스미스에 의하면 전자 없이는 생각할 수 없다. 사회의 내적응집은 단지 자기이용 하나에만 기인하는 것은 아니다.

자유방임의 경제학자 스미스에 대한 종종 차이 없는 부름은 그가 형성되는 산업사회에 대하여 또한 비판을 하였다는 것으로 나아가 혼돈하지 말아야 한다. 스미스는 이를테면 정신없는 반복에서 노동을 통한 언제나 동일한 손놀림으로 귀결되는 수작업의 어리석음을 비난했다. 이는 노동자들을 "as stupid and ignorant as it is possible for a human creature to become"으로 만든다. 공적으로 촉진된 교육만이 이의 시정을 창조할 수 있다.

일방적인 해석은 이에 더하여 많은 경우에 있어서 고전적 가치이론의 과소평가로 나타나며, 이는 나중의 신고전학파의 불완전한 선행자로서 혹은 소박한 혼란으로 평가된다. 고전학파 자신들은 가치와 분배를 결정하는 법칙들의 이해를 파악하였으며, 그러나 언제나 자본주의적 경제들의 장기적인 발전을 서술하는 논리적인 전제로 파악했다.

## 6. 임금, 가격 및 이윤

### 6.1. 자연적 가격과 시장가격

자연적 가격들(현대의: 생산가격)은 고전적 체제에서는 재생산의 조건을 충족한다. 이들은 이윤을 포함한 생산의 비용을 덮으며, 이윤은 투입된 자본의 가치에 있어서 통일적인 비율로 해당된다. 이들로써 그 밖에 동일하게 머무르는 상황 하에서 시장참가자들의 자유로운 경쟁이 장기적으로는 중력의 중앙으로 작용하는 자연적인 가격들에 대한 모든 진동들의 평준화를 작용한다는 표상을 연관시킨다.

이제 스미스와 리카도에 있어서의 자연적인 가격의 상이한 결정들에 대하여 살펴본다. 우선 그러나 시장가격의 개념에 대한 대칭에 있어서 이에 대하여 양자가 일치하는 고전적 이론을 위한 그의 기능이 논의되어야 한다.

시장가격의 수준은 여러 형태의, 우연의 그리고 잠정적인 영향들에 의존적이다. 스미스의 개념에 있어서는(이에 나중에 리카도가 합류하는) 시장가격은 자연적인 가격의 의존에서 형성된다. 역사적인 상황에서 주어진 상품의 공급은 알려진 것으로 수용된 자연적인 가격에 지불의사가 있는 그러한 수요(유효수요)를 만난다. 공급과 수요는 가격수량영역에서 한 점을 이룬다. 공급의 점이 유효한 수요의 점과 합치할 때 균형이 지배한다. 이 둘이 서로 떨어지면 관찰되는 시장에 역시 초과 수요나 혹은 초과 공급이 관찰되며, 첫 번째 경우는 구매자들끼리의 경쟁이 자연적 가격 이상의 시장가격의 상승을 가져오며, 두 번째 경우는 판매자들끼리의 경쟁이 둘 사이의 서로 상충되는 차이를 가져온다. 이러한 사고는 이미 Steuart에 있어서 증명되고 있다.

여기서 재화시장에서의 경쟁이 차이의 추진력으로 제시되었다면, 자연적 가격에 대한 시장가격의 다음의 적응이 요소시장들에서의 경쟁에 의해서 인도된다. 지나치게 상승된 시장가격으로부터 도출되는 특별이윤은 추가적인 자본을 당해 상품의 생산에 투자하게 하는 자극을 창조하며, 이를 통하여 중기적으로 생산된 수량이 증가되고 그리고 상품의 시장가격이 다시 하락된다. 이러한 과정은 현대의 문헌에서 자연적 가격을 위한 시장가격의 중력으로 서술된다. 자본들의 경쟁은 이러한 적응을 수행할 수 있으며, 이는 그들에게 산업부문에로의 진입이나 그로 부터의 퇴출의 장애가 존재하지 않는 한 그러하다. 국가적인 독점보장이나 여타의 영업제한들에 있어서 조정수단들로 정착된 중상주의적 경제정책에 대한 스미스의 정치적인 반대는 여기서 그의 이론적인 하부구조를 본다.

현대적 미시 경제적 이론에 상반하여 논점의 어떠한 자리에도 공급- 및 수요곡선의 존재가, 즉 가격과 수량사이의 기능적 관계가 나타나지 않는다. 이러한 관점이 스미스의 해설자들 사이에서는 언제나 다시 논란되고 있지만, 사실은 자연적 가격과 시장가격 사이의 차이의 크기가 어떠한 분석적으로 가능한 관계에서도 시장공급과 자연적 수요 사이의 차이에로 주어지지 않는다. 공급과 수요에 의한 장치에서의 경제적 이론을 설립하려고 하는 것으로부터는 거리를 두고, 나중의 신고전학파가 그러한 것처럼, 스미스는 시장가격에 체계적이고 일반적으로 유효한 설명이 해당되지 않는 차선의 역할을 보이고 있다. 시장가격은 이에 본래의 관심이 있는 규칙적인 재생산의 장애를 형상화한다.

공급과 수요에 바탕을 두고 있는 가치이론의 실마리들은 후에 Sismondi나 Malthus의 저술들에 나타나며, Malthus는 리카도와 특히 그의 제자 Senior와의 대치에서 그의 이론을 제시했다. Cournot(1801~1877), Rau(1792~1870) 및 나중의 Marshall에 의하여 발전된 공급과 수요에 대한 십자가의 발전에 고전학파가 공급과 수요를 힘들로 파악하였으며, 이들의 강도를 경쟁력과 바꾸었다. 동일한 비중으로 거래된 수량의 차이는 그럼으로 바로 시장에서의 상품의 가용성에 대한 것(이를테면 수확진동으로 영향 받은)과 같은 경쟁강도의 변화로 원인될 수 있음으로서, 균형가격에 대한 시장가격의 차이는 단순한 기능적인 관계에 기인하지 않았다. 경쟁위상의 단기적인 변화들은 고전학파 후의 분석에 있어서는 거의 고려되지 않았다. 다른 편으로는 공급과 수요의 힘들은 고전학파들에게 균형에 있는 것으로 간주됨으로서, 그들의 눈에는 균형가격의 크기가 스스로 공급이나 수요를 통하여 결정되지 않으며, 흡사 뻣뻣한 줄 위에서 거는 힘들이나 무게의 힘들이 줄의 전체 길이에 수평으로 유지되는 것과 같았다. 자연적 가격의 크기는 그럼으로 공급 및 수요와는 직접적으로 연관하지 않는 결정요소들로부터 도출되어져야 했다.

"effectual demand"의 개념에 있어서 자연적 가격으로 수요 되는 수량이 주어진 것으로 수용된다는 것은 나아가 놀라운 일이다. 사실 스미스에 있어서(그리고 다른 고전학파에 있어서도) 그의 추상적인 강도가 가치이론의 추상적인 강도에 접근하는 수요의 어떠한 이론도 보지 못한다. 스미스는 소비행태에서 스스로 천명하는(오로지 필요를 소비하는 날품팔이나 그들의 지대를 사치재화를 위하여 지불하는 지방귀족과 같은) 사회적 역할들에 관심이 있었다. 효용극대화로서 이러한 질적으로 전혀 상이한 소비행태들의 단순화와 가격과 수량 사이의 기능적 관계들을 통한 소비재들 사이의 선택결정의 형상이 그에게는 낯설었던 것 같다. 스미스가 수요 되는 수량들을 가치관찰을 위하여 주어진 것으로 수용한 것은 이들이 가치이론 밖에서 결정될 수 있다는 것을 암시한다. 소비의 설득력 있는 이론은 이에서 신고전학파의 나중의 가계이론에 의하여 이룩된 것 같은 일반화의 권리는 포기하여야 했다.

## 6.2. 임금과 이윤

고전학파의 표상에 따르면 자연적(정상적) 실질임금의 크기와 형성은 가격들과는 그리고 가격으로부터의 도출과는 독립으로 알려져 있다. 그에서 이러한 가설이 충족되는 가장 단순한 표상은 순수한 물리적 존재임금으로서, 이는 중농주의자들에 의하여 종종 주장되었으며 고전학파들이 때때로 몰두하였던 것과 같은 것이다. 자연적 임금의 크기는 고전학파에 있어서는 역사적 및 국민적 상황들과 연관되어 있었다. 임금은 모든 "comforts which custom renders absolute necessaries"의 영향 하에서 결정되며, 그의 상승은 "with better education and improved habits"의 시간적 흐름에서 기대될 수 있다.

리카도와 마찬가지로 스미스도 왜 시장가격들이 자연적 임금률의 수준에 수렴하는지의 문제에 전적으로 열중하였다. 스미스는 현실적인 이유를 기업가들의 단합에서 보았다. "masters are always and every where in a sort of tacit, but constant and uniform combination, not to raise the wage of labour." 노동자들의 협상력은 결사금지를 통하여 제한되었으며, 기업가들의 연합은 그들의 적은 수를 통하여 용이했다. 결국 그들의 재산소유가 그들에게 늘어진 팔을 제공한 셈이다.

리카도는, 이러한 관점에서 정치경제학의 법칙들이 자연법칙들 위에 기반 하여야 한다는 사상에 엄하게 집착하였던 리카도는 이에 반하여 "인구법칙"의 역학을 강조했다. 임금이 그의 정상적인 수준을 넘어 상승하면, 노동인구의 증가는 그의 효과가 다시 임금의 하락이 되는 자연적인 결과를 노동시장에서의 추가적인 경쟁을 통하여 촉진된다. 리카도는 여기서 말사스에 의해서 선포되었던 인구론에 의지하며, 이의 세속적인 견해는 식량수단생산의 증가는 인구증가와 보조를 맞출 수 없다는 것이다. 세계전체적인 서술로서 이러한 진단은 역사적으로 거역된다. 고전학파체제에서 특히 의미 있는 사실은 실질임금의 크기는 상대적 가격들이나 잉여의 크기와 분배와는 상관관계가 없는 상황을 통하여 결정된다는 것이다.

스미스나 리카도에 의해서 제시된 임금률의 결정에 대한 견해들은 임금률들이 최소한 임금노동의 종류만큼 다양하다는 것을 간과한 것 같이 보인다. 현대의 문헌에서는 이로한 단순화는 "동일한 노동"의 가정으로 나타난다. 이론적으로 이러한 가정이 어쨌든 오로지 정당화될 수 있는 것은, 상이한 질의 노동을 위한 임금률이 고정적인 관계를 나타내는 것을 보일 수 있을 때이다. 사실 고전학파들은 이론가들에게 상이한 종류의 노동종류의 요구되는 축소를 하나의 공동의 동질적인 척도에로 허용하는 임금률의 이러한 인습적이고 스스로 지속하여 천천히 변천하는 계급서열이 존재한다는 것을 확신한다. 결정적인 것이 다시 이러한 계급서열이 지표로 인용된 임금률의 절대적인 수준에 독립적이라는 것이다.

스미스는 처음으로 분명히 이윤은 오로지 투입된 자본의 가치에 따라 결정되며 기업가들의 노동투입(inspection and direction)에 따라 결정되지 않는다는 것을 형성한다. 이러한 개념에 바로 연결되는 것이 이윤은 자본스톡의 크기에 비례하여 측정된다는, 즉 그는 역시 모든 개별 자본들에 유일형의 비율로 이루어진다는 확신이다. 이러한 사고는 스미스에서 전혀 새로운 것은 아니지만, 그를 통하여 이는 정치경제학의 핵심점이 되었다. 이는 그 뒤 최소한 150년간 학문에 있어서 불변의 자리를 누린다. 자연적 이윤율의 사실적 수준을 스미스는 역사적인 예들에서 충분히 그림을 그려 논의한다.

## 6.3. 노동가치들

스미스의 가치 및 분배의 이론들은 경제적 발전의 단계이론과 밀접하게 연관되어 있다. 인간적 사회의 진보를 그는 4단계로 추적하고 있으며, 사적소유가 없는 사냥군 및 채집가의 사회(hunters), 사유와 이로서 불평등 그리고 중앙정부의 최초의 형태를 도출한 유목민족 사회(shepherds), 토지 사유가 본래의 소득- 및 힘의 원천이 되고 다른 편에서는 도시들이 독립적인 공화국들로 형성되는 농업문화, 마지막으로 현대의 교환- 및 상업사회(commerce)이다. 진보는 융성, 침체 및 몰락의 반복하는 과정으로 표상된다. 그의 내적 상충은 노동 분업에서 모범적으로 분명하여지며, 이는 한편에서는 경이로운 가치의 생산성 증가를 허용하고, 다른 편에서는 노동자들을 참을 수 없는 제한으로 강요한다.

교환의 규칙들은 사회의 더 높은 발전에서 도출된다. "early and rude state of society which precedes both the accumulation of stock and the appropriation of land"에서는 두 상품의 교환관계는 직접으로 이들 생산에로 응용된 노동의 관계를 통하여 결정된다. 바로 자본에 대한 축적과 토지의 소유가 소수의 손에 놓이게 되고 이윤과 지대가 소유소득으로서 요구되는 것이 이루어진 "improved society"에서는, 노동자들은 그들의 생산품의 분할로 강요되며, 스미스는 그의 단순한 노동가치이론의 과제로 본다. 그 대신에 자연적 가치의 개념이 임금, 지대 및 이윤으로 그의 요소들의 합계로 나타난다. 이를 나중에 Sraffa는 가격의 "adding-up" 이론이라고 특징지었다. 리카도의 비판은 왜 스미스가 이러한 진로에서 이윤율크기의 논리적 지속적 결정을 이룰 수 없었는가 하는 것을 보여준다.

임금의 크기는 그것이 스스로 다시 노동의 도움으로 산출되는 존재 재화들의 가격들을 통하여 결정된다. 이미 시행된 생산단계들에 대한 계산이 오로지 그럼 스미스에 의해서 요구되었던 가격의 요소들인 임금, 지대 및 이윤에로의 가격의 완전한 해체로 인도되어 질 수 있으며, 한 단계에서 전적으로 직접적인 노동이 투입될(생산 기술적으로 유지되기 어려운 가정인) 때이다. 스미스의 가치이론의 이러한 순환성은 마르크스에 의하여 비판되었다.

상대적 가격의 결정이 스미스를 통하여 불변이 아니라 하더라도, 이를 주어진 것으로 가정하자. 가격들은 그럼 스미스에 의해서 소위 말하는 "명령하는 노동"으로 표현되며, 즉 가격은 임금률을 임금단위들로 만든다. 상품의 가치는 그럼 그 속에 포함되어 있는 (노동 가치이론에 따라 그러한 경우처럼) 만큼의 노동시간에 상응하는 것이 아니고, 상품으로 구매되어 질 수 있는 만큼의 임금노동시간이다. 스미스가 노동시간의 측정에 이러한 연관을 유지하고 노동 가치이론이 거의 도입되지 않고 이 뒤에 있는 것에 많은 해설가들이 혼란 한다. 이럴수록 더욱 리카도의 결과에 질서 창조적이고 분석적인 예민함이 경탄된다. 스미스의 업적은 경제 정책적 구상 및 역사적 견해와의 이론의 연관에 있다.

## 7. 고전적 영국의 정치경제학의 전개

리카도가 스스로 "principal problem in political economy"의 저서에서 제기한 그의 경제적 주 목표는 개별 사회계급에의 소득의 분배를 결정하는 법칙들의 이해이다. 이러한 노력의 결실들이 결국 "Principles"의 첫 장에 종합되어 있으며, 이의 사전 작업을 그는 이미 1815년에 출판된 "Essay on the Influence of a low Price of Corn on the Profits of Stock"에서 발휘했다.

Sraffa는 "Principles"를 출판하면서 서문에 리카도가 그의 목표에 접근하는 분석적인 발걸음들을 재구축하고 있다.

### ▶ 첫 발걸음: "getting rid of rent"

리카도는 토지지대들과 연관되어 나타나는 복잡한 것들을 우선 제거했다. 그의 확장적인 지대이론은 농업 경제적 수익의 증가는 규칙적으로 농업 경제적 토지이용의 확장과 더불어 이루어진다는 단순한 관찰에서 출발한다. 리카도에서 자연적인 가정은 우선 높은 수확을 가져오는 토지 그리고 더 낮은 수확을 가져오는 토지로 경작이 된다는 것이다. 동일한 기술로 같은 생산품이 경작되는 두 개의 토지의 질적 차이의 척도에는 양자의 수확이 서로 상이하며, 토지를 소유하지 않는 생산자들은 수확이 있는 필지를 위한 소작계약들을 위하여 경쟁한다. 이러한 경쟁은 이러한 필지의 소유자들에게 지대지불의 요구를 허락하며, 그의 크기는 분명히 또한 양 토지 사이의 수확의 차이가 얼마나가 측정되는 데에 의존적이며, 왜냐하면 이들 둘의 산출된 생산물들은 시장에서 단일적인 가격으로 거래되기 때문이다. 자유로운 경쟁에서 지대는 양 토지질의 필지에 대한 자본주의적 소작인들에게 동일한 이윤율을 보장하는 수준으로 되어야 한다.

더 낮은 질의 필지에 대한 소유자들은 이에 반하여 더욱 낮은 하급지의 전체의 토지가 경작되지 않고 주어진 수요수준에 이러한 토지종류가 잉여로 제공되는 한 지대를 요구할 수 없다. 모든 농업 경제적으로 이용되는 가장 나쁜 토지를 위한 경작경계선에서는 가장 낮은 노동생산성으로써 그리고 주어진 일반적인 이윤율에 대한 지대의 영향 없이 생산되어 진다. 생산품의 가격은 이러한 최후의 한계의 토지에서의 이윤추가를 포함한 생산비용을 통하여 결정된다. 가장 나쁜 토지에서의 수입과 모든 더 나은 토지들의 수입들과의 사이의 차이가 지대로 소진된다. 리카도는 이러한 고려로써 지대를 가격결정으로부터 제외하는 데에 성공했다. 지대의 크기가 가격을 결정하는 것이 아니고, 이로부터 가격과 지대의 크기가 따르는 경작의 확장이다. 분배변수의 제거는 동시에 스미스에 대한 비판을 포함하고 있으며, 스미스는 자연적 가격이 그의 세 요소인 임금, 이윤 및 지대의 합을 통하여 결정된다고 주장했다.

스미스 주의자들의 견해에 따르면 더 나은 토지에서의 순생산물의 가격은 임금, 이윤 및 지대로 형성된다. 더 나은 토지의 "자연적" 지대는 그럼에도 모든 나쁜 토지에 대한 비교에서 비로소 결정되게 되며, 이에서는 리카도의 분석적 방법에 대한 고려가 보인다. 정액 가격은 계산적으로는 언제나 임금, 이윤 및 지대의 합계로 제시되지만, 리카도에 의해서 제시된 의문은 요소들이 자체적으로 서로 독립적으로 결정되나 하는 것이고, 혹은 하나의 확대는 다른 것의 하락을 가져오지 아니하지 않느냐 하는 것이다.

▶ **둘째 발걸음**: "it is the profits of the farmers that regulate the profits of all other trades"

Sraffa는 나중에 현대의 수학적 장치들로써 지대가 가격결정을 위하여 제거될 수 있다는 리카도의 견해를 일반균형의 모형에서 증명했다. 이러한 장치들이 제공되지 않았던 리카도는 소득분배의 기본적인 법칙들의 연구에 대하여 한 모형에 소급하고 있으며, 이를 통하여 그는 상품가치들에 대한 계산으로 들어갈 수 있는 복잡성을 제외 할 수 있다고 희망했다. 이러한 복잡성들은 한 가지 이상의 상품을 생산하는 모든 경제들에 해당되며, 왜냐하면 물질적으로 상이한 상품들이 오로지 그들의 가치평가를 통하여 소비되어 질 수 있기 때문이다. 그의 두 번째의 사고의 행보는 유명한 곡물모형의 구축에 있으며, 이 모형의 농업 경제적 부문에서는 오로지 한 상품 곡물 만 생산되고 그리고 소비된다. 그의 유지된 저술들에서는 이 모형이 설명되지 않지만, 이는 그러나 그의 서신교환으로부터 재구축 될 수 있다. 리카도가 이 모형을 사실 이러한 형태로 이룩하였느냐 하는 논쟁과는 독립적으로 이는 분석적 및 학술사적 관점에서 유용하다.

노동자들의 존재요구들이 곡물에 대한 그들의 필요를 실질임금으로 정의하고, 생산기술은 곡물에 대한 필요를 씨앗으로 정의한다. 합하여 곡물자본을 형성하는 양 투입물들은 서로 고정된 관계를 유지한다. 양자 사이의 대체는 제외된다. 이윤율은 가격에 대한 어떠한 소급도 없이 직접 수량크기에 대한 관계로 제시되며, 즉 곡물수입에서 곡물자본과 이러한 자본잉여를 뺀 것의 비중이다. 여기서 곡물생산은 어떠한 산업생산품도 투입물로 필요로 하지 않는 다는 것이 전제되어 진다. 모든 다른 산업적으로 생산된 상품의 가격들은 농업부문으로부터 주어진 이윤율의 기반위에서 형성되어야 하며, 가정된 것처럼 곡물이 또한 산업노동자들의 유일한 임금재화이다. 왜냐하면 이윤율은 곡물 생산하는 분야의 "material rate of produce"로서 결정되며 개념적으로 산업상품들의 상대적 가격에 의해서는 영향을 받지 않고 있기 때문에, 가격형성의 정확한 연구는 여기에서 단지 소득분배만이 관심이 있는 것처럼 중지될 수 있다.

현대적 언어방식으로서는 곡물이 체제의 유일한 기본상품이며, 즉 직접 모든 상품들(곡물 포함)의 생산에 관여하는 유일한 상품이다. 이러한 가정 하에서 리카도는 이윤율의 결정에 대한 그의 절차를 유지하고 있다. 이윤율의 발전에 대한 리카도의 견해가 자본축적의 과정에서 추적되어 질 수 있다.

인구성장의 진행에서 점점 더 나쁜 토지에로의 전이로써 이윤율은 불변의 실질임금에서 감소하며, 왜냐하면 투입된 곡물자본에 대한 곡물잉여의 관계가 체감하는 생산성에 있어서 하락하여야 하기 때문이다. 성장과정에서 하락하는 이윤들에는 누적 집계된 지대들의 증가가 대칭되어 있다. 소유소득을 관여하는 양 계급의 상이한 지출행태는 이러한 분배를 효과가 크게 하며, "landlord"는 그들의 소득을 대부분 "비생산적"으로 소비하는 반면, "manufacturer"의 이윤은 상당한 부분이 "생산적"으로 투자되며, 이에서는 그의 국민 경제적 효용이 증명된다. 성장의 이와 같은 추진력이 바로 장기적인 관점에서는 하락하는 이윤율에서 작동하지 않는 위험이 도사린다. 충분한 이윤성이 없으면 더 이상 어떠한 투자 유인도 주어지지 않으며, 사회는 정태적인 상태(stationary state)에 도달하고, 이에서는 자본축적의 율이 영으로 추락한다. 이러한 결과는 이윤율이 스스로 영으로 추락하기 이전에 일어난다. 이는 기술적인 진보를 통한 노동생산성을 증가하는 것이 성공하는 한 미래로 유예되어지며, 그러나 리카도의 비관적 진단에 따르면 결국 피할 수 없게 된다.

리카도의 시대에 있어서는 자연적 임금율의 크기가 특히 중요한 존재수단 곡물의 가격에 그리고 이로써 한계의 지대 없는 토지의 노동생산성에 의존적이라는 그의 고려가 비 이성적인 것은 아니었다. 곡물가격은 국민 경제적 자료로서 핵심적인 의미를 갖는다. 일반적인 번영은 낮은 곡물가격을 전제로 한다는 논점으로써 리카도는 영국하원의 의

원(1819년 이래)으로서 곡물법(Corn Laws)에 정착된, 그리고 그의 견해로서는 가격추진적인 수입제한들을 반대했다.

### ▶ 중간 발걸음: 곡물모형에 대한 말사스의 비판

곡물모형의 구축원칙들은 경작경계의 확장(기술의 변화)은 실질임금의 증가(분배의 변화)와 같은 동일한 작용들을 전개시킨다. 이들은 이윤을 감소시킨다. 동시에 기술과 분배의 변화들이 상대적 가격들의 다양화를 인도하여야 한다는 것이 분명하여지며, 이는 자본이 더 이상 물질적인 동일 재화로 보이지 않을 때에 그러하다. 양대 원인들은 더욱 일반적인 가정들 하에서 상이하게 발전되고 그리고 결과적으로 분리하여 연구되어야 한다. 이러한 문제들에 대한 리카도의 관점의 섬세함에 대하여, 결국 그의 이론의 지속발전에 대하여는 현실적으로 그의 친구이자 상대자인 말사스와의 강도 높은 논쟁들이 공헌하였으며, 이들 논쟁들은 1813년 이래로 점점 더 분배의 문제에 집중하였다.

말사스의 리카도에 대한 핵심적인 비난은 그의 이윤율 결정에 대한 중요성이다. 왜냐하면 실재로 어떠한 부문에서도 유입과 유출이 동일한 상품으로 형성되지 아니하며 그리고 노동자들은 어떠한 경우에도 그들의 존재를 오로지 곡물로 삼지는 않기 때문에, 가치문제를 우회하려고 하는 리카도의 시도는 허용되지 않는다. 말사스는 나아가, 곡물의 생산에는 또한 여타의 생산수단들이 투입되기 때문에 곡물의 가격이 상승한다면 곡물단위들로 표현된 그의 가격은 하락하여야 한다. 곡물을 제외한 모든 생산수단들의 이러한 상대적인 값싸짐은 어떠한 경우들에서는 그들의 값비싸짐으로 초과 보상됨으로서, 또한 더 나쁜 토지들에로의 전환과정에서는 증가하는 이윤율이 귀결된다. 이러한 실재의 가능성은 가치이론에서의 항고를 분석에서 이미 나타나게 요구한다. 말사스 스스로가 리카도에게 수요와 공급에 바쳐진 이론을 제공하였으며, 이 이론은 그러나 후자에게 거의 확신될 수 없었다. 다음으로 리카도는 그의 모형에 집착하였으며 그리고 상대적 가격들의 변화들과 더불어 나타나는 복잡성들에 무시할 수 있는 적은 비중을 두었다.

현대적인 수단들로써 말사스를 정확히 보면 옳지 않다는 것을 안다. 곡물 한 단위의 생산이 pK의 가격이고 씨앗과 임금이 곡물의 양으로서 a이고 비료 m의 양이 pM의 가격이고 그리고 일률적인 이윤율이 r로 주어졌다면, 한계토지에서의 곡물부문의 가격방정식은;

$$pK=(1+r)(apK+mpM),$$
혹은
$$1=(1+r)[a+m(pM/pK)]로서$$

모든 가격들을 곡물로 표시한다. 만약 a가 더 나쁜 토지에로의 전이를 통하여 증가한다면, 리카도의 진단에 따르면 r은 떨어져야 한다. 말사스는 곡물에 대하여 비싸짐은 상대적으로 이에 대한 비료의 가격 pM/pK이 하락된다는 것을 응용함으로써, 리카도에 의해서 강제적으로 가정되었던 상관관계가 의심되었다. 이러한 주장을 증명하기 위하여 다시 부문들 모형이 비료의 가격방정식을 통하여 연계되며, 이는 b단위의 곡물의 투입을 통하여 산출된다고 가정되어 진다. 그럼 방정식은;

$$pM=(1+r)bpK$$

이를 곡물방정식에 투입하면,

$$1=(1+r)[a+(1+r)bm]$$ 이다.

　주어진 기술수준, 즉 일정한 b와 m에서 r은 a와 역의 관계로 연계되어 있다는 것을 인식함으로서 리카도의 가설이 증명된다. 말사스의 가설을 위한 것은 곡물이 비료의 생산에 관여하지 않는, 즉 기본상품이 아닐 때만이 인 것이다.

　바로 그럼 스스로 제시 되는 것이, 사회계급들에로의 사회생산물의 분배를 연구하였던 리카도가 어떻게 사회생산물을 논리적으로 일정하게 측량할 수 있느냐 하는 데에 대한 대답으로 강요되는 것이다. 왜 인가 하는 것은 명약관화하다. 두 기간들 사이에서의 이윤들과 임금들에 대한 관계가 임금에 유리하게 연장되는 것을 이를테면 가정할 수 있다. 실재적 분배의 변화에 대한 서술은 또한 상대적인 가격들이 알려짐으로서 비로소 이루어진다. 몫의 분배에 대하여, 노동자들에 의해서 소비되는 재화들(necessaries)과 이윤관계자들에 의해서 소비되는 재화들(luxuries) 사이의 가격관계가 평행하여 후자에 유리하게 연기된다면, 상충적으로 일견 제2의 기간에서는 노동자들이 상대적으로 더 나쁜 위치에 있게 된다.

　리카도가 연구에서 강요되었던, 분배의 변화에 대하여 상대적 가격들이 어떻게 대응하느냐 하는 것과 같은 우회는 그를 그의 일생동안 종사하게 했다. 그를 완전하게 스스로 해방시키는 해답을 그는 찾지 못했다. 그의 노력들은 그러나 경제적 이론에서 오늘날까지도 비중이 있는 일련의 가치 있는 관점들을 촉진했다.

▶ **셋째 발걸음:** "the relative quantity of labour (...) almost exclusively determin(es) the ralative value of commodities"

　곡물모형의 비판에 대한 반작용으로 그리고 가치의 문제를 우회하려고 하는 "Essay on Profits"에서의 시도로서 리카도는 네 개의 사고적 발걸음의 세 번째에서 "Principles"에서의 그의 가치이론을 형성하였다. 이에서 그에게 제시된 첫째 과제가 가치크기들에 있어서의 이윤율의 불변의 결정이었다. 알려진 것처럼 이는 이윤합계와 "자본"의 비중으로 정의되며, 이에서는 양자가 사회적 잉여와 자본유입이며, 그러나 이질적인 재화들의 합계이며, 이는 이윤율이(차원이 없는) 숫자로서 제공될 수 있기 위하여 평가되어져야 한다.

　부는 자연의 인간적 가공의 생산물이다. 고전학파를 위한 이러한 사실로부터의 자연적인 귀결은 노동시간 또한 가치의 척도로서 관여되었다. 자유로운 토지에서의 자본 없는 경제를 위하여 스미스는 상품들은 직접 응용되는 노동시간의 관계에서 교환된다는 것을 일목요연하게 하였다. 리카도는 다음으로 토지가 더 이상 자유롭지 못하고 자본이 개입되면 토지를 위하여 소작료지불들이 제거될 수 있다는 것을 보여준다. 결정적인 발걸음이 이제 그의 확신에 있으며, 자본이 고려되어질 수 있으며, 이에서 또한 자본재들은 그의 생산에로 응용된 노동을 통하여 측량된다는 것이다. 이는 직접적인 노동 시간 뿐만이 아니라 또한 생산수단들에서 형상화된 간접적인 노동시간도 가치결정에 이어져야 한다는 것을 의미한다. 유입물이 생산의 유출물처럼 단일적으로 노동가치들로 측정되면, 이들은 서로 합계될 수 있고, 그리고 이윤율이 노동시간에 의하여 측정된 상품집계에 대한 비중으로 결정되어질 수 있다.

　리카도는 그의 가치이론으로써 그의 adding-up 표상으로써 스미스에 대하여 반대하는 견해를 얻었으며, 수입의 총계는 단지 상호간의 종속에서 결정되어 질 수 있으며, 그리고 주어진 기술에서는 임금의 모든 증가는 이윤율의 하락에로 인도되어 져야 한다는 것이다. 이러한 가설이 가장 단순하게 증명되는 것은 리카도가 다음으로 자본유입이 오로지 임금으로부터 형성된다고 가정됨으로서 이다. 이제 r은 이윤율을 나타내고, Y는 노동가치들로 측정된 사회생산물, N은 역시 노동가치들로 측정된 노동자들의 필요불가결의 소비, 즉 임금합계이다. 그러면 Y가 일정하게 유지될 때 임금의 변형들이 관찰되어 지고 다음이 유효하다.

r=(Y-N) 그리고 dr/dN은 영보다 작다.

리카도의 견해는 현대의 이론에서는 이윤율과 임금사이의 역의 관계로 공식적으로 증명되어 졌으며, 그리고 이는 그의 가치이론에 대한 나중의 비판들에도 살아남았다.

"Essay"에서의 가정인 곡물이 유일한 임금재화라는 가정은 그에서 대표되는 이론의 범위에서는 일반적인 임금상승은 모든 가격들의 상승을 결과로 가져온다는 결론에 가깝다. 이러한 주장을, 또한 스미스의 adding-up 이론을 함축하고 이에 리카도가 근원적으로 집착했던 주장을 그는 "Essay"에서 이미 거역했다. "Principles"의 가치이론의 범주에서 이는 그의 이율배반을 분명히 보여주고 있으며, 왜냐하면 개별 생산부문들에 있어서의 노동소모들이 변화하지 않았기 때문이다.

리카도에 있어서는 가치와 (정상적인) 가격의 개념은 근본적으로 동일하다. 가치들은 근원적으로 상품의 생산에로의 직접적 및 간접적 노동유입을 통하여 결정된다는 것이다. 그의 표현에 의하면, "the quantity of labour bestowed on the production of commodities regulates their relative value." 마르크스는 이를 나중에 노동가치라고 불렀다. 가치의 이러한 개념이 그러나 충분하지 않다는 것을 다음에서 볼 수 있다. 가치들은 경제적인 유통을 위하여 화폐적 형태로 표현된다. 화폐적 표준은 금이다. (리카도는 그의 화폐 이론적 저술들로써 영국이 나폴레옹 전쟁 이후인 1821년에 금본위제로 회귀하고 지불수단으로서 은행권에 대한 지속사용이 금의 수요를 그러나 제한하는 데에 공헌을 하였다.) 리카도의 고전적 구상에서는 금은 모든 다른 것과 같이 하나의 상품이며, 그의 가치는 그의 생산비용을 통하여 결정된다. 한 상품의 가치가 금으로 제시된다면, 그의 변화에 있어서 질문이 될 수 있는 것이, 이의 원인이 이 상품의 생산에 있는 것인지, 혹은 금의 생산에 있는 것인지이다.

하나의 일반적인 임금상승은 그러나 금광에 있어서의 노동의 비싸짐을 포함하고 있으며, 그리고 금으로 지칭된 가격으로의 그의 작용은 개별부문들에 있어서의 생산부문들에 의존적이다. 그에서 상대적으로 많은 자본과 적은 노동이 투입되는 생산부문에서는 임금상승이 여기서 생산되는 상품의 가격에 비하여 더 많은 노동과 적은 자본을 투입하는 부문에 보다도 상대적으로 약하게 작용한다. 전체 경제에 있어서 가장 높은 자본-노동관계를 가진 그러한 부문의 생산품은 최소한 상대적으로 화폐에, 역시 그의 화폐가격에 대하여 하락하며, 이는 임금이 증가하지 않고 그리고 이러한 부문이 스스로 화폐생산을 제시하지 않을 때에 그러하다. 임금상승들에서 화폐가격들이 하락할 수 있다는 가능성이 이미 일견 역설적으로 작용한다. 임금들의 상승이 일반적으로 개별 가격들을 증가시킨다는, 그러나 다른 이들은 하락된다는, 견해는 리카도에 의해서 바로 스미스에 대한 비판으로 주어졌다. 이는 스미스에 의하여 발견되는 믿음인, 분배변화들에 의한 영향이 상대적인 가격들에 직관적으로 파악할 수 있는 법칙들을 숨기고 있다는 믿음을 묻어

5장. 고전적 자유주의   157

버렸다. 만약 이윤율이 증가한다면, 노동집약적으로 생산된 상품들이 가격에 있어서 상대적으로 자본집약적으로 생산된 것에 비하여 하락한다. 이론적인 귀결은 특히 현대적 견해들에 있어서 배반되고 있으며, 왜냐하면 화폐임금상승들이 금본위제의 폐지이후에 종종 인플레이션과 연관되어지기 때문이다. 정확하게 디플레이션적인 가격들을 위해서는 리카도의 견해가 그러나 유효하다. 상대적 가격들이 분배로서 스스로 변하게 되면, 이들이 오로지 생산에 응용된 노동시간을 통하여 결정되어 질 수는 없다.

리카도는 다른 편으로는 개별 생산부문들에서의 자본연계의 상이한 지속과 상이한 자본집중도의 효과들을 그의 가치결정의 일반적인 규칙의 측량으로 인정하는 것이 강요되었다. 그는 이러한 효과를 한 예로써 증명하며, 이에서는, 첫 번째 기간에서는 기계를 생산하고, 이의 도움으로 두 번째에서는 직물을 산출하기 위하여, 하나의 자본유입이 노동자의 한 수를 고용한다. 직물의 가격은 하나의 똑같은 노동자를 통한 두 번째 기간에 생산된 곡물의 가격을 상회하지 않으면 안 되며, 왜냐하면 첫 번째 경우의 투입이 두 번째 기간을 위해서도 확장되고 그리고 이윤율의 동등함은 첫 번째의 (계산적인) 이윤에 대한 복리가 두 번째에 빠지기 때문이다. 또한 이러한 단순한 예가, 직접적으로 그리고 간접적으로 응용된 노동뿐만이 아니라 또한 역시 이윤율의 크기도 상대적 가격의 결정에 관여한다는 것을 전시하고 있다.

▶ 넷째 발걸음: "the invariable standard of value"

모든 분명한 문제들에도 불구하고 리카도는 응용된 노동을 통한 가치결정의 원칙에(흔들리는 믿음으로) 고착하였다. 그의 의심이 바로 그럼 보이는 것이, 그가 이 원칙을, 이를테면 유명하게 된(그러나 전혀 이유가 설명되지 않은) 주장으로써, 노동가치들에 대한 가격들의 편차는 6~7% 이상이 될 수 없다는 주장으로써 방어하려고 시도할 때이다. 자연적 가격들이 현실적으로 노동시간을 통하여 결정된다는 확신이 그를 정확한 전문 학술어들을 제안하는 것으로부터 막았다.

마르크스는 한편으로는 가치와 노동 가치를 동일시하고, 다른 편에서는 "자연적" 가격 대신에 생산가격이라고 말하며, 왜냐하면 이는 자연의 사물들 사이의 관계가 아니라 경제의 사물들 사이의 관계를 반영하기 때문이다. 이에 반하여 리카도는 노동시간결정(the quantity of labour bestowed on commodities)과 자연적 가격 사이의 차이를 보았으며, 자연적 가격은 같지 않은 자본집중도와 유일한 이윤율에서는 측정된 노동시간에 차이가 있어야 한다는 것이며, 그는 가치 개념을 양자를 위하여 사용하였다. 그는 노동가치 이론의 유효성을 위하여 필요불가결한 조건들 하에서 계산되는 것을 자연적 가격으로 도입하며, 그럼 그는 양자(가치와 자연적 가격)를 자본집중도에 따라 측정하였다. 마르크스적 전문 학술용어가 더 분명하며, 이는 비록 또한 마르크스가 노동가치들로부터 그의 생산가격들의 차이를 양적으로 정확하게 결정하는 것에 성공하지 못하였다 하여도 그러하다. 다른 것과 더불어 이에서 그의 노동가치 이론이, 상대적 가격들은 상대적인 노동 가치들과 동일하다는 (명료하게 잘못된) 주장을 넘어서는 것뿐만이 아니라 또한 역시 마찬가지로 잘못된 그러나 반증하기가 그렇게 쉽지는 않은 생산가격들은 노동가치들에 기인하고 있다는 이론이 실패하였다.

리카도가 그의 죽음 직전에 작성한 원고 "Absolute and Exchangeable Value"에서 그는, 노동시간들로의 가치의 척도는 모든 제안된 표준들 하에서 가장 좋은 것으로 그에게는 보인다는 것을 종합적으로 설명했다. "but it is far from the perfect one." 이 작업과 이전의 출판된

"Principles"에서 리카도는, 하나의 불변의 가치척도의 결정을 통하여 그의 가치 이론적 문제의 해결을 이룩하기를 시도했다.

하나의 상품은, 이것이 양대 가치결정의 기반들에 있어서, 물론 포함된 노동의 양과 자본연계의 지속에 있어서, 평균적인 조건들 하에서 생산되어 질 때의 그러한 가치척도를 제시한다. 리카도는 이러한 상품에 대하여, 그의 가치가 한편으로는 소득분배의 변화에 대하여, 다른 편으로는 투입된 기술의 변화에 대하여 불변일 것을 요구했다. 그는, 고정자본에 대한 노동의 관계가 모든 생산부문들에서 단일적이면, 자본연계의 지속을 통한 영향은 탈락하며 그리고 상대적 가격들은 노동가치들에 비례적이란 것을 인식했다. 이제 가까이 추측되는 것이, 그의 생산에서 노동과 고정자본이 바로 평균적인 관계에 있는 그러한 상품의 가치는 분배의 변화들을 통하여서는 건드려지지 않고 있으며 그리고 이는 찾고 있던 척도를 제시한다. 그러한 상품에 대한 리카도의 노력된 시도, 혹은 척도의 어떠한 조건들이 충족되어져야 하느냐 하는 최소한의 설명은 결국 성과가 없었다. "Principles"에서 그는, 실재적인 목적을 위해서나 접근으로서, 금이 표준으로 될 수 있다는 희망에 강하게 집착하였다.

분배변화들에 대한 불변의 가치척도의 이론적으로 맞아떨어지는 형식은 Sraffa에 와서 비로소 표준상품으로 성공되었다. 또한 기술적인 불변의 척도의 복잡하고 이론적으로 독립적인 요구를 Sraffa는 포기했다. 리카도의 문제제기는 Sraffa의 부분적 해결에 아주 접근한다. 그의 표준상품은 상품바구니로 정의되며, 이에서는 모든 기본상품들이 직접 그리고 간접으로 또한 그들의 자체의 생산에로 응용되어지는 바로 그러한 비율로 이루어 질 때이다. 이와 같은 (개별로 단지 형식적으로 추적하는) 구축은, 순 유출의 벡터양을 자본재화들의 벡터양의 스칼라양의 몇 배로 주어지게 하는 것을 허용한다. 이러한 허구의 표준체계의 유입과 유출은 하나의 동질적인 구조를 제시하며, 그리고 이윤율은 가치관찰에 대한 우회 없이 물리적인 비교를 통하여 계산되어질 수 있다. 더욱 폭넓은 권역이 포함하는 것은, 리카도가 "material rate of produce"로써 이윤율의 도출을 허용하였던 연역적으로 가능한 곡물모형의 분석적 단순화가 많은 생산 분야들을 가진 모형들을 위하여서도 증명되어 질 수 있다는 것을 현대적 수학의 수단들로 제시되어진다. 생산수단 투입에 대한 잉여를 산출하는 경제의 잠재력은 사용가치구조를 통하여 표현으로 되어 질 수 있으며, 그리고 노동과 잉여노동에 대한 대치를 필요로 하지 않는다.

    Sraffa의 분석의 응축물은 그의 유명한 임금공식이며, 임금률이 그의 표준상품으로 표현이 된다면, 아래 공식이 유효하다.

$$w = 1 - r/R$$

이는 임금률 w는 언제나 이윤율 r과 선형 의존적이라는 것이고, 기술은 이에서 단지 최대의 이윤율 R을 통하여 특징되며, 최대의 이윤율은 임금이 영 일 때이며 물론 실재의 재분배에서가 아니며 오히려 단지 사고에서 만이 도달되어질 수 있다.

## 8. 규범적 고전적 모형

고전적 저술가들의 사이에 있어서의 모든 차이들을 구분 없이 그들의 이론들의 공통적인 기본형상으로 동일시 할 수 있으며, 이에 또한

Sraffa에 의하여 제창되었던 현대적 고전학파가 구축된다. 분배와 상대적 가격들 사이의 관계는 생산체제의 틀에서 연구되며, 이러한 체제는 중요한 자료들에 완전히 적응한다. 이들은 다음과 같다;

- 도출된, 자본으로 계산되는 실질임금
- 사회생산물의 크기와 형성구조
- 개별 상품들의 생산에로 응용되는 기술들

이러한 자료화관은 상대적 가격들과 변화하지 않는 분배매개체(유일한 이윤율과 지대율들)를 결정하기에 충분하다. 지속적인 결정의 증명은 Sraffa(1960)의 업적이다. Garegnani(1984)에 의하여 제안된 전문목록집에 따라 고전적 이론의 핵심인 가격방정식과 그들의 해답을 포함한 자료들이 형성된다. 자료들의 도출과 그들 상호간의 관계의 해명(소비의, 분배의 및 기술발생사의, 유효수요의 및 성장의 이론)은 마찬가지로 경제적 이론의 대상이며, 그러나 각각의 역사적 상황에 따라 그리고 필요불가결한 방식으로 더 적은 추상적인 함축으로 연결되어야 한다.

가치(value)와 부(riches) 사이의 대치는 예를 들면 리카도에 의해서 엄격한 이론의 틀에서가 아니라 오히려 서술적으로 논의된다. 부(riches)는 생산성의 향상의 결과로 증가하며, 그러나 노동가치들로 표현된 사회생산물(value)은 불변의 고용에서는 성장하지 않으며, 왜냐하면 가치들의 하락과 수량들의 증가가 서로 상쇄되기 때문이다. 리카도 주의적 이론은 사용가치들의 성장을 위해서는 아무런 측도도 알지 못했다.

"Wealth of Nations"와 "Principles"(특히 그의 마지막 장인 "On Machinery")의 많은 글귀들이 보여주는 것처럼, 고전학파들은 이윤 극대화하는 기업가가 주어진 선택들 하에서 어떠한 기술들을 선택하게 되나 하는 데에 문제에 큰 주의를 기울였다. 이러한 문제에 대한 논쟁이 여기서 더 이상 나아가지는 않지만, 오로지 암시되는 것이, 리카도에 있어서는 임금크기들을 통한 기술의 선택의 영향이 이미 중요한 역할을 하며, 그리고 그는 기술체계를 둘러싼 동시대의 논점의 배경 하에서 기술적인 실업의 가능성을 인식하였던 최초의 이론가이었다.

## 9. 고전학파의 해체

리카도의 이론에 대한 유효성에의 의심은 이미 그의 사후에 그에 의해서 가정되었던 성장시나리오와 영국경제의 실제의 발전과의 두 개의 경향 사이의 분명한 차이를 통하여 나타났다. 사회생산물에 대한 지대의 비중이 증가하지도 않았고 (이는 농업기술의 진보의 과정에서 하락하였다), 또한 실질임금률들이 인구법칙을 통하여 설명되는 낮은 수준에 고착되지도 않았으며, 오히려 이들은 세기의 중반이후로는 지속 증가하였다. 분석적인 관점에 있어서는 그는 이를 통하여 문제되지는 않았으며, 왜냐하면 기술적인 진보와 증가하는 임금에 있어서의 성장을 분석하기 위하여 그의 구상들이 또한 사용되어질 수 있고 그리고 성장력들에의 고전학파의 신뢰가 증명되었기 때문이다.

이론적 비판들, 지도적인 신고전학파들의 특히 Jevons와 나중 Marshall 등에 의하여 형성되었던 비판들이 그러나 지속되었다. 다른 동기들(이들 가운데 마르크스주의적 이론의 정치적으로 폭발적인 함축성들이 하나의 큰 역할을 하였던 동기들) 이외에도 고전적 이론의 분명한 약점들이 그로부터의 회귀의 원인이었다.

Jevons는 연관생산에서의 노동가치 이론에 대한 그의 비판을 예를 들어 설명하였다. 효용이론에의 항고 없이 가치가 공동으로 생산된 재화들의 과정에서 결정될 수 없으며, 과정에서 능력 발휘된 노동의 그의 생산품들에로의 분할은 제외된다는 것이다. 다른 이들은 상대적 가격들의 결정에 있어서의 이미 토론된 이윤율의 영향을 결론적인 증명을 위한 공격쟁점으로 이용하였으며, 상품들은 그들에 포함된 노동의 관계로 교환되지 않는다는 것이다.

Sraffa는 나중에, 가격들의 분배의존에 있어서 특수한 고전적 견해에 대하여 동시에 파기함이 없이 어떻게 노동가치 이론이 스스로 포기되고 생산가격들의 지속적인 이론을 통하여 대체 되는가를 보여준다. 그의 현대적 고전적 이론에 있어서는 나아가, 임금률이 아니라 택일적으로 이윤율이 가격해결의 분배매개체로 주어질 수 있다는 것이다. 이러한 다음으로 형식적인 확장은, 현대적 거시경제학이 고전적 모형과 연결을 시도하는 분배의 아주 상이한 이론들을 위한 길을 열어주었다.

# PART 6.
## 사회주의

## 1. 마르크스 이전의 사회주의

"사회주의적" 및 "사회주의"의 표현은 19세기의 초에 나타났으며, 그러나 오늘날 까지도 "사회주의"나 "사회주의적 경제이론"에 대하여 실재적으로 작동적인 개념은 없다. 이는 무엇보다도 스스로 사회적으로 불리는 이론방향들의 다양함과 연관되어 있다.

이러한 사회주의적 방향들과 학파들 내에서 마르크스주의적 사고는 확실히 하나의 큰 역할을 한다. 어쨌든 사회주의적 경제이론은 마르크스주의와 동일한 것은 아니다. 한편으로는 마르크스주의 이전의 이론가들이 의미 있는 사회과학적 공헌들을 전수하고 있다. 다른 편으로는 마르크스 이후(대부분 체제와의 공방에서)에 사회주의적 이론의 수많은 독자적 실마리들이 발전되었다. 이는 특히 마르크스 자신이나 마르크스주의자들에 있어서 내용적으로 혹은 방법적으로 등한시되었던 부문들, 즉 이를테면 계획경제의, 시장사회주의의 및 새로이 후기 산업적 사회의 문제들에 관한 것이다. 이에 상응하여 마르크스 이전의, 마르크스주의의 및 마르크스 이후의 사회주의에 대하여 말할 수 있다.

정치적 경제학(알려진 것처럼 "정치적"은 고대 프랑스어의 police=국가행정 그리고 근원적으로 희랍어의 Polis=도시국가에 소급하는)이 우선 행위지향과 연관된 것이었다면, 1776년 스미스의 "국부론"의 출현이후 학문 명칭의 의미 변천이 일어났으며, 즉 정치적 경제학은 종종 자유경제적 이론과 동일한 것으로 이해되었다. 정치 스스로, 또한 국가적 힘- 및 형성순간들이 나아가 경제학적 이론의 관심분야의 밖에 머물렀으며, 그리고 또한 역시 고전적 자유주의의 시대에 있어서도 경제생활에 있어서 낮은 순서의 역할만이 수행하여야 했다. 전체적으로 "비 정치적" 경제학으로서의 정치적 경제학의 이러한 특징은 사실 (뉘

앙스에 대한 것을 제외하고) 국민 경제학의 고전적 학파의 상징이다. 반 고전적 경제이론들로써, 그리고 사실 한편으로는 역사적 사고의 이전 영역에서 정착된 Friedrich List에 의한 국민적 연결의 경제적 구상의 과정에서나 ("Das nationale System der politischen Oekonomie", 1841), 그리고 다른 편으로는 사회주의적 비판으로서 정치적 부가어의 요구가 회귀하였다. 리스트 적인 이론들(역사주의에 포함될 수 있는 국민 경제적 업적들로써)이 하지만 경제의 형성이론으로서 나타나는 반면, 사회주의의 표시 하에서 등장하였던 제안들에 있어서는 첫째로 (시민적) 사회의 재형성이론에 관한 것이었다.

사회주의적 흐름들은 물론 자유방임자본주의의 사회적 문제점들 보다 훨씬 이전에 있었다. 여기서 상기되어 질 수 있는 것이 Platon의 사회모형, 14~15세기에 존재했던 사회주의적 국가인 잉카, 그리고 결국 경제와 국가의 이상적인 질서의 오히려 소설 같은 초안들, 이를테면 Thomas Morus(1478~1535, 1516년에 출판된 그의 저서 "Utopia"에서 공동소유와 일반적인 노동의무에 기인하고 있는 이상형국가에 대하여 서술하고 있다), Tommaso Campanella(1568~1639, 성직자이며 이태리의 철학자로서 그의 저서 "Civitas solis"에 서술된 "정치적 꿈"으로써 파라과이에 있어서의 종교국가의 구축에 적지 않은 영향을 미쳤다) 및 Francis Bacon(1561~1626, 영국의 철학자로 경험주의의 창시자로서 그의 이상향적인 소설 "Nova Atlantis"에서 기술적으로 완전한 미래국가를 제시하였다)의 초안들이다.

비록 이러한 인본주의 시대에서 형성되는 국가이상향들이 또한 그 당시의 사회적 상황들에 대한 비판으로 가치평가 되어진다 하여도, 닥아 오는 공장체제의 시대에 있어서의 사회적 모순들은 전혀 다른 차원을 획득했다. 사실 개별 유럽의 국가들에 있어서의 자유적 경제시대의 시초에 있어서 노동자들의 위상이 전적으로 서로 상이하였다 하여도, 전체적으로는 그러나 역시 비슷하였으며, 이를테면 개인적 계약들을 통한 아주 낮은 협약된 임금들(부분적으로 현물임금제도에 의한 보수), 17시간까지의 1일 노동시간(휴일휴식 없이), 청소년 노동의 강요, 도시들에 있어서의 거주의 비참함 등이다. 이러한 상황들이 어떻게 사적 소유를 인정하는 자유경제적 이론의 전체적으로 또한 역시 극찬되는 서술들과 일치될 수 있는가 하는 문제가 떠올랐다(이에서 상기되어질 수 있는 것이, 개인의 근원적인 자유와 평등의 자연권적 표상들은 고전적 국민 경제학에서와 마찬가지로 또한 역시 그의 사회주의적 비판에서도 바탕이 된다). 자유방임주의 원칙과 이로써 자본주의의 전개를 특징짓는 모든 이전의 규정들에 대한 자유는 사실은 개별의 지속적인(종속으로부터의) 해방을 의미하였으며, 그러나 또한 역시 교회적, 지방 자치적 및 영업적 감독의 의미에 있어서의 공동체에 대한 후퇴를 의미하였다. 봉건적 질서의 파괴 이후에, 동업조합의 해체 이후에, 종교적인 집단소유의 세속화 이후 및 공동체 소유의 분할 이후에 처음으로 이로서 사회주의적 이론이 기존 형성의 극단적인 반대자가 되었다. 이러한 등장된 발전을 위한 다른 그리고 아마 더욱 의미가 있는 요소는 자유로워지는 경제 속에 포함되는 사회적인 전제조건들에 있었으며, 이들을 스미스와 그의 바로 다음의 추종자들이 간과하였다. 이는, 개인적인 종속에서 그리고 상상할 수 없는 낮은 임금에서 살아가는 계층에 대한 특권층의 가부장적 폭력과 같은 지배와 예속화와 같은 대칭이며, 이는 또한 시장경제에서 존재한다.

초기 사회주의의 생산물로 표현되는 것이 시민적 마찬가지로 자본주의적 견해들에 대한 형성되는 질서의 잘못된 위상을 제거하고 그리고 대부분 이상향 상태의 서술에로 접어드는 대칭모형이었다.

하나의 더 나은 질서의 사고적 구상들에 있어서는 종종 사실로 이성에 대한 호소와 연관된 하나의 일반적인 세계개선의 이상형에 만 관한 것이었으므로, 이로서 드물지 않게 또한 이상향 사회주의라고 불리기도 한다. 일부 확신이 있는 정의에 따르면 이상향주의자들은 더 좋은 및 이상적인 사회질서의 사고적 모형을 제도하고, 이들을 저서로 서술하기를 시도했고, 그러면서도 그들의 사회적 이상들의 실행을 정치적 힘으로 요구하지 않았던 사람들이라고 하기도 한다.

마르크스주의 이전의 사회주의의 국면은 대략 1789년의 프랑스 대혁명부터 시작해서 1848년의 Karl Marx와 Friedrich Engels에 의한 공산당 선언의 출현으로 나아가 일단락 진다. 프랑스 혁명의 비판 및 전수된 정치적 표상들과 제도들에 대한 그들의 비판을 포함한 계몽주의 철학의 영향으로 초기 사회주의의 체제들이나 학파들은 우선 프랑스에서 발전하였다. 가장 중요한 사람들이 Babeuf, Saint-Simon 및 Fourier이다. 이에 반하여 마르크스주의 이전의 영국의 사회주의자들이 있으며, 이들 가운데에는 특히 Owen을 볼 수 있으며, 이들은 산업적 혁명의 사회적 결과들의 강한 영향들 하에 있었으며, 또한 고전적 자유주의의 이론에 어느 정도 연관되어 있다. 역시 독일에서도 이러한 초기 사회주의적 실마리들이 주어져 있지만, 이론적으로는 나아가 의미가 없다.

## 1.1. Babeuf

Francois Noel Babeuf(1760~1797)는 체계적인 이론가이기 보다는 오히려 정치적으로 능동적인 혁명가였으나, 그러나 또한 그는 그의 극단적인 공산주의표상들로써 적지 않게 레닌주의에 영향을 미쳤다. 그의 인간- 및 역사형상은 극단적인 동등원칙에 기인하고 있으며 (자연은 모든 인간들에게 모든 재화들의 효용에 대한 동등한 권리를 부여했다), 특히 이로서 계급투쟁의 원칙에 집착했다. 전체의 역사가 그에게는 가난한자들과 부자들 사이의 지속적인 계급투쟁이었으며, 왜냐하면 이는 인류가 시작하면서 동등한 소유분배의 원천적인 자연 상태가 차이를 보였기 때문이다.

이러한 세계형상의 기반위에서 지배하는 사회질서에 강한 비판이 주어졌으며, 이에서 모든 특권층에 대한 투쟁으로는;

- 정치적인 부문에서는 권력분립이 거절되며, 국민에게 입법에 있어서의 거부권이 주어지고, 모든 시민들에게는 모든 공적 직위들에 대한 자유로운 접근이 요구되었다. 정치적인 자유는 여기서 사회적인 자유를 위한 전제조건으로 보였다.
- 경제적인 부문에서는 시장역학의 "야만적이고 자본에 의해서 조정되는 법칙을" 비판하였다. 이는 독점화에로, 위기상황에로, 특히 또한 "진정한 생산자"인 노동자들의 착취에로 이어 진다는 것이다.

추구되는 사회주의적 경제 질서가 특징지어져야 할 것들이;

- 시민적 발견으로 표현되는 사적 소유 질서는 "국민적 재화공동체"에 자리를 비워줘야 한다. 이는 우선 "혁명의 적들"에 대한 소유와, 장기적으로는 상속권이 폐기되기 때문에 또한 모든 생산수단들과 이를 넘어서 또한 역시 수많은 소비재들이 이에 속한다.
- 일반적인 노동의무가 형성되며 그리고 사실 계급에 따라 이며, 이에서 개별 노동자는 사회적 유용성에 의한 상부관청의 지시에 따라 수행된다. 노동 장소의 자유로운 선택은 이로서 제외된다.
- 배분-, 생산- 및 분배결정은 나아가 집중화하며, 이에서 이러한 중앙적인 결정의 실행은 자연 경제적 행로로 이루어진다.

- 화폐임금이 존재하지 않기 때문에 국민적 재화공동체의 구성원들에 대한 개인적인 소비의 재화들은 평등원칙의 기반위에서 분배된다. 이를 넘어서 나아가 집단적인 소비가 큰 위치를 점한다.
- 전체 경제과정의 지도에 대하여는 지도체계들에 대한 서열로 구성된 체제가 존재하며, 이들은 최고의 국가행정관청에 예속된다.
- 대외 경제적 이전거래는 국가적 대외거래독점에 의하여 이루어지며, 금은의 수출입은 금지된다.

Babeuf와 그의 추종자들은 또한 낡은 사회질서와 새로운 사회질서 사이의 과도기를 위한 구상을 발전시켰다. 전환은 여기서 무엇보다도 무산자들의 지원이 필요한 혁명적 소수를 통하여 이루어진다. 이러한 것을 확보하기 위해서는 직업 혁명가들이 물질적인 유인들을 이용한다. 이를테면 Babeuf는, 도시 민중들에게 무상으로 생활필수품을 분배하는 것을 예로서 추천하였다. 정치적 반대자들은 장기적으로 정치적으로 권리가 몰수되며, 최고의 국가행정관청에 의해서 통제되고, 경우에 따라서는 강제수용소와 같은 곳에서 강제노동을 하는 분리된 감화원에 보내진다. 혁명의 준비에 대하여 혁명적 소수들은 대중을 그들의 편으로 얻기 위하여 표현-, 출판- 및 결사의 자유의 대표자로 등장하여야 한다. 이러한 방식으로 정치적 힘이 성공하면, 반대 혁명을 방어하기 위하여 어쨌든 기본권들이 강하게 제한되어져야 한다. 또한 장기적으로 이러한 권한들이 사회주의적 사회에 다시 도입되지 말아야 한다.

|  | 사회이론 | 자본주의 비판 | 사회주의 구상 |
|---|---|---|---|
| Babeuf, F. N. (1760~1797) | 극단적인 평등요구 계급투쟁 | 독점, 위기, 억압 | 국민적 재화공동체 중앙 계획과 지도 무역독점 달리 생각하는 사람들 억압 |
| Saint-Simon, C. H. (1760~1825) | 객관적 발전법칙들 진보낙관론 계급투쟁 | 비생산적 사회적 무리에 대한 비판 | 생산협동조합 협동적 조정역학 국가소멸 |
| Fourier, F. M. C. (1772~1837) | 사회적 발전의 변증법적 이론 진보낙관론 | 무정부적 경쟁의 비판 직접생산자의 이질화에 대한 비판 | 협동조합 환경적-사회주의적 실마리들 |
| Owen, R. (1771~1858) | 계몽을 통한 이성의 실행 | 노동가치 이론 | 자급자족 협동조합 중앙적 계획과 지도 달리 생각하는 사람들의 심리치료 |
| 기타 | | | |
| Blanc, L. (1813~1882) | | | 민주주의적 사회주의 |
| Blanqui, L. A. (1805~1881) | | | 직업혁명가 엘리트를 통한 무력적 혁명 |
| Cabet, E. (1788~1856) | | | 기독교적 사회주의 |
| Proudhon, P. J. (1809~1865) | | | 무정부주의 |
| Weitling, W. (1808~1871) | | | 무력적 혁명을 통한 중앙적 계획경제 |
| Hess, M. (1812~1875) | | | 지배 없는 공산주의 |

## 1.2. Saint-Simon

Babeuf가 가난한자들과 부자들 사이의 계급투쟁의 원칙에서 정치적 및 사회적 평등을 혁명적인 진로를 통하여 추구한 반면, Claude-Henri Rouvroy, Comte de Saint-Simon(1760~1825)은 서열적으로 형성된 산업적 사회질서의 실행에 대하여 위에서부터의 개혁정책을 우선시 하였다. 경험적으로 유일한 기반으로서 그리고 모든 인식의 원천으로서 출발하는 당시의 자연과학들의 실증주의적 인식이상향을 사회에 이전함으로서, Saint-Simon은 사회적 발전의 이론에 성공했다. 이들은 그에게 지배하는 사회적 상황에 대한 비판에로 그리고 장래의 사회질서를 위한 구상의 도출에로 봉사했다.

이와 같은 Saint-Simon의 사회이론의 원칙들은;
- 자연과 마찬가지로 사회도 객관적 법칙성들에 의하여 결정된다. 이들은 정치적인 행위들을 인식하거나 그리고 이들의 기반을 형성하는 데에 유효하다.
- 발전은 여기서 역시 또한 자연에서와 마찬가지로 사회에서도 언제나 더 높고 언제나 더 개선된 상태들에로의 진보를 의미한다. 오늘날의 사회적 조건들이 과거의 그들보다도 우월한 것과 같이, 그렇게 또한 사회적 상태들의 개선으로써 미래에로 계산될 수 있다. "인류의 황금시대는 우리들 뒤가 아니라, 앞에 있다."
- 사회적 진보의 과정에 있어서의 중요한 역할을 학문이 한다. 이러한 학문에게 사회적 무리들에 대하여 완전히 독립적으로 공적인 생활에 있어서의 하나의 특출한 위치가 제공되는 것이 성공한다면, 그들의 연구결과들은 경제적-기술적 진보에 그리고 이로서 결

국 사회적 전체 진보에 공헌하게 된다. 이러한 방식으로 사회는 실재적으로 무제한 개선될 수 있다.

이러한 사회 이론적 실마리로써 Saint-Simon의 계급이론이 연관되어 있으며, 이는 Babeuf에 의한 것과 현저한 차이를 보인다;
- Babeuf에 따르면 전체의 지금까지의 인류의 역사는 가진 자들의 계급과 그리고 가지지 않은 자들의 그것과의 사이의 근본적인 갈등관계를 통하여 특징 지워진다. Saint-Simon은 단지 하지만 두 사회적 계급 사이의 갈등에 대한 표상을 유지하지만, 그럼에도 Babeuf와는 반대로 어떠한 단일적인, 모든 지금까지의 사회체제들을 위하여 유효한 계급개념을 응용하지 않는다. 그는 이보다도 훨씬 더 나아가, 새로운 사회적 시대는 또한 새로운 종류의 계급구조를 통하여 그리고 계급갈등들에 대한 새로운 형태들과 내용들을 통하여 특징 되는 것이라는 데에서 출발한다.
- 봉건체제의 붕괴이후 지배에로 성공된 지금까지 억압된 계급이 생산적 혹은 산업적 계급을 형성한다. 이는 모든 노동자들, 수공업자들, 농부들, 상인들, 공장소유자들, 예술가들 및 학자들을 포괄한다. 이들에 대칭되어 존재하는 것들이 지금까지의 지배하는 "비생산적" 계급들의 나머지로서, 특히 귀족들과 성직자들이다.
- Saint-Simon에 있어서는 이제 사회적인 문제는 오로지 이러한 비생산적인 계급의 타파에 전적으로 있었으며, 그는 이들 둘 다 그래 생산계급에 속하는 노동자들과 기업가들 사이에는 이익상충을 보지 못했다. 봉건체제의 종말과 비생산적 계급의 제거는 이로서 또한 역시 계급사회들의 해제와 계급갈등들의 제거를 의미한다.

Saint-Simon에 있어서는 어쨌든 다음의 문제들이 일어났다;

그의 계급이론에 따라 사회적 발전은 비생산적 계급의 제거로써 지속적으로 일단락 지어져야 하는 반면, 그의 진보 긍정적인 사회형상은 무한한 사회적 진보 하에 놓이게 된다. 그는 이러한 문제를 해결하기 위한 시도로 바로 그러한 것에 사회적 발전이 지향하는 절대적으로 최적의 사회질서의 종류를 가정한다.

이에 도달하면, 그럼 원칙적으로 더 이상 개선되어 질 수 없다. 사회적 발전은 그의 끝을 보게 된다. Saint-Simon은 사회적 발전의 마지막에 대한 이러한 이론에 있어서 최적의 사회의 구조와 그것에로 인도하는 진로들을 인식 해야만 했다. 다른 말로 표현하면 그는 절대적 사회적 진실의 소유에 있는 것을 전제로 했다. 사회이론의 이러한 총체적 요구는 물론 또한 Saint-Simon주의를 극도로 마르크스주의와 연계시키는 점이다.

그의 발전 이론적 실마리에 상응하여 Saint-Simon은 현실적으로 봉건체제에 대한 비판을 하였다. 귀족, 성직자 및 군대는 비생산적 사회적 무리들이며, 이는 사회의 노동하는 계층들에 의하여 유지되어 지고, 역시 순수한 기생하는 존재들이 된다. 봉건질서의 잔재를 제거하고, 이로써 사회를 생산적인 노동의 원칙에로 설립하는 것이 되어야 한다. 비생산적 계급에 대한 그의 비판을 Saint-Simon은 비유에서 제시하고 있다. "국가에서 가장 중요한 사람들로 생각되는 공작들, 명성가들, 장관들, 장군들, 추기경들, 대주교들 등의 3,000명의 손실은 확실히 프랑스 인들을 슬프게 하지만, 그렇지만 이는 국가를 위해 정치적인 불행은 아닐지 모른다. 이에 비하여 파국/대 참사는 프랑스가 그의 학자들, 예술가들 및 수공업자들의 첫 3,000명을 잃을 때 일 것이다."

Saint-Simon이 추구하고 그의 견해에 의하면 이에 사회적 발전이 지

향하여야 하는 계급 없는 "산업적" 사회질서는 협동적 서열의 종류를 통하여 특징 된다;
- Saint-Simon은 생산경영체의 서열적인 관계들을, 그가 이를 본 것처럼, 사회에 이전하였다. 경영체에서 노동자들이 기업인들의 아래에 있는 것과 마찬가지로, 그렇게 정치적 체제에서는 기업가들이 지적인 지도자로서 학자에게 아래로 질서 되어져야 한다. Saint-Simon에게는 지식인들과 기업인들 사이의 정치적 힘의 일종의 이분법을 보게 되며, 이에서 전자가 본래의 정치적 지도역할을 수용해야할 것으로 봤다.

새로운 서열의 가장 낮은 단계에는 기업가들에 의해서 조정되는 무산자 계급이 있다. 그러나 새로운 사회에서는 계급대치들이 더 이상 존재하지 않기 때문에, 개별 무리들의 서열적인 정렬은 이들에 의해서 스스로 긍정된다. Babeuf의 극단적인 평등원칙은 이로서 Saint-Simon의 새로운 사회질서에서 자리를 점할 수 없다;
- 새로운 사회질서에서는 계급대칭들이 사라지고 그리고 지식인들의 지배가 새로운 공동의 세계관으로 인도한다면, 정신적인 끈으로서 사회를 지속적으로 얽어매는 세계관으로 인도한다면, 그럼 국가권력의 해체에 대하여 생각되어질 수가 있다. 특정된 계급의 사회 혹은 지배의 형성의 확보에로의 정치적 권력은 그럼 더 이상 필요하지 않다. 국가적 지배권한의 자리에 "일들에 대한 인간의 행정"이 자리를 한다.

서열적인 사회질서는 협동적 경제 질서에 상응한다;
- 근본적으로 사적소유는 새로운 사회의 기반으로 머문다. 어쨌든

생산적 노동을 실행하는 모든 사람은 그들의 노력들이나 그들의 능력들의 측도에 따라 생산수단들에 대한 소유자들이 되어야 한다. 이로서 추구되는 산업적 서열이 또한 소유의 서열이다. Saint-Simon은 여기서 생산협동조합에 대하여 생각한 것처럼 보이며, 그에서는 상이한 소유권들이 존재한다.
- 이러한 경제 질서 내에서 사실 한 편으로는 경쟁역학이 전체 사회의 관점에서 추출절차로서 환영되어 진다. 다른 편으로 Saint-Simon에서는 시장경제가 협동적 조정역학을 통하여 대체되어져야 하는 표상이 발견된다. 경제적 협업과 제도화된 이익평준화는 결국 경쟁원칙을 극복하여야 만 한다.
- 이러한 협력적 경제체제는 또한 모든 사회적 문제들을 해결한다. 한편으로는 낮은 사회적 계층들은 자유의지로 서열의 그들에게 지시된 장소들에로 스스로 정렬된다. 다른 편으로는 하부구조 부문에서의 폭넓은 노동창출대책들이 실업을 제거하여야 하며 그리고 폭넓은 대중의 생활수준을 제고하여야 한다.

그의 사후 Saint-Simon의 제자들은 그의 체제를 지속 발전시켰으며 그리고 이에서 부분적으로는 월등히 Saint-Simon의 표상들을 넘어섰다. 자본주의 비판에서 "인간에 의한 인간의 착취"가 제기되었으며 그리고 지배하는 소유 질서에 소급하였다. 이로서 또한 상속권의 완전한 폐지가 요구되었다. 또한 경쟁역학에 스스로 파괴하는 경향이 주어졌다. 시장경제는 그의 독자적인 폐지로 이어지고 그리고 "연합"에 자리를 내어준다. 중앙은행과 그에 속하는 은행체제의 선별적인 신용정책의 종류를 통하여 경제과정은 직접적인 생산자들, 즉 노동자들의 관점에서 조정되어져야 한다. 이러한 제도적 전제조건들 하에서 비로소 "모두에게 그의 권한에 따라, 모든 권한에 그의 능률에 따라"라는 나중에 마르크스에 있어서 큰 역할을 한 보수원칙이 실행되어질 수 있다.

### 1.3. Fourier

Francois Marie Charles Fourier(1772~1837)의 인류- 및 역사형상은 한 편으로는 개인적-심리학적 충동이론에 의하여 결정되고 그리고 다른 편으로는, Saint-Simon에 있어서와 비슷하게, 자연과학적으로 지향된 발전이론을 통하여 규정된다. 이들 두 개의 실마리들의 기반위에서 Fourier는 사회이론을 발전시킨다. 이는 그에게, 마치 Saint-Simon에 있어서와 흡사하게, 지배하는 계급의 비판에로 그리고 또한 마찬가지로 새로운 사회주의적 질서의 모형의 구축에로 봉사한다.

인간은 Fourier에 있어서 충동본질이다. 그의 행태는 의미에 관계된 충동을 통하여서 뿐만이 아니라, 또한 역시 사회적으로 지향된 경향들(우정, 사랑, 명예욕 등)의 수에 의해서도 결정된다. 인간적 행복은 여기서 이러한 충동들의 충족에 의존적이다. 이제 그러나 일정한 사회질서의 조건하에서 그에 인간이 또한 고통 받는 얼마의 충동들이 다소간 강하게 억압되는 것이 이루어질 수 있다. 이는 그럼 또한 사회질서의 결함성을 위한 표시이다. 그러므로 모든 인간들에게 그들의 의미적 그리고 사회적 "충동들"을 충족하고 그리고 하나의 조화의 사회에서 갈등 없이 서로 협력하는 것을 허용하는 하나의 사회적 그리고 경제적 체제를 발견하는 것에 다다르게 된다.

사회적인 발전은 이제 Fourier에 의하면 자연현상들을 위하여 또한 유효한 유아기, 상승기, 절정기, 쇠퇴기 및 몰락의 동일한 조건들이다;

- 낙원적인 원시사회는 인간적 사회의 유아기 시대를 형성한다. 이에 야생, 부권 및 야만의 낮은 단계를 가진 상승기가 연결된다. 이는 경제적 더 높은 발전에서 원시국면에 대한 사회적 후퇴를 형성한다.
- 본래의 사회적 상승은 상응하여 문명의 다음의 셋의 낮은 단계들에서 이루어진다.
- 사회적 발전의 정점이 "조화"의 국면이다. 여기에서 "행복의 정점"에 도달하며, 한편으로는 낙원적인 원시사회로부터의 다른 편으로는 상승국면의 사회질서들로부터의 일종의 종합가설에 도달한다.
- 조화국면에 스스로 몰락의 시기가 연결되며, 이에서는 점차적인 쇠퇴가 이루어진다.

어쨌든 Fourier에 있어서의 몰락의 시기는 단지 오히려 비현실적인 부속물로 관찰된다. 이와 같이 또한 Fourier에 있어서는 역사의 종말에 대한 표상이 포함된다. 형성하는 사회질서는, Saint-Simon이나 그리고 특히 나중의 Marx에 있어서 처럼, 오로지 과도기여정으로 이해되었으며, 이는 극복되어져야 하고 마찬가지로 극복될 수 있는 그리고 이의 극복 이후에 하나의 더 높은 사회질서에 자리를 차지하는 그러한 과도기여정으로 이해되었다. Fourier의 이론은 이로써 또한 역시 강력한 진보긍정주의에 의해서 결정된다. 이러한데서 특기할 만한 것이, Fourier가 여기서 변증법적 진보에 대하여 생각한다는 것이며, 하나의 근원적인 "황금시대"에서 사회적으로는 더 완전하지 않은 그러나 물질적으로는 더 진보적인 사회질서들을 거쳐 물질적 그리고 문화적 더 높은 발전을 근원적인 사회의 완전성과 연결하는 새로운 "황금시대"에로까지의 발전이다. 여기서 Fourier는, 역사적인 국면들을 줄이고 그리고 심지어는 건너뛰는 것이 가능하다는 것으로부터 출발한다. 여기 사회주의적 이론에서 처음으로 나타나는 계몽 그리고 정치적 행위를 통한 역사적 발전의 단축의 가능성에 대한 표상은 나중의 사회주의적 사고들에서, 현재에로의 까지도, 하나의 특별히 큰 역할을 하였다.

Fourier의 진짜 흥미롭고 그리고 부분적으로는 전적으로 "여성적"으로 작동하는 시민적 가족체계에 그리고 그의 부부도덕에 대한 비판을 차치한다면, 그의 공격들은 그렇게 특히 "문명의 가장 민감한 자리"로서 자본주의적 경제체제에 대하여 행해졌다;

- 자본주의적 경쟁은 노동자들의 낮은 생활수준에, 기술적 진보의 방해에, 자본의 집중 그리고 파멸의 경쟁에 그리고 그의 세계경제적인 작용들과 더불은 주기적으로 나타나는 경제위기에 책임이 있다.
- 자본주의의 주 문제는, 개인적 이익 그리고 사회전체의 이익이 상응하지 않는다는 것 그리고 단일적인 계획 및 계획수행이 존재하지 않는다는 것에 있다. Fourier는 이로서 또한, 나중의 마르크스처럼, 무정부적 경쟁에 대하여 말한다: "이미 지금 우리들은 자유로운 행위의 역학에, 즉 자유로운 거짓의, 이러한 진짜의 산업적 무정부주의, 사회에 있어서의 이러한 괴물 같은 힘, 수치에 비용을 지불하고 있다."
- 특기할 만한 것이 또한 역시 노동자들의 위상에 대한 Fourier의 비판이다: 노동시간은 너무 길고, 노동은 너무 단순하여 그리고 이로서 노동자들에게는 불만족스럽고, 노동조건들은 파렴치하고 그리고 실업에 대한 지속적인 공포는 물질적 및 심리적 고통으로 인도한다. 민주주의 그리고 정치적 인권보다도 더 중요한 것은 이로서

Fourier에 있어서는 노동 및 최저 생계에 대한 경제적 권리이다.

비판된 자본주의에 Fourier는 사회주의적 사회- 및 경제 질서의 그의 아주 자세한 구상들을 대치시킨다;
- 그들의 요점에 있는 것이, 그가 "Phalanges"라고 명하는 생산- 및 주거협동조합이다.
- 이러한 협동조합의 노동중점은 산업의 보다는 오히려 농업의 부문에 있다. 인간은 물론 자연에 대하여 내적관계를 지속하여야 하고 그리고 너무 큰 기계화의 위험으로부터 보호되어야 한다. 주의를 기울일 만한 것이 이러한 관점에서 Saint-Simon이나 Marx에 의한 표상들에 대한 차이이다.
- Fourier는, 인간은 "본능적으로 평등의 적"이라는 것으로부터 출발함으로서, 그는 또한 평등원칙의 거부에 있어서 Saint-Simon과 일치한다. 이로서 그럼 의식적으로 노동- 및 생활조건들의 사회적인 차이들이 개별 협동조합구성원들의 상이한 능력들의 차이위에서 추구되어 진다. 결국 이는, Saint-Simon에 있어서와 흡사하게, 사회적 서열과 연관된다.
- 협동조합 내에서는 모든 부가 수익을 차지하며, 그의 크기는 최고의 협동조합조직이 확정하고, 이에서는 특히 당해 부의 사회적 유용성에 맞추어 진다. 동일한 원칙이 또한 부 내에서의 소득분배에 유효하다. 이에서 Fourier는 부분적으로 새로운 분배쟁점들을 제외시켰다. 이를테면 그가 제안하는 것은, 의사들의 보수는 질병의 예방에 연관된 것이고 그리고 대략 처방하는 경우들의 수와 연관되는 것이 아니다.

예견된 협동조합들에 있어서의 구축 및 생활방식의 자세한 서술은 Fourier에게 많은 조롱과 비판을 갖다 주었다. 이로서 예를 들면 개별 무리들을 위한 일상의 흐름은, 자유로운 사랑의 실행에 대한 "사랑협동체"에 대한 상이한 무리들처럼, 마찬가지로 그렇게 말썽 많고 시시콜콜하게 규정되어 진다. 이에 반하여 경제적 협력- 및 조정역학들에 대한 실행들은 막연하고 불안정적이다. 이는 Fourier를 분명히 Babeuf나 Saint-Simon과 구분한다. Babeuf와는 반대로 Fourier는 낡은 에서 새로운 체제에로의 사회적 과도기의 독자적인 이론이 없다. Babeuf는 스스로를 혁명가 및 미래에의 입법가로 보는 반면, Fourier는 훨씬 더 사회의 순수한 이론가로 확신하려 하고 그리고 이에서 경우에 따라서는 또한 사회적 실험들을 이용하려 한다. 이는, 마찬가지로 과도기 기간을 위한 어떠한 독자적인 프로그람도 가지지 않았던 Saint-Simon을 연상시키게 한다. 어쨌든 Fourier는 현실적인 점에서 Saint-Simon과 구분된다. Saint-Simon에 있어서는 물론 미래의 사회질서가 이미 그의 시대에 거의 완전하게 형성되었으며, 단지 역시 봉건적 사회의 잔재만이 제거해야 했다. 이에 반하여 Fourier에 있어서는 사회- 및 경제구조의 깊은 변화들이 필수적이었다.

## 1.4. Owen

영국의 초기 사회주의에는 프랑스의 마르크스주의 이전의 사회주의의 지적인 열광이 결여된다. 영국에 있어서의 마르크스주의 이전의 사회주의의 가장 의미 있는 대표자인 Robert Owen(1771~1858) 역시 그의 정치적 영향력에도 불구하고 결코 프랑스의 초기 사회주의의 이론적인 의미를 가지지 못했다. 특히 Saint-Simon과 Fourier와는 반대로

Owen은 물론 첫째 실행가이었다. 그는 그의 시대의 가장 성공적인 사업가의 한 사람이었으며 그리고 동시에 영향력 있는 민주주의적 사회개혁가이었다.

Owen은 그의 자본주의비판 및 사회주의적 사회에 대한 그의 구상을 하나의 특정한 인간형상에서 도출한다. 공리주의의 표상들에 대한 의지에서 그에 있어서는 모든 인간적인 행위의 목표가 독자적 행복이며, 이는 어쨌든 자기중독적인 행위의 극복을 통하여 "동류인간의 행복"이 촉진될 때 만이 이루어질 수 있다. 다른 편으로는 그는 그러나 인간적 의지의 부자유로부터 출발한다. 이것은 물론 첫째로 인간적 행위를 결정하는 사회적 환경영향들이며, 이렇게 하여 자유로운 선택가능성이 제외된다. 이로써 그러나 이기주의적 행위로부터의 귀환은 (Owen에 있어서 아주 큰 역할을 하는 교육학적 노력들을 제외한다면) 현실적으로 오로지 사회적 조건들의 변화를 통하여 만이 도달되어질 수 있다.

이러한 인간형상으로부터 최소한 또한 실마리를 주는 사회적 발전의 이론이 주어진다;
- 지금까지의 인간의 역사는 비합리성 및 비참, 스스로 중독적인 행위 및 고통을 통하여 특징된다. 이러한 것들이 저개발의, 역시 계몽되지 않은 사회적 조건들에 처해졌다.
- 이제 그러나 점점 더 증가하여 "이성의 지배"가 실행된다. 이로써 합리적 관점의 기반위에서 사회적 관계들이 언제나 더욱 개선되어 형성되어질 수 있으며, 결국 그에서 개인적 이익이 사회적 전체 이익들과 합치하는 사회적 상태를 이루는데 까지 된다.
- 만약 그러나 인류가 점점 그의 낡은 실책들과 혼돈들에 피곤하게 되고 그리고 한 걸음 씩 "이성의 지배에로"를 넘어서게 될 때에는, 그럼 낡은 에서 새로운 사회질서에로의 평화적인 과도기가 가

능하게 되어진다. 모든 사회적 계층들은, 자본가들과 마찬가지로 노동자들은, 사회적 개혁의 가능성과 필요성에 대하여 확신되어질 수 있으며 그리고 확신되어 져야 한다.
- 이로서 사회적 발전을 전진으로 추진하는 것이 이를테면 계급갈등들이 아니고, 그리고 또한 사회적 변환과정의 중추로 되는 것이 노동자계급이 아니다. 사회의 계몽 그리고 이로써 사회적 변환과정의 인도는 훨씬 더 계몽된 사람들의 하나의 적은 계층의 과제이다. Owen에 있어서 이들은 더 이상 직업혁명가들(Babeuf에 있어서처럼)이나 혹은 지적인 이론가들(Saint-Simon이나 Fourier에 있어서처럼)이 아니라, 오히려 계몽된 그리고 사회 개혁적으로 행동하는 "실행가들"이다.

또한 Owen이 독자적인 자본주의 분석을 제시하지 않음으로서, 지배하는 조건들의 그의 비판에 있어서는 또한 그렇게 고전적 영국의 국민경제학의 영향이 보여 진다. 이는 특히 노동가치 이론에 있어서 그러하다. 노동자권의 나쁜 노동- 및 생활조건들은 노동자계급의 저 소비로써 정당화되며, 이에서 그의 원인은 화폐적 교환경제에서 보여 진다. 화폐의 도입은 인간적 노동의 그 자체일 수 있는 생산물의 참된 가치를 왜곡시켰다. 왜냐하면 원천적으로 사회적 교환은 노동단위들로 측정된 생산비용들의 기반위에서 이루어져야 하기 때문이다. 사회적 조건들이 그러나 점차로 상업의 발전에로 그리고 이로서 화폐의 도입에로 인도되었다. 이로서 노동이 다시 유일한 가치척도에로 되는 것이 유효하며, 이는 다시금 사회적 관계들의 변화만을 통하여 가능하다.

Owen이 또한 사회적 개혁실험들을 통한 것보다도 이론을 통하여 더 적게 계몽하는 데에 작용하고자 했다하여도, 그는 역시 사회주의적 사

회- 및 경제 질서를 위한 기본구상을 제시했다;
- 새로운 사회질서의 기반은 노동- 및 이주공동체의 망이다. 이에서는 생산수단들에 대한 사적소유가 존재하지 않으며 그리고 직업역할들로 결정된 사회적 계층의 자리에는 모든 활동들의 연령에 따라 차등된 계층이 존재하며 그리고 심지어 개인적인 성향들이나 혹은 능력들은 고려되지 않는다. 이러한 연령서열은 사회적 교대를 가능하게 하며, 이로서 모든 사회구성원은 증가하는 연륜으로 점점 더 개선되어 공동체를 조망할 수 있다.
- 공동체 내에서는 모든 활동들이 중앙으로 계획되고 그리고 집단으로 실행된다. 재화분배 또한 연령서열의 원칙의 고려 하에서 중앙적으로 이루어진다. 시장역학 및 상업은 여기서 화폐나 마찬가지로 넘쳐나고 불필요한 것이다.
- 개별공동체에 있어서는 자체공급의 높은 수준이 예견되며, 어떠한 공동체도 다른 공동체에 종속되지 않기 위해서이다. 또한 공동체들 사이에는 독자적인 경쟁역학이 존재하지 말아야 하며, 왜냐하면 이는 Owen에 의해서 자본 및 노동의 고갈로 보여 졌기 때문이다. 다른 편으로는 그러나 또한 초지역적인 계획- 및 인도기구들이 존재하지 말아야 한다. 오히려 Owen은 노동가치원칙의 기반 위에서 공동체들 사이의 쌍방적인 교환의 종류를 제시하였다.
- 사회주의적 사회질서는 완전하게 되어져야 하기 때문에, 이에 반대하여 물론 어떠한 지역적으로 설립 가능한 반대가 없을 수 있다. 원칙적인 반대는 그럼으로 정신적인 결함으로 결론된다. 사회질서를 근본적으로 비판하고 공격하는 사람은, 이로서 그럼 또한 결국 정신적 환자로 인식되며, 그리고 그의 완치까지 "신체적, 정신적 및 풍습적 환자를 위한 병원"에 보내져야 한다.

## 1.5. 여타의 마르크스주의 이전의 사회주의자들

초기 사회주의의 확실히 가장 의미 있는 대표자들인 Babeuf, Saint-Simon, Fourier 및 Owen이외에도 개별 부분영역들에 있어서 여타의 마르크스주의 이전의 사회주의자들이 얼마의 의미를 갖는다.

프랑스의 초기 사회주의 내에서는 이는 L. Blanc(1813~1882), L. A. Blanqui(1805~1881), E. Cabet(1788~1856) 및 P. J. Proudhon(1809~1865)을 꼽을 수 있다. Blanc는 민주주의적 사회주의의 초기 대표자이다. 그의 프로그람은 국유화, 국가에 의해서 지배되는 사경제 그리고 국가의 주관 하에서의 산업적 및 농업적 생산협동조합의 도입을 보여준다. Blanc이 이러한 프로그람을 민주적 진로를 통하여 실행하려 한 반면, Blanqui는 직업혁명가들의 엘리트를 통한 형성하는 질서의 무력적인 붕괴를 역설했다. 그는 이와 같은 표상으로써, Babeuf에 있어서와 흡사하게, 강하게 레닌에 영향을 미쳤다. "사회민주주의자" Blanc와 "볼셰뷔키주의자" Blanqui 사이에 Cabet가 있으며, 그는 일종의 기독교적 집단주의를 대표했다. 계몽을 통하여 시민적 민주주의의 틀에서 점차적으로 "진정한 기독교"의 사회체제가 도입되어야 한다. 이에서는 사적 소유는 제외되고, 일반적인 재화공동체 및 사회적 평등이 도출되어져야 한다. Blanc 및 Cabet가 민주적인 국가에 개혁목표들에 대한 실행에 대한 것을 두었고 그리고 Blanqui가 정치적 엘리트에 의한 국가권력의 혁명적 수용을 요구한다면, 그럼 Proudhon은 무정부주의를 대표했다. 생산협동조합, 재화공동체 및 국유화는 국가나 정치적 민주주의와 마찬가지로 거부되며, 왜냐하면 모든 그러한 제도들은 개인의 자유를 제한하고 그리고 결국 사회적 불평등으로 인도하기 때문이다. 자체의 노동 없이 취득된 소유의 자리에 개별 노동자들의 "우주적 소유"가 대체되며, 그의 생산물은 화폐 없이 노동가치원칙의 기반위에서 교환된다.

영국에서는 위대한 사회개혁가 Owen은 일련의 의미가 적은 선행자들을 가진다. 여기서 고려될 수 있는 것이 C. Hall(1740~1820)이며, 그는 그에 의해서 비판된 산업체제에 있어서의 자본과 노동 사이의 일종의 계급투쟁을 제시했다. 마지막으로 고려되는 것이 두 독일인인 W. Weitling (1808~1871) 과 그리고 M. Hess(1812~1875)이다. Fourier, Babeuf, Saint-Simon, Owen 및 부분적으로는 Proudhon의 사고들에 영향을 받아서 Weitling은 정치적 프로그람을 개발했으며, 이는 독일 노동자운동(노동하고자 하는 노동운동이 아닌, 농민운동의 후신인 노동자운동)의 첫 국면에 적지 않은 영향을 미쳤다. 이에 제시되는 것들이 형성되는 사회의 폭력적인 전복의 진로에서의 사적소유의 고양, 화폐의 폐지 및 폭넓은 중앙계획의 도입이다. Weitling에 있어서는 수공업이 여전히 고려들의 대상에 있는 반면, Hess는 산업적 대량생산의 조건들로부터 출발한다. 무정부주의적 실마리들에 의하여 영향을 받아서, 특히 Proudhon에 의한, 그는 지배없는 공산주의의 구상을 발전시켰으며, 이는 그러나 말하자면 혁명에 의해서가 아니라, 오히려 계몽과 교육을 통하여 도달되어져야 한다.

## 2. 마르크스 이전의 사회주의 마르크스주의와 마르크스 이후의 사회주의에의 영향

마르크스주의에 의하여 마르크스주의 이전의 사회주의는 "이상향 사회주의"로 비판적으로 표현된다. 마르크스주의적 견해에 의해서는 물론, 자본주의의 필연적인 붕괴를 그리고 사회주의적 질서에로의 그의 또한 마찬가지로 필연적인 변환을 객관적인 사회-경제적인 법칙성들의 기반위에서 설명하려고 하는 것인 반면, 초기사회주의자들은 그들의 주관적인 가치표상들의 기반위에서 이상적 사회들의 단순한 사고모형들을 도출해 내고 그리고 이를 비판되는 체제에 대칭시켰다. 이러한 초기 사회주의적 표상들의 "즐겁게 하는 몽상"들은 마르크스주의자들의 견해에 따르면 역시 저 개발된 경제적 조건들에 의하여 결정지어지며, 이들은 또한 다시 노동자계급의 혁명적인 과업을 역시 인식할 수 없었다. 이들은 그럼으로 "처음부터 이상향으로 저주되었다"(엥겔스).

"이상향 사회주의자"들에 대한 마르크스주의적 구분에도 불구하고 전자는 또한 마르크스주의에 하나의 막강한 영향을 미쳤으며, 그리고 사실 우선적으로 역사적 물질주의에서 영향을 미쳤다. 이는 특히 두 개의 부문에서 그러했다;

- 사회-경제적 발전의 이론: 마르크스는 특히 Saint-Simon과 Fourier에 의한 진보 낙관주의적 이론에 연관하였으며, 이에 따르면 인류 역사의 의미는 이성의 진보하는 실행이고 그리고 이는 유사-자연과학적 법칙성들의 도움으로 완성될 수 있다. 마르크스는 이러한 표상들을 여기서 헤겔적 변증법과 연관시킴으로써 사회-경제적 "사회형태들"의 순서에 대한 그의 이론을 발전시키며, 이에서는 사회체제의 역사적인 발전이 생산력들과 생산관계들에 대한 변증법을 통하여 설명되어진다. 발전은 계급 없는 미래사회의 도달로서 끝에 이르게 되고 그리고 그곳에로의 행로에서 경우에 따라서는 또한 얼마의 발전단계들이 건너뛰어질 수 있다는 역시 이러한 마르크스주의적 표상은 "이상향 사회주의자"들로부터 온다.
- 계급이론: 마르크스는 가진 및 가지지 않은 계급 사이의 지속적인 계급투쟁으로서의 지금까지의 역사에 대한 특히 Babeuf의 표상에

연관시켰다. 그는 이러한 기반위에서 사회적 계급에 대한 그의 이론을 중추로서 그리고 계급투쟁에 대한 그의 이론을 사회-경제적 발전의 원동력으로서 발전시켰다. 이에서 그는 부분적으로 Babeuf에 의한 형식들을 낱말 그대로 수용했다.

마르크스와 엥겔스는 단지 아주 뒤쳐진 사회주의 구상만을 남겨두었다. 마르크스주의적 및 마르크스주의 이후의 사회주의자들은 그럼 또한 사회주의적 체제에로의 과도기를 위한 적합한 전략의 그리고 사회주의적 경제정책을 위한 구상의 문제에 봉착한다. 이들은 이에서 언제나 다시 또한 마르크스 이전의 사회주의적 표상들에 소급한다;
- 레닌주의는 초기사회주의자들로부터, 특히 Babeuf와 Blanqui로부터, 계몽된 소수의 혁명적 독재에 대한 이론을 및 마찬가지로 튼튼하게 중앙화로 조직된 사회주의적 경제의 구상을 수용한다.
- 동 유럽의 경제개혁가들도 한때는 그들의 개혁프로젝트에 있어서 또한 결정 분권적 및 협력적인 조정역할들(Saint-Simon, Fourier, Owen)의 초기 사회주의적 모형들을 그리고 또한 부분적으로는 역시 국가의 소멸에 대한 표상들(Saint-Simon)을 지향하였다.
- 현대적 산업사회들의 좌파 비판가들의 환경-사회주의적 구상에 있어서는 결국, 마르크스주의 이전의 사회주의의 표상들과 놀랄 정도로 유사함을 보이는 고려들이 발견된다. 이에 속하는 것들이 무엇보다도 Fourier의 Phalange모형으로서, 기술적 산업세계에 대한 그의 의심으로써, 농업적 노동의 그리고 노동과정들의 다양성 및 유동성의 그의 강조로써, 그의 비정규적 교육- 및 분배체제로써, 그리고 또한 결코 무시할 수 없는 그의 유사-여성적 표상들로써의 Phalange 모형이다.

마르크스주의 이전의 사회주의의 이론들로부터, 그들에서 오늘날의 경제적 구조들과 과정들이 설명되어질 지도 모르고 혹은 이들의 기반 위에서 우리들에게 오늘날 엄습하는 문제들을 위한 경제 정책적 대책 프로그램들을 형성할 지도 모를 어떠한 가설들도 확실히 도출될 수는 없다. 이것이 (가능한 방식으로) 여기서 국민경제 이론의 케인즈주의적 및 신고전적 방향들과 구분된다. 하지만 그들의 의미는 국민경제의 사회주의 학파에 있어서의 그리고 마찬가지로 의미 있는 질서 정책적 대책들에 있어서의 (비록 이들의 영향들이 개별로 밝혀지지는 않는다 하여도) 괄목할 만한 정신사적 영향에 있다. 이로서 마르크스 이전의 사회주의에 대한 종사는 오늘날까지도 중요한 이념들 및 제도들의 이해에 공헌하였다.

## 3. 산업 경제적 발전의 초기에서의 비판

우선 18세기의 사회비판을, 그것도 프랑스에 한정하여 특별 연구를 한다면 "평등의 맹세를 한 자"인 Babeuf의 "국민적 재화공동체"의 극단적인 구상이 관심의 대상이 될 것이다.

또한 1773년 제네바에서 이태리계의 칼빈교 성직자의 아들로 태어난 Jean Charles Leonard Sismonde(de Sismondi)를 꼽을 수 있다. 이를테면 사실 그는 공장체제에 실망하였으며 그리고 농민적 가족경제에 관심을 둠으로써 낭만주의 운동의 선행자로 혹은 그의 사회 정책적 열정 때문에 학문적 사회주의자로 보인다. 그의 사회 정책적 열정에 속하는 것들이 노동자들의 단결권의, 청소년- 및 휴일노동의 금지의, 노동시간의 제한의 그리고 사용자들을 통한 상이비용들의 촉진들이다.

복지경제에 대한 그의 기대는 때로는 케인즈의 선행자로서 혹은 오늘날 유럽의 사회적 시장경제의 할아버지로 취급된다. 실재로는 여기에서 극도의 양면의 경제학자로서 거의 모든 이론의 방향들이 유인된다. 그는 제도적 및 역사적 요인들을 관여시키며 그리고 또한 리카도 학파의 순수한 추상들을 경제학적 및 사회학적 학문의 완전한 분리의 위험에로 예견되는 것으로서 경고하였다. Sismondi는, 자유로운 경쟁이 비용하락에 대한 추구와 연관하여 생산의 최대에로 그러나 바로 또한 분배에 있어서의 증가하는 사회적 문제에로 귀결된다는 것을 인식했다. 노동자들이 오로지 생활유지에로 필요한 보수만을 받기 때문에, 거대기업들에로의, 노동자들의 무산계급화에로의, 판매애로들에로의, 실업에로의 그리고 언제나 다시 귀환하는 위기들에로의 집중의 과정이 계속된다. 증가하는 공급과 뒤처져 있는 유효한 수요 사이의 반비례는 (Sismondi의 위기이론은 저소비의 이론임) 국가의 개입이 주어져야 하는 자본주의적 경제의 구조적 결함으로 보인다. 그는 가능한 많은 자영업적 농업 경제적 및 영업적 경영주체들의 존재에서 한 경제 질서의 소유형태의 이상적인 구조를 보았다.

  Saint-Simon은 지배하는 봉건적인 그리고 경제적으로 완전히 비생산적인 계층들의 소멸은 프랑스를 위하여 축복일 지도 모른다고 하였다. "인간적 정신의 진보"와 경제적 요소들, 여기선 특히 소유관계들 및 인간들의 능력들에 있어서 Saint-Simon은 발전의 추진적인 힘들을 보며, 여기서 그는 산업체제에서 발전의 종말을 인식한다고 믿었다. 경제적 엘리트들은, "a classe industrielle"로 형상화하는 엘리트들은, Saint-Simon에 있어서 경제적 부분들에 관계없이 모든 생산적 행위자들을 포함하였으며, 이들에 속하는 사람들이 농부들, 수공업자들 및 상인들 뿐 만이 아니라 또한 마찬가지로 학문 및 예술 부문에 종사하는 사람들이었다. 이러한 한 그의 "산업체제"로써 오히려 열심, 근면 및 활동적임에 의한 역동적-능동적 순간들을 통하여 특징되는 산업적(산업화이전의 개념으로서의 "산업적"으로 다시 열심인, 근면한, 활동적인의 의미) 현상이 언급된다. Saint-Simon은 전적으로 기업경영의 가부장적 형태를 수용하며, 그러나 노동자들에 대한 기업가들의 사회적 책임을 강조하였다. 사용자들과 노동자들 사이의 관계가 그에게 문제적인 것으로 보인 것은 아니다. 사회적인 문제는 그를 위해서 훨씬 더 노동과정에 있어서의 비 생산자들의 정렬에 그리고 노동불능 자들의 공급에 있다. 생산수단들에 대한 사적소유와 또한 산업적 상속권은 Saint-Simon에 의하면 침해되지 말아야 하며, 그러나 국민의 자본이 언제나 가장 좋은 경제인의 손에 있게 금 고려되어져야 한다. 미래사회에서는, 새로운 도덕과 "새로운 기독교"에 의해서 받쳐진 미래사회에서는, 생산자본은 단지 또한 노동과 절약의 수단을 통하여 형성되어져야 하며 그리고 모든 종류의 착취는 제외된다. Saint-Simon은 주로 국민 경제적 생산성의 및 사회생산물의 증가에 있었으며, 이로서 그는 무제한적 경쟁을 수긍하고, 그리고 그의 경제 정책적 요구들의 대부분들은 당시의 지배하는 경제이론의 관점들과 합일하였다. Saint-Simon의 이론들은 나중 Bazard(1791~1832) 및 Enfantin(1798~1864)에 의해서 지속발전과 극단화를 경험하였으며, 이에서는 집단적 지향적인 소유 질서에, 상속권 파기에 및 중앙적 계획관청의 설립에 관하여 일률적으로 사회주의적 견해를 대표한다. 새로운 종교 및 "사회적 목회자"에 대한 사고와 연관하여 이러한 운동은 어쨌든 (내적 분쟁을 동반하여) 사이비 종교적 신비주의로 나아갔으며 그리고 다음 꾀 빠르게 몰락하였다.

## 4. 연합적 조직형태들에 대한 희망: 협동조합 사회주의

    Saint-Simon주의자들의 견해에 따라 국가가 공장노동자들의("industriels") 연합으로 조직되어져야 한다면, 이로서 역시 이미 사경제의 사회화의 집단주의적 관점이 나타나게 되었으며, 하여 협동조합사회주의가 더 개인주의적으로 장치되어졌다. 대중에서 개별본질이 잃어버릴 가 걱정되며, 그럼으로 이는 작은 자체적인 무리들의 조직들에서 보호되고, 이러한 자체적인 무리들은 자유로운 연합체들에서 형성되어질 수 있다. 그러나 형성이 되면 이는 밑에서부터 이어야 하며 위로서부터 이지 말아야 한다. 자유적 국민 경제학자들과는 반대로 연합주의자들은 자유로운 경쟁에서 (어쨌든 당시의 조건들 하에서) 스스로 독점 주의적 구조에로 움직이는 탈것을 보았으며, 이들은 이윤추구를 문제화시켰고, 협력을 통한 새로운 사회적 주변여건의 창조로써 개선된 사회질서를 실현하는 것을 시도했다. 스스로 자명한 것은 영향력 있는 협동조합사회주의자들의 각자들은 -여기선 Robert Owen(1771~1858), Charles Fourier(1772~1837) 및 Louis Blanc(1813~1882)에만 제한하고, 첫 째가 가장 의미 있는 것이라고 생각함- 그들의 특별한 조직계획을 선전했다는 것이다. 얼마의 기이함을 제시하는 것이, Owen과 Fourier가 비록 거의 같은 연도에 속하고 비슷한 목표들을 추적하였다 할지라도, 일생동안 낯선 이로 지냈으며 그리고 결코 서로를 존중하지 않았다는 것이다. Fourier는 부유한 프랑스의 상인가문출신으로서 혁명을 통하여 가난하게 되고 평생을 하급관리로서 지냈던 반면, Owen은 북 웨일스의 가난한 이주자이면서 철물상인 겸 체신부의 장인의 아들로서 이미 20대의 나이에 맨체스터의 대형 방직공장의 소유자이었으며 그리고 나중에는 부유한 산업가로서 그의 시대의 및 그의 나라의 영향력 있는 사람 가운데 한 사람이었다.

  Fourier, "풍부한 이상향 적인 환상을 가진 다소의 놀랄 정도의 이상주의자"이며, 특히 자칭의 기생충과 같은 상업을 욕했던 그는, 그에 의하여 Phalange라고 명명된 모든 신분들, 직업들 및 연령무리들의 공동체를 그의 사회구조적 고려들의 핵심에 두었다. 약 1,600명의 공동체 회원들을 포함하는 Phalange의 각 구성원은 상이한 생활부문무리들에 속하여야 하며, 여기선 핵심적인 의미가 산출- 및 소비 공동체에 대한 가계들 및 작업장들의 형성에 있어야 한다. 노동(강조되는 것은 노동에 대한 권리)은 생산협동조합 내에서 노동종사자들의 자유로운 귀속을 통하여 각각의 강제적 성격의 노동공동체들로 되어짐으로서, 개인적 연관을 통하여 유지되는 무리에서의 노동은 서로 교대하는, 짧은 노동시간의, 쾌적한 노동 장소의 및 다른 무리들과의 경쟁의 덕분으로 즐거움으로 수용되어져야 하며, 나아가 보증에 있어서는 최소의 임금단계로서 최소한의 최저생계비가 되어야 한다. 분배에 있어서는 "노동, 재능 및 자본"이 고려되어야 하며, 사적소유는 역시 침해되지 말아야 한다. Fourier는 노동심리학적 관점의 초기 옹호자인 것은 아마 옳은 것일지도 모르며, 여기선 지배적으로 농업적 및 수공업적 생산과정에 연관되어 있다.

  Owen은 "특출함에 까지도 성격의 어린이 같은 단순함의 남자이며, 사람들에 대한 많지 않은 타고난 조정자이다"(Friedrich Engels). 그는, 인간은 그를 둘러싼 영향의, 외부적인 상황들의 및 "환경"의 생산물로 조건지어지며 그리고 또한 그러하기 때문에 "유리한 주변 환경의 창조"는 (이는 Owen에 의하면 처음에는 고용주 측으로부터, 다음으로 국가 및 결국은 협동조합들로부터 원해지는) 모든 사회적 문제들을 해결해 줄 것이라고 확신했다.

세 개의 사회적 실험들이 Robert Owen의 이름과 불가분의 관계에 있다;
- New Lanark. 1800년부터 그가 이끌었던 다른 공동 소유자들과 함께 취득한 스코틀랜드의 방직공장이 나중의 노동자 보호입법을 위한 모범이 되었다. (1일 노동시간을 10시간 반으로 제한, 10세 이하의 어린이들의 취업금지, 대신에 학교의 설립, 당시 생산과정에서 일반적이었던 벌금 폐지, 노동자 주택의 건설 등) 소비재에 대한 구매와 원가로 현금지불에 대한 지출의 중앙화로서 New Lanark는 동시에 나중의 소비협동조합들의 개척자적 성격을 가졌었다. 괄목할 만한 사회업적에도 불구하고 기업은 이윤으로 일했다.
- New Harmony. 1825년 Owen은, 공동체이주들에 의한 기반위에서의 사회개혁에 대한 그의 1816년부터 발전시켜온 표상들을 실험하기 위하여, 미국 인디아나주에 이주지역을 구입했다. 초기 구축단계에서는 (개별 이주자들의 몫은 이들이 이룩한 능률의 가치에 상응하였으며, 이밖에 각 구성원들은 일정한 가치한계까지 상품들을 수용할 수 있었다) 이 실험이 완전한 성공으로 증명되었기 때문에, Owen은 이미 1년 뒤에 이 잠정적인 사회를 "New Harmony Community of Equality"로 개칭했다. 구성원들의 입장과 희생정신에서 이제 불평등한 더 높은 요구들이 제시되었으며, 이제 또한 (동시에 절대적 평등에 대한 실현으로) 근본적으로 자급자족의 체제가 간접적인 민주주의를 통하여 대체되었다. 바로 무리이기주의들이 "평등의 사회"를 파멸되게 하는 것으로 내몰아 갔다.
- National Equitable Labour Exchange. 그의 협동조합적인 및 노동조합적인 야망들과 더불어 Owen은, "화폐를 노동성적으로 대체하

고" 그리고 상품들을 (이윤의 제외 하에서) 산출을 위하여 필요불가결한 노동시간의 기반위에서 교환하는, 고려들을 제시했다. 이로서 1832년 런던에서 설립되었던 노동증권거래소는 (어쨌든 또한 수요의 제고에 대한 희망을 수반하여) 이미 1834년에 공급되는 및 수요되는 재화들의 불일치 등으로 인하여 붕괴되었다.

비록 Owen("What is Socialism?", 1841)이 사회주의의 이상에 대하여 감탄하였다 하여도, 그는 계급 투쟁적 및 전복적 대책들을 분명히 거절했다. 결코 그는 노동자들에게 "자본가들의 몰수"를 추천한 것이 아니라, 오히려 "새로운 자본들의 창조"를 추천했다. Weippert는 국민적 생산협동조합들의 및 이와 상관된 상부조직의 설립에의 그의 제안들에서 "협동적 질서의 윤곽"을 보았으며, 그러나 분명히 "Owen은 인간적 존재의 부문에서 정치적인 것의 의미를 아주 원칙적으로 오인하였다." 그는 나아가 "Owen의 저술들에 서술된 경제적 이론은 역시 체계적 해설에" 집착하고 있다고 확신했다.

Philippe Buchez(1796~1865)에 의하여 도출된 생산적 협동조합들을 통한 개별 작업장들의 생산수단의 노동수용자의 손에로의 이전의 사고들과 연관하여, Luis Blanc은 (몹쓸 경쟁원칙 그리고 산업적 작업장들의 증가하는 집중을 진단하면서) 국가적 신용의 도움에 의한 노동자 생산적 협동조합들에 대한 설립을 선전했다. 모든 중요한 직업부문들에서 협동조합적인 거대 작업장들로 설립되는 체제에 대하여 그는 임금평등의 도입이후에 사적 기업들에 대한 경쟁 장점들을 기대하였으며 (스스로 거부된 경쟁이 갑자기 "성스러운" 경쟁으로 과대평가되는), 이로서 노동자 생산적 협동조합의 체제가 새로운 사회의 새싹으로 된다고 생각했다. 1839년에 출판된 그의 저서 "Organisation du travail"에서는 이러한 전체 발전이 민주적인 방법으로 일반적인 그리고 평등한 선거의 수단으로 국가의 새 질서를 통하여 진로가 이루어 져야 한다고 본다. 희망된 국가적인 촉진은 그를 국가사회주의의 선행자로 나타나게 한다.

이제 완전성에 대한 반신반의로 Pierre Joseph Proudhon(1809~1865)의 교환에 대한 이론을 본다. Owen의 "Labour Exchange"와 비슷하게 Proudhon의 교환은행(la banque d'exchange)의 이론에서는, 소규모작업장들에서 생산된 그리고 노동가치에 따라 측정된 재화들은 상품권들과 교환되고, 이들은 다시 다른 재화들과 교환될 수 있게 되며, 이로서 유통과정을 차단하고 그리고 동시에 또한 새로운 비화폐적인 신용을 보장한다. 그밖에 Proudhon은 그러나 모든 다른 사회주의적 개혁제안들(이를 그는 개인적 자유의 협소화로 이해한)에 대하여 그리고 역시 형성하는 경제 질서에 대하여 거부하는 입장을 취했다. 그는 정의와 자유에 가치를 두는 무정부주의자 이었다. Proudhon에게는 그러나 생산수단들에 대한 사적소유가 문제가 아니라, 오히려 그들의 불평등한 및 정의롭지 못한 분배인 것이다. 그의 기본가설이 목표로 하고 있는 것은, 소유권, 경쟁 및 상업 등과 같은 경제적 현상들이 상충적인 성격을 가진다는 것이다. "소유는 또한 한편으로는 자유로운 개성의 표현이고 필요불가결의 장이며, 다른 편으로는 예속화의 및 노동 없는 소득에 대한 관계의 수단이다. 바로 이러한 소유를 그의 긍정적인 양상에서 보호하기 위하여서는, 그의 부정적인 데에 대한 그의 확신이 쟁취되게 하는 일이다." 이렇게 Proudhon은 소유권 및 노동에 대한 모든 개인들의 권리를 강조하였으며, 최고의 불신을 그는 중앙집권주의적인 국가에 두었으며, 이를 그는 억압의 근원으로 소인 찍었다. "영업적 교환 은행"의 설립에 대한 계획을 또한 역시 (비록 성공이 아니었지만)

직물업의 직공이었으며 나중엔 공산주의적 선동가이었던 Wilhelm Weitling(1808~1871)이 추구하였으며, 동시에 이상향 적인 표상들을 발전시킴으로서 그리고 이로서 또한 마르크스와 엥겔스에 대한 건너 뛸 수 없는 상충에 빠졌다. 공산주의는 시민적/자본주의적 생산방식을 통하여 각인된 "사회형태"의 Weitling에 의하여 예언되었던 형성경로 없이 무산자 계급의 혁명을 통하여 직접 실현되어진다.

## 5. 마르크스주의

사회주의에 있어서 국민 경제학의 역사에 대한 마르크스주의 이전의 사회주의의 공헌에 대하여 연구된 이후에, 이제 마르크스주의적 사회주의에 대한 개요가 주어져야 한다. "사회주의"에서와 마찬가지로 또한 여기서도 사회이론적인 기반들, 자본주의적 및 사회주의적 이론들에 대한 공헌들 및 사회주의적 경제가 핵심에 선다. 사회주의분석에서는 그럼 또한 짧게 사회주의적 경제이론 내에서의 마르크스주의 이후의 실마리들이 주어진다.

여기선 물론 어려움에 처하기도 한다. 마르크스주의 이전의 사회주의는 물론 시간적으로 그리고 개인적으로 정확히 구분이 되어질 수 있는 반면, 사물적으로 확신되는 그리고 나아가 수용되는 마르크스주의 개념이 결여된다. 이는 마르크스주의의 와 마르크스 이후의 사회주의 사이의, 그리고 마르크스주의적 과 비 마르크스주의적 경제이론 사이의 구분을 정말 어렵게 한다. 이러한 이념적으로 지나간 상황에서 임의의 개념적인 확신들은 더 이상 도움이 안 되기 때문에, 여기서는 마르크스주의 개념으로 처리되며, 이는 어떤 애매모호함에도 불구하고 어느 점에 있어서는 중요하다. 마르크스주의에는 한편으로는 "Karl Marx에 의한 특징적인 이론들과 견해들의 전체가 이에 속하며", 다른 편으로는 새로운 연구 분야들에 있어서의 "마르크스에 의한 방법들의 및 개념장치들의 응용"을 실행하는 모든 사회과학적 분야들이다.

마르크스에 소급하는 이해나 그 밖의 더 나아가서 종종 "학문적 사회주의"가 언급되면, 이는 자본주의 분석의 결정된 목표의 관점에서 그리고 이로서 초기 사회주의의 간혹 또한 사실적으로 이상향적인 미래그림들에 대한 경계에 있다. 처음에 일컬어진 양상 하에서는 그림 또한 Karl Rodbertus-Jagetzow(1805~1875)가 주의를 끌며, 그는 1837년 "노동하는 계급들의 요구"를 저술하였으며 그리고 1863년 Lassalle에 의해서 설립된 "일반 독일 노동자연합"에 가입하는 것으로는 어쨌든 움직이지 않았다. 나아가 그는 1842년 "우리들의 국가 경제적 상태들의 인식에 대하여"란 저서를 출판하였으며, 1850년부터는 그의 "사회적 서신들…" 이란 저술을 시작하였으며 그리고 이의 제4증보판의 명칭이 "Das Kapital"이다. Rodbertus는 당시의 증가하는 빈곤과 언제나 반복되는 경제위기들을 자본주의적 경제 질서의 기본결함으로 동일시 한다. 노동의 상승하는 생산성이 노동자들에게 좋게되는 것이 아니라, 오히려 토지- 및 자본 소유가들에게 유리하다는 확신으로서, 그는 국민 생산물에 있어서의 임금의 감소하는 비중을 도출해 냈으며, 이로부터 "하락하는 임금율의 법칙"이 나온다. 여기에 대한 대책으로, 나중에 Adolph Wagner에 의해서 "사회주의의 리카도"로 칭하여진 노동가치 이론의 논쟁되는 옹호자인 그는 노동임금들에 대한 국가적인 대책을 제안하였으며, 토지와 자본에 대한 사적소유의 폐지는 비로소 나중의 세기에 이루어져야 한다고 했다. Rodbertus에 있어서 이에 더하여 특별한 평가를 할 점은 발전사적 사고이며, 그 밖에 경제적인 개념들이 일반적으로 그들의 역사적인 조건들에서 보아져야 하고 그리고 "자연적-기술적 범주들"과 "역사적-법적 범주들" 사이에서 구분되어져야 한다. 이제 Rodbertus가 당해 학문(경제학사)에서 "국가 사회주의적 견해들"의 기준이 되는 대표자로 통한다면, 그럼 이와 같은 상관관계에서 최소한 또한 위에서 언급된 Ferdinand Lassalle(1805~1864)에 대하여 암시되어져야 하며, 그는 국가사회주의의 정치적 변환을 추진하였고 그리고 그는 자본주의적 경제에서 소위 말하는 필수적인 평균임금의 한계를 최저생계비의 수준("명예로운 임금법칙")으로 표현하였다. 만약 올바르게 Rodbertus와 Lassalle를 지금까지 언급한 해설로서 소위 말하는 학문적 사회주의의 독자적인 방향으로 정리한다면, 의심할 여지없이 Karl Marx는 이들 모두를 초월하는 대표자이다.

## 5.1. 칼 마르크스와 그의 시대

아버지 쪽과 마찬가지로 또한 어머니 쪽으로부터도 흥미 있는 선조들에 대하여 전해지며, 명성이 있는 유태교 성직자이고 탈무드적인 학자라는 것이 언급된다. Heinrich Karl Marx가 1818년 5월 5일 명성이 있는 법률가 이며 나중엔 법률의원인 Heinrich Marx와 그의 처 Henriette의 아들로서 트리어에서 태어났을 때, 아버지는 이미 신교적인 신앙으로 옮겨갔으며, 여타의 가족구성원들도 아직 살아 있는 Karl Marx의 할머니의 눈치를 보면서 따랐으며, 할머니는 트리어의 랍비의 엄격한 미망인 이였으며, 나중엔 물론 또한 젊은 마르크스도 1842년에 세례를 받았다. 또한 자유적인 환경과 트리어에 있는 프로시아 공무원의 딸인 Jenny von Westphalen에 대한 이른 관계는 나중의 논쟁적인 사회주의자를 거의 암시하지 않는다. 1835년 마르크스는 법학 수업을 위하여 우선 본으로 그리고 그 뒤 1년 후에는 베를린으로 간다. 거기에서 그는 좌파 헤겔 주의자들의 무리들에 빠져들게 되며, 1838년에는 철학으로 바꾸고, 1841년에는 예나 대학에서 "민주주의적 및 에피쿠로스 학파적인 자연철학의 차이"에 대한 논문으로 철학 박사가 된다.

1842년 마르크스는 쾰른 소재의 "Rheinische Zeitung"의 언론인이 그리고 나중엔 주필이 되고, 이 신문은 어쨌든 검열의 결과로 그의 출판이 1년 후에는 정지되어졌다. 1843년 마르크스는, Arnold Ruge와 함께 "독-불 연감"을 출간하기 위하여 파리로 옮기며, 그러나 하여튼 단 연감의 1호 만이 출간되었다. 파리에서 출판되는 작은 독일의 주간지 "전진"에서의 비판적인 기사들 때문에 마르크스는 1845년 프로시아의 권유에 따라 프랑스에서 추방당하였으며, 이에 그는 브뤼셀로 이주하였다. 1848년 그는 엥겔스와 함께 "공산당 선언"을 작성하였으며, 나중의 "공산주의자들의 연맹"인 비밀의 선전연합의 위탁에서 이었다. 명성을 얻은 것은 첫 문장과 세 개의 마지막 문장이다: "하나의 유령이 유럽을 배회하고 있다. -공산주의의 유령." 그리고: "무산계급은 그들의 사슬 이외는 잃어버릴 것이 없다. 그들은 취득할 세계를 가지고 있다. 모든 나라의 프롤레타리아들이여, 단결하라!" 공산주의적 선언은 1870년대까지 거의 이렇다 할 영향을 발휘하지 못했다 하는 것은 부연할 필요가 있다. 다시 이 나라에서 추방당하면서 마르크스는 (프랑스의 1848년 2월 혁명에 의한 프랑스 임시 혁명정부의 초대를 받은 뒤에) 1848년 쾰른으로 돌아왔으며, 그리고 이곳의 극좌파의 신문인 "Neue Rheinische Zeitung"의 편집을 맡았으나, 이 신문은 재정적인 어려움으로 1년을 지탱하지 못했다. 1849년 그는 다시 파리로 갔으나, 이곳에서의 소요이후에 다시 런던으로 갔으며, 여기서 지속적인 거처를 가지면서 때로는 극도의 가난한 생활을 하면서 지속적으로 (마르크스는 언론인으로 활동했으며, 특히 1852년부터는 "New-York Daily Tribune"의 통신원) 엥겔스의 도움을 받았다.

1859년 첫 (작은) 단행본 "정치경제학의 비판에 대하여"가 출판되었다. 정신의 자체전개(이상주의)의 헤겔식 가정에 대한 그리고 의식의 변화의 수단으로써 현실을 재형성할 수 있다는 청년헤겔학파의 견해에 대한 대칭으로 마르크스는 여기서 경제적 힘들의 자체전개(물질주의)를 갈파했다. 헤겔식 체제는 "머리에서 발들에로 제시되어져야 한다." "인간들의 존재를 결정짓는 것은 그들의 의식이 아니고, 오히려 반대로 그들의 의식을 결정짓는 것이 그들의 사회적인 존재이다." 마르크스는 1859년 위의 단행본을 출판하면서도 기본사고의 세부사항에 대해서는 완전하지 못했다. (사실 "정치경제학의 비판의 개요"는 1939년에 와서야 비로소 출판되었다.) 위의 단행본의 속편을 내는 대신에 이제 1867년 처음으로 "자본론. 정치경제학의 비판. 제1권: 자본의 생산과정"이 나타났다. 제2권과 제3권은 (이는 저자에 의한 하자가 많은 초안만이 존재) 나중 1885년과 1894년에 엥겔스에 의하여 출판되었다. 60년대 초에 마르크스는 또한 "자본론"의 계획된 제4권의 원고에 대하여 작업하였으며, 여기서 이는 역사적, 역사적-비판적 및 역사적-문학적 부문을 취급해야 했다. 이러한 경제에로 이해되는 부문들은 나중 1905년과 1910년에 Karl Kautsky에 의하여 출판되었다.

1864년 마르크스는 제1차 인터내셔널(International Working Men's Association)에 막강하게 참여하였으며, 이는 어쨌든 지도적인 무정부주의적 회원들(Bakunin, Proudhon)과의 진로투쟁이후에 1876년 해체되었다. Lassalle에 의해서 영향 받은 독일의 노동자운동은 오히려 이와는 거리가 있었으며, 이는 1875년에 발표된 독일 사회민주주의자들의 선언에 표현되어 있다. 인터내셔널 붕괴이후 마르크스는 "투쟁하는 프롤레타리아"의 고문을 하는 이외에는 지속하여 집필에 몰두 하였으며, 불굴의 노력으로 "자본론" 제2권 및 제3권인 "자본의 순환과정" 및 "자본주의적 생산의 전체과정", 자본주의적 상품생산의 법칙의 자체해체 및 사회주의적 사회질서의 형성을 집필하였다.

베를린 대학에 영향을 미친 헤겔 사후 5년 후에 태어난 마르크스는 동 대학에서 좌파헤겔주의에 빠져 들어갔으며, 폭넓은 헤겔 지향적인 철학교육을 받았고, 이에서는 변증법이외에 세계사의 이성관점이 의미가 있다;

- 마르크스가 헤겔로부터 수용한 표상은, 사물들과 관계들은 그 자체에 모순들이 내재해 있으며, 모순들(갈등들)을 움직여진다는 것이다.
- 갈등을 통하여 전진으로 추진된 세계사에는 하나의 아주 특별한 계획이 바탕에 놓여있다. 이를 발견하기만 하면 미래를 진단하는 것 뿐 만이 아니라 또한 역시 조정할 수 있다.

메테르니히시대에 마르크스의 계획이 학문적으로 얼어맞자, 우선 언론가로 활동하고, 다음 일상정치로 그리고 이를 넘어서 프랑스의 초기 사회주의자들에게 까지 다다른다. 마르크스는 이들로부터 사회적 발전의 사고와 계급투쟁원칙을 수용한다;

- 초기 사회주의적 이론들, 이에 의하면 인간적 사회는 완전한 그러나 또한 저개발의 원시사회에서 높은 경제적-기술적 수준의 사회적 완전한 미래사회에로 움직이며, 이에서 억압과 착취의 국면들이 수행된다는 이론들이 마르크스에 의하여 헤겔의 변증법적 역사철학과 용해된다.
- 이에서 바로 이를 통하여 사회가 전진으로 발전하였던 그러한 모

순들이 계급갈등을 통하여 가깝게 결정된다.

초기 사회주의적 계급이론의 수용은 이로서 헤겔에 의한 변증법적 이상주의의 물질주의적 의미변천을 이룩한다. 마르크스가 결과적으로 얻는 것이, "국가형태들과 같은 법적관계들은 물질적인 생활관계들에 뿌리를 두고" 있으며, 그럼으로 그는 사회적 관계들을 정치적 경제학의 도움으로 분석하려 한다. 이는 특히 1849년 이래 런던에서 그러하다. 마르크스는 거기에서 그의 시대에 있어서 산업적 발전된 나라로서 영국에서의 경제적 발전을 연구한 뿐만이 아니라, 나아가 오히려 고전적 정치경제학과 논쟁하였다. 그에게 의미 있는 이들이 아담 스미스, 리카도 및 그러나 또한 케네였다;

- 스미스에 의한 그리고 특히 리카도에 의한 노동가치 이론을 마르크스는 그의 부가가치 이론의 기반으로 삼았으며, 이는 그의 전체적 경제적 체계의 핵심이다.
- 마르크스의 임금- 및 분배이론은, 특히 그러나 이윤율 하락에 대한 그의 이론은 리카도의 하락하는 기업가의 이익에 대한 이론에 의지하고 있다.
- 케네의 경제순환이론을 마르크스는 "자본론" 제2권에서 논쟁하고 있으며, 이는 그의 독자적인 순환- 및 경제성장이론의 기반이다.

옳든 그르든 간에 이념들에 대한 마르크스의 지식열과 풍부함을 경제적 학문의 모든 분야의 특출한 대표자들이 인정하였다. 만약 그가 대학에서 철학 강좌를 맡았었더라면 오늘날의 세계는 전혀 달리 보일지도 모를 일이다. 그는 1883년 3월14일 런던에서 죽었다.

역사적 물질주의의 사회이론은 마르크스의 경제적 자본주의분석을 위한 틀을 형성하며, 오늘날까지의 모든 마르크스주의적 이론방향들의 경제적, 사회적 및 정치적 분석들을 위한 바탕들을 형성하고 있다. 마르크스에 의한 경제적 체제가 제시되기 이전에 그럼으로 이러한 사회 이론의 기반들이 도해되어야 한다.

## 5.2. 역사적 물질주의

마르크스는 그의 "물질주의적 역사견해"("역사적 물질주의"의 표현은 엥겔스에 기인함)를 어디에도 체계적인 형태로 제시하지 않고 있다. 그의 사후에야 비로소 그의 단편적인 견해들이 하나의 폐쇄된 체제에로 결합되어 졌다. 이는 전통적인 마르크스주의적-레닌주의적 관찰방식에 따라 아래와 같은 사회형성의 변증법적 도해에 관한 것이다;

- 공산주의적 원시사회에서는 (가설) 어떠한 노동 분업도 그리고 어떠한 사적소유도 없으며, 이로서 노동생산물들은 생산자들에게 속하며, 그리고 또한 역시 어떠한 사회적 지배관계들도 형성되지 않는다. 경제적으로는 비정상적인 낮은 노동생산성 때문에 극도의 저 개발된 사회이다.
- 상승하는 노동생산성과 증가하는 노동 분업은 생산수단소유자들의 노동 없는 생활을 허용한다. 이러한 계급사회들에서는 (반 가설), 이들이 마지막 계급사회인 자본주의에서 그들의 극치를 이룰 때까지 착취와 압박의 억압하는 형태들이 나타난다.
- 생산수단들에 대한 사적소유의 제거를 통하여 그리고 노동 분업의 점차적인 제고를 통하여 공산주의에서 근원적인 인간의 자유가 다시 도출되며, 착취와 지배관계들은 제거되고, 높은 경제적 수준 (종합 가설)에 도달한다. 노동을 통한 인간적 자유의 변증법적 실천이 인간적 역사에 기반이 되는 계획이다. 이러한 발전이

개별로 어떻게 이루어지는가를 마르크스는 생산력들 및 생산관계들에 대한 변증법의 도움으로 나타내려고 시도했다.

한 사회형태 내에서 기술적-경제적 생산조건(생산력)들과 생산과정에서의 사회적 관계들, 특히 소유관계(생산관계)들은 상이하게 발전한다;
- 생산력들은 한 사회형태의 움직이는 "동태적인" 요소이다. 이는 잠재적으로 상대적으로 지속 발전할 수 있다.
- 이것이 어떠한 경우인가 하는 것은, "정태적인" 요소를 형성하고 있는 생산관계에 의존적이다. 다음으로 이들이 기술적-경제적 잠재력의 완전한 이용을 허용한다면, 경제성장의 그리고 기술적 진보의 경로에서 생산력들과 생산관계들 사이의 증가하는 긴장들로 된다.
- 생산관계들은 그러나 일반적으로 단지 비 지속적이며, 즉 새로운 체제에로의 과도기를 통하여 혹은 새로운 생산방식을 통하여 변화할 수 있다. 생산관계들에 대한 이러한 새로운 체제가 창조되어지면, 그럼 생산력들이 다음으로 완전한 발전가능성들을 유지하게 되며, 이는 결국 다시 체제변화를 통하여 제거되어지지 않으면 안돼는 긴장들이 또한 여기서 들어올 때 까지 발전가능성을 유지하게 된다.

이러한 발전과정의 중추가 사회적 계급들이다;
- 지배하는, 억압하는 계급은 생산수단들에 대한 소유를 가진다. 이들은 형성하는 생산관계들을 유지하려고 한다. 그들의 계급관심은 보수적이다.

- 지배당하는, 억압되는 계급은 생산수단들에 대한 소유권으로부터 제외된다. 이들은 그럼으로 생산관계들의 전복에 관심이 있다. 이들의 계급관심은 혁명적이다.

계급투쟁은 이제 그럼 지배하는 과 지배당하는 계급들의 정치적 조직들 사이의 의식적인 대결이다;
- 생산력들과 생산관계들 사이의 증가하는 긴장들로 경제적 위기상황이 첨예화한다. 지배되는 계급은 계급의식을 발전시키고 그리고 정치적 계급조직을 형성한다. 계급갈등들이 성장한다.
- 생산력들과 생산관계들 사이의 긴장들이 참을 수 없게 되면, 그러면 경제적 위기- 및 사회적 갈등상황이 된다. 이로서 사회적 혁명의 전재가 주어지며, 지금까지의 억압되는 계급이 새로운 지배하는 계급으로 되고 그리고 이로서 기술적-경제적 진보적인 생산방식의 중추가 된다.

생산관계들에 대한 하나의 특별한 체제(하부구조, Basis)에 하나의 사회적 계급구조 뿐만이 아니라 오히려 또한 특정한 가치표상들과 제도(상부구조, Ueberbau)들이 상응한다. 이러한 하부구조-상부구조 이론으로써 마르크스는 이념비판을 수행하려 한다. 그는 지배하는 사회적 의식형태들을 이념적으로, "잘못된 것"의 옳은 반추로 비난한다. 고전적 정치적 경제학에 대한 이념비판은 마르크스에 있어서는 그의 자본주의비판의 틀 속에서의 핵심적인 인식목표들의 하나이다. 이러한 것을 이해하기 위하여 이제 마르크스에 의한 "물질주의적 역사견해"의 해석의 어려움을 본다;
- 마르크스주의-레닌주의를 위해서는 마르크스적 변증법이 존재의

핵심적인 명확성, 즉 실재변증법이다. 이에 의하면 그럼 후기 자본주의, 그의 붕괴 및 사회주의의 형성이 객관적 변증법적 법칙성들에 의하여 결정될 지도 모른다. 이에 반하여 서양의 마르크스 연구자들은 오히려, 마르크스에 있어서의 변증법을 사고의 방법으로 그리고 심지어 특히 제시방법으로 보는 쪽으로의 경향이다. 이는, 사회주의가 자본주의의 피할 수 없는 붕괴의 역사적으로 필요불가결하고 마찬가지로 피할 수 없는 결과는 아니라는 것일지도 모른다. 마르크스는 여기서 어쨌든 전적으로 여러 의미로 해석된다.

- 만약 스스로, 마르크스에 의하면 자본주의의 붕괴와 사회주의를 통한 그의 대체가 사회적 현실에서 작동하는 변증법적 법칙들을 통하여 결정되는 것으로부터 출발한다면, 이러한 상관관계에 있어서 "결정" 및 "객관적 필연" 아래에서 이해할 수 있는 것이 무엇인가 하는 의문이 제기된다. 마르크스주의자들-레닌주의자들이 엄격한 인과관계의 역사적 결정론(사람들의 의지행위가 특정한 원인에 의해서 제약되고 규정된다는 설임)에 치우치는 경향을 보이면서, 또한 역시 마르크스에 있어서 필연과 자유 사이의 보이는 긴장관계는 자유에 유리하게 해결되게 한다는 입장을 대표한다. 이에 의하면 사회주의는 역사적 발전의 하나의 가능한, 그러나 결코 하나의 강제적인 귀결은 아니라는 것이다. 역시 이러한 관점에서 또한 마르크스는 상이하게 해석된다.

## 5.3. 자본주의 비판

### 5.3.1. 방법론적 실마리

마르크스는 그의 역사적-물질주의적 사회이론으로 출발하면서 그의 자본주의 분석에서 "자본주의의 경제적 운동법칙"에 관심을 가진다. 그는, 생산력들의 발전과 생산관계들의 특성을 연구하려 하였으며, 특히 그들의 표현들을 스스로 첨예화하는 계급갈등들에서 보는 생산력들과 생산관계들 사이의 증가하는 긴장들을 연구하려 하였다. 그는 경제적 위기형상들을 보이려고 하며, 이들은 이러한 증가하는 긴장들 및 갈등들로서 일어나며 그리고 결국 자본주의의 붕괴로 이어져야 한다. 이에서 이미 마르크스주의적 분석의 세 개의 방법론적 특성들이 보여진다;

- 이들은 서술, 인과관계의 설명들 및 조건적인 진단들을 제시하면서 이들을 그러나 포괄적인 사회철학의 틀 속에서 제시하면서, 마르크스주의적 경제이론은 경험 학문적 및 투기적 순간들의 밀접한 연관을 통하여 특징 지워진다.
- 이들은 단지 서술하고 그리고 설명하려는 것 뿐만이 아니라, 나아가 체제의 중요한 위기성의 나타냄을 통하여 계급의식을 일깨우려하고 "대중"을 정치적으로 능동적이게 그리고 유동적이게 하려고 함으로서, 마르크스주의적 경제이론은 동시에 분석과 평가를 제공하며 그리고 그는 동시에 서술적이고 규범적이 되려고 한다.
- 이들은 경제적 구조들과 과정들을 계급갈등들의 배경과 그들의 제도적 및 이념적 상부구조의 배경에서 분석하면서, 마르크스주의적 경제이론은 "순수한" 경제이론이 아니라, 오히려 포괄적인

사회과학이며, 이에서는 경제학, 사회학 및 정치적 이념이론이 서로 밀접하게 연관되어 있다.

하나의 사회형태의, 역시 또한 자본주의의 사회경제적 발전의 엔진은 마르크스주의의 견해에 의하면 계급갈등들이다. 이는 그러나 전적인 것은 아니고, 그러나 또한 현실적으로는 분배갈등이다. 마르크스주의적 자본주의 분석의 출구는 그러므로 또한 자본주의적 소득분배의 결정인자들에 대한 질문이다. 그럼 이들은 사실 임금- 및 이자율들, 이윤율들 그리고 시장가격들에서 표현되지만, 하지만 이러한 것들은 마르크스주의적 견해에 의하면 오로지 체제의 피상적인 현상형상일 뿐이다. 요소- 및 재화시장들에서의 공급과 수요에 대한 정세들로서 소득분배의 그리고 이로써 체제발전의 법칙성을 설명할 수는 없다. 이러한 "표면현상"들은 훨씬 더 자본주의의 "본질"을 통한 설명이 필요하다.

## 5.3.2. 부가가치의 생산

자본주의적 경제과정에서는 자본가는 상품(반 재품, 자본재, 노동능률)들을 구매하고 그리고 생산된 새로운 상품(소비재, 자본수단)들의 판매에서 이윤을 획득한다. 어떻게 이와 같은 것이 가능할까? 이러한 물음의 조사에 대하여 마르크스는 두 가지 가정에서 출발한다;
- 그는 "상품구매"와 "상품판매"의 두 개의 순환국면에서 감산하며 그리고 그의 조사를 전적으로 생산국면에 집중한다. 이로서 경쟁왜곡과 그와 같은 것을 통한 이윤형성의 설명과 그리고 경쟁- 혹은 가격정책을 통한 분배문재의 해결이 제외되어져야 한다. 이에

서 제시되어져야 하는 것이, "착취"가 자본주의의 본질 자체에 존재하고 그리고 오로지 이로써 스스로 또한 제거되어질 수 있다는 것이다.
- 다른 편으로는 유입의 구매나 그리고 유출의 판매가 그들의 가치들로 나타나야 하며, 이에서 가치는 인간적 노동의 대상화(노동가치)로서 이해된다. 이로서 마찬가지로 부가가치형성이 생산국면의 부문에서 증명되어져야 한다.

이러한 가정들로부터 부가가치이론의 핵심적인 정리들이 도출 되어진다;
- 부가가치가 유출의 노동가치와 유입의 노동가치의 사이의 차이이라면, 그럼 부가가치는 오로지 유입이 그 자체에 포함되어 있는 것보다도 생산물에 대한 더 많은 노동 가치를 줄 수 있는 위치에 있을 때만이 형성될 수 있다.
- 이로서 생산과정에 투입된 생산수단들은 어떠한 부가가치도 창조할 수 없다. 이들은 물론 단지 그들에서 대상화된 생산물에서의 노동이 가치로 이전될 수 있다.
- 요소 노동도 마찬가지로 그에서 대상화된 노동을 이전할 수 있으며, 왜냐하면 또한 "상품 노동력"을 위해서도 모든 다른 상품을 위해서와 마찬가지로 동일한 노동가치원칙이 유효하기 때문이다. 이것이 역시 "필요불가결의 노동시간"에 상응하는 것보다도 더 오래 생산과정에 투입이 되면, "필요불가결의 노동시간" 즉 역시 투입된 노동력의 재생산 및 생산에 대한 것과 같은 그렇게 많이 가치들에 창조되어지는 시간에서는, 그럼 더 많은 노동능률들이 주어지며, 추가적인 노동이 대상화되고, 부가가치가 형성한다.

- 부가가치의 생산에 대한 첫 번째의 가능성은 이로서 주어진 필요불가결의 노동시간에 있어서의 전체노동시간의 연장에서 형성한다. 분명히 이러한 가능성은 그러나 아주 한정적이다.
- 이로서 특히 두 번째 가능성, 상대적 부가가치의 생산이 고려된다. 이는, 주어진 전체 노동시간에서 필요불가결의 노동시간을 줄이는 데서 형성한다. 이는 "상품 노동력"의 가치의 감소를 의미하며, 역시 결국 노동생산성의 증가이다.

### 5.3.3. 부가가치의 실현

마르크스에 있어서는 이제 부가가치가 어떻게 형성되나 하는 질문이 밝혀졌다. 어쨌든 자본가들에게는 부가가치의 생산으로 봉사되지 않으며, 훨씬 더 이는 시장에서 "실현"되어져야 한다. 이를 위하여서는 그러나 특정한 조건들이 충족되어져야 한다. 이러한 것들이 마르크스에 의해서 다음으로 연구된다. 그는 이에서 전적으로 스스로 "상품구매" 그리고 "상품판매"의 두 개의 순환국면들에 집중하며, 이에서 그는 노동가치들에 대한 교환의 이미 전재된 가정을 유지한다.

마르크스는 부가가치 실현을 위한 조건들을 두-부문들-모형으로부터 도출하며, 이에서 그는 다음으로 "단순한 재생산" 역시 정태적 순환 그리고 "확대된 재생산" 역시 성장하는 경제로부터 출발한다. 생산수단부문에서 그리고 소비재화 부문에서 생산된 부가가치는, 공급과 수요가 마찬가지로 일치한다면, 바로 동일한 크기로 또한 실현된다;
- 이는 단순 재생산에 있어서의 경우처럼, 생산수단부문에 있어서의 순 생산이 소비재화부문의 반대급부지출에 상응할 때이다.
- 확장된 재생산에 있어서 실현화조건이 주어질 때는, 생산수단부

문에 있어서의 순 생산이 소비재화부문의 반대급부지출과 양대 부문들의 순 투자들의 합과 상응할 때이다.

확장된 재생산의 그의 분석에서 마르크스는 결국 지속적인 경제성장의 조건들을 제시하며, 이에서는 불변의 구조매개변수들에서 모든 변수들이 같은 비율로 성장한다.

## 5.3.4. 부가가치의 분배

실현조건들이 충족되면, 생산된 부가가치는 자본가들 계급에 의하여 전체적으로 또한 이러한 크기로 "실현"된다. 미시 경제적으로 하지만 생산된 부가가치와 실현된 이윤은 상이할 수 있다. 이러한 (특히 부문들 사이의) 부가가치 분배를 마르크스는 그의 자본주의 분석의 세 번째 단계에서 분석하며, 이에서 그는 전체과정을 생산- 및 순환과정의 단일로 파악한다.

자본가들이 이윤극대화를 추구한다면, 그럼 이는 자유로운 경쟁 그리고 완전한 자본이동성에서 하나의 단일적인 국민경제의 이윤율로 인도하며, 이는 거시 경제적 부가가치의 비중으로 이해되며, 거시 경제적 불변자본(생산수단 유입)과 그리고 가변자본(노동유입)의 합으로 이해된다. 가변자본에 대한 고정자본의 관계는, 마르크스에 의하여 "유기적인 자본형성"으로 일컬어지는, 이제 일반적으로 매 기업 마다 차이가 난다. "개인적인 자본형성"이 "국민 경제적 자본형성"과 상응하는 곳에서 만이, 실현된 이윤이 생산된 부가가치와 일치한다. 미시 경제적 자본형성이 국민 경제적 자본형성보다도 적으면, 그럼 실현된 이윤이 생산된 부가가치보다 적으며 그리고 반대면 또한 반대로 된다.

자본시장역학은 또한 기술적으로 조건 지워진 부문별 이윤구조를 가져온다. 실현된 이윤의 전체 범위는 그러나 국민 경제에서 생산된 부가가치에 상응하며, 이에서 이는 개별 자본가를 통한 노동자의 착취로부터 귀결된다.

그의 분석의 이러한 위치에서 또한 마르크스를 위한 가치와 가격에 대한 관계가 설명되어질 수 있다. 이를 위하여서는 물론 부가가치와 이윤에 대한 관계를 위한 것과 같은 동일한 관계들이 유효하다. 가치들에 생산된 부가가치가 포함되며, 가격들에, 더 정확히, 자유로운 경쟁에서의 장기적인 균형가격들에, 소위 말하는 "생산가격"들에 이윤이 들어간다. 생산된 부가가치와 실현된 이윤이 합치하는 곳에서, 즉 개인적인 자본형성이 역시 국민 경제적 자본형성과 상응하는 곳에서, 가치와 생산가격이 일치한다. 미시 경제적 그리고 거시 경제적 자본형성이 또한 서로 상이하면, 가치들 및 생산가격들 또한 그러하다. 거시 경제적 부가가치와 이윤이 같아지기 때문에, 또한 가치들의 합계가 생산가격들의 합계와 동일하다. 결국 단기적인 시장가격들이 장기적인 균형가격들 주위에 진동하기 때문에, 마르크스는 가격들을 결정하는 것이 결국은 가치들이라는 것, 이로서 가치분석은 결국 가격분석의 전제조건이라는 결론에 도달한다.

마르크스는 그의 분석에 있어서 역시 또한 개별 재화- 및 요소시장들에서의 공급 및 수요에 대하여 출발하며 그리고 이로서 시장가격들, 기업가이윤, 자본이자 및 토지지대에 대하여 출발한다. 이들은 그에게는 피상적인 현상 형태들을 형성한다. 이들은, 그 위에서 그들이 기인하는 현실적인 체제기반들이 밝혀지고 나서야 비로소 처음으로 그림 설명되어 질 수 있다. 이는 오로지 모든 비현실적인 것에 대한 추상을 통하여서만이 가능하다. 이로서 마르크스는 추상적인 범주들인 가치,

부가가치 및 부가가치율에 이른다. 부가가치생산의 법칙들의 그리고 그 뒤에 서있는 노동가치원칙의 작업이 이루어진 이후에야 비로소, 구체적인 범주들인 이윤 및 이윤율 그리고 결국 피상형태들인 기업가이윤, 자본이자 및 토지지대를 설명하는 것이 그에게는 가능해진다.

이윤과 이윤율은 다시 장기적인 균형가격들(생산가격들)의 설명에 인도하며, 이들 균형가격들은 드디어 이전에 설명된 가치들에 기인하고 있으며 그리고 이들은 그들 편에서 시장가격들의 변동을 위한 출구점을 형성한다.

추상적인 본질인 가치가 역시 추상적인 본질인 부가가치(율)에 그리고 구체적인 범주인 생산가격에 영향을 미친다. (구체적인 범주인) 생산가격은 다시 이제 구체적인 피상(표면)인 시장가격에 그리고 구체적인 범주인 이윤(율)에 영향을 미친다. 그리고 또한 역시 (추상적인 본질인) 부가가치(율)는 (구체적인 범주인) 이윤(율)에 영향을 미치고, 그리고 나아가 또한 이윤(율)은 구체적인 피상(표면)인 기업가이윤, 자본이자 및 토지지대에 영향을 미친다.

### 5.3.5. 위기와 붕괴

마르크스는 부가가치생산의 그리고 이윤실현의 그의 법칙들로부터 장기적인 사회적 발전추세들에 대한 그리고 이러한 추세들을 둘러싼 순환적인 진동들에 대한 가설들을 도출해 낸다. 추세서술들은 무엇보다도 세 부문들에 관한 것이다;
- 기술적으로 조건 지워지는 노동력들에 대한 방출: 자본주의적 이윤추구는 상대적 부가가치의 증가에로 인도하며, 즉 기술적 진보를 통한 노동생산성의 지속적인 증가에로 인도한다. 이는 마르크

스에게 그러한 합리화투자들을 통한 노동생산성의 증가를 의미하며, 이에서는 유기적 자본형성이 장기적으로는 고정자본보다도 더 강하게 증가하고, 이로서 (가변자본을 통하여 표현되는) 취업률이 하락한다. 증가하는 합리화 때문에 이제 "산업적 예비군"의 형성에 이르게 된다.
- 이윤율 하락: 고정된 부가가치율에서 유기적 자본형성이 증가하면, 이로서 이윤율은 하락하여야 한다.
- 집중: 축적을 통하여 개별 자본가들의 손들에로의 생산수단소유자들의 확장에 이르게 되며 (단순한 집중), 즉 이미 형성된 자본의 집중에로 그리고 이로서 자본가들을 통한 자본가들에 대한 "징발"에로 된다. 이러한 발전은 마찬가지로 이윤추구를 통하여 조건지워진다. 이는 위에 암시하였던 결과들을 초래하는 기술적 발전의 확대된 가속에로 인도하며, 마찬가지로 또한 지금까지의 독립적인 중산층의 몰락에로 그리고 소수의 수중들에로의 생산수단들의 집중에로 인도한다. 이는 다시 사회에 있어서의 막강한 양극화를 보이게 되며, 계급갈등들의 성장에로 연이어진다.

이러한 발전들은 직선적으로 완성되는 것이 아니라, 오히려 추세를 중심으로 순환적 진동들의 진로에서 이루어지며, 이에서 이러한 진동들의 강도는 점점 더 강화된다. 모든 경기상승은 "산업적 예비군"의 감소로 인도되고, 모든 하강은 이들을 다시 증가하게 하며, 이에서 한 순환의 내에서는 방출효과가 더 크다. 증가하는 집중도와 합리화압력으로써 생산의 자본집중도가 증가한다. 이는 이윤율을 계속 하락하게 하며, 성장역동성이 점점 더 강화하여 약화되고 그리고 이로써 투자성향의 감소에로 되며, 그럼으로 결국 매 경기순환 마다 실업이 점점 더

상승한다. 증가하는 대량실업과 궁핍은 프롤레타리아적인 계급의식의 그리고 이로서 또한 계급갈등들의 성장에로 인도하며, 이들 갈등들은 이미 언급된 집중현상들을 통하여 역시 또한 첨예화되어진다.

이러한 증가하는 위기취약성은 마르크스주의적 견해에 따르면 이러한 체제 자체 내에서의 모순들의 표현이다: 이것이 기초하고 있는 것이 생산수단들에 대한 사적소유, 시장조정, 이윤극대화 및 자본가들을 통한 노동자들의 착취이다. 체제의존적인 법칙성들은 결국 사적소유의 및 집중을 통한 시장역학의 제거에로, 이윤율의 하락에로 그리고 노동력들의 방출에로 인도한다. 이러한 체제모순들은 생산력들과 자본주의적 생산관계들 사이의 성장하는 긴장들의 표현이다. 이들은 결국 오로지 그들의 혁명적인 제거를 통하여, 즉 사회주의적 체제에로의 과도기를 통하여 제고되어질 수 있다.

이러한 사회주의적 체제의 형성에 대한 마르크스주의적 표상에 대하여 들어가기 이전에, 위기- 및 붕괴이론의 해석어려움들을 알아봐야 한다. 이들은 마르크스적인 전체체제에서의 그들의 위상으로부터 그리고 ("역사적 물질주의"에 있어서와 비슷하게) 그들의 미발달된 특성들로부터 온다;

- 마르크스적 이론들은 이미 본 것처럼 또한 역시 규범적 요소를 포함하고 있다. 이는 계급의식을 산출하고 그리고 강화하려하며, "대중"을 정치적으로 능동적이게 하려하고 그리고 이를 통하여 자본주의의 위기적인 발전을 강화하려한다. 이들에게 이와 같은 것들이 가능하게 될 수 있는 것은, 오로지 이들이 "대중"들에 이해될 수 있을 때이며, 이들이 인기 있게 작동하고, 논쟁들의 복잡한 전제조건들을 무시하고 그리고 서술들을 단순화 할 때이다.
- 위기이론의 이해는, 서술적 및 규범적 분석목표들의 헷갈림을 통

하여서 뿐만이 아니라, 또한 역시 전체분석의 틀에서의 그들의 논란의 여지가 있는 위상을 통하여서도 어려워진다. 물론 위기- 및 붕괴이론에 인식할 수 있는 것은 "자본론"에서 산발적으로 발견되며, 이는 마르크스에 의하여 그의 계획된 광범한 저서의 오로지 첫 부문으로 주어졌기 때문이다. 계속되는 부문들이 토지소유권, 임금노동, 국가 및 대외무역을 취급했어야 했었다. 이로서 "자본론"은 오로지 노동조합들도 없고 국가적 경제적 활동들도 없는 폐쇄된 국민 경제의 모형을 제공한다. 위기 이론적 서술들은 그럼 역시 단지 이러한 모형에서 만이 연관되어 있으며, 국가, 노동조합들 등이 도입되는 경우에는 이에 상응하게 수정되어야 한다. 마르크스는 여기서 또한 결코 그렇게 단순하게 해석되지 않으며, 이를테면 그가 마르크스주의-레닌주의에 얼마나 가까운가 하는 것도 쉽게 해석되지 않는다.

- 마지막으로 마르크스는 그의 위기- 및 붕괴이론에서 종종 "추세들" 혹은 "추세적인 발전"을 논쟁하며 (이를테면 그의 이윤율이론에서), 이에서는 그는 이러한 것들 아래에서 예측적인 서술들을 이해하는 것처럼 보이지만, 이들은 결정론적인 법칙가설들의 기반위에서의 예측들로서 아주 많이 애매모호하고 그리고 부정확하다는 것이다. 이로서 자본주의의 자체파괴에 대한 마르크스적 서술은 가능한 발전에 대한 오히려 맞는 서술로서, 그러나 확률적인 발전에 대한 더 적게 맞는 서술로서 그리고 확실한 발전에 대한 전혀 맞지 않는 서술로서 이해되게 한다. 또한 이와 같은 관점 아래서 역시 쉽게 일어날 수 있는 마르크스주의적-레닌주의적 해석의 수용에 있어서 조심성이 요구된다.

6장. 사회주의   219

　이러한 위기- 및 붕괴이론의 해석어려움은 ("역사적 물질주의"의 어려움과 함께) 전적으로 마르크스적 사회주의표상들의 이해를 위한 귀결이다.


## 5.4. 마르크스의 정치경제학

### 5.4.1. 노동가치- 및 부가가치이론

　마르크스가 첫째로 헤겔의 이상주의에 근접하면서 루드뷔히 포이엘바하에 의해서 제시된 전환점의 수단으로 철학을 물질주의에 갖다놓은 것과 마찬가지로, 그에 의하여 정치경제학이 사회주의로 변환되었다. 여기서 우리는 리카도가 상대적 노동가치 이론을 대표한다는 것을 상기하며; 정확히 말하면 노동수량이론: 이에서 이해되는 것이 노동과 자본은 생산과정의 도처에서 동일한 관계에로 접근하여 상호작용 한다는 것이다. 마르크스는 영국의 고전학파들의 자취를 따른다: 하나의 재화는 "단지 하나의 가치만을 가지며, 왜냐하면 노동이 그에서 대상화 혹은 물질화했기 때문이다. 어떻게 이들 가치를 측정하는가? 그에서 취득된 노동의 '가치를 형성하는 본질'의 몫을 통하여 이다. 노동의 수량은 스스로 그에 대한 시간지속에서 측정된다." 상대적인 것으로부터 마르크스에 의해서 절대적 노동가치 이론이 되었다. 생산된 상품들의 교환에로의 일반적인 특성으로는, 노동생산물이 제시한다는 것이 유효하며, 이는 "흘러든", 대상화한, 물질화한 노동시간으로 간주된다. 문제에 대하여, "게으르거나 혹은 미숙하면 할수록, 더욱 더 그의 상품들이 가치가 있게 되며, 왜냐하면 더 많은 노동시간을 이들의 완성에 투입하여야 하기 때문"이라는 문제에 대하여는 "사회적으로 필요불가결한 노동시간"의 의제로써 대답되어 진다. "사회적으로 필요불가결한 노동시간은, 어떠한 사용가치를 위하여 현존하는 사회적-정상적인 생산조건들로써 그리고 노동의 숙련 및 강도에 대하여 사회적인 평균정도로써 제시하는 것을 요구하는 노동시간이다."

고전학파에 있어서 통하는 한 상품의 사용가치와 교환가치 사이의 구분의 지속 나아감을 볼 수 있다: "인간적인 생활을 위한 사물의 유용성은 사용가치가 된다" 나아가, "한 물건은 교환가치 없이 사용가치일 수 있다. 이런 경우는 인간들을 위한 그의 존재가 노동을 통하여 매개되지 않을 때이다. 이를테면 공기는, 상품이 됨이 없이 유용할 수 그리고 인간적인 노동의 산물일 수 있다. 자기의 산물로 자기 자신의 욕구를 충족시킬 때에는, 사실 사용가치를 창조하며, 그러나 상품은 아니다. 상품을 생산하기 위해서는 그는 단지 사용가치 만을 생산하는 것이 아니라, 다른, 사회적인 사용가치를 위한 사용가치를 생산해야 한다."

이제 특이한 억지구별이 있다: 마르크스는 사용가치들로 상관관계에로 이룩된 "재화"들의 관점에 대하여 설명하며, 노동은 "그에 의해서 생산된 사용가치의, 재료적인 부의 유일한 원천이 아니며", 이렇게 정의된 재화들은 그에 의하면 상이한 종류의 생산력들에 대한 상호작용의 결과로 보인다. 이는, 생산수단들에 대한 사적소유의 마찬가지로 노동 분업의 교환사회에서의 교환가치들로 연관되는 "상품"들과는 대칭이며, 그러한 교환사회에서는 교환가치의 관점에서 노동이 유일한 가치 형성하는 요소로 통한다. 재화들은 이에 의하면 상이한 요소들의 생산품들로, 상품들은 이에 반하여 순수한 노동생산물들로 이해된다. 이에 당연히 상충된다고 할 수 없는 것이, 상품들은 교환가치뿐만이 아니라, 또한 역시 사용가치도 나타낸다는 것이며, 그러하기 때문에 물론 상품의 "이중자연"이 말해지고 있다.

하나의 상품으로서 또한 인간적인 노동력이 관찰되며, 이로서 이는 (자기의 노동수단의 부족에서) 시장에서 거래되어 진다. 이를 위한 전재조건이 역사적-사회적으로 조건 지워진 "노동자의 이중의 자유"이며, 한 쪽으로는 자기 자신의 노동력에 대하여 제공할 수 있는 것이고 (이를테면 노예제도의 국면에 있어서 와는 다른), 다른 쪽으로는 생산수단들에 대한 소유에 대한 "자유"이다. 모든 상품들에 있어서와 마찬가지로 이제 또한 노동력의 (사용)가치는 그들의 산출 마찬가지로 유지에로 필요한 노동시간을 통하여 결정되며, 즉 결국 "노동력의 가치는 그의 소유자의 유지에로의 필요불가결한 생활수단들의 가치이다." 후자에 속하는 것들이 모든 존재수단들이며, 식료품과 의류뿐만이 아니라, 주택과 교육을 위한 그리고 가족구성원들의 유지를 위한 것들과 같은 비용들을 포함한다.

계급분리를 통하여 특징되는 생산관계들의 배경아래에서 이제 출발되어 질 수 있는 것이, 자본가는 노동력의 상품을 교환가치로 취득한다는 것이고, 그에게 해당되는 사용가치가 그러나 그에게 부가가치를 가져온다는 것이다. "지주는 노동력의 '하루가치'를 지불했으며, 그에게 그럼으로 하루 동안의 그의 사용가치가 속한다. 노동력의 매일의 유지가 단지 절반의 노동일만이 비용이 들고, 그럼에도 노동력은 하루 종일 작용/일 할 수 있고, 이로써 그의 사용이 하루 동안 창조한 가치가 그의 자체의 하루가치 보다도 배가 더 크게 되면, 이는 구매자를 위해서는 특별한 행복이다." 가정되는 것이, 노동자는 매일 12시간 일하는 위치(=노동력의 사용가치)에 있고, 노동력의 재생산에 대한 평균적 사회적으로 필요불가결한 노동시간의 교환가치는 그러나 단지 6시간이라고 하면, 그럼 생산과정에서의 사용가치의 이용이 하나의 상응하는 부가가치를 창조한다. 노동의 사용가치와 교환가치 사이의 차이가 이제 크면 클수록, 결과적으로 부가가치도 더 커지며, 이에서 절대적 및 상대적 부가가치의 생산 사이가 구분된다. 절대적 부가가치는 노동력의 재생산에로 필요불가결의 노동시간을 넘어서는 노동시간의 연장으로부터 주어지며, 상대적 부가가치의 생산은 재생산필수의 생필품의 산출을 위하여 필요한 노동시간의 단축으로부터 귀결되며, 그리고 실은 기술적 진보를 통한 혹은 노동 강도의 증가를 통한 노동의 생산력의 증가의 수단에 의한 것이다.

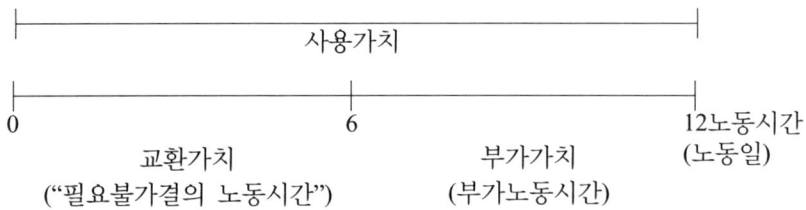

노동시간연장을 (=사용가치의 증가) 통한 절대적 부가가치의 생산;

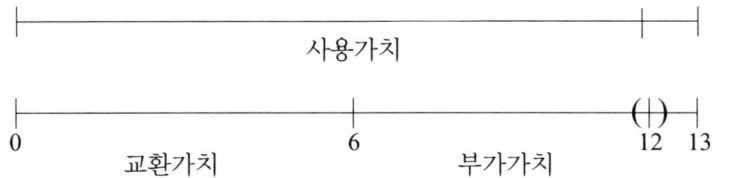

노동생산성의 증가를 (=교환가치의 감소) 통한 상대적 부가가치의 생산;

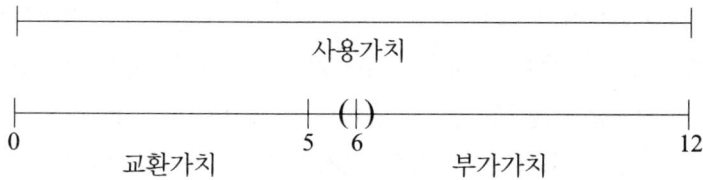

 마르크스는 자본주의적 생산과정에로 내던져진 자본을 고정된 그리고 가변적인 부문으로 나누었다. 생산수단으로서 기계 및 도구 (노동수단들) 마찬가지로 원료, 보조원료 및 반제품(생산 재료들)의 형태로 투입되는 고정적인 자본(c)은 그의 이름을, 노동수단들이 감가상각 되고 재료들이 가공될 때까지 그들의 가치가 산출되는 생산물에로 변화하지 않고 이전되기 때문에서부터 온다. 이에 반하여 가변자본(v)은 노동의 교환가치인 임금지불을 위하여 제공되는 자본부문을 말하며, 이는 "살아있는 노동"의 사용가치 이용의 진로에서 부가가치(m)를 도출한다.

 가변자본에 대한 부가가치의 관계가 부가가치율(m')을 나타낸다;

$$m'=m/v$$

 가변자본에 대한 부가가치가 필수적인 노동에 대한 부가노동과 바로 같은 그러한 관계이기 때문에, 착취도 라고도 한다. 더욱 큰 의미는 이에서 또한 이윤율(p)이며, 이에서는 전체의 투입된 자본에 대한 부가가치의 관계에 관한 것이다;

$$p=m/(c+v)$$

 가변자본에 대한 고정자본의 관계(마르크스에 의하여 "자본의 유기적 형성"으로 표현되는)는 집중의 진로에서 고정자본부문에 유리하게 변화하며, 자본소유자는 그에게 떨어지는 부가가치를 완전히 소비하는 위치에 있지 않으며, 오히려 상대적 부가가치의 생산의 목적으로 인간적 노동의 생산력을 기술적 개선을 통하여 증가시키며, 이로서 생산의 그리고 또한 노동자의 재생산비용의 싸지게 함을 이룩할 수 있다. 부가가치의 일정한 율에 있어서 고정자본에 대한 증가하는 투자에 있어서 또한 이윤율이 하락한다. 마르크스는 이윤율의 추세적 하락으로부터 출발하고 있으며 그리고 상대적 부가가치의 생산의 수단으로 부가가치율의 증가에 있어서 단지 이윤율의 하락을 시간적으로 평준화하는 기회가 보인다. 그가 인식하는 것은, 자본조합에 있어서 높은 가변적인 부문을 가진 경제부문들에서 전적으로 평균이상의 이윤율이 이루어 질수 있으며, 그러나 생산수단들의 유동성을 암시하며, 이러한 결과로 자본들이 상응하는 부문들로 흘러들어옴으로서, 그곳에서의 높은 이윤은 사라지고, 그리고 하락하는 추세를 가진 평균이윤율이 주어진다.

### 5.4.2. 순환이론

"경제표"의 출현이후 약 100년 쯤 후에 마르크스는 경제순환에 관한 케네의 이론에, 상이한 경제부문들 사이의 가치흐름들의 존재에 대한 이론에, 소급한다. 그것의 계급분할 및 생산성구분을 무리지음이 없이, 마르크스는 경영체들을 두 무리들로 구분하였으며, 생산수단부문(부문 I)과 그리고 소비재부문(부문 II) 이며, 그밖에 마르크스적 순환이론은 그의 노동- 및 부가가치 이론에 기반하고 있으므로, 모든 부문들에서 생산된 연간생산물의 가치는 $c+v+m$의 합계로 주어진다. 그들에서 자본주의적 경제에서의 생산과정이 지속하여 새롭게 되는 두 개의 가능성들을 보여주며, "단순한 단계에서의 재생산"과 "확대된 단계에서의 재생산"의 둘이다.

"단순한 단계에서의 재생산"에 있어서는 "정태적인 순환"에 관한 것이며, 이에서는 역시 생산과 소비에 대한 변수들이 시간의 흐름에 있어서 일정하게 머문다. 이러한 단순한 재생산의 진로에서는 이에 따라 언제나 c와 v에 대한 동일한 수량들이 투입되고, 불변하게 머무는 것들이 또한 부가가치율(마르크스에 의해서 주어진 예에서는: m/v=1)과 그리고 자본의 유기적 형성(예에서 c:v=4:1) 이다. 이러한 예는 다음과 같다. ("숫자는 백만 마르크, 프랑켄 혹은 파운드를 의미할 지도 모른다);

부문 I: 4000c + 1000v +1000m = 6000

(가치단위들 ["생산물가치" 생산수단])

부문 II: 2000c +500v + 500m = 3000

(가치단위들 ["생산물가치" 소비수단])

생산수단산출(6000가치단위들)은 두 부문들에서 투입되고 그리고 소비된 고정된 자본(4000가치단위들 + 2000가치단위들)에 상응하며, 이로서 생산 장비들의 보조가 확보된다. 소비목적을 위해서는 부문 I에서 떨어진 1000가치단위들의 임금과 그리고 1000가치단위들의 부가가치가 부문 II의 2000가치단위의 소비재와 교환되어진다. (후자는 부문 I 생산수단으로부터 동등한 크기의 순서에서 자체의 생산 장비들의 재생산에로 연관된다.) 부문 II에서 경제적으로 이룩한 500가치단위의 임금과 그리고 500가치단위의 부가가치는 동일한 부문에서의 소비재 구매에로 사용되어진다. 달리표현하면: 정태적 순환에서는 한 기간에 생산된 생산수단의 가치는 두 부문들에서 생산수단들에 결과 된 마모에 상응하여야 하며, 동시에 두 부문들에서 떨어진 임금들과 그리고 이윤들의 합계는 이룩된 소비재의 가치와 동일하며, 이에서 이러한 소득들은 또한 사실 완전한 크기로 소비되어진다.

마르크스는 단순한 마찬가지로 동일하게 머무는 단계에서의 재생산을 필요한 "추상"으로 표현하며, 이 위에 구축하여서 비 정태적인 순환을 제시할 수 있게 하기 위하여서 이다. 사실 마르크스는 그래, 자본주의적 경제에서는 언제나 부가가치의 부분이 축적된다는 것을 전제로 했다.

확장된 재생산에서는 역시 부가가치의 부분이 소비에로가 아니라, 오히려 축적에로 유입되어지며, 이로서 비 정태적인 순환에서 두 부문들에서의 추가적인 c와 그리고 v가 제공된다. 출발점이 다른 도해이며, 여기서 부문 II에서는 또한 다른 자본의 유기적 형성(물론 2:1)이 바탕이 된다;

부문 I: 4000c + 1000v + 1000m = 6000　　(가치단위들 [생산수단])
부문 II: 1500c + 750v + 750m = 3000　　(가치단위들 [소비수단])

비례하지 않는 것을 보이는 것이, 6000가치단위들의 생산된 생산수단이 단지 5500가치단위들의 소비된 생산수단들에 대치된다는 것이며, 동시에 동일한 크기의 소득수입에 대한 산출된 소비재의 가치의 적자가 나온다.

원래는 몇 개의 적응단계들을 보이는 마르크스의 성장모형이지만, 마르크스가 그의 숫자의 예에서 보여준 것을 단순화하고 줄여서 보면, 노동자들은 그들의 전체의 임금을 소비하고 그리고 "기업가들은 부문 I(II)에서 1000(750)의 크기의 그들의 이윤 500(150)에서의 크기의 액수를 저축을 하며, 이로서 전체저축은 650 화폐단위에 이른다. 동일한 기간에 부문 I(II)에서 500(150)의 투자들이 실행되어진다." 이로서 그림 (자본조합 4:1 마찬가지로 2:1의 유지 하에서) 다음 기간을 위하여서는 아래의 관계들이 주어진다;

부문 I: 4400c + 1100v + 1100m = 6600    (가치단위들 [생산수단])
부문 II: 1600c + 800v + 800m = 3200    (가치단위들 [소비수단])

이러한 긍정적인 순 투자를 가지는 경제의 지속하는 순환도해는, 도대체 어디에서 기반이 되는 지속적으로 증가하는 수요가 유래되는가 하는 토론으로 인도하였다. 이러한 질문으로부터 특히 Rosa Luxemburg는 제국주의 이론을 도출하였으며, 이에 의하면 자본주의는 증가하여 비 자본주의적 공간들에서 판매시장들을 정복하는 것이라고 한다.

### 5.4.3. 운동의 법칙

소위 말하는 자본주의적 경제의 운동법칙들로써 마르크스는, 사회주의적/공산주의적 "사회형태"의 방향에로의 미래의 발전의 예측을 제공하는 시도를 하였으며, 현실적으로 구분되는 것들이 축적-, 집중-, 빈민- 및 위기이론이다.

"축적이론"은 상대적 부가가치의 생산으로써 일어나는 고정자본과 비교하여 가변자본의 상대적 감소에 기반 한다. (이윤율의 점차적인 하락의 결과로서) 마르크스에 의하여 노동의 사회적 생산력의 진보적 발전의 표시가 평가되며, 자본가들의 경쟁투쟁에서 생산 장비들의 끊임없는 기술적인 혁신이 피할 수 없는 것으로 보이며, 이에서 자체역학적인 자본축적이 주어진다. "모든 축적은 새로운 축적의 수단이 되고 그리고 동시에 개별 자본가들의 손들에로의 사회적 생산수단의 증가하는 집중을 강화한다." 이로서 도출되는 "집중이론"에 의하여 경영체들은 "이윤괴물화의 결과로" 규모에 있어서는 점점 더 커지고 숫자에 있어서는 점점 더 작아지며, 특히 중소기업들의 황폐로 되며 (마르크스에 의하여 "중앙화"로 표현됨), 결국 자영업의 중산층의 제거에로 그리고 독점 자본주의적 구조들의 형성에로 된다. "빈민화이론"에 관하여 암시되어져야 하는 것이, "빈민화"라는 전문용어가 마르크스의 저술들에서는 거의 전적으로 의미에 있어서 이며 낱말에 있어서는 거의 나타나지 않는 다는 것이며, 이에 반하여 "천민화"로서 "노동자층의 부분의 빈민한 계층(고용에 대한 관계)에로의 빠져 들어감"을 의미한다. 어쨌든 "하락하는 임금률의 법칙"에 따라 기반하는 빈민화이론은 프롤레타리아의 복지수준을 감소하게 하며, 그리고 사실 "절대적 빈민화"는 실질임금의 하락으로 해석되며, "상대적 빈민화"는 증가하는 이윤비중과 그리고 이에 상응하는 감소하는 임금비중의 결과로 한 국민경제에서 임금의 합계가 전적으로 증가할 수 있음에도 불구하고 국민소득에 있어서 그의 상대적 비중이 그러나 감소하는 것으로 보아진다. 마르크스는 "자본주의적 생산방식의 기본상충"의 배경(사회적 생산에 대한 사적 소유화)에서 노동자들에 대한 끊임없는 방출(산업적 예비군의 증가)을, 노동력의 가치의 지속적인 하락을 그리고 이에 따른 임금에 대한 영원한 억압을 예측한다. "노동자 계급의 나사로계층(누가복음의 문둥이 거지인 나사로, 더럽고 가난하고 고통 받고 불쌍한)이 그리고 산업예비군이 커지면 클수록, 또한 공식적인 사회적 빈궁이 더 커진다. 이것이 '자본주의적 축적의 절대적, 일반적인 법칙'이다." 자본과 노동 사이의 상충은 자본주의적 사회의 폭발력으로 성장될 것이다. "위기이론"(경기현상의 의미의 관점에서 초과생산이론 처럼 그러나 주로 과소소비이론의 실마리들이 존재)에 따라 올 수 있는 것(자본주의적 경제에서 중요한 현상)이 주기적인 것이고 그리고 점점 더 짧은 간격으로 나타난다는 것이며, 동시에 규모에 있어서나 강도에 있어서 증가하는 위기들이고, "끝에는 언제나 위기되고" 그리고 자본주의적 경제의 몰락은 피할 수 없다(="붕괴이론"). 프롤레타리아와 유산계급 사이의 계급투쟁에서 경제적인 위기는 정치적인 위기로 확장된다. 프롤레타리아의 혁명적인 행위에서 결국 생산수단들이 공공의 소유에로 전환되어 진다. "자본주의적 사적 소유의 시간이 패한다. 강제징수자들은 강제징수 된다."

마르크스주의적 이론더미의 지속발전의 진로에서, 이러한 혁명적인 최종요소들이 마르크스적 정치경제학의 진화적인 범주들에 원천적으로 상충한다는 것이다. 어쩌면 마르크스가 후기 마르크스주의적인 구상들의 화해할 수 없는 진로투쟁(여기선 폭력- 마찬가지로 혁명이론, 저기서는 사실의 경제적 발전을 최소한 비판적으로 반추하려는 각오)을 예감한지도 모를 일이다.

## 5.5. 사회주의 분석

### 5.5.1. 사회주의적-공산주의적 이전의 특징들

마르크스주의 이전의 사회주의자들과는 대칭으로 마르크스와 엥겔스는 어떠한 독자적인 사회주의 구상도 제시하지 않았다. 그들은 단지 아주 일반적인 그리고 이로서 또한 함축적인 조건들을 "사회주의에로의 자본주의의 변환"을 위하여 구상했다. 이들은 나중 마르크스주의자들-레닌주의자들에 의하여 언급되어 졌으며 그리고 그들의 자신들의 사회주의 표상들의 의미로 해석되어 졌다. 이에 의하면 사회주의적 혁

명에서 해당되는 것이;
- 진보된 사회적 극단화의 관점에서 어쨌든 단지 또한 생산수단 소유자들에 대한 사라질 것 같은 적은 계층만이 소유가 몰수 되고 그리고 이로서 경제적 및 정치적으로 무력화된다.
- 진보된 중앙화 과정 때문에 이미 고도로 집중된 생산 장비들을 사회주의적 국가를 통하여 인수한다.
- 자본주의적 콘체른들을 통하여 마지막 나머지 부분까지 후비어 파진 시장가격역학을 국가적 계획과 조정을 통하여 대체한다.

생산수단들에 대한 사적소유의 그리고 시장역학의 제고는 한편으로는 생산력들의 완전한 전개를 위한 조건들이며, 역시 경제적 성장을 위한, 반면 성장은 다른 편으로는 고도의 사회주의적 발전 국면인 공산주의의 구축을 위한 전제조건이다. 공산주의적 미래사회의 중요한 특징은 필요에 따른 분배이다. 이는 그러나 이를테면 주어진 재화공급에 대한 필요의 적응을 통하여서가 아니라, 오히려 필요에 대한 공급의 적응을 통하여서 이며, 이로서 이는 상당한 생산성- 및 생산증가들을, 즉 성장을 요구한다. 마르크스주의자들은 그럼으로 일반적으로 "성장 주물숭배자"들이다.

고도의 결정 중앙화에 의한 중앙적 계획 및 인도를 통한 생산수단의 국유화, 시장관계의 대체 그리고 성장 정책적 목표들의 우선, 이 모든 것들이 마르크스주의적-레닌주의적 사회주의 구상의 핵심요소들이다. 사실에 있어서는 사회주의적 경제체제의 형성에 대한 마르크스에 의한 미성숙의 그리고 비 체계적인 서술로 인하여 여기서 극도의 해석어려움이 존재한다. 이러한 것들은 낡은 논점에 그렇게 많이 관여하지 않으며, 특히 젊은 마르크스의 "인본주의적" 인간형상은 결정 중앙화된, 서열적인 체제에 상충하며, 이러한 체제는 특히 행태지시들을 받치고 있다. 사실 마르크스는 전적으로 인간을 통한 인간의 억압에 반대하고 있으며 그리고 자유로운 사회에서의 인간적인 자아실현을 옹호한다. 하지만 그를 위해서는 타인화/이질화의 종말과 그리고 인간적 자유의 창출은 사적소유에 대한, 노동 분업에 대한 그리고 역시 시장 조정에 대한 제거가 전재조건이며, 즉 계획 경제적 표상들에 근접한 경제체제가 전제조건이다.

마르크스적 이론의 가능한 계획경제적 함축을 위한 논쟁들은 이미 언급한 "역사주의적 물질주의"와 그리고 위기- 및 붕괴이론의 위상가치에 훨씬 더 연관되어 있다;
- 마르크스를 단지 엄격한 경제학적 분석가로 관찰한다면, 정치적으로 의미되는 단순화들을 제외할 뿐만이 아니라, 또한 특히 그의 경제학의 역사철학적인 틀을 마찬가지로 제외한다면, 많은 여러 가지 의미들에 있어서 중앙적 계획경제를 통한 시장 경제적 체제의 강압적인 대체에 대한 표상들을 위한 어떠한 실마리 점들도 주어지지 않는다.
- "역사적 물질주의"에서 또한 단순한 구속력이 없는 세계관적 프로그램이상으로 본다 하여도, 변증법은 실증변증법의 의미에서 이해되며 그리고 발전법칙들의 역사 결정하는 특성이 막강하게 중요하게 됨으로서, 마르크스에 있어서는 전적으로 중앙적 계획 경제의 이론적인 창시자로 보인다.

### 5.5.2. 계획사회주의

마르크스 및 엥겔스에 의하여 형성된 조건들은 상응하는 폭넓은 해석공간을 가진 사회주의적 변형을 위한 일반적인 틀만을 한정짓고 있다. 구체적인 결정도움들을 그들은 사회주의적 경제정책가들에게 제공하지 않는다. 이러한 것은, 1917년 이후 러시아에서와 마찬가지로, 세 개의 문제점을 제시한다: 무엇이 마르크스주의적 사회주의- 및 공산주의 표상들의 의미에 있어서 경제적 성장의 각각의 조건들 하에서의 가장 가능한 전략인가? 어떻게 이러한 전략의 실행에로 경제체제가 형성되어야 하나? 어느 것이 이러한 사회주의적 변형을 위한 적절한 시점인가?

그 당시의 러시아의 관계에 있어서 1917년 레닌은, 이러한 문제들을 그의 "국가독점주의적 자본주의"의 개념으로써 대답하는 것을 시도했다. 산업의 그리고 자본주의의 전체 경제적으로 낮은 발전수준의 조건 하에서는, 레닌의 말에 의하면, 사회주의는 사회주의적 국가를 통한 고도로 집중된 산업장비들의 이전을 통하여 그리고 소수가 되어버린 대자본가들의 탈 소유화를 통하여 파격적으로 인도될 수는 없다는 것이다. 훨씬 더 자본주의적 부문이 확장되고 그리고 지속발전 되어져야 하며, 이에서는 한편으로는 독점들의 국가적인 조정을 통하여 그리고 다른 편으로는 노동자평의회들에 의한 자본가들의 통제를 통하여 노동자계급의 이익이 보장되어 질수 있을지도 모른다. (자본주의적) 경제체제가 (사회주의적) 정치적인 체제를 통하여 조정되면서, 국가적으로 조정되는 독점자본주의가 "전체 국민의 이용에로" 응용될 수 있고 그리고 장기적으로 서서히 사회주의적 경제체제로 전이되어 질 수도 있을지도 모른다.

소비에트주의적 산업화논쟁(1924~1928)에서는 이러한 레닌에 의해서 발전된 전략에 대한 가능한 대안들에 관한 것이었다. 나중의 소비에트 마르크스주의적에서 와는 반대로 이러한 논쟁은 고도의 이론적인 그리고 지적인 수준에서 수행되어 졌다. 이에서는 두 개의 대안적인 전략가 능성들이 나타났다: 산업화의 그리고 사회주의적 변형의 오히려 신중한 정책에 있어서 국가적으로 조정된 자본주의의 전략(Bucharin)에 민간부문의 의식된 착취를 강화된 산업화의 전략(Preobrazenskij)이 대치되었다.

극단적인 산업화- 및 집단화전략의 기반위에서, 산업화논쟁의 "좌파" 제안들을 훨씬 능가하였던 이의 전략위에서, 이제 대략 1930년부터 소련에 있어서 "중앙적 계획경제체제가 구축되었다. 이는 인식 가능한 이론적인 기반 없이 임의적인 정치적 재결주의(판결주의/결정주의)의 기반위에서 이루어 졌다. 소비에트적인 경제학은, 이에게 심지어 공식적으로도 경제 정책적 문제들에 대한 종사가 허용되지 않았던 이러한 경제학은, 각각의 당 성향의 학문적으로 치장하는 변론의 기능만을 가졌었다. 이러한 방식으로 그것이 빠져 들어갔던 완전한 불모로부터 사회주의적 국가들의 마르크스주의적 경제이론은 끝까지 완전히 자유로울 수 없었다. 이에서는 중앙적 계획경제의 구축에 있어서 경제적인 문제들이 해결된 것과는 전혀 달랐다. 초기 연도들에 있어서 우선 부문들에 있어서의 의심할 여지없는 높은 성장률과 그리고 인상적인 산업화 결과에도 불구하고 이러한 체제들은 그들의 붕괴까지 극도의 체제조건적인 비 효율로 특징되어 졌다.

소비에트 공산당의 제20회 전당대회(1956) 이후 어느 정도 그러나 여전히 한정된 탈 독단화가 이루어졌다. 특히 증가하는 정도로 "계획이론"에 대한 실마리들이 발전되었다. 이에서는 고도의 결정 중앙화를 가진 그리고 대부분 극도의 정보적인 탈 중앙화에 있어서의 계획체제들의 구상들이 발전되었다. 이로서 희소한 자원들의 효율적인 배분을 통한 계획경제의 기능결함들이, 체제의 기본구조를 스스로 문제 삼음이 없이, 제거될 수 있어야 했다. 이러한 실마리들에서는 대부분 결정 논리적인 이론들에 관한 것들이며, 이들 이론들에서는 신고전적 모범들이 완전히 무비판적으로 수용되거나 혹은 마르크스주의적 학술용어들이 단지 피상적으로 적응되어 졌다. 이미 보아온 마르크스주의적 개념의 의미에 있어서는 이러한 "계획경제학"(Kolakowski)들이 이로서 또한 거의 마르크스주의적 경제이론에로 계산되어 질 수 없다. 어쨌든 그들에서 신고전적 및 마르크스주의적 표상들의 종합이 연구되어 질 수 있는 특기할 만한 실마리들이 이로서 존재한다.

### 5.5.3. 시장사회주의

주어진 사회주의적 경제체제의 부분적인 효율화를 위하여 노력하였던 그러한 경제학자들의 대부분이 근본적으로 마르크스주의적 전통의 바깥에 있다고 한다면, 그럼 이러한 경제학자들은 일반적으로 마르크스에 의한 방법과 개념장치에 봉사하고 있으며, 이들은 소비에트적인 유형의 경제체제에 대한 대안을 제시한다. 이러한 것은 특히 시장사회주의의 구상의 대표자를 위하여 유효하다. 이론적으로 가장 근접하게 구축되었던 것이 여기서 의심의 여지없이 자체행정사회주의의 유고슬라비아적인 구상이다.

소비에트적인 계획사회주의와 그리고 유고슬라비아적인 자체행정사회주의 사이의 차이는 엄청났다. 이들은 특히 국가의 역할에 있어서 그리고 경제적 조정역학들에 있어서 연관되어 있었다;
- 자체행정사회주의에서는 사회주의적인 혁명에 있어서의 국가적인 수중에로의 탈 사유화된 생산 장비들의 이전은 사회주의적 경제체제의 구축에 대한 첫 발걸음이다. 경제 과정들의 결정 중앙화된

계획 및 인도는 사회주의적 발전의 초기에 있어야 하며, 그러나 발전된 사회주의적 체제의 특징은 아닐 수 있다. 엥겔스 및 레닌에 마찬가지로 초기 사회주의적 이론가들(특히 Saint-Simon)에 의지하면서 훨씬 더 국가의 종말에 대한 표상이 대표된다. 사회주의적 생산관계들이 고착되면, 그럼 국가는 언제나 점점 더 뒤로 물러나며 그리고 그의 기능들은 자체행정기관들에로 이전될 수 있다.

- 사회화한 기업들과 기업부문들은 자체행정기관들에 의해서 지속적인 결정주권으로써 경영되어져야 한다. 자체행정기관들의 결정들의 조정은 이에서 계획을 통하여서나 그리고 장기적으로 또한 시장을 통하여서 이루어지는 것이 아니라, 협력적인 행위결정들의 진로에서 결론지어져야 하며, 이에 또한 국가적 경제정책이 (나머지 없이 모두가 "고갈되지" 않는다면) 관여될 지도 모를 일이다.

비록 이론적으로는 흥미로운 것이었음에도 불구하고, 자체행정사회주의의 이러한 구상은 구 유고슬라비아에서 결코 완전히 실행될 수가 없었다. 이러한 것이 사건과 병행된 곳에서, 이에 상응하는 실마리들이 그들의 부정적인 경제적 결과 때문에 유고슬라비아의 분할이전에 이미 다시 후퇴하여 졌다.

## 5.6. 비판적인 평가

마르크스는 확실히 국민 경제학의 역사에 있어서 위대한 인물 중의 하나이다. 그는 수많은, 나중에 지속 구축된 이론들의 선행자로서 보아질 수 있으며, 이를테면 순환- 및 성장이론, 소득분배의 사회적 이론, 부분적으로는 경기순환의 이론 마찬가지로 (사회학의 부문에서) 사회적 갈등의 및 사회적 변천의 이론에 있어서 이다. 마르크스에 의한 많은 구상들이 그렇게 많이 현대적 사회과학에 (특히 사회학에) 통합되어졌으며, 이에서는 개별적으로 그의 근원들이 거의 인식되지 못하고 있다. 또한 마르크스는 놀랄 정도의 분명함으로 이미 그의 시대에 집중, 기술적 실업 그리고 침체하는 성장 동력과 같은 문제들을 조사하였으며, 이들은 오늘날까지 연구되고 있으며 그리고 최근에는 정치적 논쟁들의 핵심으로 되어있다. 기본적으로 물론 모든 정리들과 이론들이 고루하게 되었거나 낡은 것으로 결정된다. 마르크스의 이론들도 여기서 예외는 아니다. 바로 이러한 학문적인 비판을 제외하려고 한 시도들이 독단적인 마르크스주의적 이론의 불임으로 인도한다.

  마르크스주의적 측면으로부터 언제나 다시 바로 마르크스적인 방법들의 임신가능(풍부함)에 대하여 증명되어도, 자본주의적 발전의 마르크스적 이론이 사려 깊은 역사철학에 뿌리를 두고 있다는 것이 오인되지 말아야 하며, 이는 비판적인 합리주의의 의미에서 의심의 여지없이 경험적으로는 잡히는 바가 없으며, 왜냐하면 근본적으로는 검사될 수 없기 때문이다. 이것뿐 만이 아니다. 이들은, 객관적인 법칙성들이 사회적인 발전에 존재한다는 표상위에 기반하고 있으며, 이들 법칙성들은 (만약 한번 인식되고 그리고 정치적 행위들의 기반으로 된다면) 경제적인 필요불가결들의 저편의 인간적인 자아실현에로와 그리고 사회적인 자유에로 필연적으로 인도되어야 한다. 이러한 낙관적인 역사형이상학은 그들의 학문- 및 진보믿음을 가지고, 현재의 정치적 경험들의 관점(이를테면 "실질적 사회주의"의 경험)에서나, 오늘날 생활 기반들의 위협하는 자체파괴의 관점에서나 그리고 사회과학(바로 국민 경제학)의 외부적으로 한정된 인식가능성들의 관점에서 일반적으로 단지 또한 역사적 관심에 봉착할 지도 모를 일이다.

방법론적으로 문제가 있는 것이 그러나 또한 그의 부가가치 이론에 있어서의 마르크스적 대응방법이며, 이러한 부가가치 이론은 언제나 그의 전체 자본주의분석의 기반을 제시한다. 부가가치를 물론 (마르크스가 이렇게 한 것처럼) 유입- 그리고 유출가치 사이의 차이로 그리고 가치를 인간적인 노동의 대상화로 정의한다면, 그럼 정의에 따라 부가가치는 요소 노동의 투입에 소급되어져야 한다. 부가가치 이론은 내용적으로 중요하지 않은 것은 아니다. 이는 또한 오늘날까지도, 소득분배를 사회적인 힘의 관계들의 고려 하에서 설명하려고 하는 흥미로운 시도들을 제시한다. 결국 이는 그러나 인과적인 원인-작용-상관관계들에 대한 어떠한 서술도 제공하지 않는다. 이는 단지 특정한 정의들의 논리적인 함축성만을 제시한다. 이로서 이는 또한 유사어의 반복적으로 표현되어 질지도 모른다.

마르크스적 방법의 다른 양상들은 이에 반하여 오늘날까지도 경제학자들을 위하여 하나의 도전을 제공한다. 이에 속할 수 있는 표상들이, 경제적인 제도들은 사회적으로 조건 지워지고 그리고 역사적 변천 아래에 놓이게 된다는 것과 그리고 이러한 변천이 비 지속적으로, 사회적 갈등의 진로에서 완수된다는 것이다. 결국 이는 하나의 통합적 사회과학의 표상이다.

동구의 사회주의적 체제들의 붕괴 이후에 바로 그리고 또한 논쟁으로 남아 있는 것이 마르크스에 의한 "경제 정책적인 작용"이다. 마르크스가, 동구체제들의 폭발적인 경제적 기능문제들과 그리고 그들의 인간멸시적인 억압역학들을 가진 동구의 계획경제의 이론적인 방향제시자였는가 하는 것이다. 아니면 그는 불공정하게 "실질사회주의"를 위해서 수용되어 졌으며, 역시 그의 체제조건적인 문제들에 "과오"가 없는가 하는 것이다. 단순한 대답들은 마르크스적 체제의 복잡성과 함축성의 관점에서 확실히 가능하지는 않다. 여기서는 또한 개별로 상이한 마르크스적 인식목표들과 방법들의 상대적 비중에 연관되어지며, 특히 헤겔적인 출처의 역사철학적인 요소들의 역할에서 이다. 확고한 것들은 그러나 다음의 것들이다: 실질사회주의의 붕괴를 그의 경제적 기능문제들 없이 이해할 수 없으며, 이들 기능문제들은 중앙적 계획경제의 기능방식 없이는 이해될 수 없고, 그리고 그의 기본구조는 마르크스적 이론의 개별 요소들에 대한 소급 없이는 이해될 수 없다. 마르크스적 분석으로부터 레닌주의자들과 스탈린주의자들에 의하여 유도된 질서정책적인 함축성 보다 다른 것들이 또한 전적으로 주어질지도 모를 일이다. 하지만 마르크스적 업적은 중앙적 계획경제의 형성, 구조 및 작용방식의 이해하는 설명을 위한 피할 수 없는 기반이 되고 있다. 이러한 의미에서 이는 실질사회주의, 그의 문제들 및 그의 붕괴의 이론적인 기반을 형성한다.

# PART 7.
## 역사주의

경제학은, 그에서 많은 인식행로들이 성공을 약속하는 학문의 하나이다. 그의 역사는 한편으로는 천재적인 독보행로를 보여주며, 그들의 획기적인 능률들을 통하여 전문세계가 커다란 한 획을 긋기도 하고 (케인즈주의의 경우처럼), 혹은 조용하고 긴 발걸음에서 (Cournot 및 Gossen 등 한계효용학자들의 나중의 승리를 생각하면) 변화되어지기도 한다. 그리고 다른 편으로는 고정되게 접착이 된 사고의 건물을 구축하기 위한 벽돌을 나르는 수레꾼을 볼 수 있다. 마르크스주의의 정치경제학이 이를 위한 일목요연한 증거이다. 특별한 애정으로써 학문사가 또한 경제적 사고를 지속 각인 하려고 하는 그러한 흐름들(고전적-신고전적과 같은)을 추적하였다. 하지만 또한 종파들이나 국외자들도 간과되어지지 말아야 한다. 비록 그들의 작용들이 대부분 일화에 머문다 할지라도, 그들의 학문적 영향은 종종 파급적이며, 중농주의자들의 예가 보여주는 것과 같은 것이다. 이에 더하여 역사가들이 알고 있는 것은, "순수하게" 경제적인 설명공간에만 국한하는 (예를 들면, 한계효용이론 혹은 일반적 균형이론) 연구의 실마리들이 있는가 하면, 또한 역시 경제적인 것을 사회, 정치, 법적인 것, 심리학적인 것과 연관된 것으로 봄으로써 가능한 한 넓은 설명의 틀을 필요한 것으로 생각하는 연구의 실마리들이 있다. 이에 속하는 것이 "역사적 학파"로 불리는 국민 경제학에 있어서의 특히 이러한 방향이다. 그들의 넓은 (그들의 비판가들이 말하는 너무 넓은) 수평은 그들에게 하나의 세계관을 제시해 주며, 그러한 세계관은 유럽의 정신사에 깊이 그리고 학과들을 초월하여 뿌리박힌 "역사주의"이다.

역사적 사고는 단지 역사 연관된 요설 이상을 의미하며, 또한 역사에서 성장된 현재의 이해 혹은 설명 이상이다. 역사주의는 빠른 일반화를 신뢰하지 않으며, 이에 의하면 이는 또한 오히려 상대화하는 관점을 옹호한다. "역사적-인간적 힘들의 일반화하는 관찰의 대체는 개인화하는 관찰을 통하여"(Friedrich Meinecke) 특징되어지며, 핵심에 있어서는 역사적 인식의 위치연관성에 대한 가설에 관한 것이다. 경제학사에 있어서 역사주의는 (개별 중상주의적[Steuart] 및 자유주의적[Malthus, Mill] 저자들의 산발적인 의미들에 따르면) 낭만주의의 국가- 및 경제이론에서 천명한다. Friedrich List는 국민 경제학의 역사학파의 선행자로 보이며, 역사학파는 초기- 및 후기역사학파로 구분되며, 결국 이는 역사학파의 후속국면들 및 역사주의적 후계의 특별한 방향들에 봉사한다.

## 1. 낭만파의 국가이론과 경제이론

낭만주의는 의심의 여지없이 유럽정신사의 논란이 되고 또한 상충적인 연대에 속하며, 이에서는 18세기에서의 19세기에로의 독일에서 시작하여 나중 전체 유럽으로 퍼진 합리주의 및 공리주의와 마찬가지로 프랑스 혁명에서 시작한 정치적 이상들과 생활상들에 대한 전체 유럽적 운동으로 확대된 반작용에 관한 것이다. 낭만주의에서는 단순히 계몽주의의 비합리적인 상충을 볼 지도 모르며, 이에 해당하는 것처럼 보이는 것이 형이상학으로서, 이에서는 신체, 정신 및 영혼에 대한 철학적 삼위일체가 정신과 물질 요소들의 재 획득을 통하여 (정신과 물질에 대한 계몽주의적 이분법에 따라) 다시 완전하게 될 지도 모른다. 문학, 음악 및 형상예술에 집중하는 낭만파는 예술의 자치의 구상으로써 감각과 역사에 대한 강조를 함으로써 증가하여 또한 다른 학과들에서도 파악되었다. 예를 들면 경건주의적 신학, 역사적 비교언어학 및 법역사 지향적 법학 등을 들 수 있다. 역사적으로 되어짐에 하나의 높은 위상가치를 부여하며, 나아가 역사적 현상의 개인주의적 강조는 낭만주의적 문화운동에 하나의 국민적인 필요성을 제공한다.

철학적-문학적-국가학적 환경에서의 보수적인 성향은 우선 정치적인 데에서 나타났다. 정치적 낭만파에서는 국민은 서열로 조직된 유기체적 형상으로 인식된다. 사회적 견해에 대해서는 일반적으로 유기체의 생물학에 의지하는 관점이다. 이에 또한 각인되는 것이 독일 이상주의의 국가철학적 기반이다.

낭만주의적 경제이론을 구축한 사람이 아담 뮐러이다. 그의 사고의 핵심은 상위에 질서 지워진 유기체 전체에서의 개별의 하부적인 질서이다.

## 2. 역사주의

역사주의란 개념은 19세기 말에 처음으로 등장하였으며, 처음에는 낡은 것, 현재 반대주의 및 비 실용적인 것을 의미하게 되었으나, 나중에는 긍정적인 의미로 신학과 철학에서도 현대를 의미하게 되었다.

역사주의는 그의 의미에 있어서 다음과 같은 뜻을 가진다;
- 정신과학적 실용주의로서, 가치중립적인 자료와 사실들을 통하여 객관적인 인식을 추구.
- 역사적 상대주의로서, 이는 모든 문화적인 현상의 다양성과 역사적인 조건성의 관점에서 절대적인 유효성을 소급하는.
- 사회- 및 문화과학으로서, 이에서는 자연적인 것에 상반되었으며 모든 문화적인 현상들이 역사적으로 인식, 이해 및 설명되어 질수 있다는 것.

이러한 새로운 학문이 추구하는 목표는, 모든 제도들을 그들의 상호작용에서 되돌아보면서 (역사적으로), 비교하면서 그리고 포괄적으로 연구하는 것이었다. 수집된 자료들은 결국 (역사적인) 발전법칙들을 도출하는 데에 봉사되어 져야 했다. Herder는, 개개의 국민들과 개개의 연대들을 각인하는 "시대정신"을 연구하였으며, 그의 경험적 상대주의는 언제나 전체적이고 유기적이었다.

## 3. 선행자들

넓은 의미에 있어서는 중상주의와 독일의 관방주의가 이에 속하며, 이들에 있어서는 사회의 복지가 국가가 경제적인 자원들에 풍부하고 내외적으로 강력함을 통하여 가장 잘 확보되고 촉진될 수 있다고 믿었다.

독일 이상주의의 두 요소들도 이에 속한다. 경제학자로 이해되는 철학자 헤겔의 사상으로서, 그는 평준화하는 정의를 수행하여야 할 것이 국가라고 보았다. 이러한 반 개인주의적인 자세는 철학자 Fichte에게서도 발견된다. 그의 이성국가에서는, 자체적인 전체로서 신분적으로 구축되고 공동경제적으로 조직되며 다른 국민경제에 대하여 자급자족이어야 한다. 이에 상응하여 국가에 많은 권리들과 의무들이 부여된다.

역사학파는 중상주의적-관방주의적, 이상주의적-낭만주의적 및 비판적-고전주의적 방향으로 구분됨을 볼 수 있으며, 이들 영향의 혼합의 관점에서 초기- 및 후기역사학파가 구분된다.

## 4. 초기역사학파

 이러한 무리의 대표자들로서는 19세기 중엽에 영향을 미쳤던 Bruno Hildebrand(1812~1878), Wilhelm Roscher(1817~1894) 및 Karl Knies(1821~1898)를 꼽을 수 있다. 이들은 고전학파적 경제학의 추종자들이었으며 동시에 비판가들이었다. 물론 이들은 역사적 관점에서 경제학의 견해들을 확충하였으며, 역사적인 예들로서 경제적 발전의 역사적 단계들을 발견하며, 이로서 특정한 고전적 이론들을 대항하려고 한다. 역사적인 연구방법을 개선하기 위하여 통계학의 도구를 사용한 것은 특기할 만하다.


## 5. 후기역사학파

 후기역사학파는 공동의 교재와 공동의 작업프로그램, 조직적인 연구와 학회지 그리고 연감을 가지고 있었으며, 이의 대표자가 Gustav von Schmoller(1838~1917) 이다.
 후기역사학파는 물론 초기역사학파로부터 "역사적인 실마리"들을 전수하였으며, 국민 경제학이 장소, 시간 및 국적의 조건들로부터 떨어질 수 없다는 것이며, 그러한 조건들을 그들은 오로지는 아니지만 우선적으로 역사에서 찾았다.

# PART 8.
## 현대적 가격 및 비용이론의 길잡이들

## 1. 들어가면서

현대적 가격- 및 비용이론의 이론사적 출처를 제시한다는 것은 상이한 개별들의 혹은 학파들에로 함께 파악된 경제학자들의 관점들에서의 재화- 와 요소가격들에 대한 결정기반들을 작업해 내는 것이고, 그리고 가격- 및 비용이론적인 사고의 지속발전을 현대의 위치에 까지 인식하게 하는 것이다. 여기서 우선 현대적 이론들에 있어서 재화- 및 요소가격들을 위한 지배적인 수량적인 결정기반들을 파악할 뿐만이 아니라, 나아가 또한 가격들과 비용들을 설명하는 것이 개별에 관계된 가치들에 독립적인지 종속적인지에 의문을 하는 객관적 및 주관적 가치- 및 가격이론들을 다룬다. 다음으로 완전한 경쟁, 독점, 독점적 경쟁 및 과점의 시장형태에 종속된 가격형성을 보는 이론들의 형성에 대하여 다룬다. 마지막으로 요소 가격형성 이론들의 지속발전들과 가격- 및 비용이론의 중요한 최근의 발전들을 다룬다.

## 2. 객관적 및 주관적 가치- 및 가격이론들

### 2.1. 선행자들

이미 고대 희랍의 Aristoteles는 한 재화의 그의 독자적인 사용에 따른 주관적인 욕구들에 기인하는 가치(사용가치)를 한 재화의 다른 재화와의 동등한 수량 혹은 화폐로 교환에서의 객관적인 가치(교환가치)와 구분했다. 중세 스콜라 학자들은 이러한 구분을 심화시켰으며, 사용가치를 그에서 재화의 본성 자체가 보이는 것이 아니라, 욕구충족을 위해 개인에 의해서 감지되는 주관적인 의미에 있어서의 사용을 통해 서술하였으며, 그들은 교환가치를 재화의 생산비용 특히 노동비용과 연관된 것으로 관찰하였다.

## 2.2. 객관적 가치- 및 가격이론

### 2.2.1. 고전학파의 가격이론

Adam Smith와 David Ricardo로 대표되는 영국의 고전적 학파는 재화의 사용가치에서는 그것이 서로 다른 사람에 의하여 상이하게 평가되기 때문에, 교환가치와 가격의 하나의 전제조건은 보았으나 결정기반은 보지 못했다. 이러한 고전적 가치이율배반에 따르면 사용가치와 교환가치 사이에 종종 심지어 확연한 차이가 존재한다. 물은 높은 사용가치를 가지지만 그러나 극소의 교환가치를 가진다. 다이아몬드에 있어서는 이는 반대이다. 고전적 견해에 따르면 교환가치를 위해서는 오로지 객관적 결정기반들 만이 고려가 된다. 두 재화의 상대적 교환가치, 그들의 교환양의 관계, 그들의 가격관계는 스미스에 의하면 토지경작이나 자본축적의 이전에 있었던 발전의 가장 낮은 단계에서는 재화의 산출에 투입되었던 노동양의 관계에 의해서 결정된다. 예를 들면 비버나 사슴의 사냥에 요구되는 시간으로 표시되는 노동양의 관계에 의하여 결정된다. 이러한 발전단계에서는 노동비용들이 유일한 가격구성부분이다. 두 재화의 가격관계를 결정짓는 것은 더 높은 발전단계에 있어서는 노동비용, 토지지대 및 이윤으로 구성되는 생산비용들의 관계이며, 이것이 두 재화의 가격관계를 결정하며, 가격은 이에 상응하여 세 개의 구성부분들을 가진다.

　리카도에 따르면 두 재화의 상대적 교환가치의 결정에 있어서 노동비용으로서 다른 비용들을 첫 번째 접근에서 추상화 하였으며, 교환-마찬가지로 가격관계를 단일의 노동의 질로 계산된 노동량을 통하여 접근하였다. 상대적 노동량을 통하여 접근된 가격관계를 수치화하는 데는 최소한 두 개의 결정기반들이 고려될 수 있었다. 첫 번째는 지속적인 실물자본에 포함되는 노동량들이다. 두 번째는 재화의 생산에 있어서 매 기간마다 이윤율로 이자되어져야 하는 화폐자본에 대한 상이한 긴 연계이다. 근본적으로 리카도에 있어서 화폐로 표시된 가격을 결정하는 것들이 재화의 생산에 끌어들여진 최하급 토지에서의 노동비용과 이윤이다. 지대는 단지 보다나은 토지를 위한 차등이윤으로 형성된다. 지대는 이에 상응하여 가격을 위한 결정기반이 아니며, 상이한 질의 토지에서 생산된 재화의 모든 수량들을 위한 단일적인 가격의 결과이다.

　노동시간을 위한 임금률은 고전적 이론에 의하면 점차적으로 그렇게 높게 되어서, 노동자가 그의 임금에 의하여 "생필품, 생활용품 및 수용가능성"(리카도에서와 마찬가지로 스미스에 있어서도), 즉 통상적으로 노동시간을 재생산하기 위하여 그를 생활유지에로의 지배적인 권한에 있게 하여야 한다. 이러한 통상적인 존재- 혹은 재생산 임금률이 자연적 임금률이다.

　모든 더 높은 시장 임금률은 더 적은 유아사망률과 더 높은 출생빈도의 바탕위에서 인구와 노동공급을 증가시키고 이로써 임금률을 다시 하락하게 한다. 모든 더 낮은 임금률은 마찬가지로 결국 노동공급의 감소와 임금률의 상승을 인도한다. 시장 임금률은 노동공급의 내생적인 변화의 기반에서 또한 언제나 자연 임금률에 접근한다.

고전적 이윤이론은 일반적(흔한, 평균의, 통상의, 정상의) 이윤으로서, 소비절제와 손실위험을 수용하고 그리고 생산의 실행을 위해 필요한 화폐자본을 조달하는 자본투자자의 준비를 이룩하는 그러한 화폐자본이자 이다(스미스와 리카도에 있어서). 일반적인 이윤율을 상회하는 투입자본의 자본이자는 추가적인 화폐자본을 재화의 생산에로 조정하고, 이의 공급은 증가하고 그리고 이윤율은 하락한다. 일반 이윤율의 아래에 있는 자본이자는 재화의 생산에로 투자되는 화폐를 축소시키며, 재화의 공급이 줄어들고 그리고 이윤율은 상승한다. 이윤율은 화폐자본의 이동성과 재화공급의 바탕위에서 언제나 일반적 임금률에 접근한다.

자연 임금률에 의한 노동의 임금지불과 일반적 이윤율로서의 화폐자본의 자본이자는 주어진 기술의 조건하에서, 이로서 주어진 노동- 및 화폐자본투입에서 재화의 화폐로 표시된 자연가격을 정의 한다 (스미스와 리카도). 자연적 임금률과 벗어난 시장 임금률의 그리고 일반적 이윤율로부터 벗어난 이윤율의 서술된 적응의 기반위에서 재화의 자연적 가격에서 벗어난 시장가격은 자연적 가격에 스스로 적응하는 경향이 있다. 재화의 자연적 가격은 시장가격의 진동의 중앙이다.

두 재화의 교환가치의 관계가 노동량의 관계를 통하여 표현된다고 한다면(스미스에 있어서는 가장 낮은 발전단계에 있어서, 리카도에 있어서는 또한 점차적으로 높은 발전단계들에 있어서도), 고전학파들은 노동에서 상대적인 가치를 위한 객관적인 척도 그리고 이로서 재화의 상대적 가격을 보았다. 심지어 특히 리카도는 노동을 재화의 절대적 가치를 위한 불변의 측도로 정립하려고 했다. 고전적 가치- 및 가격이론은 그럼으로 단지 한정된 의미에 있어서 하나의 노동 가치이론 이다. 자연적 임금률의 이론과 일반적 이윤율의 이론을 자연적 가격의 결정기반들로 평가에 관여하게 한다면, 그러면 이에는 놀랍게도 주관적인 요인들이 나타나는 것이다. 재생산 임금률은 결정적으로 생활유지에 대한 노동자들의 주관적인 권리들에 의존적이며, 일반적 이윤율은 결정적으로 소비금욕과 위험수용에 대한 화폐자본 공급자들의 주관적인 준비에 의해서 각인된다. 경제이론의 역사에 언제나 객관적으로 정리되는 고전적 가치- 및 가격이론은 이로서 이러한 시금석을 단지 불완전하게 충족시키고 있다. 노동량의 관계가 개인연관적인 가치평가에 의해서는 독립적이며, 이로서 객관적이다. 이는 상대적인 가격들을 노동(가장 낮은 발전단계에서 처럼)이 유일한 가격요소 부분일 때라는 것 만을 설명한다. 더 높은 발전단계에 있어서는 이는 상대적 가격들을 최상의 경우로 접근적인 방법으로 설명한다. 노동비용들과 이윤으로 형성되는 생산비용들은 재화의 자연적인 가격을 개인독립적인 물적 관계에 의해서 만이 결정되는 것은 아니다. 왜냐하면 자연적인 임금률과 일반적인 이윤율은 또한 개인 연관된 가치평가들에 의존하고 있기 때문이다.

### 2.2.2. 마르크스주의적 가치- 및 가격이론

마르크스적 이론에 의하면 자본주의적 상품생산에 있어서 자본가는 화폐로써 생산수단들(이에는 또한 반제품과 원료)과 노동력을 취득하며, 이로써 생산된 상품들을 자본가는 판매를 통하여 다시 (더 많은) 화폐로 전환시킨다. 고전적 이론에서와 마찬가지로 상품의 사용가치는 교환가치를 이룩할 수 있는 전제조건이다. 교환가치는 단지 가치의 외적 표현 형태이며, 그의 본질 혹은 그의 실체는 인간적 노동이다. 상품은 형상화한 노동이다. 노동의 그리고 이로서 가치의 정도는 단일의 노동의 질, "단순한 노동"으로 전환 계산된 노동시간이다. 가치법칙에 따라 상품의 교환가치는 이러한 상품의 생산의 평균조건으로 이해되는 이들 생산에 대한 "사회적으로 필요한 노동시간"으로 측정된다. 노동력 또한 상품의 성격을 가지기 때문에 노동력의 교환가치는 그들의 제공 혹은 재생산에 대한 사회적으로 필요한 노동시간과 같다. 즉 이는 노동력을 바로 새롭게 할 수 있는 생필품과 기타의 필요대상물의 가치를 통하여 결정된다. 예를 들면 12시간의 노동력(고정자본 c에서)과 2시간 가치의 생산수단 소비로써 한 상품이 생산되면, 그의 가치(w)는 14노동시간과 같다. 노동시간은 이에서 12시간의 가치로 참가했다. 노동시간의 자체의 가치(가변자본 v로서의)는 그리고 이로서 이의 재생산임금지급은 어쨌든 더 적으며, 이를테면 6시간이다. 잉여(w-c-v)가 오로지 노동력에서 계산되어져야 할 부가가치(m)이며, 여기선 이는 6시간에 해당한다. 부가가치를 자본가가 소유해 가짐으로서, 자본가는 이로써 노동력을 착취한다.

  마르크스는 그의 가치이론을 처음부터 순수한 노동가치 이론으로서 발전시킨다. 상품의 생산을 위해 필요한 노동시간이 상품의 가치를 정의한다. 모든 노동량은 마르크스에 있어서 이에서 상품이 형성되는 응축된 가치실체이다.

  여기서 중요한 문제는 마르크스가 그의 가치의 이론을 또한 가격의 이론으로 이해하려고 하느냐, 상품의 실재가치로 정의된 노동량들이 또한 그의 가격관계를 설명해야 하느냐 이다. 그렇다고 한다면 마르크스는 노동을 가격에 대한 설명에 있어서 절대적인 가치척도로 정립하려고 했던 리카도에 의해서 헛되게 추적되었던 목적을 달성할 지도 모른다. 마르크스주의적 가치이론은 단지 특별한 경우에서 동시에 가격이론이라는 것을 나타내며, 이는 국민경제의 모든 상품생산들에 있어서 자본의 동일한 유기적 구성일 때(가변 및 고정자본의 합계 v+c에 대한 고정자본 c의 관계, 자본집약도로도 응용되는) 이다. 이러한 경우에는 모든 상품생산에 있어서(노동시간으로 표시된) 부가가치 m은 바로 (노동시간으로 표시된) 평균이윤 p와 같다. 상품의 가치 c+v+m은 그럼 (마찬가지로 노동시간으로 표시된) 마르크스주의적 생산가격 c+v+p와 같다. 평균이윤은 고전적(일반적 이윤율로 주어지는) 일반적 이윤에 상응하고, 생산가격은 고전적 자연적 가격에 상응한다. 자본의 하나의 어디나 동등한 유기적 구성이 극도로 비현실적이고 어떠한 경제적 적응경향을 통해서도 정당화되지 않는 가정이기 때문에 마르크스는 그의 저서 제3권에서 이를 제거한다. 그는 한 생산이 국민 경제적 평균을 상회할 때, 이러한 생산에서의 자본의 유기적 구성이 아래로 국민 경제적 평균보다 아래에 있을 때, 이러한 상품 생산에 있어서의 부가가치는 통상적으로 평균이윤율 p와 차이를 보이며 즉 위로 변한다는 것을 수용해야만 한다. 그럼 또한 상품의 가치와 생산가격이 갈라지는 것이다. 정상경우에 있어서는 역시 마르크스주의적 가치이론은 어떠한 가격설명도 제공하지 않는다. 이는 훨씬 더 가격이론으로부터 따로 된 이론으로 이해되며, 이와 관련하여 아래에 논의되는 주관적 가치이론에 대하여와 같이 또한 고전적 이론에 대하여도 구분된다. 마르크스주의적 가치이론은 노동력의 착취를 기반 하는 하지만 경제적으로는 확신되지 않는 기능을 가지고 있다. 왜냐하면 마르크스주의적 착취이외는 노동소득으로서 여타의 소득이 존재하지 않으며, 투입된 화폐자본의 이자지급으로서 어떠한 일반적 이윤도 없으며, 결국 소비절제를 통한 화폐자본형성에 대한 그리고 위험수용에 대한 어떠한 자극도 없으며, 나아가 결국 또한 어떠한 투자들도 그리고 어떠한 성장들도 존재하지 않는다.

마르크스에 있어서의 가격이론은 근본적으로 고전적의 것을 넘어서지 않는다. 노동력은 점차적으로 그들의 재생산비용에로 임금 지불되어져야 하며, 이윤율은 고전적 일반적 이윤율에 접근하고, 생산가격은 자연적 가격에 상응하고 그리고 이는 시장가격의 진동의 중앙이다.

## 2.3. 주관적 가치- 및 가격이론

한계효용학파를 통하여 대표되는 주관적 가치이론에 있어서는 고전학파들이 불가능하다고 믿었던 즉 재화들의 상대적 교환가치를 즉 그들의 교환양의 관계 그리고 이로서 그들의 가격관계를 사용가치들로부터 그리고 사실 모든 마지막으로 사용된 재화단위(한계효용)들로부터 도출해 내는데 성공했다.

한계효용학파의 중요한 선행자는 Hermann Heinrich Gossen(1854)이며, 그는 효용의 준비를 지속하여 계속한다면 동일한 효용의 크기가 마지막 포만에 도달할 때까지 지속 감소한다고 함으로써 실증적으로 감소하는 효용의 가정을 이룩했다. 사람이 모든 개별 효용에 있어서 마지막으로 그기에 사용하였던 화폐단위가 동등한 크기의 효용을 보장하게 그의 전체 취득한 화폐를 서로 상이한 효용에 그러한 방식으로 분할한다면, 그는 삶의 효용가운데에서 가장 큰 것을 취한다는 서술로써 Gossen은 가계의 효용극대화를 위하여 필요한 화폐의 한계효용의 균등의 조건을 작성한다.

한계효용학파의 돌출출현은 1870년경 영국인 William Stanley Jevons(1835~1882), 오스트리아의 Carl Menger(1840~1921) 그리고 스위스의 로잔너에서 가르치던 프랑스계의 Leon Walras(1834~1910)의 서로 독립적으로 생겨난 저서들을 통하여서 이다. 저자들은 효용과 한계효용을 위한 상이한 개념들을 사용했지만, 모두가 소비자들의 효용평가들에서 한 재화의 가치와 교환가치를 위한 원인과 결정기반들을 보았다. 마지막으로 소비되는 재화의 효용 즉 증가하는 소비량으로 감소하는 한계효용은 또한 여타의 소비된 재화단위들의 가치를 위해서도 결정적이다. 모든 욕구들이 모든 재화들의 당해 재화가격으로 나누어진 한계효용들이 (화폐의 한계효용) 동등할 때 효용극대화는 이루어진다. 이러한 방식으로 고전적 가격 이율배반을 풀리게 했다. 충분히 존재하는 물과 같은 재화는 높은 총 효용을 가지지만, 마지막 단위의 효용은 극히 적으며 이로서 가치 또한 미미하다. 이에 반하여 단지 적은 양만이 존재하며 증가할 수 없는 다이아몬드와 같은 재화는 적은 총 효용을 가지지만, 마지막 단위의 효용 그로써 그의 가치는 높다.

고전학파들이 특히 임금 및 이윤과 같은 가격의 개별 구성부분들을 위한 따로 된 이론들을 발전시킨 반면, 한계효용학파는 비용구성부분들을 단일의 원칙 즉 한계효용원칙에서 도출 할 것을 요구했다. 그리고 이러한 것은 소비재를 위해서 뿐만이 아니라, 요소들로서 생산에 투입되는 재화들을 위해서도 해당된다. Jevons와 Menger 및 오스트리아 학파의 여타의 저자들도 이러한 요구들에 정당화되기 위해서는 어쨌든 어려움이 많았다. Jevons는 그의 연구의 중심을 두 가계사이의 주어진 재화 양들의 분리된 교환의 경우에 두었다. 각 가계를 위한 한 재화의 한계효용의 관계가 재화들의 가격의 관계와 동일할 때 개별 가계들은 그들의 효용극대를 이룬다는 서술에서 그는 교환이론의 핵심을 보았다. 그러나 이러한 교환이론은 가격관계의 그리고 교환되는 수량들의 결정에로는 충분하지 않다. 또한 한계효용에 대한 총계의 문제를 인식함이 없이 집단적인 한계효용을 논의했기 때문에 임의의 많은 교환 상대방들의 경우에로의 제본스적 전이는 불충분하다. 다른 한편으로 Jevons는 (이전의 이미 Gossen과 마찬가지로) 가계의 노동공급을 효용고려에 관여시켰다. 이는 노동임금으로 구매된 재화들로부터의 긍정적인 한계효용이 부정적인 한계효용(노동고통)과 욕구에서 평준화 될 때까지 그렇게 확장된다.

　Menger는 "더 높은 등급의 재화"에 대한 가치는 "더 낮은 등급의 재화"의 가치를 통하여 결정된다는 것을 강조하였으며, 즉 중간 생산재들은 완성되지 않은, 상이한 생산단계들을 거치는 소비재들로 파악되었으며, 이들의 교환가치는 결국 마지막 단계에서 생산된 소비재들인 "제1등급 재화"로부터 도출된다. 전 단계들의 재화들에로의 소비재들에 대한 가치의 합산계산은 오스트리아 학파의 대표자들에게 역시 어려움을 주었다. Wieser는, 소비재가 수행하는 욕구충족에 대한 요소의 한계공헌을 다른 요소들의 고정된 투입에서 한 단위의 요소투입의 제한을 통하여 야기되는 효용손실을 통하여 표현할 것을 시도하였다. 이러한 절차에 따라 요소의 가치와 가격은 그의 한계생산성에 의하여 측정되었으며, 이러한 요소로써 생산된 재화의 한계효용으로 곱하여 졌다. 임금률, 이자율 및 지대는 그럼 생산의 한계효용을 통하여 결정되어 지며, 이는 불리한 전제조건들 하에서 실행에로 이루어진다. 하나의 자급자족 경제를 위하여서는 이러한 절차가 수용될 수도 있을지 모르지만, 노동 분업 경제를 위하여서는 요소가격들이 "한계효용에 한계생산성을 곱한 것이 되게" 그렇게 가격역학과 배분이 작용하느냐 하는 문제는 열려있다. 오스트리아 학파의 대표자들은 이러한 의미에서 합산계산의 문제를 해결하기 위하여 많은 사고적인 노력을 경주하였으나, 이들은 가계들이 한계효용균등의 법칙에 따라 행동하는 미시 경제적 전체분석에서 무엇보다도 또한 요소가격들이 결정되어야 한다는 것을 인식하지 못했다.

로잔너 학파의 유명한 대표자인 Walras는, 이러한 전체분석을 실행하고 그리고 이로서 경쟁경제의 이론에 처음으로 형식적-분석적 기반을 제공하는 데에 성공하였으며, 모든 개별 가계는 "생산적 봉사"라고 불리는 요소능률들 즉 노동량들, 실물자본- 및 토지능률들에 대한 상이한 변수들에 대한 주어진 양들(첫 장비들)을 제공한다. (기수적) 효용함수에 따른 그의 효용의 결정기반들은 기업들에 의하여 취득되는 재화들 이외에 또한 생산적 봉사에 대한 자체소비들이다. 한 가계는 수량적응가로서 그의 효용함수를 극대화하며, 즉 부대조건하에서 주어진 재화- 및 요소가격들에 있어서 그의 생산적 봉사에 대한 판매로부터 이룩된 수입들이 그의 재화지출들을 덮을 때이다. 이에서 귀결되는 것이 "모든 생산적 봉사를 위한 일반적인 공급함수"와 "모든 재화를 위한 일반적인 수요함수"이며, 모든 봉사를 위하여 마찬가지로 모든 재화를 위하여 모든 가계들이 집계되어진다. 같은 방식으로 주어진 생산함수의 부대조건 하(Walras에 있어서는 처음에는 일차적-한정적 생산함수, 그리고 나중엔 대체적 생산함수)에서 모든 기업들을 위한 수량적응에 의한 이윤함수의 극대화로 부터 생산적인 봉사들을 위한 일반적인 수요함수들과 재화들을 위한 일반적인 공급함수들이 주어지며, 이들이 모든 기업들을 거쳐 집계될 수 있다. 시장균형조건들, 이에 따라 시장청산이 되고 즉 모든 생산적인 봉사와 모든 재화를 위하여 전체적으로 공급되는 것이 전체적으로 수요되는 수량과 같아지는 시장균형조건을 포함하여, 모형은 (서로 독립적인) 방정식들의 수보다도 하나 더 많은 미지수를 가진 모형이 된다. 미지수의 통일을 통하여, 즉 임의의 선택된 "셀 수 있는 재화"의 가격의 통일을 통하여 미지수의 수가 하나 적은 방정식의 수와 같은 크기로 감소한다. 해답의 존재가 주어진다면, 그럼 그러한 해는 개별 가계들과 기업들의 "모든 가격들과 (셀 수 있는 재화의 가격과 연관하여) 그리고 공급- 및 수요량들의 균형가치들을 보여준다. Walras는, 동시에 모든 가격들과 수량들을 결정하는 완전한 경쟁의 모형에서의 한계효용원칙을 구축함으로서 성공했으며, 한계효용균등의 법칙이 모든 가계들을 위하여 전체적 미시 경제적 균형에서 이룩된다. 방정식들, 부대조건을 가진 효용극대화에서 도출되는 화폐의 한계효용의 평등을 표현하는 방정식들은 다름 아닌 한 가계의 일반적인 재화수요- 및 요소공급함수들의 함축적인 제시들인 것이다. 주관적인 효용평가들에 기인하는 가치- 및 가격이론은 Walras에 있어서 일반적인 경제적 균형의 이론으로 되었다.

객관주의적 가치- 및 가격이론이 주관주의적 요소들을 포함하는 것과 같이, 왈라스적 각인의 주관주의적 가치- 및 가격이론에 객관주의적 요소들이 나타나게 되며, 균형가격들과 균형수량들은 개인 연관된 평가들을 표현하는 효용함수들에 의해서 만이 결정되는 것일 뿐만이 아니라, 또한 역시 두개의 개인 독립적인 사건관계들에 의해서도 결정된다. 하나는 소유 질서의 표현인 가계들에서의 첫 장비들과 그리고 그들의 분배들이 주어져야 하며, 다른 하나는 기업들은 주어진 생산함수들에서 행동해야 한다.

주관주의적 이론의 주장자들은 모든 재화들의 효용과 한계효용을 주관적이고 기수적으로 측량할 수 있는 크기로 파악하였으며, 이로서 한 개인에 있어서 서로 상이한 재화들의 수량조합의 효용들이 하나의 전체효용으로 더하여 진다. Francis Edgeworth(1881)에 의하면 효용은 재화조합의 한 개인에 의해서 우열이 정해진 기수적으로 측량 가능한 크기들이며, 재화의 한계효용은 그럼 이 재화의 수량에 의존 할 뿐만이 아니라, 오히려 일반적으로 또한 조합에 있는 다른 재화의 수량에도 의존한다. 두 재화들로 형성된 모든 동일한 크기의 효용을 나타내는 소비량조합들은 기하학적으로 무차별곡선을 제시하며, 이의 기울기 에서는 한계효용들의 관계가 표현된다. Vilfredo Pareto(1906)는 결국, 주관주의적 가치- 및 가격이론을 위하여 기수적 측정 하에 두지 말아야 하며, 이보다는 훨씬 더 한 개인을 위한 두 개의 임의의 재화조합들의 비교를 낫다, 못하다 혹은 같다와 같은 의미에서로서 만의 서수적 효용이 전제되어야 한다는 것을 보여주었다. 자명한 실마리들에서 나중 서수적 효용의 개념을 벗어남이 없이 파레토의 구상을 "개인적 선택행위의 이론"으로 만들려고 시도하였다(Allen, Hicks). 효용이론의 이와 같이 암시된 지속발전을 통하여 미시 경제적 전체분석의 가정들이 약화되었다.

## 2.4. 객관적 및 주관적 이론들의 화해에 대한 마샬의 시도

Alfred Marshall(1842~1924)에 의하면, 재화의 가격은 그의 생산비용의 구성부분들로부터 그리고 이로서 공급측면으로부터 설명되어질 수 있다는 영국의 고전학파들의 견해가 수정하는 새로운 해석을 해야 한다는 것이며, 그러나 근본적인 결함은 없다는 것이다. Jevons나 "오스트리아인들"에 있어서는 한계효용원칙의 기반위에서 수요측면이 최소한 고전학파들에 있어서의 공급측면처럼 그렇게 지나치게 강조되었다는 것이다. Marshall은 생산비용원칙과 한계효용원칙을 모든 가격형성을 지배하는 "공급과 수요의 원칙"의 두 부분으로 표현한다. 각 부분은 가위의 양 날의 하나로 비교되어질 수 있다. 날들의 하나를 고정시키고 다른 하나의 움직임을 통하여 자른다면, 사실 움직여진 날로 자름이 일어났다고 말할 수 있으나, 결국 완전하게 자른 것은 그러나 두 날이다. Marshall은 여기서, 한계효용학파가 수요뿐만이 아니라 역시 또한 요소공급 및 비용을 한계효용으로부터 설명하려고 하였다는 것을 간과하였다. Schumpeter에 의하면, Marshall의 가위의 양 날은 동일한 물질 즉 주관적인 평가들을 포함하고 있다.

 Marshall 또한 역시 객관주의적으로 나타나는 고전학파적 비용개념을 주관적인 특징들로 소급한다. 그의 "실질 비용이론"에 의하면, 비용은 결국 재화의 생산을 위한 직접 혹은 간접으로 요구되는 노동긴장들과 마찬가지로 화폐자본의 준비와 연관된 기다림이다. "긴장"들로서 Marshall은 노동고통의 Gossen-Jevons-이론을 말하며, 이를 그는 가격의 소위 말하는 추가적인 구성요소로서 고전적 임금이론에 끼워 넣었다. 노동고통-이론은 자연적 혹은 재생산 임금률의 고전적 이론과는 전혀 다른 것이며, 고전적 이론은 인구 및 노동공급을 내생적 변수로 기인하는 것으로 보며, 생활유지에 대한 노동자들의 권리를 주관적인 요소로서 포함하고 있다. Marshall에 의하여 명명된 두 번째 비용특징인 "기다림"은 소비본능으로서 이미 고전적 이론에 포함되어 있었으며, Marshall에 의하여 명시적으로는 명명되진 않았지만 위험수용에 대한 준비의 주관적 특징이며, 이들 둘은 일반적인(Marshall에 있어서는 정상적인) 이윤의 비용 구성부분을 통하여 재화의 가격에 적응된다. 전체적으로 고전적 및 주관주의적 가치이론 사이에는 "임금이론의 관점에서 극복할 수 없는 차이"가 있으며, 나머지에 있어서는 차이가 일견 보아 나타나는 것보다는 더 적다.

 Marshall이 또한 과제로서 보이려고 제시한 것이, 완전경쟁의 시장에서는 "장기적으로" 가격의 고전학파적 생산비용이론이 실행된다는 것이다. "단기간"은 개별 공급자들의 불변의 생산설비들에서 단기적인 공급곡선에 따른 가변적인 공급량을 통하여 정의된다. 설비확장에 대한 자원들의 단기적인 결여의 유입으로 말미암아 한계내의 공급자들이 일반적인(정상적인) 이윤을 넘어서는 이윤을 실현하며, 이는 대안적인 사용들에서 이룩될 지도 모를 크기이며, 이로서 이미 존재하는 설비의 소유자들에게 "유사-지대"로 흘러들어간다. "장기간"에 있어서는 생산설비들은 가변적이며, 특히 새로운 공급자들의 유입을 통하여 이루어진다. 이는, 모든 공급자들이 한계공급자들의 위치에 오게 하며, 모든 유사-지대들이 사라지고 그리고 이윤은 정상적인 수준으로 떨어진다. 이로서 가격은 정상이윤을 포함한 생산비용들만을 덮을 때까지 하락하며, 이로서 이는 고전학파적인 자연적인 가격에 상응한다.

## 3. 시장형태 종속적 가격이론들의 형성

### 3.1. 완전한 경쟁에서의 가격형성

이미 Aristoteles도 독점을 정의하였으며 그리고 독점가격을 부정의로 평가하였으며, 이로써 Schumpeter는 Aristoteles에 있어서의 정당한 가격은 개인에 의해서 영향 받지 않는 경쟁가격이 존재할 때 뿐이라고 결론을 내린다. 비슷하게 중세의 저술가들도 특별한 시장위상들의 오용 하에서의 가격설정을 기독교적-윤리적 이유들로써 거절하였다. 고전학파적 저술가들 가운데에서는 예를 들면 스미스는 독점의 형성의 위험을 보았으며, 오로지 경쟁가격형성 만이 개별의 자체이익에 기인하는 경제체제에서 "보이지 않는 손"의 작용을 복지 촉진하는 방법에로 전환할 수 있다고 본다. 고전학파의 가격이론과 그리고 또한 한계효용학파의 가격이론은 (특별한 경우의 처리를 제외하면) 항상 경쟁가격형성의 이론이다.

경쟁가격형성의 이론은 물론 우선 점차로 확고한 윤곽과 정교함을 얻었다. 고전학파의 이론에서는 한편으로는 자연적 가격들에의 시장가격들의 끊임없는 적응의 경향들이 놀라울 정도로 분명하게 서술되어지며, 다른 편으로는 공급 및 수요자들의 수와 그리고 수요의 결정요인들과 같은 사건관계들이 불분명하며, 스미스는 우하향하는 수요곡선을 통하여 서술된 가격과 수요량 사이의 상관관계를 의식했었다.

한 재화의 시장에서의 부분적 경쟁균형의 이론의 발전에 대하여는 아래의 저술가들이 공헌을 하였다. 독일인 F. B. W. Hermann은 1832년 일목요연하게 공급과 수요에 대한 결정요인들을 서술하였으며, 프랑스인 Augustin Cournot는 1838년 경쟁시장균형을 독점가격형성의 수학적인 일반화로서 형식화하였으며 그리고 이를 처음으로 증가하는 공급곡선과 감소하는 수요곡선의 교차점으로 기하학적으로 제시했다. Karl H. Rau는 1841년 공급- 및 수요곡선으로써 가격형성을 기하학적으로 논쟁하였으며, Hans von Mangoldt는 1863년 공급- 및 수요곡선들의 상이한 형태들을 논증 및 토론하였다. Alfred Marshall에 와서는 부분분석들이(또한 이미 언급된 단기적 및 장기적 경쟁균형에 대한 구분 때문에) 그의 정점에 달하였다. 단기적(한 재화의 주어진 생산설비들과 공급자들의 주어진 수에 있어서)으로는 이윤이 정상적인 것을 넘어서는 것이 가능하다. 정상적인 이윤이(이것이 투입된 화폐자본의 이자를 대표하기 때문에) 비용에 포함되어 계산되고 그리고 이를 넘어서는 (잔존의, 나머지의)이윤이 이익으로 해석이 된다면, 그럼 단기적으로 완전한 경쟁의 시장형태에서 이익이 창출될 수 있다는 것이 확신되게 한다. 장기적으로, 가변적인 생산설비와 공급자들의 증가하는 수에 있어서, 즉 "개방된 시장"에 있어서는 이에 반하여 이익 "0"의 경향이 형성된다.

"모든 시장들의 전체적인 경쟁균형"의 이론은 이미 Walras의 저서에서 내용적으로 그리고 형식적으로 아주 자세하게 발전되었다. 이에서 표현되는 것이, 경쟁시장들의 기능(함)은 증권에 대한 시장들처럼 표상할 수가 있으며, 그에서는 증권중개인들이 (Walras에 있어서는 경매자중개인들이) 대안적인 가격들에 대한 수요자들의 구매욕구들과 공급자들의 판매욕구들을 모으고 그리고 균형가격을 발견하며, 이에서는 각각 전체적으로 수요되는 그리고 공급되는 수량이 일치한다, 즉 시장청산이 일어난다.

완전한 경쟁의 시장형태는 (그렇게 점차로 결정화로 되는) 통상적으로 다수의 공급자들과 수요자들을 포함하며 ("원자적인 공급- 및 수요구조"), 이들은 수요자들의 측으로부터 나 공급자들의 측으로부터의 선호에 대한 결여를 나타나게 하며, 이들은 그 시장에서 모든 거래행위들을 위한 단일적인 가격이 존재하고, 또한 그 시장에서 모든 시장참가자들이 그들의 효용- 마찬가지로 이윤극대화의 수요- 마찬가지로 공급량에 적응하는, 모든 그러한 시장들을 위하여 유효하다. 장기적으로, 공개적 시장들에서는, 이윤 "0"의 경향이 형성된다.

Walras는 경쟁경제적인 모형의 해결의 존재와 그리고 단일성의 문제를 인식하였다. 해결의 존재를 위한 하나의 증명을, 즉 무수한 가계들과 기업들의 효용- 마찬가지로 이윤 극대화하는 경제계획들을 조정하는 균형가격들과 균형수량들에 대한 체제의 해결의 존재를 위한 증명을 처음으로 1936년 Abraham Wald가 이룩하였다. 총체적 경쟁균형의 이론은 현재에 이르기 까지 지속 발전되어졌으며, 특히 효용- 및 생산함수들에 대한 가정들의 약화를 통하여 마찬가지로 정리적인 형식을 통하여 이었다.

## 3.2. 독점에서의 가격형성

　Adam Smith는, 만약 한 공급자만이 독점가로 존재한다면, 이에 의하여 설정된 독점가격은 "최고의 가격"일 것이고, 이러한 최고 가격을 구매자들로부터 강요할 수 있고, 혹은 이와 그들이 추측컨대 이해될 수 있다고 주장하며, 이러한 주장은 혼란스러운 것이며, 왜냐하면 하락하는 수요곡선에 따라 최고의 가격에 있어서 수요량 그리고 이로서 판매량은 "0"이기 때문이다. 처음으로 Cournot가 명시적으로 한 재화에 대한 수요를 그의 가격의 함수로 공식화하였기 때문에, 수요의 승수를 통하여 가격으로써 의미에 따라 판매함수를 그리고 (비용함수의 고려 하에서) "이윤극대화 하는 가격을 위한 조건"들을 서술한 사람이 그였다. "생산자는 (가격상승으로써) 비용증가가 수입의 증가를 능가하는 때를 언제나 엄수하여 지켜야 하며" 라는 형식은 오늘날 통하는 공식인 "한계비용=한계수입"을 표현한다. 그는 하락하는 한계비용(산업적 상품생산을 위한 전형인), 증가하는 한계비용(농업 및 채광을 위한 전형), 나아가 처음에는 하락하는 그리고는 증가하는 한계비용, 결국 또한 그의 의미에 있어서 독점가격을 위한 비용곡선들의 이전을 고려의 대상으로 삼았다.

## 3.3. 독점적 경쟁에서의 가격형성

　완전한 경쟁은 원자적인 시장구조, 시장의 동질성 및 모든 참가자들의 수량적응자행태의 관점에서 그의 점차적인 정확함과 더불어 실재에 있어서는 단지 특수한 경우에만 나타나는 시장형태를 제시하였다.

이미 Marshall은, 한 공급자가 비록 많은 공급자들 가운데 하나라 할지라도 그에 의해서 공급된 생산품을 위한 하나의 특수한 수요곡선에 규칙적으로 마주되어 있다는 것을 인식한다. 처음으로 Joan Robinson과 Edward Chamberlin은 1930년경에 이러한 경우를 원자적 구조를 가진 시장으로서, 그러한 시장에서는 수요자들이 개별공급자들의 생산품들을 위하여 선호를 가지고 있고, 이에서는 또한 이로서 생산품 차등화 즉 이질적 혹은 불완전한 경쟁이 지배하며, 이로서 결국 공급자들은 수량적응에 강요되지 않고, 오히려 독점공급자들처럼 그들의 (상이한 범주에서의) 가격을 "한계비용=한계수입"-규칙에 따라 결정할 수 있는 시장이라고 하였다. Chamberlin은 이러한 이유로 "독점적 경쟁"이라 한다.

독점적 경쟁의 시장형태에 있어서도 또한 장기적으로는 (개방된 시장들에 있어서는) 고전적 구상이 스스로 실행될 수 있으며, 생산비용 (정상이윤을 포함한)에 대한 가격들이 하락하고 그리고 이윤 "0"의 경향이 형성된다. Chamberlin은 이를 단순화한 가정의 조건하에서 증명하며, 한 시장의 모든 공급자들을 위한 판매- 및 비용정세가 동일하고 (대칭가정) 그리고 이 때문에 모두가 동일한 가격을 설정한다는 것이다. U자 형의 평균- 및 한계비용곡선에 있어서는 완전한 경쟁의 시장형태에서 개별 공급자를 위한 자료를 제시하는 "가격"은 점차적으로 "평균비용의 최하"로 하락하며, 그리고 공급자들은 그들의 판매량들을 이러한 최소 가능한 평균비용으로 생산한다. 완전한 경쟁에 대한 비교에서 독점적 경쟁에 있어서는 수요가 물론 역시 더 적은 수량으로 더 높은 가격으로 충족되며, 이는 시장이 공급자들에게 상이한 생산품을 공급하는 장점을 위한 반대급부로 여겨진다.

## 3.4. 과점에서의 가격형성

Cournot는 독점가격형성에 대한 그의 고려들을 경쟁가격형성의 설명에 대한 첫 걸음으로 보았으며, 두 번째 걸음으로서 그는 첫 저자로서 과점(사실, 쌍 독점, 복점)의 모형을 발전시키며, 이들 쌍 독점의 공급자들은 수요자들의 어떠한 선호도 누리지 못한다. 동질성가정 때문에 이러한 시장에서는 하나의 단일적인 가격이 이루어지며, 이를 쌍 독점의 개별 공급자들은 설정할 수 없으며, 이는 훨씬 더 쌍 독점의 공급자들에 의하여 공급된 수량들의 수요함수에 주어진 합계에 의하여 이루어진다. 쌍 독점의 개별 공급자들은 대안적인 즉 그에 의하여 주어진 것으로 고려되는 동행공급자의 공급량들에 의하여 그의 독자적인 이윤극대화의 수량이 도출되며, 즉 나중에 정의된 개념인 (수량)대응곡선으로 표현되는 상관관계이다. 양 대응곡선들의 교차점이 Cournot의 "수량 쌍 독점"의 해이다.

수요의 공간적 분산의 기반위에서의 이질적인 시장을 위한 쌍 독점의 첫 모형은 Wilhelm Launhardt(1885)에 의하여 유래된다. 이에서는 양 공급자들의 상이한 가격설정이 가능하다. 각 공급자는 대안적인 즉 그에 의하여 주어진 것으로 관찰되는 동행공급자의 가격설정에 의하여 그의 독자적인 이윤극대화의 가격을 도출할 수 있으며, 즉 그의 (가격)대응곡선이다. 양 대응곡선들의 교차점은 "가격 쌍 독점"의 해이다.

가격 쌍 독점의 방법론적 과정은, 이에서는 모든 공급자는 그의 독자적인 가격설정에 있어서 다른 이의 가격을 주어진 것으로 관찰하는 가격 쌍 독점의 방법론적 과정은, 공급량들의 확정과 연관된 Cournot의 방법에 상응한다. 과점공급자들에게 주어진 행위는 "독자적"이며, 이러한 것은 "과점적 상호의존성"을 등한시 하며, 쌍 독점에서는 하나의 이윤은 또한 다른 이의 이윤에 의존적이고, 이로서 독자적인 가격 혹은 독자적인 수량의 설정에 있어서 다른 이의 예상되는 대응들을 이미 고려한다는 동인이 주어질 수 있을지도 모른다. 이러한 "이질적인 행태"를 처음으로 Bowley(1923)가 그리고 나중엔 Stackelberg(1934)가 양 쌍 독점 공급자들을 위하여 수용하였으며, 이러한 양 공급자들의 상이한 행태로 인한 "비 대칭 해"라 불리는 해답에 그들은 성공했다. 그들은 어쨌든 양 공급자들은 이질적인 행태로 귀결된다는 것을 믿었으며, 균형의 의미에 있어서의 해는 그럼 존재하지 않는다. 모든 공급자들을 위한 이질적인 행태는 또한 역시 Hall 및 Hitch 마찬가지로 Sweezy에 의한 "굴절된 가격-판매 곡선"의 구상에서 수용되었다.

과점가격이론의 발전은, 첫째 과점 공급자들의 (다른 시장형태에 있어서와 마찬가지로) 상이한 가격설정은 오직 선호가 주어질 때 즉 이질적인 불완전한 시장에서 만이 주어질 수 있으며, 둘째 균형가격들은 과점적 시장구조에 의하여서 뿐만이 아니라 나아가 또한 과점 공급자들의 행태에 의존적이라는 것이며, 셋째 균형의 의미에 있어서 언제나 해가 존재하는 것은 아니고, 넷째 유일한 해 대신에 가격고정을 중요하게 하는 균형-가격조합의 부분이 존재할 수 있다.

공급자들 사이의 개별을 위하여 느낄 수 있는 상호의존성의 과점을 위한 전형적인 주요 문제는 Neumann과 Morgenstern(1944) 이후 또한 수학적인 "전략적인 게임의 이론"의 도구를 통하여 처리되어 진다.

## 3.5. 시장형태들에 대한 시간적 순번

이미 고전학파 학자들도 그들의 발전이론들에 있어서의 경쟁경제적인 가격형성을 또한 동태적 관점 하에서 관찰하였다. Schumpeter는 그의 저서 "경제적 발전의 이론"(1912)에서 경쟁경제적인 과정들을 새로이 시간적인 순번 하에서 보려고 하는 자극을 주었으며, "역동적(개척자) 기업가들"은 "혁신들"(이미 존재하는 재화를 위한 새로운 시장, 새로운 자원, 새로운 생산절차, 새로운 시장조직의 해결로써 혹은 새로운 재화의 도입으로써)로써 경쟁균형의 상태를 파괴한다는 것이다. 이들에게 흘러들어오는 이윤은 시간적으로 한정된 "우월이윤"이며, 왜냐하면 정태적인 기업가들은 역동적인 그들을 모방함으로서 더 높은 발전단계에서의 새로운 경쟁균형에로의 경향이 존재하기 때문이다.

새로운 재화의 도입의 경우는 시장양상 이론으로 확대되었으며, 이에서는 특정한 시장형태들 그리고 또한 이로서 가격형성 형태들이 스스로 질서 되어지게 한다. 실험국면에서는 개척자기업가는 독점공급자이며, 어쨌든 수요의 관점에서는 극도의 불확실성이다. 확장국면에서는 모방하는 기업가들이 유사한 상품들로써 자발적으로 시장에 침투해 들어오며, 이로서 과점적 상호의존성에 대한 극도의 불확실성의 특이성을 가진 이질적인 과점의 시장형태가 창조된다. 성숙국면에서는 또한 지체하는 기업가들이 시장으로 들어오며, 독점적 경쟁의 시장형태가 실행되든지, 혹은 과점적 상호의존성의 인식이 증가하는 과점에 머물게 된다. 퇴각- 혹은 침체국면에서는 합병 그리고 카르텔에의 경향이 존재하며, 즉 공급자의 수가 감소하고 그리고 과점적 가격형성이 지배한다.

Schumpeter의 고려들은, 개척자기업가들에게 우월이윤을 가져다주는 가격형성은 국민경제의 발전과 성장을 위하여 필요불가결하다는 것을 보여준다. 시장국면의 이론은, 완전한 경쟁은 시장발전의 실재적인 이론에 있어서는 어떠한 자리도 차지할 수 없는 극단적인 시장형태라는 것을 분명히 한 번 더 보여준다. 독점적 경쟁은 성숙국면을 위하여 특징적일 수 있으며, 과점적 시장구조들에 대한 경향은 언제나 위험한 것이다. 독점적 가격설정의 스스로 발전하는 시장국면들에서 이루어지는 가격형성은 국민경제의 혁신, 성장 및 복지를 위하여 완전한 경쟁의 시장에 가까이 있는 그러한 경제에서 보다도 더욱 촉진적이 될 수 있다. 역동적 시장- 및 경쟁이론들의 배경 하에서, 오로지 가격형성만이 그리고 물론 완전한 경쟁에서의 가격은 더욱 더 이미 경제 정책적 형성을 위한 모범일 수는 없다는 확신이 형성된다.

## 3.6. "공격할 수 있는 시장들"에 있어서의 시장형태들에 대한 시시함

"공격할 수 있는 시장들의 이론"에 있어서는 완전한 경쟁을 가진 개방된 시장의 특성(새로운 공급자들의 진입을 통하여 단일의 가격을 평균비용의 최저로 하락시키고 그리고 이로서 점차적으로 이윤 "0"으로 인도하는)이, 동질적인 경쟁을 가진 다른 시장형태들로 이전된다. 만약 시장진입장애들이 존재하지 않는다면, 그럼 또한 동질적인 과점에서나 그리고 독점에 조차도 평균비용최저에 상응하는 가격보다도 더 높은 가격이 설정되어질 수가 없을지도 모르며, 왜냐하면 모든 더 높은 가격은 새로운 공급자들의 진입, 공급의 확장 및 이로서 가격하락을 결과로 가져올 지도 모른다. 혁신들을 위한 "매몰된 비용"(투자대상물들의 대안적인 사용을 통하여 "다시 이루어 질수 없는" 비용)에 대한 형태에 있어서 시장진입장애들이 존재하지 않는다면, 잠재적인 공급자들이 높은 가격에 있어서 단기적이고 잠정적인 진입을 통하여(hit and run) 이윤을 취할 수 있을지도 모른다. 이들 이론의 대표자들인 Baumol, Panzar 및

Willig는 시장들의 다수를 위한 시장진입- 및 시장퇴출장애들에 대한 결함을 주장하는 것은 아니고, 그들의 논쟁은 훨씬 더 동질적인 시장들에서의 가격형성이 공급자들의 수로 주어진 시장형태로 되지 않으며, 공급자들의 수는 훨씬 더 공격성의 정도에 따른 내생적으로 결정되어진다는 것이다.

## 4. 요소가격이론들에 대한 발전

생산요소들로서는 오늘날 기업들에 의하여 생산에로의 유입으로 투입되어지는 재화들과 능률들로 파악된다. 다른 기업들에 의하여 연관된 요소들이 반 재품 혹은 경상의 유입물들이며, 이 이외에 또한 일차적인 투입물로 칭하여지는 노동, 실물자본 및 토지에 대한 요소재고들에서 투입된 능률들이다. 경상적인 투입물에 관한 한, 요소효용가격이론에 관한 한, 노동-, 실물자본- 및 토지능률들에 대한 본원적인 투입물에 관한 한, 요소가격이론은 일반적인 재화가격이론이다.
"고전적 이론"에 있어서의 임금률(스미스에 있어서는 또한 지대도)은 요소효용가격이며, 상응하여 임금들과 지대들은 요소구성부분들이다. 생산설비들과 연관하여 고전적 이론에 있어서는 단순화를 위하여 종종 한 기간에 대한 거래지속이 설정되며, 이로서 이는 모든 기간들에 새로이 창조되고 그리고 그럼으로 경상적인 투입물들로 계산되어져야 하며, 실물자본에 대한 능률지출과 상응하는 요소효용가격의 문제가 그럼으로 제기되지 않는다. 드물지 않게 오래된 이론들에서는 경상적인 투입물들이 무시되어 논쟁된다. 모든 요소들을 위하여 지불된 화폐자본은 생산과정에서의 그의 연관의 지속을 위하여 이윤율로써 이자되어질 수 있으며, 이윤은 여타의 비용 구성부분을 제시한다. 요소가격들은 그들의 자연적인 가치들에 수렴하며, 즉 자연적인 재화가치들에 대한 반재품 능률들의 가치들, 자연적 임금률에 대한 노동능률들의 가치들, 상응하는 토지 임대율에 대한 토지 능률들의 가치들이며, 이윤율은 일반적인 이윤율에 수렴한다.

　"한계효용학파"에 있어서는 오스트리아 학자들에 의하여 요소가격형성이 합계계산 문제의 틀에서 보아졌다. 모든 이전의 단계에 연관된 반재품과 그리고 거기에서 투입된 일차적인 투입물의 가격들은 최종단계의 생산물들의 한계효용으로부터 스스로 유도되며, 이들은 "한계효용 × 한계생산성"을 통하여 서술되어져야 한다. Walras적인 모형에 있어서 대체적 생산함수에서는 (이윤극대화 하는 요소투입을 위한 조건들을 서술하는 것처럼), 임의의 한 요소의 한계생산물의 가치는 ("생산물 가격 × 한계생산성") 요소가격과 동일하다. 생산물가격에 대한 요소가격의 관계는 (실재의 반대급부인) 역시 한계생산성과 동일하다. 생산물- 및 요소가격들은 이에서 완전한 경쟁의 시장들에서 결정되어지며, 이들은 개별 기업을 위하여서는 이에 기업들이 그들의 생산- 마찬가지로 판매량들과 그리고 그들의 요소투입- 마찬가지로 자원조달량들을 적응하는 자료이다. 총체적 미시 경제적 경쟁균형의 모형은 이로서 전체적 한계효용학파를 위하여 대표적으로 보이는 "실재적 요소가격들의 한계생산성이론"을 포함하고 있다. 시장형태종속적인 가격이론들의 형성으로서 또한 실재적 요소가격들의 한계생산성이론은 수정되어져야 했으며, 그들의 판매시장과 그들의 조달시장들에서의 완전한 경쟁에서 만이 오로지 기업은 요소의 수량을 생산물가격에 대한 요소가격에 대한 관계에서 그러한 요소의 한계생산성이 일치하도록 그렇게 적응한다. 특히 Joan Robinson은, 기업의 독점적 가격결정 가능성들에 대한 요소가격 이론적인 의미로써 판매- 혹은/그리고 조달측면을 적응하였다. 만약 기업이 그의 "판매시장"에서 이미 언급한 어떠한 독점적 혹은 과점적 시장형태들에 따라 "하락하는 수요곡선"에 대처하게 된다면, 그럼 통상적으로 생산물 가격은, 가능한 한 역시 또한 요소의 한계생산성은 이윤 극대화에 있어서 완전한 경쟁에서 보다도 높으며, 이로서 "요소들이 그들의 한계생산성들 보다도 더 적은 실재적 가격들로" 반대급부 되어진다. 기업을 위하여 그들의 "조달시장"에서 "상승하는 공급곡선"이 유효하다면, 그럼 가능한 방식으로 정상적인 요소가격은 완전한 경쟁에서 보다도 더 낮게 그리고 한계생산성은 더 높게 되며, 이로서 "실재적 요소가격은 또한 여기서 한계생산성 보다 적다." 실재적 요소가격과 한계생산성 사이의 차이는 Lerner의 독점도로써 판매- 마찬가지로 조달시장에서 증가한다. Robinson은 공급- 마찬가지로 수요 독점적 착취에 대하여 말한다.

독점도로써 요소가격 형성에 있어서의 "힘의 요인들"이 서술되어진다. 노동시장들을 위한 요소가격 형성의 논쟁에 대하여 기업들의 측으로부터의 시장의 힘 뿐만이 아니라, 또한 역시 노동공급의 측으로부터도 해당이 되며, 그리고 "쌍방적인 독점의 이론"이 도출된다는 것들에 근접해진다. 이러한 처음으로 Edgeworth(1881)에 의하여 두 가계들 사이의 "순수한 교환"의 경우를 위하여 구성된 이론은, 어떠한 이미 특정한 시장형태를 통하여 결정된 해결을 제공해 주는 것이 아니고, 오히려 "가능한 행위균형의 부문"을 제공해주며, 이에서는 특정한 행위방식들의 실행 하에서 (예를 들면, 쌍방적인 수량적응) 만이 분명한 해답이 주어지며, 일반적으로는 그러나 파트너의 "상대적인 힘의 위치"가 협상해결을 결정한다. 노동시장에 이전되어 쌍방적 독점은 사용자 측의 대표들과 노동자 측의 대표들 사이의 협상정세를 의미한다. 가장 잘 알려진 "bargaining"의 임금이론은 Hicks(1932)로부터 유래하며, 이에서는 고정비용 발생, 판매가능성에 대한 손실, 비용전가 가능성들에 대한 포기를 통한 사용자들을 위한, 효용고려들을 통한 노동자들을 위한 파업의 결과들이 고려되어 진다. 이에 상응하여 사용자들을 위하여 양허곡선이 주어지며, 이에 의하면 위협되는 파업의 증가하는 길이에 따라 승인되는 임금률의 크기가 상승하며, 또한 감소함에 따라서는 결국 "0"으로 떨어지는 율이 된다. 노동자들을 위하여서는 저항곡선이 존재하며, 그에서 파업이 포기되어지는 임금률의 크기에 의하여 이는 증가하는 파업크기로써 다음으로 강한, 그다음 약하게 떨어지는 진행을 가진다. 양 곡선들의 교차점은 합의-임금률을 서술하며, 이에 쌍방의 파트너들에 의하여 동일하게 기대되어지는 파업의 길이가 일치되며, 파업은 한 편이 다른 편을 잘못 평가하였을 때만이 실행이 된다. 임금이론의 협상실마리는 여러 겹으로 지속 발전되어 졌으며, 이를 테면 전술적 게임의 이론의 범주에서, 또한 협상대표자들의 독자이익들에 대한 고려를 통하여서 이다. 임금률 이론은, 임금 협상률과 실재 임금률 사이의 간격과 그들의 변화들을 설명하여야 하는 "wage up"에 대한 그리고 "wage drift"에 대한 고려들을 통하여 보충되어졌다.

## 5. 최근의 가격- 및 비용 이론적 발전들

### 5.1. 일반적 경제적 균형의 이론들에 있어서의 수량들과 가격들에 대한 이원성

총체적 경쟁균형의 형식화된 이론은 (혹은, 오늘날의, 일반 경제적 균형이론), "균형가격"들과 "균형수량"들이 이원적 관계에로 있다는 것을 들어냈으며, 시장청산적인 균형가격들은 희소한 수량들을 효용-마찬가지로 이윤극대화 하는 사용들에로 조정하는 가격이며, 시장들에서 거래된 수량들은 가격들을 (개방된 시장들에서) 판매액들이 비용들과 같이 되어 이로서 이윤이 "0"이 되게 하는 것을 결정하는 수량이다. 이러한 균형가격들과 -수량들에 대한 이원성특성들은 일반 경제적 균형이론의 단순화한 변수들에서 역할을 한다.

"유입-유출-분석"(Leontief, 1951 참조)에서는 어떠한 효용- 마찬가지로 이윤극대화도 존재하지 않는다. "수량모형"에서는 모든 재화를 위하여 (마찬가지로 부문의 생산품혼합을 위하여) 일차적-한정적 생산함수에 놓이게 되며, 그리고 생산에 있어서의 요소능률 필요량을 마찬가지로 주어진 소비-, 투자-, 국가- 및 수출최종수요를 충족시키기에 바로 충분한 생산량들이 구해진다. "가격모형"에서는 모든 생산에 있어서 가격들로 평가된 판매액과 비용이 동일하게 됨으로서 가격들이 이윤 "0"에서의 경쟁가격으로 의미되어질 수 있는 그러한 가격들로 결정되어진다.

"응용 일반 균형이론"("Applied" 혹은 "Computable General Equilibrium", Shoven/Whalley, 1984, 참조)은 일차적-한정적 대신에 또한 대체적 생산

함수를 인용하고 있으며, 이로써 Walras적 일반 균형이론이 경험적으로 보충되고 그리고 경제 정책적으로 응용될 수 있어야 한다.

또한 케인즈적 거시 경제적 이론의 새 해석으로 작성된 "불균형이론"(Clower, 1963 및 Leijonhufvud, 1968 참조)은 일반적 균형의 이론들에로 정렬되게 한다. 그의 대상은 사실 시장들에서의 공급- 및 수요량들에 대한 이산의 의미에서의 불균형상태들이며, 이들은 경쟁가격적응들을 통하여 제거되어질 수 없으며, 이들은 그럼에도 "공급 혹은 수요측의 합리화로써 고정가격들에서 잠정적인 균형"을 제시한다. 여기서는 역시 시장 청산하는 경쟁가격의 결정에 관한 이론이 아니며, 그의 가격 이론적 의미는 상호의존적인 시장들의 격투에서의 잠정적으로 고정된 가격의 후속작용들의 증명에 있다. 한 시장에서의 수요와 공급의 불균형은 다른 시장들에의 기습공격 작용들을 가지며, 그리고 이로서 전체적인 시장 경제적 조정을 위하여 그리고 생산요소들의 고용을 위한 어려운 결과들을 가져온다. 저고용에 있어서의 잠정적인 균형이 가능하다. 이러한 이론에서는 가격들과 수량들에 대한 경쟁 경제적 이원성이 결여되어 있다.

## 5.2. 가격- 및 비용이론의 최근의 실마리들에 있어서의 불완전한 정보와 거래비용

시장형태의존적인 가격이론들에서 그리고 공격할 수 있는 시장들에 있어서는 언제나 시장참가자들의 "비용 자유로운, 높은 정보수준"하에서 이루어진다. 수요자들은 동질적인 경쟁에서 공급자들의 그들의 평가에서 동일한 공급을 알며, 이질적인 경쟁에서는 이들은 상이한 공급들에 대한 정보를 받으며 그리고 이에 상응하여 개별 공급자를 위한 그들의 선호를 형성한다. 공급자들은 동질적인 경쟁에서 단일적인 균형가격을 알며, 이에 그들은 수량을 적응시킨다. 독점에서, 독점적 경쟁에서 그리고 이질적 과점에서는 공급자에게 수요- 마찬가지로 가격-판매-함수가 알려져 있으며, 이에 그는 대치된 입장이다. 과점에서는 공급자는 또한 자기의 수량- 혹은 가격설정에 경쟁공급자들에 대한 대응을 알며, 이를 그는 독자적인 행태에서는 아니지만, 이질적인 행태에서는 고려하여야 한다. 모든 시장형태들에서 가격들은 공급이 수요와 동일하고 그리고 시장이 청산되게 그렇게 가격들이 놀이를 하고 마찬가지로 그렇게 결정되어 진다.

"한계비용 = 한계수입" -규칙에 따른 이윤극대화 하는 가격설정은, 가격-판매 곡선 혹은 한계비용곡선의 모든 변화가 공급자에게 알려져 있으며 그리고 가격적응에로 인도한다는 것이 전제되어 있다. 이러한 정보수준이 비 현실적이기 때문에, "지시된 가격들의 구상"(Means, 1935, 참조)이 나타났으며, 이에 의하면 이러한 변화들과는 독립적으로 가격들이 일정한 시간동안 고정적이 되며 그리고 통상적으로 "비용추가"의 기반위에서 계산되어 질 수 있다. "mark up pricing"에서는 추가가 평균가변비용에 연관되며, "full cost pricing"에서는 추가를 모든 비용의 기반위에 고정시키려는 시도가 행하여진다.

또한 새 미시경제학(선행자로서 Stigler, 1961, 대표자로서 Phelps, 1970 참조)에서는 불완전한 정보 하에 놓이게 되며, 하지만 시장참가자들은 "정보비용"에 대한 지출을 통하여 그들의 정보수준을 개선할 수 있다. 이는 그러나 어디까지나 추가적인 정보로부터의 한계수입이 그의 한계비용을 능가하는 범위 내에서 그러하다. 이러한 실마리로써 설명되게 하는 것들이, 왜 우연적인 수요- 혹은 공급 진동들에 있어서 항상 시장청산적인 가격적응이 되지 않나 하는 것이고, 왜 훨씬 더 가격들이 비 유동적이고 그리고 수요과잉("기다림의 줄")과 공급과잉("재고")을 형성하는 가 이다. 가격적응들과 연관된 정보비용들을 소비한다는 것이 허용되지 않으며, 불변의 가격들은 이를 테면 소비자들에게 추적비용을, 공급자들에게 가격명기비용을 절약한다.

새 미시경제학의 기본이상은 또한 요소가격형성에 응용되어 진다. "실업의 추적이론"(Mortenson, 1970 참조)에 따라 노동공급자는 개별 수요자에 대한 추적에 대하여 시간을 소비하여야 하며, "노동시장의 협상이론"(Azariadis, 1975 및 Diekmann, 1982 참조)에 따라 고용관계들이 지속으로 존재하며, 임금률이 한계생산성으로부터 해방되고 그리고 또한 일터보장이 반대급부 요인으로 인식된다.

"비 대칭적 정보배분이론"에서는 공급자들과 수요자들에 대한 불균형적인 정보수준에 관한 것이다. 공급자들은 그들에 의하여 공급되는 재화의 질에 관하여 언제나 더 잘 알고 있는 반면, 수요자들은 상이한 질들을 추측을 하며, 개별의 경우에는 인식할 수가 없게 된다. 이에 관한 대표적인 예들이 중고차 시장과 보험 상품들이다.

비용- 및 가격이론은 Coase(1937)와 Williamson(1985)에 의하여 설립된 새 제도경제학의 가지인 거래비용이론의 내에서 새로운 위상가치를 점하였다. 인습적인 비용- 및 가격이론들에서 거의 전적으로 역할을 하였던 생산비용들 이외에 이제 또한 거래비용이 고려된다. 기업들 사이의 거래들에 관한 조정이나(기업들 사이의 시장거래들 혹은 협력거래들) 기업 내부의 조정하는 거래들은 거래비용을 야기 시키며, 참가자들 사이의 계약들에 관한 협상, 체결, 실행 및 통제를 위한 것이다. 이러한 비용의 비교적인 크기에 시장들, 협력들 및 기업들로 구성되는 국민 경제의 생산비- 추가 거래비용극소화의 "제도적인 조정구조"가 의존적이다. 거래비용 경제학은 이로서 비용의 극적으로 확대된 구상에로의 관점을 제공해 주었으며, 이는 재화 및 생산요소들을 위한 가격형성을 계약들(표현적으로, 체결된 혹은 암묵적으로 이루어 진)에 대한 구성부분으로 보며, 이들 계약들은 협력들에 있어서나 혹은 기업들에 있어서 일회적인 시장거래 뿐만이 아니라 또한 지속적인 협력을 하게 된다.

   거래비용 경제학은 협력들에서나 기업들 내부에서의 불완전한 정보, 정보 비대칭 및 지속적인 계약관계의 형성의 문제를 함께 파악하며 그리고 이러한 확대된 틀에서 또한 재화들과 요소들을 위한 비용들과 가격들에 대한 결정요인들을 취급한다. 거래비용 경제학은, 일반 균형이론과 시장형태이론을 보충하고 수정하는 발전방향들로 보인다.

# PART 9.
## 한계효용이론

한계효용이론은 그의 "정확하고" 연역적이며 비 정치적인 요구에서 사회주의와 또한 역사주의에 대한 반대 입장으로부터 생성된 연구 분야이며, 주관적인 가치이론은 일련의 세속적인 선행자들에 소급할 수 있다. 교환가치와 사용가치 사이(유용성과 희소성의 핵심적인 요소들을 강조함으로서)의 차이는 Aristoteles까지 소급하며, 이에 연관하여 스콜라 철학에서는 재화들의 가치를 위한 요구들의 주관적인 순간이 강조되어 졌으며, 동시에 또한 객관적 가치이론이 노동과 지출들(labores et expensae)이 교환을 통하여 보상되어져야 한다는 확신을 통하여 기반되어졌다. Davanzati, Montanari 및 Galiani는 중상주의의 단호한 효용이론가로 통한다. 또한 Graslin과 Condillac에 의한 상세한 견해들도 주의를 환기시키며, Turgot도 잊지 말아야 한다. 모든 고전학파들을 객관적 교환가치에의 지향으로 규정짓는 것은 잘못된 일일 것이며, 옳은 것은 교환가치의 도출을 사용가치와 효용의 요소로부터 구한다는 것이다. 이전의 이론의 역사에 있어서 재화의 사용가치가 핵심이었다면, 그럼 고려들은 절대적인, 기본적인, "기수적인" 전체효용에 연관하였으며, 한 재화가 개인을 위하여 작용할 위치에 있는 전체효용인 것이다. 여기서 구분될 수 있는 것이 한계효용이론을 위하여서는 "한 재화의 마지막 새로이 추가된 부분양의 절대적인(기수적) 효용"의 건설적인 순간(정확한 수적 측정의 과제에서의 사고)이며, 상대적(서수적) 효용의 표상에서는 서열에서의 위치를 점하는 효용이 사용된다.

이러한 상관관계에서 경제 이론적 문제의 처리에 전혀 관심이 없는 수학자 Daniel Bernoulli가 종종 그러나 정당하게 연상이 되며, 그는 게임조건들이 모두에게 동등한 한 한 게임의 모든 시장참가자들을 위한 이윤전망의 가치는 동일하다는 주장에 반대하였다. 이에 반하여 그는 개인의 이미 취득한 재산이 역할을 한다는 것이며, 재산이 없는 경우는 작은 이윤도 장점을 산출하지만, 이러한 이윤의 장점은 재산의 정도에 반비례한다는 것이다. 증가하는 재산부분들에 있어서 감소하는 행복감과 연관하여 비슷한 서술은 영국의 공리주의 철학자 Jeremy Bentham(1748~1832)에게 소급된다.

경제 이론적인 한계효용분석의 시초에 Juvenal Dupui(기술자, 1804~1866)가 있으며, 소비자의 수요의 뒤에 있는 주관적인 가치평가의 분석에 있어서 한계적 사고를 처음으로 사용하였다. 재화의 효용은 모든 소비자들을 위하여서 만이 상이하게 인식될 뿐만이 아니라, 또한 나아가 동일한 소비자를 위하여서도 상이하다. "한 조각의 빵은 동일한 개인에 있어서 "0"에서 그의 전 재산에로의 크기로 성장할 수 있다." 효용의 측도를 그는 가격("최대의 희생")이라 명명하고, 이는 개인이 특정한 재화의 취득을 위하여 지불준비 되어 있는 크기(utilite absolute)이다. 이러한 절대적인 주관적인 효용과 재화를 위하여 실재로 지불된 가격과의 사이의 차이가 "상대적 효용"(utilite relative)이며, 나중에 일반적이 된 소비자 지대 개념이다.

Hermann Heinrich Gossen(1810~1858)은 가치의 도출을 생산비용으로부터 대신에 효용으로부터 보았으며, 재화들 자체에 객관적으로 부착된 가치들 대신에 재화들에 대한 주관적인 평가에서 보았다. "인간은 그의 삶을 즐기기를 원하며, 그의 삶의 기쁨을 최고로 증가시키기 위하여 그의 삶의 목적을 설정한다." "즐김은 전체 삶의 즐김의 합계가 최대가 되게 그렇게 설정한다." "하나의 동일한 즐김의 크기는 즐김의 준비가 지속 계속할수록 마지막 포만까지 꾸준히 감소한다." 재화비축이 크면 클수록 한계효용은 더 적다 (한계효용 체감의 법칙).

Gossen은 또한 여러 가지 즐김들을 선택할 수 있는 경우에, 효용에 대한 극대에 도달하기 위해서는 모든 욕구들에 있어서 동일한 포만정도에 도달하게 모든 욕구의 충족을 조정하는 것(모든 재화들에 있어서 화폐단위당 한계효용이 동일하게)이라고 본다.

그러나 한계효용이론은 처음 1870년대에 Carl Menger, Leon Walras 및 William Stanley Jevons에 의하여 서로 독립적으로 그리고 Gossen의 저서들과는 무관하게 효용가치이론의 기반으로 정립되었다.

## 1. 빈 학파

### 1.1. 가치이론

빈 학파의 대표자는 Carl Menger(1840~1921)로서 욕구포만과 연관된 견해에서 출발하였다. 빈 학파는 재화들을 구분하였으며, 직접적인 소비재(빵)를 1차 재화, 간접소비재(밀가루)를 2차 재화, 다시 2차 재화의 생산에 봉사하는 3차 재화(곡류)로 구분한다. 최종 소비재와의 증가하는 거리로써 재화들은 높은 차원(오븐, 정미소)이 된다. 한계효용 원칙(한계효용의 학술용어는 1884년 Friedrich von Wieser에 의한 것임)은 본원적으로 1차 재화의 가치측정을 겨냥한 것이기 때문에, 더 높은 차원의 재화의 가치는 그의 산출에로 봉사된 재화들의 가치의 반영으로 인식된다.

직접적인 소비재의 한계효용을 통하여 결정된 가치로부터의 이러한 생산재의 가치의 도출로서 소위 말하는 추가계산 이론이 파악되며, 이에서의 문제는 소비재의 가치를 개별로, 생산에서 언제나 함께 작용하는 생산재들에 상응하여 그들의 당해의 공헌에로 구분하는 데에 있다.

Menger에 의해서 대표되는 탈락이론 혹은 손실이론에 따라, 한 생산요소의 탈락을 통하여 생겨나는 적은 유출량을 도출하는 것이 시도된다. Eugen von Boehm-Bawerk(1851~1914)는 이에 반하여 대체이론을 제기했다. 그는 대체될 수 있는 그리고 대체될 수 없는 생산재화를 구분했다. 첫 번째의 경우에서는 가치는 (대체) 효용을 통하여 결정되며, 이 효용을 대체되는 재화는 그의 다른 (원래의) 응용에서는 가질 수 없었으며, 최소한 이는 그 이상을 능가할 수 없었다. 대체될 수 없는 재화가 참가한다면, 그럼 그의 탈락이 생산을 나아가 방해할 지도 모르며, 그리고 이러한 재화에 생산의 전체가치가 연관된다. 해결되지 않는 것이 대체효용의 수량화이며, 후자의 경우에 있어서는 원래의 생산재화 조합에서 이미 알려진 것으로 수용되어져야 한다. 현실과 거리를 둔 가정이 또한, 생산재화들이 대안적인 조합들에서 지속하여 아주 상이한 가치들을 가질 수 있고, 경쟁하는 응용은 재화가 모든 응용목적에 있어서 결국 동일한 한계효용을 가지는 것으로 수렴한다는 것이다. 합산계산의 문제점이 여기서는 해결된 것이 아니고 오히려 단지 이전된다. 생산요소들이 상이한 조합들에 해당되고 그리고 합산계산에 있어서 최적(최소 대신에)의 수익성의 변수에서 출발하기 때문에, 조합들은 미지수들의 수가 방정식들의 수와 같은 "동시적 생산방정식의 체제"를 제시하며(Friedrich von Wieser의 견해), 이로서부터 개별 생산요소들의 가치들이 계산되어졌다.

"아래의 방정식이 있다고 하자;

$$x+y=100$$
$$2x+3z=290$$
$$4y+5z=590$$

x=40, y=60, z=70으로 계산되며, 개별 생산요소들의 해를 가진 수익 부분을 당해 요소들의 수익이라고 한다면, 이들은 노동, 토지 및 자본의 수익이다." 이러한 절차에 대하여 비판을 표현한 사람이 Wicksell이며, 방정식의 수를 사람들이 경험할 수 없을 정도로 아주 크게 한다면 사람들은 이미 사전에 자유경쟁에서는 하나의 혹은 동일한 생산수단의 수익과 반대급부가 모든 기업들에 있어서 근접하게 동일하다는 것이다. 위의 방정식들은 사람들이 쉽게 볼 수 있는 것 이상을 말하지 않는 다는 것이다.

Wieser의 "방정식체제의 이론"의 기반위에서 합산계산 문제는 1920년대에 Hans Mayer에 의하여 새로이 제기되었다. 그는, 현실에 있어서는 최종산출물로부터 생산요소들의 가치에로 (가격에로) 연결되는 것이 아니고, 오히려 반대로 기업들은 주어진 가격들의 기반위에서 생산요소들 뿐만이 아니라 또한 최종산출물들도 계산해낸다는 것이다. 합리적인 계획을 확보하기 위해서는 동시적 방정식의 체제의 도움으로 선택으로 주어지는 요소들의 가치경사를 도출할 수 있어야 한다는 것이다.

Wicksell의 비판에 따르면, 합산계산 이론에 있어서는 어떠한 경우도 현실에 기반하는 경제적인 문제를 취급하는 것이 아니며, 주관적 가치들로 작동하는 합산계산 이론은 단지 분리된 개별경제를 위해서만이 유효하다는 것이다. "시장경제에 있어서는 가격합산이며, 가치합산이 아니다." 가치이론과 이와 더불어 합산계산 표상은 어차피 "마치 하나의 영원한 질병처럼 한 세대에서 다음세대로 지속적으로 상속되는 가상문제"인 것이다.

## 1.2. 가격이론

가격이론에서는 우선 1889년 빈에서 출판된 저서 "가격의 이론에 대한 연구들"을 펴낸 저자들인 Rudolf Auspitz(1837~1906)와 Richard Lieben(1842~1919)을 볼 수 있다. 이들은 학자가 아니었으며, 빈 학파에 속하는 사업가들이었다. 이들은 이 저서를 통하여 수학적인 경제학이론에 커다란 공헌을 하였으며, 비록 빈 한계효용학파의 지도적인 대표자들이 이들의 수학적인 부분분석(개별 시장들에 있어서의 가격형성)에 대하여 관심을 보이지 않았다 하여도, 이들은 넓은 의미에 있어서의 오스트리아 학파에 속한다.

Menger는 그의 가격에 대한 이론에 있어서 동등교환의 표상, 즉 두 개의 재화수량들의 가치의 자칭 동등의 표상을 비판하였으며, 이에서는 "가치의 주관적인 특성과 교환의 본성은 전혀 다를 수 있다"는 것이다. 재화들에 대한 경제적 교환에서는, "경제하는 주체에 재공 되는 재화들이 다른 경제하는 주체에게 주어지는 동일한 재화의 경우보다도 더 적은 가치를 가질 수 있으며, 이는 가치평가의 관계에 따른 것이다." 단절된 교환의 모형(두 사람-시장: 한 공급자와 한 수요자)에서 Menger는 "쌍방의 경쟁에서의 가격형성 및 재화분배"에 대한 일방적 독점의 가정을 수용하면서, 이 안에서 가격들이 형성되는 한계들은 증가하는 경쟁으로 점점 더 좁아진다는 결과를 얻었다.

이러한 이론을 더욱 확장한 사람이 Boehm-Bawerk이며, 구매자와 판매자의 쌍방의 경쟁에 있어서 시장가격은 양 "한계 짝"의 가치평가들을 통하여 한정된다는 것이며, 위로 움직일 때는 마지막으로 교환에로 들어온 구매자와 더 이상 들어오지 않는 판매자의 평가를 통하여서 이며, 아래로 움직일 때는 마지막으로 교환에 들어온 판매자와 더 이상

교환에 결합되지 않은 구매자의 평가를 통하여서 이다.

## 1.3. 분배이론

고정된 크기들에 대한 표상, 노동임금(생계최저비용으로 이해되었던)의 결정을 위하여 고전학파들의 생산비용이론에 따라 수용되어졌던 바로 그러한 고정된 크기들에 대한 표상은 소득분배에 있어서의 측도가 되는 효용이론에 의하여 퇴색되어졌다. 생산요소들은 한계생산성이론에 따라 개별 생산요소들의 한계수입의 기반위에서 반대급부 되어져야한다. 한계토지의 지대가 모든 지대들을 위한 것이고, 한계노동자의 임금이 모든 임금(동일한 고용에서)들을 위한 것이며 그리고 한계자본의 이자가 기본이자에 결정적으로 영향을 미치는 것이다.

Wieser가 특히 그의 나중의 저서들에서 노력한 것처럼, 그가 스스로 주관적인 가치평가에 대한 후퇴하는 관점으로 또한 역시 도시지대의 문제에 대하여 표현하려고 함으로서, 주관적인 이론(우선 임금이론)의 극도의 비 사회학적 그리고 비 역사적 관점을 사회적 현실에 접근하려고 함으로서, 모든 한계효용 이론가들(Boehm-Bawerk의 견해를 제외)에 의하여 동일한 정도로 진척된 임금이론이 임금기금이론의 진부한 것이 되게 하였다. 임금의 생산성이론은 동시에 임금문제의 힘의 이론적인 해설을 위한 이론적 기반을 형성하였다. 특별한 노력이 상이한 이자이론들에 주어졌으며, Menger는 자본이자의 설명에 대하여 시간적 순간을 강조한 효용이론을 제시하였다. 시차이론(프레미엄 이론)으로써 Boehm-Bawerk는 이자를 현재의 그리고 미래의 재화들의 상이한 평가(현재의 재화들에 대한 더 높은 평가, 미래의 욕구의 저평가)로부터 기초하였다. 시간우선이론으로 부터 나중 Irving Fisher(1867~1947)

는 소득을 지불하는 조급함을 포함하는 그의 저서 "The Rate of Interest"에서 "impatience-theory"를 도출했다. Wieser는 다시금 이자의 순수한 생산성이론을 대표했다. 이러한 그의 이론은 독일인 Karl Knies 에게로 지속되었으며, 세기의 전환기에는 나아가 이러한 이론과 연관된 미국인 John Bates Clark(1847~1938)에 의해서 한계생산성이론이 일반적인 기능적인 분배이론으로 확대되었다. 이에서 그는 감소하는 토지수확증가의 법칙을 일반화하였으며, (자본재로서의 토지의 가정에서) 노동의 그리고 자본의 한계생산성이론을 작업해냈다. 여기서는 모든 생산에 있어서 한 요소의 고정 그리고 다른 요소의 투입증가에서 최적점 이후부터는 하락하는 수확증가가 이루어진다는 것이다.

## 2. 로잔너 학파

그들의 수학적 결함들이 혼란으로부터 자유롭지 못한 (이를 테면 Schumpeter도 이러한 문제로 투쟁했음) 모든 이들을 위하여 위안이 되는 것은, 로잔너 학파의 창시자인 Leon Walras가 수학에 있어서의 결여되는 지식 때문에 파리에 있는 Ecole polytechnique의 입학시험에 똑같이 두 번이나 떨어졌음에도 나중에 로잔너 대학의 정치경제학 연구소 소장으로서 경제이론에 있어서의 수학의 결과적인 응용을 실행하였으며 그리고 "근사한, 그러나 이용되지 않는 이론구축물"의 건축가가 되었다는 것이다.

국민 경제학이 수학적 학문이라는 이상을 프랑스 노르망디 출신의 Leon Walras는 그의 아버지 Auguste Walras로부터 수용하였으며, Auguste Walras는 1831년의 그의 저서에서 이미 재화의 가치를 그의 희소성에서 도출하는 새로운 가치이론을 구상하였다. Auguste Walras와 Cournot (학교 동급생으로서)가 1838년의 그들의 경제에 있어서의 수학적 원리를 취급한 공동저서로써 경제이론에 있어서의 수학적 방향의 본래의 창시자들이라는 사실로서, Leon Walras에게는 순수한 그리고 응용 경제학의 구분이 당연하였다. 그는 특히 사회철학적인 내용(국가재정에 관한 특별한 관점으로써)을 가진 저서들도 집필하였다.

왈라스적 저서의 핵심은 "경제적 균형의 이론"이며, 사실 (부분균형을 위한 노력과는 반대로) 1874년과 1877년에 두 부분으로 "일반균형의 이론"을 발표하였다. 시장에 있어서의 균형은 어떠한 구매자나 판매자도 재화수량의 변화를 선취할 동인이 존재하지 않는 경우이며, 균형상태에 있어서는 가격들은 한계효용에 상응한다. 로잔너 학파의 목표는 모든 경험적 조건들의 저편에서 모든 부분시장들의 형식적 이론, 경쟁조건들 하에서의 그리고 모든 방면에 있어서의 상호의존에서의 전체 경제의 균형을 도출해 내는 것이다.

결과는 미지수의 수와 일치하는 동시적 방정식의 체제이다. 두 사람/두 재화의 경우로 시작하여 점차적으로 소비재 생산과 요소능률시장들의 연관을 거쳐 화폐와 신용을 응용하는 다수 인/다수 재화의 교환경제의 모형이 발전된다. 당연히 왈라스의 균형이론은 "마지막으로 충족된 욕구의 강도"인 한계효용의 원칙에 기초하고 있다. 그의 완전한 경쟁의 기초가 되는 모형에는 네 가지 조건들이 주어지며, 첫째 각 소비자는 그의 효용을 최대가 되게 하며, 모든 재화에 있어서 가중된 한계효용이 동등할 때 그렇게 되며, 둘째 각 공급자는 그의 이윤의 극대를 추구하고, 셋째 모든 경제적인 재화를 위하여 단일적인 시장에서 단일적인 가격 만이 존재하고, 이 가격은 전체 공급을 이러한 가격의 크기에서 전체 수요와 같게 되게 하며, 이러한 가격은 가장 가능한 매출액을 허용하고, 넷째 모든 가치들은 동일한 시점의 가치들과 조건(정태적 조건)들에 만이 의존적이다. 왈라스적 해결의 바로 이러한 정태적 성격은 (실재에 있어서는 모든 적응들은 공급-수요-가격 시간의 망에서 요구된다) 국민경제이론에 오랫동안 "진화에 대한 출구를 차단하였다." 비판되는 것은 또한, 비 현실적인 구조로 거절되는 "한계효용수준의 법칙"으로 구축되어 있다는 것이다.

왈라스 자신에 의해서 거론되지 않았던 그의 모형의 결함을 그의 로잔너 대학 연구소의 후임자이며 공학자인 Vilfredo Pareto가 시도하였으며, 한계효용 기반의 비용위에서 최소한 부분적으로 평준화하려고 했으며, 즉 그는 정확한 수학적-논리적인 이론의 틀에서 왈라스에 있어서 역시 중요한 심리적인 함축성들을 제거했다. "기수적 효용측정의 불가능성"의 인식으로부터 그는 (이미 Francis Y. Edgeworth에 의하여 이룩된 무차별모형들을 인용하면서) "선호 스칼라"에 도달했다. 어쨌든 서열순서에 의하여 전재된 존재에 대한 "이러한 객관적 서수적 가치들은" 전적으로 또한 효용에 대한 표상을 포함하고 있었다. 핵심적인 것이 "대체의 원칙"이며, 이에 의하면 한 재화의 일정한 수량은 다른 재화의 수량을 통하여 효용에 대한 손해 없이 교체된다. 파레토의 무차별곡선들은 상이한 재화-수량-조합들을 제시하며, 이는 소비자를 위해서는 독자적인 판단에 따라 동일한 효용을 가지며, 소비자들이 이에 대하여 스스로 무차별하게 행동하는 대안적인 조합들이다.

로잔너 학파 내에서는 특히 Enrico Barone, Maffeo Pataleoni 및 Luigi Amoroso(Amoroso는 특히 Cournot의 독점가격이론의 지속 발전을 위하여 노력)가 수학적인 유산을 지속 가꾸어 나갔다.

## 3. 한계효용이론의 캠브리지적 방향

한계효용이론의 영국식 가지의 창시자인 William Stanley Jevons(1835~1882)가 캠브리지에서 가르친 적이 없음에도 불구하고(맨체스터와 런던에서만) "캠브리지 방향"이라 하는 것은, 고전학파 이론을 한계분석과 연관시킨 이들이 캠브리지 학파(Alfred Marshall을 우선으로)에 속하는 연구가들이기 때문이다.

국민 경제학은 재화들의 수량들을 파악하여야 하기 때문에 국민경제이론은 간단히 이 때문에 수학적이어야 한다는 견해를 가진 Jevons는 1871년 그의 저서 "The Theory of Political Economy"에서 "value depends entirely upon utility"라고 주장했다. Jevons는 한계효용 대신에 "final degree of utility"를 말한다. Jevons는 그의 저서 제2장에서 "기쁨과 고통의 이론"을 피력하나 난삽하며, 비교적 잘 읽을 수 있는 제3장에서는 "효용이론"을 다루고 있다. 이에서는 포만법칙 이외에 또한 취향평준화 법칙이 발전되며 그리고 수학적으로 형성된다. 제4장에서는 "교환의 이론"으로서 핵심이 완전한 시장들에서의 가격들의 비 상이함의 법칙이다. Jevons의 "노동이론"의 핵심이 서술된 제5장에서는 모든 효용은 희생과 마찬가지로 고통을 통하여 구매되어져야 한다는 것이다. 노동은 육체 혹은 정신에 대한 힘들의 긴장으로 정의된다. "한계고통이론"에서는 고통스러운 긴장과 목표되는 효용의 수량적으로 의미 있는 크기들이 기하학적으로 제시되어져야 한다. 노동기쁨곡선 마찬가지로 노동고통곡선에 능률의 효용도의 곡선이 대칭되어 있으며, 이에서 "the larger the wages earned the less is the pleasure derived from the further increment"란 인식이 도출되며, 이로써 수령된 임금단위의 효용은 지속 감소한다. 나아가 이로써 "where the pleasure gained is exactly equal to the labour endured"란 점에 달한다. 이에 의하면 활동이 중지되는 것은 노동고통에 대한 지나친 정도가 되었을 때이다.

# PART 10.
## 신고전학파

신고전학파는, 한계효용학파를 통하여 인도된 "한계적 혁명"으로부터 생겨났다. 신고전학파가 합류된 것은 현대적 경제이론으로 이며, 그럼으로 오늘날 여러모로 신고전학파와 현대적 경제이론은 동의어로 쓰인다. 고전학파의 역사의 제시는 이로서 현대적 경제이론의 발전사를 제시하는 것으로써 진행된다.

고전학파(특히 아담 스미스)와는 신고전학파가, 개인들은 그들의 행동에 있어서 특히 자기이익으로부터 도출되어 지며, 모든 경제적 상황은 결국 개인에 의한 행위에 소급되어 진다는 기본적인 가정이 연관되어 있다. 신고전학파에서 방법론적 개인주의로 형성되어진 이러한 실마리는 고전학파에 있어서 제도들에 대한 분석과 연관되어 있다. 이러한 양상은 신고전학파에 의하여 우선 무시되어 진다. 신고전학파적 분석의 전방에 위치하는 것이 희소한 요소들의 합목적적인 사용의 결정문제이다. 특히 이러한 견해는 Robbins(1932)에 의하여 명료하게 표현되어졌다. 그는 경제이론을 "the science which studies human behaviour as a relationship between ends and means which have alternative uses"라고 정의 했다. 이를 넘어서 서서히 약화된 것이 고전학파의 핵심적인 대상들이었던 경제발전과 경제성장의 문제들이었다. 서서히 약화된 것이 또한 경제의 제도적인 범주의 분석이었다. 전형적인 것으로 Eucken(1947)에서의 제시가 유효할 수 있다. 그는 경제적 이론의 대상으로 여겨지지 않는 외생적인 것으로 생각되는 "자료다발"에서 출발했다. 자료다발에는 또한 제도 및 국가가 포함되어 졌다. 신고전학파의 경제적 이론은 물론 어쨌든 시장의 경제적 이론과 같은 의미이었다. 이로서 무엇보다도, 국가가 (일종의 뜻밖의 해결사처럼, deus ex machina) 경제과정에 개입하고 그리고 그에 영향을 미칠 수도 있다는 표상이 성장했다.

최근에 와서 비로소 이러한 견해들이 의문시 되어졌다. 신고전학파의 모범의 틀에서 국가를 자체로 (신 정치경제학) 그리고 또한 다른 제도들을 (소유권이론과 새 제도경제학) 분석하게 됐다.

신고전학파의 모범은 두 개의 핵심적인 사고들로 특징되어질 수 있으며, 방법론적 개인주의와 균형사고이다. 방법론적 개인주의와 균형구상은, 원칙적으로 위조될 수 있고 스스로 경험적인 시험에서 증명해야 하는 경험적으로 내용이 풍부한 가정들을 도출하는 데에 봉사한다. 이로서 신고전학파는 하나의 실증적인 학문을 제시한다. 신고전학파의 다른 가지인 복지경제학은 이론의 기반위에서 규범적 서술들을 제시하고 입증하는 것을 시도한다.

## 1. 신고전학파적 경제이론과 복지경제학

신고전학파적 경제이론이 일반화되어 20세기의 연구 활동의 결과로 제시된다면, 그럼 이러한 신고전학파적 노력들의 뿌리가 역시 19세기 말엽이라는 것(특히 Alfred Marshall)을 알 수 있다. 어려움이 주어지는 것은 신고전학파의 경계이며, 왜냐하면 이에 관하여 경제학에서는 지금까지 어떠한 합의도 제시되어 질 수 없었기 때문이다. "경계관찰의 이론"에 대한 연관을 위해서는 방법론적 개인주의(국가나 사회와 같은 상위에 질서 되어진 유기적 전체의 무시 하에서의 개인적 결정행위에 대한 중요함의 의미에서, 역시 정교한 미시 경제적 기반에 관한)와 균형지향의 원칙들의 응용에 관하여 똑 같이 말 할 수 있으며, 이에 반하여 가치이론에 대한 지속적인 거리가 가격이론에 유리하게 이루어 질 수 있다. 그밖에 현대의 신고전학파는 한편으로는 그들의 이론적인 체제의 정확성이나 공리에 대한 거대한 노력들을 통하여, 다른 편으로는 그들의 내용적인 주제의 괄목할 만한 확장을 통하여 특징되어지며, 이에서 이를 테면 일반적인 균형의 이론의 범주에서 균형개념의 변형을 통하여 결국 고용이론을 위하여 혁신적인 불균형이론이 도출된다.

## 1.1. 알프레드 마샬과 구스타프 캇셀에 의한 신고전학파의 논증

부분분석가 Alfred Marshall에 있어서 특징적인 것이, 경제(Oikonomik)의 합당함은 "가난한 자들의 빈곤"에서 도출한다는 도덕적 요구가 다시 "경제는 단지 사회적인 생활의 한 부분"이라는 Marshall의 의식을 증명한다는 데에 있다. 경우에 따라서는 또한 Marshall의 모형표상들이 물리학적이 아니며 오히려 생물학적인 본성이라는 것이 암시되고, 그는 또한 나아가 역사학파에 동정적이었다는 것이 보고 된다.

고전적 생산비용이론과 신고전적 효용이론 사이의 연결기능으로 평가받는 Marshall이 그의 원전창조를 Jevons보다는 Cournot에 연관하고 있다는 것은 특기할 만하다. 그는 그의 1890년에 출판된 "Principles of Economics"(원래는 몇 권의 저서로 구상된)에서 제시한 한계적 인식들을 이미 수년전부터 강의에서 응용하였다는 것은 맞는 경우이나, 이것이 1871년의 Jevons의 "이론"이전이었는지에 대하여서는 증명되지 않고 있다. 전체적으로 Marshall은 상이한 유형요소들을 정력적으로 조합하는 것을 이해한 기념비적인 이론구축물의 건축가로 통한다. 이는 안락한 신 구축물이며, 옛날의 기반들 위에 세워졌다. 놀랍게도 국민경제학의 상충적인 학파들이 이에서 집처럼 느낄 수 있다.

Marshall의 부분분석은 상이한 "산업들"에 연관하며, 동일한 혹은 최소한 유사한 생산물의 (이에서 공급측면을 위하여 기본적인 그의 "대표적 기업의 이론"은 "내부적 및 외부적 절약에 대한 이론"과 연관된다) 기업무리들로 이해한다. Marshall과 마찬가지로 캠브리지 경제학파에 의하여 공급- 및 수요곡선들에 대한 제시가 인기를 끌게 되었으며, 나중엔 또한 균형점이 "Marshall의 점"이라는 명칭을 얻었다. Fleeming Jenkin의 이론에 연관하여 가격변화들이 수요 측에 야기시키는 대응으로부터 "수요의 탄력도"가 도출되었다 (이로부터 한 재화의 수요 되는 양의 백분율 변화[작용]와 가격의 백분율의 변화[원인]의 비중으로 정의된다). 수요의 가격탄력도에 대한 것과 같은 방법으로 수요의 소득탄력도가 작업되어 진다.

특별한 업적을 Marshall이 취득한 것은 수요변화들에 대한 공급대응의 종속에 관하여 시간적 순간의 고려를 통하여서 였다. "유사지대"의 (확대된 수요에 대하여 한 생산요소의 잠정적인 비탄력적 공급에 있어서 수익과 비용 사이의 장기적으로 지체하지 않는 차이로서) 개념으로써 지대이론의 확장을 이루었으며, 또한 중요한 것이 원칙적으로 수용된 그리고 균형가격에 따라 실현된 지출 사이의 차이로서의 "소비자지대"의 제시이다.

신고전학파의 영향력 있는 제2의 창설자는 스웨덴의 경제학자 Gustav Cassel(1866~1945)이며, 그는 가격이론은 가격개념의 확장 때문에 의미가 없다는 견해를 대표하며, 재화들의 경제적인 상태를 각각의 주관적인 욕구들의 강도로써 측정하려고 했다. 오로지 화폐에서 만이 가치평가들을 위한 공동의 분모가 발견될 수 있다는 것이며, 이에 따라 1918년에 출판된 그의 저서 "이론적 사회경제학"에서는 전적으로 가격들에 관한 것이었으며, 이들에서 결국 또한 가치들이 반영된다.

희소성원칙(욕구들에 대한 관계에서 수단들의 희소성)으로부터 가격형성(하나의 수요함수에서 재화의 가격이 독립적인 변수로 선택되는 그러한 수요함수를 기초로 하여, 이러한 재화에 대한 수요가 동시에 모든 여타의 각각의 개별경제에 있어서 문제가 되는 재화들의 가격에 의존적인 것으로 설명되는)에 수요가 가용 가능한 공급의 범위에 기인한다는 과제가 주어진다. 시장들의 일반적인 균형의 제시를 위하여 Cassel은 (극도로 단순화한) 왈라스적 방정식체제에 의존하며, 방정식의 수가 가격들의 수와 일치하는 "동시적 방정식의 체제"로 가격형성과정을 반영한다. 동일한 방식으로 또한 본원적인 생산수단들(노동력의 수단을 포함한)의 시장들의 가격형성이 제시되며, 이러한 가격이론은 동시에 소득이론이다. 이에는 또한 Cassel이 희소성원칙에 기업들의 상이한 생산원칙들을 통하여 결정된 "가격형성의 보충적인 원칙들"(차등원칙, 평균비용의 원칙, 대체원칙, 연관된 생산품들의 가격형성의 원칙)이 제외된다는 것이 보충설명 되어져야 한다. Cassel적인 균형이론의 핵심적인 이론형성은 생산비용과 가격들의 일치에 대한 가설로써 처음부터 이룩된 것이며, 이로서 정태적인 경제에서는 물론 또한 동등하게 진보하는 경제에 있어서의 (최소한 가격형성의 "동태적 문제"로 말해지는) 시장균형이 제시되어 진다. 가격형성의 결정기반들의 세 무리들로 나뉘며, 소비자들의 수요, 생산의 기술 및 생산수단에 대한 공급이다.

 Cassel의 체제는, 효용이나 한계효용의 수량화에 대한 처음부터 해결되지 않는 문제와 봉착한 한계효용이론에 비하여 신선함을 주었으나, 이러한 균형체제는 (왈라스의 것처럼) 자본형성이 없는 (생산계수의 변화없이) 정태적 경제의 비현실적인 가정위에서 기초한 것이므로, 생산조건들의 발전은 단지 가격형성을 위한 "보충적인" 의미 만이다.

이러한 비현실적인 가정을 제외하려고 하면, 즉 실제의 "동태적 경제"가 그의 권리를 요구하면, 그의 이러한 체제는 결정권을 상실한다.

　Heinrich Dietzel(1857~1935)은 가치이론은 전혀 필요하지 않는 것이라고 하며, 고전학파와 사회주의자들의 노동- 및 비용이론은 전적으로 효용이론으로써 합의될 수 있는 것이라고 하였다. 또한 신고전학파에 속하는 Adolf Weber(1876~1963)는 가격형성을 시장을 지향하는 경제이론의 핵심으로 보았다.

## 1.2. 신고전학파의 특수 연구 분야들

　Mainstream Economics로서 현대적 경제학이 나아가 신고전학파 이론과 동일하기 때문에, 이들 신고전학파의 특수 연구 분야들을 파악하는 것은 의미 있는 일이며, 즉 신고전학파의 세부적인 처방은 미시경제학의 교재를 성장하게 할지도 모른다. 이들의 기본적인 발전경향은 선택행위의 이론, 시장형태 지향적 가격이론 및 일반균형이론이다.

### 1.2.1. 선택행위의 이론

　선택행위의 이론은 가계이론의 범주 내에서 소비재들에 대한 개별 가계의 수요가 선호결정의 기반위에서 분석이 되고, 무차별곡선의 도움으로 제시되어 진다. 이러한 이론의 기반으로서는 Edgeworth의 시도이며, 각각 한 재화만을 소유하는 두 경제주체들 사이의 교환에 있어서 균형을 결정하는 것이다. 확장된 길을 트인 것이 Pareto에 의하여 발전된 "서수적(기수적이 아닌) 효용구상에서의 욕구구조의 도출"을 통하여서 이다. 선택행위의 이론이 지속발전을 경험한 것은 무엇보다도 러시아 출신의 국민 경제학자 Eugenio Slutsky와 영국의 노벨상 수상자 John R. Hicks에 의해서 이다. 이에서는 개인들이 특정한 재화 혹은 재화더미를 다른 것과의 비교에서 인식하는 더 나은 (우등의), 못한 (열등의) 및 동등한 가치평가에 관한 것이다. 선택행위의 이론은 나아가 힉스에 의하여 한계대체율 체감의 법칙(한계효용 균등의 법칙을 대체하는)이, 가격들의 변화(대체효과)와 소득변화(소득효과)에 있어서의 가계들의 행태변화와, 생산부문으로의 선택행위 이론의 이전 및 이러한 선택행위 이론에 대한 비판들이 일어났다. 결국 선택행위 이론은 Paul A. Samuelson에 의하여 Revealed Preference Analyse에 이르렀다.

### 1.2.2. 시장형태 지향적 가격이론

오랫동안 경쟁과 독점에서의 이분법에 의하여 지배된 가격이론은 (양 극단의 이러한 고정에 있어서 [하지만 원자적인 경쟁에 주 관점을 두면서] 또한 중상주의에 있어서의 Johann Joachim Becher에 의하여 인식된 경쟁의 변질현상들과 그리고 과점의 경우에 따라서 나타나는 독점과 유사한 작용들, 즉 섬세하지만 그러나 수학적인 제시 때문에 나아가 주의를 끌지 못했던 특히 Cournot에 있어서의 과점의 [복점을 포함한] 문제들의 접근이 크게 변화하지 않았음) 20세기에 들어오면서 현실에 비추어 볼 때 더 불만스러운 것으로 인식 되었다. Boehm-Bawerk는 1914년 그의 선전적으로 통하는 논문 "힘 혹은 경제적 법칙?"에서 경쟁관계들의 중간 부문에 있어서의 가격이론적인 결함을 제시했다. 1926년 Piero Sraffa는 Marshall적인 신고전학파적 이론들과의 논쟁에서 생겨난 업적 "The Laws of Returns under Competitive Conditions"에서, 즉 전통적인 경쟁모형의 논리적인 함축의 분석으로부터 통상적으로 경쟁

시장들로 특징되고 취급되는 각 경우들의 다수를 위한 이러한 정리의 무 이용성을 제시했다. Sraffa는 수요자들에 존재하는 선호들에 대한 결과로 판매가격에서의 대부분의 생산자들의 실재로는 한정된 그러나 언제나 존재하는 영향을 암시한다. Sraffa와 마찬가지로 Joan Robinson도 신고전학파적 이론의 확장에 소극적이었으며, 나중엔 "좌파 케인즈주의"의 대표자로 통하는 Robinson은 1933년 그의 저서 "Economics of Imperfect Competition"으로 신고전학파에 도전하였으나 그러나 결국 또한 촉진하였다(그는 1969년 그녀의 불완전 경쟁의 이론의 제2판 서문에서 초판에 대한 거리를 두었다). "경쟁의 불완전성"은 더 이상 완전하게 탄력적이지 않은 "individual demand curve"에 의해서 증명된다. 모든 기업가들은 그들의 독자적인 생산에 대하여 독점을 소유한다는 것이며, 이에서 개별 수요곡선은 상이한 가격들에서 얼마의 판매가 이루어지는지를 보여주고, 그리고 사실 경쟁하는 기업들이 가격변화에 대응하느냐 혹은 하지 않느냐 하는 것과는 독립적이라는 것이다. 곡선이 탄력적일수록 점점 더 경쟁관계들은 완전한 경쟁에 접근한다. 같은 년도인 1933년에 미국의 국민 경제학자 Edward H. Chamberlin은 Robinson과는 반대로 그러나 Sraffa의 저서와는 독립적으로 그의 "Theory of Monopolistic Competition"을 발표하였으며, 이에서는 생산품이질화와 한정된 시장진입에 관한 것이다. Robinson과는 달리 또한 과점문제가 취급되어 지며, 동질적이고 소수의 거대 기업들에 의하여 생산되는 대량재화들의 시장들에서의 "과점적 경쟁"에 관한 것이다.

"불완전 시장에 대한 이론"(사물적, 인간적, 장소적 및 시간적 종류의 동질성이나 무차이의 원칙의 제고에서)은 "시장형태에 대한 이론"과도 연관되어 진다.

Cournot에 의해서 이룩된 기반들의 (독점기업의 행위 파라메타로서의 가격 혹은 수량, 독점이윤의 극대화에 있어서의 가격과 수량인 Cournot의 점) 연장선상에서 가격선도와 굴적수요곡선이론(Sweezy의 1939년의 "Demand under Conditions of Oligopoly"와 그리고 Hall/Hitch의 1939년의 "Price Theory and Business Behavior")의 양대 해결책으로써 특히 과점이론이 관심을 모았다. "kinky demand curve"는 한 과점 경쟁자들은 그의 가격인하들에는 따라 하지만, 가격인상들에는 전혀 대응하지 않든지 지체하여 대응한다는 것이다. 복점문제도 일찍 거론되었으며, 세 가지 방식으로 대답되어 졌으며, Cournot의 해결에서는 두 경쟁자들의 각자는 다른 상대방의 공급을 주어진 크기로 관찰하며, 그의 공급량을 자기의 이윤극대화의 목표로써 적응한다는 것이다(안정적 균형). Bowley해결은 쌍방적인 덤핑으로서 균형이 존재하지 않는다. 세 번째 해결은 경쟁자의 하나만이 그의 공급을 그의 경쟁 상대방의 공급으로부터 독립적인 것으로 보는 경우로서 불안정한 균형이다. 여타의 가격이론적인 연구들은 특히 "가격차별화의 이론"(상이한 가격으로의 동일한 상품의 판매)과 "국가적으로 연관된 가격형성의 이론"이다.

과점가격형성이 현대적 가격이론의 주요문제 가운데 하나이며, John v. Neumann과 Oskar Morgenstern에 의하여 제시된 전략적 게임이론이 해결의 실마리로 응용된다.

### 1.2.3. 일반균형이론

일반 혹은 전체균형은 모든 시장의 균형을 의미하는 것이며, 이와 구분하여 특정한 시장에서 만이 존재하는 부분균형이 있다. 둘 다 시장균형을 표시하며, 이러한 균형은 개별 기업들 혹은 가계들의 개인적인 처분균형에 대하여 구분할 수 있다. 물리학에서 이전된 균형의 개념은 근본적으로 외부의 작용들 없이 대칭적인 힘들에 의한 평형의 재생산되는 상태에 관한 것이다. 실증적(규범적과는 반대로) 경제의 의미에서는 균형이 이룩되고 안정이 성장하는 조건들을 작업해 내는 것이다.

효용극대화의 행태로부터 Leon Walras는 "동시적인 방정식들의 체제의 기반위에서의 일반적인 균형의 이론"을 제시 하였으며, 이에서는 방정식의 수와 미지수의 수가 일치한다. 비슷한 방법으로 Cassel(개별 재화들을 위한 공급- 및 수요함수들의 기반위에서 직접으로)은 방정식들의 수와 가격들의 수 사이의 일치를 이루었다(1918). 1954년에 발표된 논문 "Existence of an Equilibrium for a Competitive Economy"에서 Kenneth J. Arrow와 Gerard Debreu는 이러한 균형을 위한 존재증명을 제공했다.

## 2. 신고전학파의 방법론적 개인주의

### 2.1. 경제적 행태의 신고전적 모형

#### 2.1.1. 부대조건들 하에서의 극대화

신고전학파의 방법론적 개인주의의 표준의 기반은, 개인은 그의 행위가능성들에서 제한적이고 그리고 가능성들의 한정된 수량들에서 그의 이익에 (그에 의해서 스스로 정의되는) 가장 상응하는 그러한 대안을 선택한다는 표상이다. 이에서 가정된 것이, 개인은 모든 생각할 수 있는 대안들의 논리적이고 지속적인 선호질서를 제시할 위치에 있다는 것이다. 이러한 선호질서는 일반적으로 효용함수를 통하여 제시되어 질 수 있다. 각각의 가장 가능한 대안의 선택은 주어진 부대조건들 하에서 효용함수를 극대화함으로서 역시 도출될 수 있다. 이로서 문제는 수학적 형식을 취하며, 엄격한 분석으로 처리된다.

이를테면 한 가계는 한정된 소득만이 주어져 있고, 가계가 스스로 영향을 미칠 수 없는 재화가격들이 이와 대치되어 있다. 이로서 소비 가능한 재화더미의 가능성 부분이 확정된다. 가계는 신고전학파의 가설에 따르면 그럼 그의 효용을 극대화하는 그러한 재화더미를 선택한다. 이러한 모형에서 행위가능성들은 오로지 소득과 가격들에 의해서만이 제한되어 진다. 생각 할 수 있는 것들이 물론 수많은 여타의 제한들이다. 이러한 제한들을 추가적으로 계산에 끌어들인다는 것은 형식적으로 어려운 것같이 보이지 않는다.

두 번째 경우는 기업을 볼 수 있으며, 이는 이윤 극대화를 시도하고, 이에서는 주어진 생산기술(기업에게 알려진)과 판매 및 구매된 재화들과 요소들의 가격들에 의하여 제한된다. 이 이외에 행위놀이공간의 여타의 제한들이 존재할 수 있다. 생각될 수 있는 것이 이를테면 특정한 재화의 생산은 금지되어 있다든지, 혹은 모든 생산요소들이 임의의 방식으로 투입되어 질 수 없다는 것이다.

결정과정의 내적논리를 발견하기 위하여 비교적 단순한 모형들을 구축하는 것이 합목적적인 것으로 보였다. 이로서 신고전학파는 우선 시장관계들에 집중하였으며, 행위제한들로서 오로지 가격 및 소득을 통한 경계들과 그리고 주어진 생산기술을 통하여 연관된 경계들을 고려하였다. 분석의 첫 번째 정점이 Allen과 Hicks의 업적(1934)에 의하여 30년대에 이룩되었다. 가정의 최소한으로 출발하는 사고가 이에서는 지도적이었다. 이러한 이유로 이를테면 기수적 효용함수의 가정이 서수적 효용함수에 유리하게 포기되어졌다. Samuelson에 의한 알려진 선호(revealed preference)의 이론(1947)을 통하여 효용이론의 공리화가 인도되었으며, 이는 선호서열과 효용함수 사이의 동등함을 증명한 Debreu의 업적(1959)에 의하여 일단락 졌다.

### 2.1.2. 배울 능력 있고, 신중하고, 극대화하는 인간의 모형

효용 극대화하는 개인의 모형의 역할과 의미는 종종 잘못 이해되어 지곤 한다. 드물지 않게 이러한 모형은 경제적 동물로 거론되어 졌으며, 그리고 현실의 허상으로 거부되어졌다. 이에서 간과되어진 것이 신고전학파가 개별 개인의 행태를 해당되게 서술하는 권리를 주장하는 것이 아니며, 오히려 평균적인, 통계적인 대량현상으로서, 이를테면 한 상품의 가격들과 수량들, 소득과 수요, 이자와 투자들 등과 같은 경제적인 변수들 사이의 관찰되는 상관관계를 해당되게 예측하는 것에서 출발한다는 것이다. 효용극대화 하는 개인주의의 모형은 이에서 "방법론적 허구"로 봉사한다. 이러한 모형의 능률은 가정들의 실재근접성에서 결정되는 것이 아니라, 오히려 특히 해당되는 예측들이 가능한가 하는 데에 있다.

논란의 여지가 없는 것은 또한 우선 응용된 모형들이 지나친 단순화함을 제시했다는 것이다. 이에서 지나친 단순화함은 특히, 개인들을 위한 완전한 정보가 실현가능한 행위가능성들에 대하여 가정되어진다는 것이다. 이러한 가정은 신고전학파의 최근의 발전에서는 하지만 느슨해졌다. 배울 능력 있고, 신중하고, 극대화하는 인간의 모형이 발생하였으며, 이러한 모형에서는 개인은 배울 능력(resourceful)이 있는 것으로 이해된다. 이러한 배경 하에서 개인적인 선호들은 상대적으로 안정된 것으로 유효하여야 하고, 개인들은 그러나 정보들을 수집하고 그리고 경험에서 배우는 것을 가정한다. 낡은 모형의 틀에서 선호들의 변화에 소급되어져야 했고 그리고 그러하기 때문에 설명될 수 없었던 행위변화들은 새로운 모형의 틀에서는 수습과정에 대한 결과로 의미되어 진다. 포기되어졌던 것은 나아가 본원적인 모형에서 유지된 행위 가능성의 부문이 알려졌다는 가정이다. 대체된 것은 이러한 가정이 행위가능성의 부문이 위험에 놓여있다는 대안적인 가정에 의해서 이다. 이에 상응하여 효용극대화의 가설이 효용의 (주관적인) 기대가치의 극대화의 가설을 통하여 대체되어졌으며, 이를 위하여 von Neumann과 Morgenstern(1944)에 의하여 최초의 정리가 제공되어졌었다.

신고전학파적 모형의 학문적인 풍부함은 이른바 인습적인 부문들에 (유권자들과 정치인들에 대한 행태의 설명에 대하여 [Downs, 1957, Buchanan과 Tullock, 1962], 범죄의 분석에 대하여 [Becker, 1968], 관료들에 대한 행태의 설명에 대하여 [Niskanen, 1971]) 응용되어졌다는 점에서 또한 스스로 나타내 보인다.

## 2.2. 생산- 및 효용이론에 대한 관계

### 2.2.1. 구조적 유사성

거의 같은 시대에 Hicks(1939)와 Samuelson(1947)에 의하여 생산이론과 비용이론 사이의 구조적 유사성이 체계적으로 작업되어졌으며, 한계효용의 구상에 생산이론에 있어서는 생산요소의 한계생산물의 구상이 상응한다. 하락하는 한계효용에 대한 법칙의 가정에 감소하는 한계생산물의 가정이 상응한다. 소비재들 사이의 한계 대체율에 요소들 사이의 한계기술 대체율이 상응한다.

소비자들에 대하여 가정되는 것이, 이들은 예산제한의 부대조건하에서(구매된 재화수량 q, 가격 p, 소득 y에서, qp<y 혹은 qp=y) 한 재화더미의 선택을 통하여 효용함수 u(q)가 최대화된다는 것이다. 생산자들에 대하여 가정되는 것이, 그들이 주어진 생산함수 q=F(x)의 가정 하에서 생산량과 요소수량의 선택을 통하여 이윤 pq-wx를 (가격 p, 산출된 생산물의 수량 q, 요소가격 w, 요소수량 x에서) 최대화할 수 있다는 것이다. 이는 역시 비용 C=wx가 생산함수의 부대조건 하에서 최소화 할 수 있다는 것을 함축하고 있다.

### 2.2.2. 효용- 및 생산이론에서의 이원성의 관계

아주 흥미 있는 발견이 Shephard(1953, 1970)에 의해서 이루어졌다. 그는 최초로 생산- 및 비용함수 사이의 이원성 관계를 제시했다. 이중의 비용최소화에 대해서는 주어진 비용 C=wx의 부대조건 하에서 생산 F(x)의 극대화이다. 그럼으로 생산함수에 비용함수가 일치하며, 비용함수에 따라 생산수준과 요소가격들에 대한 비용들이 의존적이다. 이러한 것은, 생산이론적인 상관관계들을 생산함수의 도움을 통하든 혹은 비용함수의 도움으로써 대안적으로 그리고 동등하게 서술 할 길을 개척한다.

유사한 이원성이 한편으로는 주어진 예산방정식에 있어서의 효용의 극대화 그리고 다른 편으로는 주어진 효용수준 u=u(q)에 있어서의 지출 y=pq의 최소화 사이에 존재한다. 이러한 이원성관계들의 기반위에서 재화들에 대한 수요의 구조를 더 잘 간파하는 것이 가능해졌다. 효용함수와는 반대로 생산함수의 해설은 언제나 어려움들을 동반하였다. 효용함수는 결정이론의 공리에 따라 하나의 논리적으로 상존하는 선호질서의 제시로 의미되어 질 수 있었다. 생산함수에 있어서는 유사한 해설이 가능하지 않았다. 다른 편으로 생산함수의 구상은 하나의 기술자에 의하여 주어지는 것과 같은 생산기술적인 상관관계들의 제시에 상응하지 않았다. 생산함수(suigeneris)는 오히려 그 자체가 스스로 특징되는 경제적인 구상이며, 이는 Wicksteed(1894)와 J. B. Clark(1899)에 의해서 효용함수에 대한 것과 같은 방식으로 구축되어졌다. 생산함수의 의미는 이제 생산함수와 비용함수 사이의 이원성의 기반위에서 가능해졌다. 비용함수에 생산함수가 일치하며, 그리고 그럼으로 비용함수로부터 생산함수가 제시되어질 수 있다.

이에서는 생산요소들 사이의 지속적인 대체관계들이 주어지는 신고전학파적 생산함수가 생산이론적인 상관관계의 경제적 이론의 위치에 대한 합목적적 형식의 단지 특수한 경우이다.

## 3. 균형

### 3.1. 개별균형과 시장균형

균형의 구상은 이중적인 의미로 응용된다. 개별의 효용극대화와 마찬가지로 이윤극대화를 의미할 때는 "개별균형"이라 한다. 개별균형과 구분되는 것이 "시장균형"이다. 이에서는 다시 "부분균형"(하나의 특수한 시장에서의)을 전체 시장들의 "일반균형"으로부터 구분할 수 있다.

이미 Walras는 일반균형을 위한 필요불가결한 전제로서 조건을 제시하였으며, 균형조건들(즉 방정식들)의 수는 결정될 수 있는 가격의 수와 일치하여야 한다. 이에서 Walras는 출발점으로서 효용극대화 하는 행태를 전제로 하였다. 이러한 것을 Cassel은 포기하였으며, 그리고 개별 재화들을 위한 공급- 및 수요함수들로부터 직접 출발하였다. 또한 그 역시 균형의 존재를 위한 필요불가결한 조건으로 방정식들의 수와 가격들의 수 사이의 일치를 제시했었다. 이러한 조건은 하지만 균형의 존재를 위하여 충분하지 않다. 첫 번째 존재증명은 Wald(1934)의 단순한 가정 하에서 이루어 졌으며, 완전하고 일반적인 존재증명은 Arrow와 Debreu(1954)에 의해서 이었다. 이로서 결정적인 행보가 이루어졌다. 처음으로 희소한 자원들의 배분의 문제가 시장역학을 통하여 해결된다는 것이 증명되어졌다. 시장에의 배분을 신뢰한다는 것은 현재에까지 오면서 여러모로 주장되어졌던 배분을 혼란에 내팽개친다는 것은 아니다.

나아가 제시되어진 것이, 모든 시장들의 경쟁에서 존재하는 균형은 또한 하나의 다른 중요한 특성을 가진다는 것이며, 이는 파레토 최적을 제시한다. 경쟁파기에 이르면, 어느 한 개인이 최소한 다른 한 개인의 위치를 이로써 약화시키지 않고 더 좋은 위치를 점한다는 것은 더 이상 가능하지 않다. 반대로 모든 파레토 최적은 경쟁균형으로서 존재할 수 있다(Arrow, 1951). 이러한 발견을 통하여, 자기이익의 추구는 경쟁조건들 하에서(보이지 않는 손에 의하여 인도되는 것처럼) 공공복지에 봉사한다는 Adam Smith의 추측이 확고한 기반위에 세워졌다.

## 3.2. 비협력적과 협력적 해결들

첫째로 발견된 존재증명은 비협력적 해결들에 관한 것이었다. 이에서 공급자들과 수요자들에 대해서는, 각각이 개별적 균형을 추구하며 그리고 이에서 다른 개인의 행태는 주어진 것으로 관찰된다는 것이 가정되어졌다. 모든 개인은 역시 자기 계산만 하며, 그리고 자기의 행위가 다른 사람들의 행위에 영향을 미친다는 것을 계산하지 않는다. 개인들 사이에는 역시 협력이 있는 것이 아니라, 오히려 경쟁이 있다.

관찰의 이러한 종류는 바로 너무 좁은 것으로 간파되어졌으며, 왜냐하면 물론 개별들이 무리들에 함께 결합한다는 것은 가능하고, 이들은 "협력"을 통하여 더 나은 결과를 도달할 수 있다는 것을 희망하기 때문이다. 이러한 가능성 위에서 이미 Edgeworth(1881)는 제시했었다. 이전의 Edgeworth의 시도와는 독립적으로 자유롭게 협력의 문제가 최근에 와서는 수학적 게임이론(von Neumann과 Morgenstern, 1944)의 기반 위에서 진행되어졌다. 임의의 협력들을 형성할 완전한 자유가 주어진다면, 그럼 모든 협력들이 지속으로 존재할 수는 없다는 것이다. 각각의 살아남을 수 있는 협력들의 수는 "핵"(core)으로 표현된다. 그들로써 하나의 경제가 형성되는 개인들의 수가 크면 클수록, 핵은 더 적은 해결책들을 가진다. 이는 개인들에 대한 증가하는 수로써 점점 더 작아지고 그리고 결국은 경쟁파기(들)에로 줄어든다는 것이다. 경쟁파기는 이로서 극도로 강한 것으로 증명된다. 이는 한번 도달하면, 이는 협력형성의 자유에서 협력형성의 어떠한 머리를 짜낸 방법을 통하여서도 그물에서 빠져나와질 수 없게 된다.

## 3.3. 균형의 안정

만족할 만큼 해결되지 않은 것이 지금까지 어떻게 일반균형이 도달되어질 수 있는가 하는 것과 처음에 불균형이 존재한다면 어떻게 이것이 사실 이룩될 수 있는가 하는 것을 설명하는 것이었다. Hicks(1939)는 일반균형의 안정을 수요- 및 공급함수들의 특별한 조건들로부터 도출하는 것을 시도했다. Samuelson(1947)은 균형을 미분방정식들에 의한 체제를 통한 정태적인 해결들로 서술함으로서 수학적으로 더욱 우아한 방법을 도입했다. 이러한 방식으로 미분방정식체제들에 대한 안정의 수학적 이론을 경제적 이론으로 도입하는 것이 가능해졌다. 비록 이러한 방식으로 균형조건들이 수학적으로 서술되어 질 수 있었다고 하더라도, 수학적인 조건들을 또한 모든 경우들에 있어서 경제적으로 해설한다는 것은 가능하지 않았다.

나아가 더욱 문제가 된 것은, 어떠한 체제적인 정돈이 미분방정식체제를 통하여 서술되어져야 하는가 하는 것이었다. 가장 가까이 수학적 이론에 접근하는 것이 왈라스에 의하여 제안된 한 경매인 혹은 중개인에 의한 모형이다. 이 모형에서는 경매인이 가격벡터를 제안하며, 그리고 공급자들과 수요자들에게 입찰을 내주기를 요구한다. 과잉수요가 존재하는 그러한 재화들에 있어서는 가격은 시도과정의 다음 회에서는 상승하며, 과잉공급이 존재할 때는 가격이 하락하고, 그리고 공급과 수요가 일치하는 결국 그러한 재화에 있어서는 가격은 변화하지 않는다. 균형이 존재하고 안정이 주어질 때는 시도과정의 최후에 모든 시장의 균형을 보장하는 가격벡터가 확보된다. 이러한 가격벡터가 발견되고 난 뒤에야 비로소 실재적인 구매들과 판매들이 이루어진다.

이러한 모형은 근본적인 약점들을 노출한다. 첫째 현실적으로는 규칙적으로 합의들이 또한 비 균형가격에로 이루어진다. 둘째 이러한 것은 현실적으로는 정보취득의 과정(왈라스의 모형에서와는 달리)이 탈중앙적이고 그리고 비용을 야기한다는 것과 관계가 있다. 이로서 실재에 있어서는 규칙적으로 가격분산이 관찰된다는 것이 귀결되어진다. 특정한 생산물에 있어서는 또한 유일한 가격만이 존재하는 것이 아니라, 중앙값에 분산된 수많은 가격들이 존재한다.

## 3.4. 대외무역이론

일반균형의 이론의 중요한 응용의 경우를 현대적 대외무역이론이 제시한다. 접속점이 Ricardo의 "상대적 비용의 정리"와 그리고 J. S. Mill의 자유무역균형에서의 "Terms of Trade"의 형성의 이론이었다. 신고전학파에 있어서는 절대적 그리고 상대적인 비용장점들의 원인들에 대하여 질문되어졌으며, 그리고 거래흐름들의 "Heckscher-Ohlin-정리"(Heckscher, 1919; Ohlin, 1931)를 통하여 대답되어졌다. 이에 의하여 한 나라는 (또한 일반적으로 완전하지는 않지만), 당해 나라에 상대적으로 풍부하게 존재하고 그러한 요소들이 특히 집중적으로 응용되는 그러한 재화의 생산에 특화한다. 이 정리의 함축성은 국제적인 무역을 통하여 요소가격의 국제적인 평준화에로의 경향(Ohlin, 1931; Samuelson, 1948)을 야기한다는 것이다. 최근에는 이러한 대답이 국제적인 무역거래의 형성을 위한 이유들에 대한 질문에서 완전한 것으로 수용되지 않으며, 왜냐하면 산업 간의 국제거래는 특히 산업국들 사이에 있어서는 "Heckscher-Ohlin-정리"의 도움으로는 설명되어질 수 없기 때문이다. 추가적으로 그러하기 때문에 생산품차이, 규모수익 및 기술진보가 무역거래흐름들의 설명에로 개입되어졌다.

## 4. 신고전학파적 분배- 및 성장이론

### 4.1. 분배와 생산이론

　고전학파에 있어서 국민소득의 분배는 상이한 생산요소들에서 그리고 (그 당시 시대의 사회적 구조 때문에) 또한 토지소유자들, 자본소유자들 및 노동자들의 사회적 계급들에서 설명되어져야 했었던 반면, 신고전학파에서의 분배는 단일적인 원칙으로 출발하여 설명되어 진다. 분배는 가격형성과정의 결과이고, 그리고 생산요소들의 가격들은 개별 요소들의 상대적인 희소성의 지표들이다.
　기반구축적인 것이 Wicksteed(1894)와 J. B. Clark(1899)에 의하여 도입되어졌던 "분배의 한계생산성 이론"이었다. 이러한 견해에 따라 분배는 생산의 법칙들로부터 주어졌다. 오로지 생산 이론적으로 만이 분배를 자유로이 어떠한 특별한 경우들에서 설명할 수 있다. 만약 한 국민 경제에서 생산의 법칙성들이 Cobb-Douglas-형의 거시 경제적 생산함수를 통하여 서술되어 질 수 있다고 한다면, 모든 시장들에 있어서의 완전한 경쟁에서 자본과 노동의 소득비중으로 계수들 a와 (1-a)를 얻는다. 이러한 경우는 그러나 아주 비현실적이며, 왜냐하면 이는 모든 생산방향들이 동일한 자본집중도를 나타내야 한다는 전제를 하고 있으며, 또한 역시 혹은 구조- 및 대체효과들이 거시 경제적 생산함수에로의 합계가 가능하게 되게 바로 그렇게 보충적이어야 한다는 가정을 하고 있기 때문이다. 물론 경우가 그러하다 하더라도, 역시 부분적인 생산탄력도들이 필요하였으며, 그리고 이로서 소득비중들이 지속적이지 않게 된다. 가변적인 생산탄력도들에서는 역시 소득비중들은 국민 경제의 실현된 자본집중도에 따라 의존적이다. 결국 역시 개별 생산방향들에 있어서의 신고전학파적인 생산함수들에서는 분배는 생산의 형성과 요소공급의 형성에 의하여 결정된다.

한계생산성이론은 현실적으로 분배이론이 아니며, 오히려 가격이론의 구성부분이다. 재화가격들과 요소가격들은 경제의 일반균형에서 나오며, 이러한 일반균형은 처음의 부존하는 재화- 및 요소상황들을 통하여, 개인들의 주어진 선호들을 통하여, 그리고 생산기술을 통하여 결정된다.

## 4.2. 신고전학파적 생산이론의 문제

신고전학파적 생산함수는 그 때문에 비판되어졌으며, 왜냐하면 자본이 생산요소로서 관찰되어졌기 때문이다(J. Robinson, 1953). 자본스톡의 가치가 미래의 수익들의 할인을 통하여 주어진다는 것이 항의되어졌다. 이자의 설명을 위하여 한계생산성이론이 도입되어지는 이자는 이에 의하면 역시 이미 자본스톡의 개념에서 응용된다. 이로서 신고전학파적 생산이론은 순환이론을 포함한다는 비난이 도출되어진다.

이에 비하여 신고전학파적 생산함수 q=F(x1, x2,…, xm)는 논증으로서 요소투입들에 대한 분자들, 즉 노동시간들, 기계시간들 등을 포함한다는 것을 말할 수 있다. 신고전학파적 생산함수의 구상으로, 생산요소들의 하나가 "자본"이라는 것이 필연적으로 결부되지는 않는다. 그(전체 경제적 균형)에서 모든 재화들과 요소들의 가격들과 그리고 이로서 또한 이자가 결정되는 전체 경제적인 균형에서는 균형이 또한 그(균형)에서 논증의 하나로 "자본"이 포함되는 생산함수의 도움으로 서술되어질 수 있다. 균형의 서술과 상이한 균형들의 비교에만 제한한다면, "자본"을 가진 생산함수는 그들 논증의 하나로서 합당하다. 이러한 실마리는 물론 불균형상태들을 위한 분석을 위해서는 응용될 수 없다.

### 4.3. 힘과 분배

이를 통하여 가격들과 그리고 이로서 또한 시장에서 귀결되는 분배가 결정되는 균형은 "권한들"과 "요구들"의 출구분배에 의존적이다. 이는 다시 "법질서"를 통하여 결정된다. 시장들에서의 교환과정에서 그들의 이익들을 추구하는 개인들이 어떠한 가능성들을 소유하느냐 하는 것은 이를테면 소유 질서에 마찬가지로 독점적인 시장 힘을 취득하고 활용하는 가능성에 의존적이다. 신고전적 가격이론에서는 개별로 분석되며, 이를테면 어떻게 상이한 시장들이 재화- 및 요소시장들에서의 가격형성에 영향을 미치는가 하는 것처럼 이다.

### 4.4. 신고전학파적 성장이론

생산함수가 신고전학파적 성장이론의 핵심이 되었다(Solow, 1956). 신고전학파적 성장이론의 핵심적인 결과는, 주어진 국민 경제적 저축률에 있어서 그리고 저축과 투자의 일치에 있어서 한 경제의 장기적인 성장률은 오로지 인구성장률과 그리고 평균적인 노동생산성의 증가율을 통하여 결정된다는 데에 있다. 저축률을 통하여 어쨌든 성장경로의 수준이 결정된다. 이로서 최적의 저축률을 위한 질문이 주어졌으며, 이는 다음으로 자본축적의 "황금률"(Phelps, 1961)을 통하여 대답되어졌다. 이에 의하면 1인당 최대의 소비가 실현되는 것은, 총생산의 성장률이 실질이자율과 일치할 때이다(저축률이 이윤율과 같을 때). 황금률이 특수한 경우를 포함한다는 일반적인 이론은 최적성장의 이론을 통하여 주어졌다. 이에서의 출발점은 시간 사이의 효용함수이다(Ramsey, 1928; Uzawa, 1964). 이러한 방식으로 설명되는 이자는 생산 측으로부터 그리고 수요 측으로부터 동시에 결정된다. 이로서 최적성장의 신고전학파적 이론이 경제의 일반균형이론의 특수한 경우를 제시한다는 것이 분명해 진다.

## 5. 복지경제학

사실 경제학은 처음부터 복지수준의 마찬가지로 부의 증가의 문제로 파악되었으며, 중상주의자들의 인구증가에 관한 것이나 그리고 고전학파의 더 이상 차등화 되지 않는 재화수량의 증가를 확정하는 물질적-기술적 견해가 그러하며, 하지만 한계효용이론의 주관적-공리주의적 개념으로서 비로소 증가하여 성장하는 재화수량은 개인에게 오로지 감소하는 한계효용만을 가져다주며 그리고 전체 사회적인 복지수준 기능에로의 합계가 문제가 없는 것은 아니라는 것이 반영되었다. 그밖에 소득과 재산에 대한 분배가 언제나 또한 사회적 문제로 관심의 대상이었다. 전통적인 복지경제학은 두개의 가치전제들로부터 출발하며, "개인적 복지의 기본 율"에는 국민의 복지는 개별 개인들의 복지에 의존적이라는 것이며, "자아결정의 기본 율"에는 모든 개인은 그의 자체의 경제적 상황에 있어서의 변화가 복지증가로 보여 질 수 있는지 마찬가지로 여러 가능한 상황들에서 최적으로 보이는 것은 무엇인지를 스스로 평가하는 위치에 있다는 것이다.

　Alfred Marshall이, 국민 복지를 조세와 보조에 대한 조합의 수단을 통한 방식으로 촉진하며, 감소하는 수입으로 생산하는 영업에 조세를 지우고 그리고 이로서 흘러나온 국가수입들을 증가하는 수입으로 금융 되는 생산부문들의 보조와 그리고 이로서 도출되는 소비자지대(소비자잉여)의 증가를 제안한 이후(화폐의 동일한 한계효용의 가정 하에서), 복지 촉진하는 소득분배의 규범적 이상이 길을 열었다. 이를 이론화한 사람이 Arthur Cecil Pigou(1877~1959)이며, 캠브리지 대학의 Marshall의 후계자이며 영국 신고전학파의 핵심적인 대표자인 그는 그의 저서 "Wealth and Welfare"와 1920년의 제2판인 "The Economics of Welfare"로서 "근대 복지경제학"을 기반 하였다.

　처음의 기수적 방향에서 서수적 효용척도로 전환한 피구는 복지증가를 총생산물의 증가, 소득분배의 변화 및 소득응용의 "실현화"에서 보았다. 소득분배의 변화에서는 Bentham과 연관되어 있으며, 행복의 성장은 증가하는 개인적 재화공급으로 감소하며, 소득의 균등분배에서 복지가 극대화된다는 것이다. 나아가 피구의 업적은 "외부효과의 이론"으로서, 즉 복지경제에 관한 그의 논문에서 그는 아주 일목요연하게 개인적인 생산으로 야기될 수 있는 환경파괴와 사회적 복지손실을 서술했다.

　1932년 Lionel Robbins에 의하여 이루어진 비판의 결과로, 특히 개인 사이의 효용비교의 가능성과 연관하여 30년대 말에 Pareto 최적의 수용과 소득분배의 기반위에서의 복지서술에 대한 거절의 수용으로써 "신 복지경제학"의 형성에 이르렀다. Pareto 최적에 따르면 대안적인 응용목적에 있어서의 희소한 재화들의 분배는 경제주체의 복지와 마찬가지로 효용을 다른 사람의 위치를 손상함이 없이 개선하는 것이 더 이상 가능하지 않을 때에 "파레토 최적"으로 유효하다.

다수의 경제학자들이 보상표준의 도입으로 파레토 표준의 확장을 위하여 노력하였다. Nicholas Kaldor 그리고 John R. Hicks는 하나의 경제 정책적 대책이 이로 인한 국민 부분들의 혜택이 손해를 본 국민 부분들의 손실보다도 클 때, 즉 복지이익으로부터 고통을 받은 복지손실을 충분히 보상해주고 나머지로서 순 복지이윤이 존재할 때 복지촉진적인 것으로 이해되었다. 하나의 경제 정책적 대책의 복지경제적인 정당화의 문제를 위하여서는, 실재로 보상이 따르느냐 하는 것은 여기서 결정적이지 않다. Tibor Scitovsky는 Kaldor-Hicks 표준의 응용에 있어서의 논리적인 모순점을 제시하였으며, 이 표준의 응용에 있어서 동일한 대책의 가능한 방식의 되돌림은 다시금 복지증가로 보여 질수 있기 때문이다.

## 6. 새 제도경제학

현상으로서 "제도들"은 경제학에서 결코 새로운 것이 아니며, David Hume이 사적소유의 사회적 효용을 논할 때는 이미 Aristoteles에 있어서 존재하는 제도적인 전제들과 연관되어 있으며, 아담 스미스가 그의 "도덕 감성론"에서 자기이익을 논할 때는 풍습적 및 도덕적인 규범들을 통한 제도적인 측면보호를 볼 수 있으며, 물론 역사학파에 연관된 미국의 제도학파에서도 그러하다. 일련의 20세기의 경제학자들이 제도들에 종사하였지만, 하지만 일반적으로 수용되는 제도개념은 무의미하게 시도될 뿐이다.

제도 아래에서 이해할 수 있는 것이, 공동생활의 하나의 부분적인 특정한 목적에 봉사하는 자체의 질서에 도달된 질서이며, 개인적인 행위를 종종 장기간 일정한 방향으로 조정하는 질서이다(Gustav Schmoller). 놀이하는 사람 없는 놀이규칙에 관한 것이며, 사용자 없는 질서체제이고, 이에 비하여 조직은 그의 사용자를 포함한 제도로 이해되며 제도의 개인적인 측면으로 이해된다. 제도들은 인간들 사이의 반복적인 관계들을 형성하는 협약들로 이해되어질 수 있다. 제도는 결정체제들로서 이의 도움으로 사회에서 결정이 이루어지는 규칙들이고 절차들이다. 제도는 규범들이고 전통들이며 다른 행태규칙들이다(법적인 규범들, 종교적으로 결정된 규칙들, 일상의 형태들 등). 제도는 국가, 연합체들, 기업들 및 가족들과 같은 조직들이다. 제도는 스스로 반복하는 다수 개인들의 결정 상황들에 대한 결정을 위한 규칙이며, 일반적인 인정을 이룩하는 규칙이고, 개인들이 특정한 상호적인 행태기대들을 소유하는 규칙으로 정의될 수 있다. 제도는 개인적인 행위를 일정한 방향에로 조정하는 그(규범)의 보장 장치들을 포함한 규범에 대한 특정한 목적더미에로 만들어진 체제이다.

역사적- 마찬가지로 전체적-제도적 실마리와 신고전적- 마찬가지로 분석적-제도적 실마리로 구분될 수 있다. 후자의 경우는, Oliver E. Williamson에 의한 "New Institutional Economics"에서 처럼 "방법론적 개인주의의 가설"과 연관되어 있다.

신고전학파는 근본적으로 시장경제의 이론이었다. 비교적 나중에야 비로소 경제의 공공부문의 분석이 행해졌다. 이러한 행로에서의 이정표가 "공공재화의 이론"이었다. 공공재들은 개인적인 재화들과는 반대로 제외원칙이 응용될 수 없다는 것으로 특징된다. Samuelson(1954)은 공공재를 가진 경제의 파레토-최적 공급을 위한 조건들을 처음으로 도출해냈다. 이에 의하면 공공재와 개인의 재화 사이의 모든 개인들을 위하여 형성된 한계대체율의 합계가 공공재와 개인의 재화 사이의 한계비용 관계와 일치하여야 한다. 설명되지 않은 것이 도대체 그리고 어떠한 방식으로 이러한 파레토-최적이 도달되어 질 수 있나 하는 것이다.

현대적인 제도경제학의 시초에 1937년 Ronald Coase에 의하여 발표된 "The Nature of the Firm"이 있으며, 여기서는 이전비용의 의미가 제시되어졌다. 이전비용 하에서 이해되는 것이 정보, 계약체결 및 계약요구들에 대한 실행의 비용과 같은 재화교환에서 야기되는 조정비용이다. 넓은 의미에 있어서 Arrow는 "costs of running the economic system"(1969)를 발표하였다. 결국 제도들에 대한 목표는 이전비용에 대한 절약에 있다.

새 제도경제학의 다른 핵심적인 의미는 "Property-Right 이론"에 있으며, 이에서는 한 경제 질서에서 실현된 소유질서의 종속에서의 마찬가지로 소유권행사권리들의 형성에 대한 소유질서 내에서의 경제주체들의 행태에 관한 것이다. 신고전학파적 이론의 핵심사상은, 경쟁에서 모든 "효율적인 해결"(파레토-최적)들이 실행된다는 데에 있다. 이러한 사상이 또한 제도들의 분석에 이전되며, 효율의 표준에 충족되는 그러한 제도들이나 법적 규정들 만이 실행되어진다. 이는, 제도들은 언제나 의식적으로 효율표준에 따라 발견 및 형성된다는 것을 의미하지는 않는다. 제도들의 도입에 있어서는 드물지 않게 우연으로 되는 경우가 있다. 그러나 살아남아 있을 능력이 있는 것은 (신고전학파적) 제도들의 경제적 이론에 의하면 오로지 효율적인 시설들이다. 이러한 이유로 효율원칙은 제도들에 대한 형성 및 기능방식의 설명에로 봉사할 수 있으며, 그리고 이에서 형성되는 소유권 및 재산권행사 권리에로 봉사할 수 있다.

  새 제도경제학과 바로 인하여 "신 정치경제학"이 있으며, 이에서는 경제이론 특히 미시이론의 사고방식과 개념장치들을 통하여 집단결정 과정의 심층적인 이해에 도달하는 것이다. 신 정치경제학의 기본사상은, 국가는 사회와 경제에 대한 통합적인 구성요소라는 것이며 그리고 정치가들도 바로 다른 개인들과 마찬가지로 자기이익에 의하여 인도된다는 것이다. 현대의 민주사회들에 있어서의 정치적인 정당들은, 그들 자체의 이익을 추구하는 기업가들과 흡사하게 보아진다. 시장경제 체제에서 개인적인 이익의 추구가 경쟁조건들 하에서 일반복지의 촉진에 작용하는 것과 같이, 또한 정치가들에 의한 개인적인 이익의 추종이 일정한 조건하에서 일반복지에 봉사할 수 있다는 것이다. 이러한 방식으로 신고전학파적 이론의 패러다임이 정치의 경제적 이론의 발전에로 응용된다. 국가적인 부문에 있어서의 결정을 위한 문제는, 도대체 그리고 어떠한 조건들 하에서 시민들의 개인적인 선호들로부터 도출되는 지속적인 결정들이 가능한가 하는 것이다.

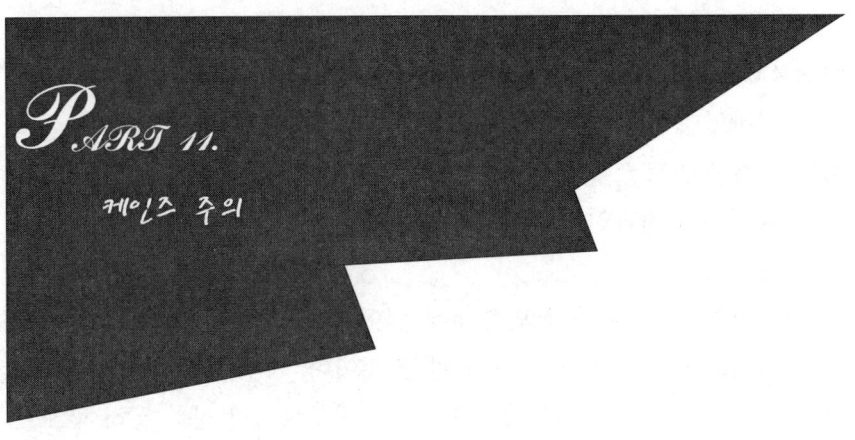

# PART 11.
## 케인즈 주의

John Maynard Keynes(1883~1946)가 그의 1936년에 출판된 저서 "The General Theory of Employment, Interest and Money"(일반이론)에서 제시하였던 "신 경제이론"은, 중농주의가 중상주의에 대하여 논박하였던 혹은 마르크스가 시장 경제적 이론에 대하여 취하였던 것과 비슷한 패러다임 변화인 실제로 경제적 사고에 있어서의 하나의 혁명을 제시하는가?

"일반이론"에서는 한 국민경제에 있어서의 고용의 수준에 관한 것이고 그리고 국민소득의 크기에 관한 것이며, 중상주의에까지 추적되어질 수 있고 그리고 그의 의미가 자유로이 Say의 정리를 통하여 오랫동안 흔들려졌던 주제권역이다. 문제제기는 역시 덜 새로운 것이었지만, 경쟁이 당연한 방식으로 완전고용에로 인도하지는 않는다는 관찰로부터 Keynes가 도출한 대답들은 어쨌든 혁명적이었다. 이에서 그러나 Keynes는 결코 체제극복에로 벗어나지 않았으며, 그는 자본주의의 권능있는 조력자였다. 마르크스주의적 혈통의 독선적인 사회주의에 대하여 Keynes는 거부하는 입장을 취하였으며 그리고 그 당시의 영국의 노동당(이를 "계급정당"으로 표현)에 대하여서도 그(스스로 대부분 자유주의자로 자칭했던)는 거리를 두었다. 그러는 사이에 케인즈 주의적 사고재산은 일종의 국가개입주의적인 독선에로 조밀하여 졌으며, 시장조정에 대한 전체조정, 공급지향에 대한 수요지향, 통화주의에 대한 재정주의이었다. 나아가 독선적인 협소함으로부터 벗어나 그리고 각각의 신고전학파적인 비판에 대한 대응으로서 케인즈 주의적인 거시이론의 바로 밀기에서 스스로 이룩된 지속발전이 관찰될 수 있다.

## 1. John Maynard Keynes

　1883년 6월 5일 사회경제학자이며 인식이론가인 John Neville Keynes 의 아들로서 캠브리지에서 태어난 Keynes는 의심의 여지없이 가문의 직업훈련(또한 예술과 문학의 부문에서도)에 대한 범위 안에 있었다. 그는 그의 고향의 King's College에서 수학을 공부하였으며, 이에서 그에게 "합리적인 연역법의 고도로 발달된 재능"(Harrod)이 나중에 인식되어졌다. 나중 이러한 학과에서 나온 논문 "A Treatise on Probability" (본래는 수학과 철학 사이의 인접부문에 정착하였던)는 모든 수량이론적인 사고의 사회과학적으로 중요한 경계선들을 제시하였으며, 이로서 귀결되는 것이 인간의 시간과 장소에서의 변화하는 대응들과 관계가 있다는 것, 계산할 수 없는 오로지 정태적인 집단과 평균에서 하나의 "가능한" 방향과 반복성을 보여주는 개별 경우에 관한 것이며, 이러한 상관관계에서 Keynes는 그의 미시 경제적으로 도출되는 것이 아닌 거시 경제적 분석의 중요성을 강조한다. 수학공부에 (당시의) 정치경제학의 공부(특히 Marshall과 Pigou에서의)가 연결되어졌다.

　1906년 Keynes는 고급공무원 시험에서 2등으로 합격하였으나, 무엇보다도 바로 경제학 부문에서의 탁월한 능률은 아니었다(Keynes: "아마 시험관이 나보다 더 몰랐었다."). India Office에서의 2년 동안의 활동 후에 Keynes는 1909년 캠브리지에 있는 King's College의 Fellow(교수는 아니지만 학문적인 재직)으로 뽑혔다. 몇 년 동안 그의 생활양상은 고도의 직업적인 종사와 동일하지 않고 다양한 집시(Bloomsbury-족)의 혼합으로 각인되었다. 1915년 Keynes는 (그의 논문 "Indian Currency and Finance"에서 취급한 외환으로 명성을 얻은 후) 영국의 재무부에서 환율문제의 전문가로 활동하였으며, 이에서 그에게 세계대전 동안 영국의 대외재정의 통제의 문제가 증가하였다. 1919년 그는 베르사이유 평화협상에서 영국 재무부의 수석 대표였으며, 추측할 수 있는 독일의 보상 문제와 연관하여 그의 경제적인 관심들이 연합군의 과도한 요구에 반대하여 실행할 수 없게 되었기 때문에, 그는 물러났으며, 몇 개월 후 그의 생각을 공개적으로 발표하였다("The Economic Consequence of the Peace"). 여러 가지 사경제적인 활동들을 거쳐 (무엇보다도 그사이 다시 수용한 캠브리지에서의 강의활동과, 이에서는 학문적으로 인플레이션의 위험에 집착함), 그는 증가하는 디플레이션현상의 진행과정에서 금본위제에 대하여 강한 공격을 하는 데에 이르렀다. 이에 더하여 Keynes의 의심은, 경제적인 침체와 마찬가지로 실업을 오로지 화폐적인 수단만을 통하여 싸우는 것이 성공할 수 있나 하는 것이었다. 점점 더 그는 공공의 노동창출의 지킴이로 그리고 국내적 투자활동에로의 국가적인 개입들의 옹호자에로 되었다 (1926년 "The End of Laissez-Faire" 출판). 그러나 그의 1930년에 출판된 저서 "A Treatise on Money"는 (수정적인 경향에도 불구하고) 여전히 또한 나아가 인습적인 이론의 바탕위에 이룩되었으며, "신 경제이론" (1929~1933년의 세계경제위기의 경험을 통하여 강력하게 추진되어)은 어쨌든 명료하게 "일반이론"(1936)의 출판연도를 기준으로 하고 있다.

　세계 제2차 대전 중에는 Keynes는 (1937년 이후로는 그의 심장병으로 다소간의 육체적인 어려움으로) 다시 재무부의 명예직인 고문으로 활동하였으며, 여기서 그는 "How to Pay for the War"의 문제를 정리했다. 전쟁이 진척되면서 증가하여 전후에 있어서의 국제적인 경제형성의 문제가 전방으로 대두되었다. 이미 1941년 그는 제안들에 대한 선별작업을 하면서 국제적인 통화적인 신 질서에 관한 작업을 시작하였으며, 이는 영국 재무부에 의하여 발표된 의견서 "Proposals for a Clearing Union"의 내용을 형성했다. 이러한 고려들의 목표들은, 금본위제의 강력한 연계 없이 환 안정을 확보하는 것, 세계무역의 확장을 위한 기반들을 창조하고 그리고 침체나 실업에 대한 재현의 방어에로의 국제적인 협력을 창조하는 것이었다. 그의 생각은, "우선 세계적인 확장적인 통화정책을 위한 틀을 창조하고, 그리고 나서 극도의 조심으로 통상정책의 완전한 자유화를 달성하는 것"이었다(Harrod). 그의 Clearing-Union의 계획은 미국에서 직접적인 찬성을 얻지 못했으며, 브레튼 우드 협정(Keynes는 1944년에 여기에 영국의 수석대표로 참석)에서는 단지 그의 사고들의 일부만이 협정에 포함되었다. 그는 1946년 그가 극도로 실망을 하면서 진행된 사바나 협정에 영국의 수석대표로 참석하였으며, 이 협정에서 국제통화기금과 세계은행의 설립이 논의되어졌다. 그가 고향으로 돌아온 후 얼마 뒤인 1946년 4월 21일에 Keynes는 심장병으로 죽었다.

## 2. 케인즈 주의적 혁명

스스로 조정이 되고 그리고 이를 통하여 시장들에 있어서의 균형이, 특히 노동시장에서의 고용이, 확보되는 경제적 체제에 대한 표상은 "고전적 이론"의 본질이다. 이러한 경제적인 세계형상은 아담 스미스와 그의 "Inquiry into the Nature and Causes of the Wealth of Nations"에 까지 거슬러 올라가게 하며, 그리고 이는 국민 경제학에 있어서 A. C. Pigou에 이르기까지 150년 이상을 지배하였었다. 30년대 초반의 세계경제위기와 1936년의 John Maynard Keynes에 의한 "General Theory of Employment, Interest, and Money"의 출현은 "경제학자들의 대량개종"(Leijonhufvud)으로, 다른 세계형상에로 인도했다. 이러한 케인즈 주의적인 세계형상 이후에, 경제적 체제의 자체조정능력을, 역시 또한 완전고용 자동주의를 불신하고 그리고 장애들의 경우에는 안정화 정책적, 특히 재정 정책적 대책들을 개입하는 동인이 주어진다.

케인즈 주의적 혁명이 이렇게 짧은 시간이내에 성공적이었던 것은 여러 가지 이유가 있다. 현실적으로 이의 빠른 성공은, 지속되는 실업의 경험이 확정된 (고전학파적) 학설로서는 일치될 수 없고, 이를 또한 반박하였고, 그리고 케인즈에 의한 새로운 학설로 하나의 이론이 나타났으며, 이 이론이 저고용을 설명할 수 있었고 그리고 이에 더하여 또한 이러한 가중되는 사회적 문제를 위하여 의미심장하게 보이는 처방을 가지고 이었다는 데에 기인하고 있다. 이 이외에 거시 경제적 전체 모형의 윤곽을 가지는 "일반이론"은, 그에서 경제적인 상호의존성이 등한시되는 Marshall적인 부분분석과 이러한 결함은 보여주지 않지만 구체적이고 실제적인 문제에 직접 응용될 수 없는 단점을 가지는 왈라스적인 일반적인 경제적인 균형의 모형 사이에서 매력적인 중간노선으로서 스스로 추천하는 새롭고 경험적으로 의미가 있는 방법을 제공했다.

## 3. 케인즈 주의의 모형

John Maynard Keynes의 저서들은 전수방법에서 성숙됐다고는 말할 수는 없다. Keynes는 좋은 분류학자는 아니라는 비판이 경우에 따라서는 정당하게 주어졌으며, 특히 그는 그의 저술들을 출판을 위하여 다듬은 적이 없다. 그의 저술들의 복잡성과 많은 이중의미들은 해설들을 위한 적지 않은 놀이공간을 창조하였으며, 이로서 추종자들과 반대자들 하에서 비판을 위한 토양을 제공하곤 했다.

Keynes적인 이론의 전부를 여기에 소개할 수는 없고, 고전학파/신고전학파와 대치되는 Keynes모형의 근본적인 내용들에 제한한다.

## 3.1. 모형의 골격들

모형의 골격들은, 재화시장, 화폐시장, 실질국민총생산과 고용 사이의 관계, 즉 전체 경제적 생산함수 및 노동시장이 서술되게 그렇게 형성되어 지고 그리고 질서 되어진다.

### 3.1.1. 재화부문

고전학파들에 있어서와 마찬가지로 실질 투자(I)들은 이자율(i)과 반대로 변화한다. 이러한 상관관계가 투자함수의 (음의) 기울기로 표현되는 반면, 그들의 위치는 기대(케인즈에 의하면 투자활동의 핵심적인 영향요소)를 통해 결정된다. 고전학파에 있어서 와는 달리 실질저축(S)은 첫째로 이자율에 의해서가 아니라, 오히려 실질국민소득(Y)에 의존적이다. 이러한 상관관계가 "일반이론"에서 좀더 자세하게 미시 경제적으로 기반 되지는 않으며, 이는 케인즈에 의하면, 이에 따라 소비가 소득으로 증가하는 (그리고 사실은 한계소비성향이 1보다 적은 것으로써) "기본적인 심리적 법칙"으로부터 주어진다.

고전학파에서는 모든 재화공급은 그의 자체의 수요를 창출하고 어쨌든 판매경로의 일시적인 정체가 된다는 Say의 정리로써 이론이 대표되어졌고, 그리고 또한 신고전학파도 시장 경제적 가격역학의 자체치유력에 (이에서는 노동시장에 핵심적인 위상가치가 측정된다) 치중하는 반면, 케인즈는 그의 이론을 재화시장에서의 유효한, 즉 구매력으로 측정된 전체 경제적 수요에 집중시켰다.

소비재들에 대한 수요는 케인즈에 의하면 현실적으로 실질소득에 의한 종속으로 보아지며, 전체 경제적인 소비수요가 역시 국민소득의 함수로 관찰된다. 이러한 행위가설은, (저축의 보충적인 크기를 통한) 이자 종속성을 확정하는 고전학파적 견해와는 상반된다. 사실 또한 케인즈에 있어서도 저축의 가능한 이자 종속성이 제외되지는 않으며, 하지만 이는 지배적이고 그리고 동시에 단기적으로 영향을 미치는 소득의 변수들에 비교하여 후방에 있다. "There are not many people who will alter their way of living because the rate of interest has fallen from 5 to 4 per cent, if their aggregate income is the same as before." 또한 크기 "0"의 소득에 있어서 케인즈 주의의 이론에서는, 존재욕구의 필요불가결한 충족에로의 독립적인 소비인 최저소비(이에 따라 소득과는 독립적인)가 가정되어 지며, 이는 국민 경제를 위하여 "통계적인 환상"으로, "대출" 마찬가지로 "자본잠식"으로 이해할 수 있다.

케인즈는 "fundamental psychological law"로서 "that men are disposed, as a rule and on the average, to increase their consumption as their income increases, but not by as much as the increase in their income"의 관찰로서 명명한다. 이러한 상관관계에서 "평균적인"과 "한계적인 소비성향" 사이가 구분된다. 전자의 경우는 소득에 대한 소비지출(C/Y)을 나타내며, 후자의 경우는 "한계소비성향"으로서 소득증가에 대한 소비지출의 증가(dC/dY)를 나타낸다. "기본적인 심리적 법칙"에 따라 증가하는 소득으로서 작동하는 수요의 감소하는 증가가 주어진다. 국민소득의 구분을 위한 개념방정식(Y=C+S)에 따라 이로부터 (하락하는 소비성향에 대한 짝으로) 상응하여 증가하는 저축성향이 스스로 도출된다.

투자수요에 관하여서는 고전학파적/신고전학파적 견해와 케인즈 주의적 견해 사이에, 투자는 그로부터 귀결되는 수익이 (장기적인) 시장이자율 이상일 때 이루어진다는 것에 대하여서는 일치를 보이고 있다. 전통적인 이론에 따르면 투자는 실질자본의 한계수입이 이자율과 같을 때까지 그렇게 실행된다. 이에서는 (현재의) 기술적인 마찬가지로 물리적인 자본의 한계생산성이 고려된다. 이에 반하여 케인즈는 자본의 한계능률에 있어서 투자자들의 (미래를 지향하는) 기대들을 연관시켰다. 이는 투자의 사용기간 동안에 기대하는 순수입의 이자에 관한 것이며, 이에서는 자본의 한계능률이 모든 (평가된) 할인요소로 제시되며, 이러한 할인요소는 조달비용을 가진 할인되는 순 판매액의 대칭으로부터 계산되어진다. 고려되는 미래기대의 결과로 케인즈에 있어서는 "한계생산성의 물리적인 크기"로부터 "자본의 한계능률의 심리적인 크기"로 되었으며, 이에서는 감소하는 한계수입에 대한 법칙의 작용이 주어진다. 이를테면 경기적인 발전의 비관적인 평가에서와 같은 기대변화들에 대한 관점에서 동일한 시장이자율에도 불구하고 투자들은 감소될 수 있으며, 다른 편으로는 낙관적인 미래 기대들이 주어지면, 상승하는 이자에도 투자수요는 안정적이다.

국민 경제적 총체계산에 있어서는 비자발적 재고가 투자들로 계산되어지기 때문에 사후적으로는 언제나 투자와 저축에 대한 동등($I=S$)이 주어지는 반면, 사전적으로는 단지 국민소득의 일정한 크기에 있어서(균형국민소득) 만이 계획된 투자와 계획된 저축에 대한 일치가 주어지는데, 그러나 문제가 되는 것이 이에서 완전고용국민소득에 관한 것인가 하는 것이다. 수요부족($I<S$)은, 기업가들이 고용과 국민소득과 연관하여 상응하는 수축적인 결과를 수반하는 그들의 재화공급을 다

음기간에는 더 적은 재화수요에 적응되는 것으로 (Say의 정리와는 반대로 수요가 그의 공급을 스스로 창조하는) 인도한다. 수요초과(I>S)의 경우에는 반대이다. (고전적 견해에 따르면 이자의 가격역학은 투자와 저축에 대한 언제나 존재하는 균형을 작동한다는 것이다.) 즉 Y를 가로축에 I=S를 세로축으로 하여 음의 절편을 갖는 우상향의 생산요소들의 완전가동의 S(Y)곡선을 그리고 양의 크기의 일정한 I곡선을 그리면, 두 곡선이 만나는 점이 I=S되는 균형국민소득수준이며, 그 오른쪽은 수요부족이고 (I<S, Y는 수축경향), 그 왼쪽은 수요초과 (I>S, Y는 확장경향) 이다. 이로서 I=S되는 방향에로의 적응과정들을 나타낸 것이다.

케인즈 이전 전적으로 오래전에 이미 투자들의 승수작용이 있다는 것이 알려졌으며, 즉 투자의 가치는 한번 만 (물론 순 투자의 실현의 시점에서) 국민소득에 있어서의 증가로 더하여 지는 것이 아니고, 오히려 소비지출을 통하여 소득증가에 대한 몇 배수를 기대할 수 있다는 것이다. 소비지출을 통하여, 추가적인 자본재수요를 통하여 작동된 소득증가가 한계소비성향에 상응하여 대부분이 소비재에 대한 수요로 나타나고, 이로서 다른 장소에서 새로운 소득이 형성되며, 후자는 다시 소비에 대한 한계수량에 상응하여 소비수요가 되며, 이로써 다른 곳에 새로운 소득이 성장한다는 것과 같은 연속을 말한다. 승수작용은 일종의 소멸해가는 물결운동으로 천명되며 수학적으로는 무제한 기하급수로 제시된다.

이자가 상기하는 것이, 승수사고가 아주 성급히 초기 사회주의자들로 구분되어진 Ludwig Lambert Gall의 1822년의 저서에서 이미 발견된다는 것이다. 그는, 승수의 의미에 있어서의 첫 번째의 고용자극은 지속되고 그리고 추가적인 국가 활동이나 혹은 개인의 증가하는 저축을 통하여 비로소 다시 억압되어질 수 있다는 것이다. 최소한 사실에 따르면 1898년 Knut Wicksell의 저서 "화폐이자와 재화가격들"에서 발전된 축적적인 가격운동의 이론은 승수이론의 바탕이 된다. 1903년에는 미국으로 이민 간 Nicolas A. L. J. Johannsen이 그의 저서 "침체 기간들과 그들의 단일적인 원인"에서 "승수하는 원칙"을 취급하며, 그는 1913년의 저서 "미래의 조세..."에서도 새로이 언급했다. 특히 Richard F. Kahn은 그의 1931년의 논문 "The Relation of Home Investment to Unemployment"에서 투자승수의 이론을 핵심으로 삼았다. Keynes에게는, 승수원칙을 경제이론의 핵심적인 내용으로 하고 그리고 이를 하나의 수학적 공식으로 나타나게 하는 것이 남겨져 있었다.

$$dY = dI \times 1/(1-c)$$

여기서 한계소비성향 c는 언제나 1보다 작기 때문에, 투자승수 $1/(1-c)$은 항상 1보다 큰 것으로 제시된다. $c+s=1$이기 때문에, 승수의 분모는 한계저축성향인 s로 주어질 수 있다;

$$dY = dI \times 1/s$$

일반적으로 정의하면, 승수는 투자수요가 한 단위 증가하였을 때 국민소득의 몇 단위가 증가하는가를 보여주는 것이다. 물론 승수는 반대의 방향으로도 작용을 하며, 한 단위의 투자의 감소에 있어서 승수의 도움으로 전체소득이 몇 단위 후퇴 하였나이다.

"재화부문에서의 균형"의 문제에 대해서는 투자는 이자의 함수라는 것이 전제로 되며, 그러나 투자들이 전적으로 이자에만 의존한다는 것은 아니다. (여타사정 일정불변; 주어진 자본의 한계능률에서)

재화 경제적 균형은,
S(Y)=I(i)일 때이며, 여기서 S와 I는 계획된 크기이다.

케인즈-해설들의 진행에서 일반화된 것이, 재화 경제적 및 통화적 균형의 제시를 위하여 Hicks와 Hansen에 소급하는 IS-LM-체제의 그래프 재현이 연관되어 지며, 이는 1937년 Hicks의 논문 "Mr. Keynes and the 'Classics'; A Suggested Interpretation"에서 자극된 것이며 그리고 이에서는 이자수준과 균형소득 사이의 상관관계에 관한 것이다.

IS-함수(investment/savings-함수)는, 투자와 저축 사이에 균형, 즉 재화시장에서의 균형이 존재할 때의 이자율(i)과 실질소득(Y)의 모든 조합들의 집합을 나타낸다.

### 3.1.2. 통화부문

외생적으로 고정된 (명목) 화폐공급(M)에 Keynes적 유동성선호의 형식에서의 (명목) 화폐수요(L)가 대칭된다. 이는 첫째로 거래동기를 고려하고 그리고 이로서 (이미 전통적인 잔고유지이론에서 처럼) 화폐수요의 소득종속을 규정한다. 둘째로 Keynes는 투기동기로써 새로운 요소를 도입하고 그리고 이로서 (고전학파와는 달리) 또한 잔고유지의 이자 종속성에 도달한다. 상응하는 (부정적인) 상관관계의 설명을 위하여, 미래의 이자의 "상당히 확실한 수준"에 대한 경제주체별 상이한 표상들이 존재한다는 가설은 중요하다. 개인적인 기대들이 주어진 것으로 관찰된다면, 그럼 하락하는 이자율 그리고 이로서 상승하는 시세수준이 점점 더 많은 경제주체들을 발전의 반대로써 계산하게 작동한다. 이러한 결과로 점점 더 많은 경제주체들이 시세손실이 형성되는 것을 두려워하고, 이에서는 이자수익을 통하여 만회하려고 하는 전망들은 하락하는 이자율때문에 점점 더 불리하게 된다. 잔고선호는 이에 따라 하락하는 이자율에서 일반적으로 증가한다. 결국 그렇게 낮은 이자율에 도달하여 모든 경제주체들이 채권투기로부터 손실을 계산하면, 그럼 오로지 또한 잔고만이 갈망되어 지고 그리고 "유동성함정"이 작동하며, 즉 화폐에 대한 모든 유입이 이에 대해 추가적인 이자하락이 요구되지 않는 투기 잔고가 확실하게 된다.

통화부문은 화폐시장과 그의 보충인 채권시장으로 구성된다. "화폐수요"는 잠재적인 재화구매를 위하여 주어지는 경제주체들에 의하여 이자 없이 현금 혹은 예금의 형태로 유지되어지기를 원하는 수단들의 모든 부분들로 이해된다. "화폐공급"으로는 독립적으로 중앙은행체제에 의하여 제공된 화폐량이 유효하다.

LM-함수(liquidity/money supply-함수)는 IS-LM-체제에 있어서 외생적으로 주어진 실질 통화량의 가정 하에서 화폐시장에서의 균형으로서 (동시에 채권시장에서도) 화폐수요(유동성)와 화폐공급 사이의 균형이 지배하는 i와 Y의 모든 조합들의 집합을 나타낸다. LM곡선은 이로서 화폐의 수량이론에 대한 대칭이며, 고전학파적 견해에서는 (화폐수요와 공급 사이의 언제나 존재하는 균형에 있어서) 변화된 통화량은 오로지 가격수준에만 영향을 미치며, 동시에 화폐수요의 수량이론적인 설명은 오로지 화폐의 교환수단기능(거래동기)에만 국한하고 있다. 이에 반하여 Keynes에 있어서는 유동성선호이론의 틀에서 또한 가치저장기능이 중요하지 않다고는 할 수 없다. 이에 의하면 주로 총생산물의 크기에 의한 것 이외에 그러나 또한 이자율에 의존적인 거래동기가 (확정 이자의 채권 유지에 대한 거래목적의 이자 없는 화폐유지) 화폐수요를 위하여 명명된다;

- 예비동기(조심동기): 예기치 못한 지출을 위한 잔고유지, 실질소득과 긍정적인 함수관계, 이자율의 크기와 부정적인 관계,
- 투기동기: 낮은 이자수준에서 확정이자 채권시장에서의 위협하는 시세손실 때문에 높은 잔고상태, 마찬가지로 높은 이자국면에서 적은 잔고상태(가치저장수단).

화폐시장에서의 초과수요는 언제나 채권시장에서의 초과공급으로 이루어지기 때문에, 채권시세는 하락되고, 시장이자는 상승된다. 상승하는 이자로 그러나 화폐수요가 감소하고 그리고 채권수요가 다시 증가한다. 이로서 결국 통화부문의 균형을 실행하는 것이 채권시장의 이자역학이다. 이자로부터 이제 통화적인 크기가 된 것이며, 왜냐하면 이는 실재 저축과 투자를 일치로 가져올 뿐만이 아니라 (고전학파-신고전학파 이론에서처럼), 오히려 또한 재산유지를 화폐와 채권으로 분할한다.

### 3.1.3. 전체 경제적 생산함수와 노동시장

IS-LM-모형으로 나타나는 케인즈 주의의 이론에 대한 주된 반증은 수요측면에 대한 마찬가지로 공급측면의 완전한 가동에 대한 제한에 관한 것이다. 주어진 실질 화폐량에 있어서의 재화수요는 소비-, 투자- 및 유동성함수에 의하여 결정되며, 재화공급은 (고용) 수요에 스스로 적응한다. Hicks적 다이어그램에서 읽어낼 수 있는 균형국민소득에서는 또한 저- 혹은 초과고용균형에 관한 것일 수 있다. IS-LM-모형에 주어진 전제들 하에서는 체제를 완전고용에서 균형에로 조정하는 어떠한 역학도 작용하지 않기 때문에, 케인즈 주의적 견해에서는 국가와

중앙은행이 확대적인 혹은 긴축적인 금융- 및 재정정책을 통하여 양대 불균형정세들(케인즈적 실업 혹은 퇴적된 인플레이션)을 대응하여 작용한다.

"전체 경제적 생산함수"는 주어진 실물자본상태의 가정 하에서 실질 총생산과 고용 (N) 사이의 긍정적인 상관관계를 서술한다. 이에서 전제로 되는 것이, 노동의 한계생산성이 증가하는 고용으로 감소한다는 것이다.

노동수요의 관점에서 케인즈는 고전학파의 표상을 수용하며, 이에 의하면 노동의 투입은 노동의 한계생산성이 실질 임금률(w/p)과 같을 때까지 확대된다는 것이다. 한계생산성이 가정에 따라 증가하는 고용으로 감소하기 때문에, 노동에 대한 수요는 실질 임금률이 하락할 때만이 상승할 수 있다는 결론에 이른다.

노동공급의 관점에서는 케인즈는 고전학파적 가설로부터 차이를 두며, 그는 노동자들이 화폐 임금률의 하락에 스스로 대항할 것이고, 실질 임금률이 가격상승의 기반위에서 만이 감소하면 그들의 공급을 그러나 (저 고용부문에서) 빼지 않는다는 것을 가정한다. 노동공급곡선의 정확한 진로에 대해서는 "일반이론"이 사실 일련의 암시들을 포함하고 있으며, 하지만 결국 여기에 얼마의 해설놀이공간들이 존재한다. 그러기 때문에 케인즈 주의의 문헌들에 있어서는 노동공급행태에 대한 서로 상충되는 가설들을 발견한다는 것은 또한 놀랄 일이 아니며, 이를테면 주어진 화폐 임금률에서 완전히 탄력적인 노동공급(일정한 화폐 임금률), 다음으로 완전히 탄력적이고 그리고 그 다음에는 단지 상승하는 화폐 임금률에서 지속 증가하는 노동공급 혹은 하방으로 움직이지 않는 화폐 임금률에서 화폐 임금률 마찬가지로 실질 임금률에 대한 긍정적으로 의존적인 노동공급이 있다. 여기서는 "주어진 화폐 임금률"에서 완전고용경계까지 완전히 탄력적인 노동공급을 그리고 여기서부터는 완전히 비탄력적인 것으로 가정한다.

## 3.2. 전체 상관관계에서의 모형

### 3.2.1. 부분 관찰들

기본적인 단계에서 케인즈 주의적 모형상관관계들을 봉착하게 되며, 화폐시장과 노동시장을 제외하면 일정한 가격들의 가정 하에서 재화시장 만을 관찰한다. 이러한 단순한 모형에서는 케인즈 주의적 분석을 위하여 특징적인 "승수효과"가 특히 분명히 전방에 선다. 이것이 생성되는 것은, 전체 경제적 수요의 독자적인 요소들의 변화를 통하여 야기된 실질 총생산의 일차적인 변화는 민간소비의 소득의존성 때문에 승수 $1/(1-c)$에 상응하는 강화를 이룩한다는 것이다.

다른 (그러나 역시 완전한 케인즈 주의적 모형을 제시하지는 않는) 것은 재화시장 이외에 화폐시장이 고려될 때이며, 일정한 가격들의 가정은 유지된다.

상응하는 상관관계는 잘 알려진 Hicks(1937)에 소급하는 i/Y-좌표상의 음의 기울기를 가지는 재화시장의 균형곡선(IS-곡선)과 양의 기울기를 가지는 화폐시장의 균형곡선(LM-곡선)을 통하여 제시된다. Hicks적 다이어그램으로부터 알 수 있는 것이 화폐량의 증가는 국민수득의 증가를 작동시킨다는 것이다. −유동성함정이 작동할 수도 있으며(즉, LM-곡선이 수평인) 혹은 투자들이 완전히 이자에 비탄력적일 수도 있다(즉, 수직적인 IS-곡선)−

나아가 전체 경제적 수요의 독립적인 구성요소들의 증가는 (이를테면, 국가지출) 국민소득의 증가를 작동한다. －화폐수요가 고전학파에서처럼 완전히 이자 비탄력적인 경우(즉, LM-곡선이 수직인), 혹은 투자들이 완전히 이자 탄력적인 경우(즉, 수평적인 IS-곡선)가 있다－

이러한 양대 특수경우들에서 국가지출증가는 국가지출증가의 범위만큼 민간투자들이 밀려나게 되는 결과를 가져온다(완전한 구축효과).

마지막으로 Hicks적 다이어그램이 분명히 보여주는 것은, 왜 화폐시장에서의 적응과정들이 "내장된 안정화 장치"처럼 작동 하는가 이다. 이들은 승수효과들을 감소시키며, 왜냐하면 모든 소득의 증가는 상승하는 화폐수요를 거쳐 이자상승을 야기하며, 이는 이자 의존적인 투자들을 감소시키고 그리고 이를 통하여 소득상승을 약화한다.

### 3.2.2. 전체모형: 변형 I

전체모형에 있어서는 모든 시장들과 전체 경제적 생산함수가 고찰에로 연관되어 지며, 이에서는 또한 ("일반이론"에서와 같이) 가변적인 가격수준의 가능성이 고려된다. 변형 I에서는 저 고용부문을 위한 화폐 임금률이 "일정한"것으로 한다.

가격수준의 결정을 위해서는 이미 노동수요의 도출에서 끌어들여진 상관관계가 현실적이며, 노동의 한계생산성이 실질 임금률(w/p)에 상응하여야만 한다. 증가하는 생산 마찬가지로 고용으로써 한계생산성이 감소하기 때문에, 이러한 조건으로부터 우선 한번 귀결되는 것이 균형에서의 더 높은 생산 마찬가지로 고용은 더 낮은 실질 임금률로써 이루어져야 한다. 여기서 특히 흥미로운 "가격수준"은 아래의 상관관계에서 주어진다.

화폐임금률 (w) = 한계생산성 (dY/dN) × 가격 (p)

직접 이 방정식으로부터,
가격 (p) = 화폐 임금률 (w)/한계생산성 (dY/dN).

이러한 관계에 상응하여 가격수준은 화폐 임금률의 크기와 그리고 한계생산성을 결정하는 생산 마찬가지로 고용의 수준에 의존적이다. 더 자세히 설명하면, 일정한 화폐 임금률에 있어서의 생산의 감소는 그와 연관된 한계생산성의 증가로 인하여 가격수준의 하락에로 인도하여야 하며, 반대로 생산의 증가는 가격상승으로 된다.

시간흐름에서의 적응과정들의 서술에서는, 가격수준이 수량대응들에 (즉, 생산과 고용에 대한 변화에) 지체하여 따른다는 표상에서 출발된다. 관찰들의 출발점은 완전고용을 가진 전체 경제적 균형이며, 이는 민간 투자들의 감소를 통하여 (이를테면 수익전망들의 더 불리한 평가의 기반위에서) 방해되어 진다. 수요부족은 우선 자본재 산업에 있어서의 그리고 다음 또한 승수효과 때문에 소비재 산업에 있어서도 생산제한들과 더 적은 고용에로 인도 한다. 이와 연관된 실질소득의 하락이 결과로 가져오는 것(이미 암시되어진 것처럼)이 화폐시장에서 김빠지는 "feed-back-효과"가 이루어진다는 것이며, 화폐수요는 (거래목적을 위한) 감소하고 그리고 이로써 유인된 이자하락이 재화시장에 되돌려 작용하며, 이에서 다시 이자하락은 투자들에 자극을 하고 그리고 이로서 수축과정을 약화시킨다.

수축에 반대로 작용하는 다른 효과가 스스로 나타나는 것은, 기업들이 가격들을 하락할 때이다. 이에 대하여 동인이 그림으로 존재하는 것은, 생산제한으로써 한계생산성이 증가할 때이다. 가격하락에서 귀결되는 것이 Keynes효과이며, 실질 화폐량(M/p)이 증가하고, 이를 통하여 이자수준에는 추가적인 압력이 가해지며, 그리고 투자들은 이로서 한 번 더 자극되어진다. 이와 연관된 생산의 확장은 하지만 원래의 완전고용소득에 까지는 다시 되돌려놓지 않으며, 왜냐하면 마지막의 더 낮은 가격수준에는 일정한 화폐 임금률에서의 가격결정방정식에 따라 더 적은 생산수준이 속하기 때문이다. 달리 표현하면, 더 낮은 가격수준에 상응하는 것이 일정한 화폐 임금률 때문에 더 높은 실질 임금률이며, 이는 더 적은 생산과 고용을 작용한다. 이로서 수요부족의 결과로서 최종성과에서는 실업이 남는다.

이제 (바로 위에서 서술한 경우와는 반대로) 출발위치에서 저고용이 존재하고 그리고 전체 경제적 수요의 확장이 된다면 (이를테면 그들의 독립적인 구성요소들의 증가의 기반위에서, 혹은 통화량증가의 결과로 이자 종속적인 투자들의 상승을 통하여), 그럼 생산과 고용의 증가가 이루어지며 또한 마찬가지로 시간과 더불어 가격들의 상승이 (감소하는 한계생산성 때문에) 된다. 확장의 진행에서 완전고용경계선에 도달하게 되면, 그럼 일어나는 임금률 증가의 정도에서의 가격상승을 제외한 전체 경제적 수요의 모든 여타의 확장들이 쇠진한다.

### 3.2.3. 전체모형: 변형 II

Keynes적 이론의 관점에서의 실업의 설명은 노동공급과 연관된 특별한 가정들에만 기인하는 것은 아니다. 변형 II에서는 화폐 임금들과 가격들에 대한 완전한 유동성에 있어서의 "실질 임금률"로써 증가하는 노동공급이 주어진다. 이러한 방식으로 신고전학파적 종합에 도달하였으며, 왜냐하면 노동시장이 이제 고전학파적-신고전학파적 표상들에 상응하기 때문이다. 그러하기 때문에 이러한 변형에서의 적응과정은 언제나 완전고용을 위하여 염려한다는 추측에 가까워진다. 생각되어질 수 있는 것이 또한, 완전고용에 상응하는 생산수준은 지속적으로 기업가들에 의해서 만이 실현되어질 수 있다는 것이며, 이 경우는 생산으로부터 귀결하는 재화공급이 언제나 동일한 크기의 재화수요와 일치할 때이다. 이러한 조건은 고전학파적 이론의 관점에서는 Say의 법칙(이에 의하면 모든 공급은 그의 자체의 수요를 창조한다)에 상응하여 성취되며, 케인즈 주의적 이론은 이에 반하여 분명하게 하는 것은 시장 경제적 적응과정들은 경우에 따라서는 수요부족을 전적으로 혹은 충분히 빨리 없어지게 하는 것이 말을 듣지 않는다는 것이다.

  케인즈적 논쟁의 분명함을 나타내기 위하여 다시 출발점이 되는 것이, 완전고용상황이 투자활동의 독자적인 약화를 통하여 방해되어 진다는 것이다. 투자활동의 약화는 변형 I에서처럼 생산과 고용에 대한 감소로 인도하며, 이러한 감소는 이미 보아온 이자에서 기인하는 적응과정들을 통하여 약화된다. 이러한 feed-back-효과들에 추가적으로 여타의 확장적인 효과가 제시되며, 이는 변형 I에서는 가정에 따라 제외되었다. 존재하는 실업은 화폐 임금률에 억압을 작용한다. 이것이 가격하락을 위한 여타의 이유이며, 이를 통하여 적응과정들이 이미 서술된 케인즈 효과에 상응하여 일어난다. 정확하게 말하면, 완전히 유동적인 화폐 임금률에서 형성하는 실업(U)의 진행에서 아래의 작용사슬들이 추가적으로 중요한 의미를 갖는다.

    U증가면 ― w하락 ― p하락 ― M/p증가 ― i하락 ― I증가 ― Y증가 ― U감소
        경우 1                        경우 2    경우 3

11장. 케인즈 주의   341

　위의 도해된 적응과정들이 방해 없이 진행될 수 있다면, 그럼 확장적인 케인즈 효과는 실업이 존재하고 그리고 이로써 화폐 임금률이 감소되는 한 영향을 발휘한다. 실업은 이 경우에 "디플레이션적인 과정"을 통하여 시간을 가지고 소멸에로 되어져야 한다. 문제는 하지만 서술된 완전고용역학이 실재 모든 경우에서 마찰 없이 작동하느냐 이다. 적응과정이 또한 실질임금 의존적인 노동공급에서는 분명히 그럼 작동하지 않는다는 것을 제외하고는, 화폐 임금률이 하방으로 움직이지 않는다면(경우 1), 케인즈 주의의 이론의 관점으로부터는 서술된 완전고용역학을 정지로 가져갈 수 있는 특히 두 가지 가능성들이 있다. 첫째는 "유동성 함정"이 작동되어 질 수 있고 그리고 요구되는 이자하락이 방해될 수 있으며(경우 2), 둘째는 투자들이 완전히 이자 비탄력적인 것으로 증명될 수 있는 것이다(경우 3). 마지막에 명명된 가설은 특히 "Oxford Survey"(Leijonhufvud)에 발표된 (나중엔 비판된) 기업가설문들을 통한 확신에 있었으며, 이에 의하면 신용비용의 변화들은 투자계획을 아주 적게 영향을 미친다는 것이다. 이에 비하여 유동성선호함수에서 제시하는 두 번째 경우는 좀 더 케인즈적 논점의 방향이다.
　상황에 따라 실질통화량의 증가에도 불구하고 시장이자율이 완전고용을 위하여 요구되는 수준으로 떨어지지 않는 것은 형식적으로 유동성 함정의 암시로써 기반 될 수 있으며, 물질적으로 설명을 "시세-마찬가지로 이자기대들이 비탄력적"이며 그리고 이에 상응하여 단지 부분적으로 혹은 전혀 실재적인 발전이 따르지 않는다는 데에서 구할 수 있다. 그러하기 때문에 이자하락 마찬가지로 시세상승의 진행에서, 명목이자를 통하여 평준화되지 않는 나중의 시세손실이 나타나는 것에 대한 두려움이 확산된다. 일정한 낮은 이자율에서는 결국 모든 경제주체들이 시세하락 투기자들이 되며, 이들은 채권투자에 대하여 관망하는 자세를 취하고 그리고 오로지 또한 잔고를 유지하려고 한다. 유동성선호의 이러한 상태가 함축하는 것은, 재산소유자들이 실재적인 통화량의 증가를 통하여 화폐에 대한 지불에 대하여 더 많은 채권들을 수요 하는 것에로 움직이지 않는다는 것이다. 시세상승은 그러하기 때문에 일어나지 않으며, 이로서 또한 이자수준의 여타의 하락이 일어난다. 종합적으로 서술된 상관관계들이 역동적인 관찰방식에서 의미하는 것은, 침체기에 투자로부터 기대되는 수익률과 그리고 이로써 완전고용을 위하여 요구되는 이자율이 이자기대들이나 그리고 이로써 "실현되는" 이자율보다도 더 빨리 하락한다는 것이다.

너무 높은 이자율 때문에 충분하지 않는 수요가 영향을 미치는 것은, 실재의 실질소득이 완전고용소득 보다도 적게 되는 것이며 그리고 이러하기 때문에 실업이 존속한다는 것이다. 결국 임금률- 및 가격하락을 통하여 특징 지워지는 "디플레이션적인" 과정이 일어나며, 이는 완전고용을 이룩할 수 없으며 그러나 체제의 경제적 기능능력을 위협한다. 생각되어질 수 있는 것이, 명목적으로 고정된 상환할 부채를 가지고 있는 기업들은 가격탈락에 있어서 원리금상환을 더 이상 경상 수입들로써 갚을 수 없는 위험에 빠지게 되며 그리고 파산된다. 이로부터 투자들에 대한 불리한 영향이 귀결된다. 나아가 이로써 계산되어져야 하는 것이, 임금률- 및 가격하락들이 여타의 임금률- 및 가격하락들의 기대를 불러 이러키고 그리고 그 결과로 자본재들 및 소비재들에 대한 조달들이 감소된다는 것이다. 이러한 고려들의 배경에서 이해가 능하게 보이는 것이, 케인즈에 있어서의 (아래로) 안정적인 화폐임금률 수준이 경험적으로 기인된 가정보다도 더 제시한다는 것이며, 이는 동시에 경제 정책적 제안이다.

지속적인 실업을 가진 디플레이션적인 과정의 바탕에 대응하여 반론이 제기되어진 것이, "일반이론"에서 한 과정이 고려되지 않았다는 것이며, 이는 (케인즈 효과처럼) 가격하락들을 통하여 일어나게 되며 그리고 확장되어 전체 경제적 수요에 영향을 미친다는, 즉 피구효과 혹은 실질잔고효과이다. 피구효과에 관한 것은, 실질통화량의 증가는 민간부문의 재산증가를 제시하며, 그럼으로 저축활동의 감소에로 인도하며 그리고 주어진 실질소득에서의 소비의 증가가 결론된다. 이러한 효과가 가격하락들이 지속하는 한 영향을 발휘하기 때문에, 시간을 가지고 다시 완전고용에 도달된다.

실질통화량의 증가가 단지 그럼으로 민간 순 재산에 대한 증가를 의미한다는 것을 제외하면, 이는 (국가부채의 기반위에서와 같은) 대외화폐로 형성될 때에는, 완전고용의 재구축의 관점에서 피구효과에 내버려두는 데에 대한 반대의 여타의 (그리고 중요한) 이유들이 말해진다. 추측되어지는 것이, 피구효과는 정말 약하고 그리고 이러한 방식으로 완전고용을 이룩하기 위해서는 가격하락이 아주 막강하여야 한다는 것이다. 이에 더하여 상황에 따라 디플레이션적인 과정의 진행에서는 파산들이 나타나고 (이미 본 것처럼) 여타의 가격하락들이 기대되어지는 것들을 통하여 수요의 축소가 따른다. 이러한 과정들은 확장적인 피구효과에 반대로 작용한다. 이러한 고려들의 관찰에서는, 완전고용의 재창출에로의 이론적인 가능성으로서 피구효과를 강조했던 사람들조차도 경제 정책이 실업을 가진 디플레이션적인 과정을 오랫동안 수용해야 한다는 견해는 아니다.

## 4. 케인즈 주의적 이론으로부터의 귀결들과 그들의 작용

### 4.1. 경제 이론적 함축성과 경제이론에의 영향

#### 4.1.1. 함축성

　케인즈 주의적 이론의 평가에 있어서, 모형의 양대 변형을 통하여 주어진 내용에 지향하는 것이 의미가 있는 것처럼 보인다. 만약 (완전고용균형에서 출발하여) 독립적인 수요구성요소들의 혹은 (명목적인) 통화량의 감소가 주어진다면, 그림 "일정한" 화폐 임금률에서 실질 총생산, 고용 및 가격수준의 하락이 실질 임금률의 동시적인 증가에서 이루어진다. "고전학파에 있어서 와는 달리" 통화량은 고용 및 생산과 연관하여 역시 "중립적이지 아니하며", 독립적인 수요구성요소들의 변화는 구조뿐만이 아니라 오히려 또한 실질 총생산의 수준에 영향을 미친다. 이로서 또한 더 이상 고전학파적 모형으로부터 알려진 이분법이 형성되지 "않으며", 이러한 이분법에 따르면 노동시장은 생산조건들과 연관하여 고용과 실질총생산을 또한 실질 임금률을 확정하고 그리고 (명목적인) 통화량은 화폐수량- 마찬가지로 잔고유지이론에 상응하여 그림 가격수준을 결정한다. 케인즈에 있어서는 훨씬 더 전체 경제적 수요와 그리고 이로써 또한 이에 영향을 미치는 통화량은 실질 총생산과 고용을 위해서는 물론이고 또한 가격수준을 위해서도 핵심적인 영향크기들로 된다. 특히 전체 경제적 수요에 있어서의 수축적인 자극들은 일정한 화폐 임금률의 경우에 있어서의 실업이 형성되는 결과로 가져온다.

케인즈 주의적 이론으로부터의 하나의 여타의 특히 중요한 결론은, 노동시장에 있어서 고전학파적 가정들이 충족되어졌을 때라 할지라도 전체 경제적 수요의 감소가 스스로 생산과 고용에 대한 지속적인 감소에 역시 또한 실업에로 인도할 수 있다는 데에 있다. 이러한 경우에는 분명히 하락하는 화폐 임금률에 기초하는 경제적 체제의 자체조정 능력들이 말을 듣지 않는다. 이러한 가능성을 위한 기반을 볼 수 있는 것(언급한 것처럼)이, 투자수요가 이자하락들에 대응하지 않으며 혹은 이자율이 완전고용을 위해 요구되는 투자수준을 확보하기 위하여 충분히 강력하게 하락하지 않는다는 것이다. "전체 경제적 수요"는 이에 상응하여 생산을 한정하며, 그리고 사실 완전고용수준이하에서 이다.

종합적으로 케인즈적 이론의 현실적인 공헌을 볼 수 있는 것이, 지속하는 저고용의 가능성을 나타내고 그리고 전체 경제적 수요의 역할을 이에서 분명히 하는 데에 있다. 특히 완전고용경계선들의 넘어섬에 있어서 중요하게 되는 수요에 의하여 유인되는 문제는 이에 반하여 배경으로 밀려났으며, 그러나 또한 "일반이론"에서 등한시되지 않는다.

### 4.1.2. 경제이론에의 영향

"일반이론"은 전후의 거시경제학을 (국민 경제적 총체계산의 형태에 있어서의 사후적-분석은 물론이고 또한 역시 국민소득, 고용 및 물가수준에 대한 사전적-분석에서도) 결정적으로 각인하였다. 이는 오늘날까지도 그의 영향을 잃지 않았으며, 또한 새 거시경제학이 특히 인플레이션과 인플레이션기대들에 대한 고려를 통하여 중요한 확장들과 변질들을 경험하였음에도 그러하다. "일반이론"은 이를 넘어서 경제이론의 "특수한 부문들"에서 중요한 지속발전들을 자극하였다. 이리하여 승수와 가속도원리에 대한 연관이 경제성장이론(Harrod, 1939)과 경기이론(Samuelson, 1939; 그리고 Hicks, 1950)에서 새로운 발전들을 도입하였다. 이윤- 및 임금관계자를 위한 상이한 저축률을 가지는 케인즈적 저축함수의 탈 집계화는 순환상관관계들에 기반 하는 분배이론들에 대한 현실적인 구성부분이다 (Kaldor에 의한 것처럼 1955 · 1956). 승수분석에로의 대외공헌들의 연관은 화폐적 대외경제이론에 새로운 안목들을 열어주었으며 (이를테면 Metzler, 1942; Machlup, 1943; Lange, 1943), 그리고 개방된 국민 경제에로의 힉스적 IS-LM-다이어그램의 확대는 그에게 거시 경제적 기반을 제공하여주었으며 (Mundell, 1961; Flemming, 1962) 그리고 이로써 또한 안정화정책적인 대책들의 분석을 위한 기반을 창조했다.

## 4.2. 경제 정책적 함축성과 경제 정책에의 영향

### 4.2.1. 함축성

"일반이론"의 관점으로부터 경제 정책적인 행위필요를 위한 이유가 특히 주어지는 것은, 시장 경제적인 적응력들이 상황들에 따라 완전고용을 보장하기 위하여 충분하지 않으며, 혹은 완전고용의 자동적인 재창출에까지의 적응시간영역이 실업과 파산들에 대한 관점에서 너무 긴 것으로 보여 지는 데에 있다. 이에서 완전고용을 위하여 요구되는 이자율이 실질적인 통화량의 증가를 통하여 도달되게 하는 한, 처방으로서 재정- 및 또한 역시 금융정책의 "확대적인" 대책들이 대두된다. "금융정책"은 이에서 임금률- 및 가격하락들에 기인하는 케인즈 효과와 비슷하게 작동하며, 이러한 역학과는 달리 이는 또한 국민 경제에 디플레이션적인 과정과 연관된 단점들을 보여준다. 이에 반하여 이자율이 충분히 하락되어질 수 없기 때문에, 치유수단으로서 오로지 "재정정책"만이 남는다. 케인즈가 이러한 것을 중요한 것으로 보기 때문에, 그는 소비에 있어서나 (예를 들면 조세하락을 통한) 투자들에 있어서의 (예를 들면 공공투자들의 실행을 통하여) 국가적인 영향수용의 필요성을 강조한다. 그가 이에서 "a somewhat comprehensive socialization of investment"를 고용정책의 수단으로 주장한다고 해서, 그가 이로서 사적소유로부터 공동소유에로의 이전을 위한 것을 말하는 것은 아니며, 그에게 있어서는 훨씬 더 시장 경제적인 체제를 국가의 강력한 경기정책적인 책임성을 통하여 위기들로부터 보호하고 그리고 이로써 유지하려고 하는 데에 있다.

확장적인 대책들과는 달리 수축적인 (예를 들면 가격안정을 목표로 하는 것과 같은) 경기정책에 있어서는, 금융정책에 대하여 재정정책의 우위를 얘기할 수 있는 어떠한 특별한 상황들도 존재하지 않는다. 하나의 확장적인 그리고 수축적인 금융정책의 작동방식에 있어서의 이러한 비대칭을 위한 원인은, 이자변동들이 아래로만 제한되어 있고 그렇지만 위로는 제한되어 있지 않다는 데에 있다. "종합적으로" 확신할 수 있는 것이, 케인즈 주의적 관점으로부터의 금융정책은 어떠한 경우에도 일반적으로 비 효율적으로 증명되지는 않는다는 것이다. 이는 그러나 저고용의 특별한 상황들에서는 작동을 하지 않으며, 이러한 상황들은 그럼 재정 정책적 대책들의 투입을 요구한다.

## 4.2.2. 경제 정책에의 영향

"일반이론"으로써 재량적 안정화정책의 기반들이 창조되어졌고 그리고 이 부문에서의 지속발전들이 자극되어졌다. 논점의 전면에는 이에서 완전고용의 확보에 대한 대책들이 있었으며, 그러나 이에서는 관심이 우선적으로 "재정 정책적" 그리고 더 적게 금융 정책적 대책들에 유효했다. 이를 위한 이유는 금융 정책적인 대책들의 효율의 비관적인 평가에 있었으며, 이는 특히 케인즈 주의적 전통을 위하여 미국에 있어서의 특징 지워진 것과 같다. 극단적인 형태에서는 이러한 평가는 "money dose not matter-가설"에서 그의 표현을 잘 보여주고 있으며, 이는 케인즈 주의적 이론들과 연합하려하며, 하지만 강조된 형태를 나타내고 그리고 이러한 일반화에서 정당화하지 않는다.

공식적인 서류들에 있어서의 (예를 들면 1944년의 영국의 "White Paper on Employment Policy" 및 1946년의 미국의 "Employment Act"에서) 케인즈 주의적 영향의 정착을 제외하고라도, 이는 또한 구체적인 경제 정책적인 행위들을 각인하였다. 이를 위한 잘 알려진 예가 소위 말하는 "New Economics"이며, 이는 미국에서 W. Heller, J. Tobin, G. Ackley 등에 의한 영향 하에서 60년대의 케네디/존슨-정부동안 응용에 정착되었다. 고용의 재창출이 다급한 목표였다; 확장적인 재정정책적인 대책들이(1964년의 일련의 정부지출 증가들과 막강한 조세감축과 같은) 경제 정책적인 수단으로 봉사했다. 정책은 고용목표의 관점에서 성공적인 것으로 증명되었다(어떠하든 급격히 상승하는 인플레이션의 비용위에서).

## 참고문헌

Altvater, E., Hoffmann, J., & Semmler, W.(1980), Vom Wirtschaftswunder zur Wirtschaftskrise, Berlin.
Apelt, O.(1989), Platon. Der Staat. Ueber das Gerechte, Hamburg.
Appel, Michael, & Werner Sombart(1992), Historiker und Theoretiker des modernen Kapitalismus, Marburg.
Arndt, H.(1992), Die Evolutorische Wirtschaftstheorie in ihrer Bedeutung fuer die, Wirtschafts- und Finanzpolitik. Lehrbuch der oekonomischen Entwicklungstheorie, Berlin.
Baloglou, C. P., & Constantinidis, A.(1993), Die Wirtschaft in der Gedankenwelt der alten Griechen, Frankfurt.
Bartling, H., & Luzius, F.(1991), Grundzuege der Volkswirtschaftslehre, Muenchen.
Basseler, Ulrich, Heinrich, Juergen, & Koch, Walter(1995), Grundlagen und Probleme der Volkswirtschaft, Koeln.
Baumgartner, Hans Michael, & Ruesen, Joern(1976), Geschichte und Theorie, Baden-Baden.
Behrends, Sylke(2001), Neue Politische Oekonomie, Muenchen.
Bernhart, Joseph, Kroener, Alfred, & Thomas von Aquin(1985), Summe der Theologie, Stuttgart.
Best, Heinrich, & Mann, Reinhard(1977), Historisch-Sozialwissenschaftliche Forschungen, Stuttgart.
Bibel(1992), Die Bibel im heutigen Deutsch, Stuttgart.

Bievert, B., & Held, M.(1989), Ethische Grundlagen der mikrooekonomischen Theorie, Frankfurt.
Binswanger, Mattias(1993), Information und Entropie, Frankfurt.
Blaug, M.(1971), Sysmatische Theoriengeschichte der Oekonomie, Muenchen.
Blumenberg, Werner(1978), Karl Marx, Leck/Schleswig.
Boehm, S.(1987), Einleitung zu Joseph Alois Schumpeter, Wien/Koeln/Graz.
Boeventer, E.(1991), Einfuehrung in die Mikrooekonomie, Muenchen/Wien.
Bombach, G.(1976), Der Keynesianismus, Berlin.
Bookmann, Hartmut(1981), Einfuehrung in die Geschichte des Mittelalters, Muenchen.
Borchardt, Knut(1973), Vademecum fuer den Volkswirt, Stuttgart.
Brandt, K.(1992), Geschichte der deutschen Volkswirtschaftslehre, Freiburg.
Brenntjes, B., Richter, S., & Sonnemann, R.(1978), Geschichte der Technik, Leipzig.
Choe, Sang-hun(1996), Koreanische Mischkonzerne, Aachen.
Christman, V., Freier, J., Schwind, V., & Wenz, G.(1993), Allgemeine Wirtschaftslehre, Koeln.
Claassen, E. M.(1980), Grundlagen der Geldtheorie, Berlin.
_____(1980), Grundlagen der makrooekonomischen Theorie, Muenchen.
Coase, Ronald H.(1990), The Firm, the Market and the Law, University of Chicago Press.
David Ricardo(1994), Ueber die Grundsaetze der Politischen Oekonomie und der Besteuerung, Muenchen.
Debreu, G.(1976), Werttheorie, Berlin.
Dernburg, Thomas F., & McDougall, Duncan M.(1974), Lehrbuch der Makrooekonomischen Theorie, Stuttgart.
Diehl, K., & Mombert, P.(1979), Wirtschaftskrisen, Frankfurt/Berlin/Wien.
Dietrich, K.(1984), Die Konjunktur- und Wachstumstheorie von J. Robinson, Frankfurt/New York.
Dittrich, E.(1974), Die deutschen und oesterreichischen Kameralisten, Darmstadt.

Duden(2004), Wirtschaft von A bis Z.
Eckstein, W.(1977), Adam Smith. Theorie der ethischen Gefuehle, Hamburg.
Eichner, A. S.(1982), Ueber Keynes hinaus, Koeln.
Eucken, Walter(1989), Die Grundlagen der Nationaloekonomie, Berlin.
_____(1990), Grundsaetze der Wirtschaftspolitik, Stuttgart.
Felderer, B., & Homburg, S.(1994), Makrooekonomik und neue Makrooekonomik, Berlin/Heidelberg.
_____(1994), Makrooekonomik und neue Makrooekonomik, Berlin/Heidelberg.
Fetscher, Iring(1966), Karl Marx Friedrich Engels Band III, Frankfurt.
_____(1990), Karl Marx/Friedrich Engels. Studienausgabe I: Philosophie, Frankfurt.
_____(1990), Studienausgabe II: Politische Oekonomie, Frankfurt.
Flashar, H.(1983), Aristoteles. Nikomachische Ethik, Berlin.
_____(1991), Aristoteles. Politik, Buch I, Darmstadt.
_____(1991), Aristoteles. Politik, Buch II und III, Darmstadt.
_____(1992), Aristoteles und seine "Politik", Duesseldorf.
Frenkel, Michael, & Hemmer, Hans Rimbert(1999), Grundlagen der Wachstumstheorie, Muenchen.
Friedman, Milton(1984), Kapitalismus und Freiheit, Berlin.
_____(1992), Geld regiert die Welt, Duesseldorf.
Friedman, Milton, & Friedman, Rose(1985), Die Tyrannei des Status Quo, Muenchen.
Galbraith, John Kenneth(1988), Die Entmythologisierung der Wirtschaft, Wien.
_____(1989), Anatomie der Macht, Muenchen.
_____(1990), Leben in entscheidender Zeit, Muenchen.
_____(1992), Baisse, Frankfurt.
_____(1992), Finanzgenies. Eine kurze Geschichte der Spekulation, Frankfurt.

Geschichtliche Grundbegriffe. Historisches Lexikon zur politisch-sozialen Sprache in Deutschland.
Gesell, Silvio(1991), Die natuerliche Wirtschaftsordnung durch Freiland und Freigeld, Luetjenmoor.
Gimpel, Jean(1981), Die industrielle Revolution des Mittelalters, Zuerich/Muenchen.
Gladen, Albin(1974), Geschichte der Sozialpolitik in Deutschland, Wiesbaden.
Gransow, Volker & Kraetke, Michael(1982), Wirtschaft Lohn Gewerkschaft, Berlin.
Habermas, Juergen(1981), Technik und Wissenschaft als Ideologie, Frankfurt.
Hagemann, H.(1981), Die Neue Makrooekonomik, Frankfurt.
Hahn, F. H., & Stigler, G. J.(1989), Alfred Marshalls Lebenswerk. Duesseldorf.
Handwoerterbuch der Sozialwissenschaften, Stuttgart/Tuebingen/Goettingen
Handwoerterbuch der Wirtschaftswissenschaften, Stuttgart/Tuebingen/Goettingen
Hankel, W.(1986), John Maynard Keynes. Die Entschluesselung des Kapitalismus, Muenchen.
Hayek, Friedrich A.(1991), Der Weg zur Knechtschaft, Bonn.
_____(1991), Die Verfassung der Freiheit, Tuebingen.
Heimann, Eduard(1980), Soziale Theorie des Kapitalismus, Baden-Baden.
Heise, Arne, Meissner, Werner, & Tofaute, Hartmut(1994), Marx und Keynes, Marburg.
Henderson, James M., & Quandt, Richard E.(1977), Mikrooekonomische Theorie, Muenchen.
Herberg, H.(1989), Preistheorie, Stuttgart/Berlin/Koeln/Mainz.
Hesse, H.(1988), Wirtschaftswissenschaft und Ethik, Berlin.
Hession, Charles H.(1986), John Maynard Keynes, Stuttgart.
Hickel, Rudolf, Rudorf Goldscheid, & Joseph Schumpeter(1978), Die Finanzkrise des Steuerstaats, Frankfurt.
Hirsch, Jenny, John S., Mill/Harriet Taylor, & Mill/Helen Taylor(1990), Die

Hoerigkeit der Frau, Frankfurt.
Huffschmied, Joerg(2002), Politische Oekonomie der Finanzmaerkte, Hamburg.
Issing, Otmar(1994), Geschichte der Nationaloekonomie, Muenchen.
Jaeggi, Urs(1979), Kapital und Arbeit in der Bundesrepublik, Hamburg.
Jaffe, W., Blaug, M., & Walker, D. A.;(1988), Leon Walras' Lebenswerk. Duesseldorf.
Jevons, W. S.(1995), The Theory of Political Economy, Duesseldorf.
Justi, J. H. G.(1993), Grundsaetze der Policey-Wissenschaft, Duesseldorf.
Kalecki, Michael(1987), Krise und Prosperitaet im Kapitalismus, Marburg.
Kirsch, G.(1983), Neue Politische Oekonomie, Duesseldorf.
Klein, E.(1973), Die englischen Wirtschaftstheoretiker des 17. Jahrhunderts, Darmstadt.
Kloten, Nobert, & Moeller, Hans(1992), Heinrich von Stachelberg, Regensburg.
Kocka, Juergen(1975), Unternehmer in der deutschen Industrialisierung, Goettingen.
Kocka, Juergen(1977), Geschichte und Gesellschaft, Goettingen.
_____(1983), Lohnarbeit und Klassenbildung, Berlin/Bonn.
Kolb, Gerhard(1997), Geschichte der Volkswirtschaft, Muenchen.
Korsch, Karl(1975), Karl Marx, Frankfurt.
Koslowski, Peter(1993), Politik und Oekonomie bei Aristoteles, Tuebingen.
Krelle, W., & Recktenwald, H. C.(1987), Gossen und seine "Gesetze" in unserer Zeit, Frankfurt/Duesseldorf.
Kriedte, Peter(1980), Spaetfeudalismus und Handelskapital, Goettingen.
Kriedte, Peter, Medick, Hans, & Schlumbohm, Juergen(1978), Industrialisierung vor der Industrialisierung, Goettingen.
Kuczynski, M.(1971), F. Quesnay. Oekonomische Schriften in zwei Baenden, Berlin.
Kurz, Heinz D.(1991), Adam Smith (1723-1790), Marburg.
_____(1994), David Ricardo. Ueber die Grundsaetze der Politischen

Oekonomie und der Besteuerung, Marburg.
Leontief, Wassily(1976), The structure of American economy 1919-1939, Oxford University Press, New York.
_____(1977),The future of the world economy, Oxford University Press, New York.
_____(1986), Input-Output economics, Oxford University Press, New York.
List, Friedrich(1985), Die Welt bewegt sich, Goettingen 1985.
Malthus, T. R.(1989), Principles of Political Economy, Duesseldorf.
Marshall, Alfred(1989), Principles of Economics, Duesseldorf.
Marx, Karl(1982), Das Kapital, Berlin.
Mende, Hans Juergen(1985), Karl Kautsky. Vom Marxisten zum Oppotunisten, Berlin.
Menger, Carl(1990), Grundsaetze der Volkswirtschaftslehre, Duesseldorf.
Meyer, U.(1983), Neue Makrooekonomik, Berlin.
Mill, J. S.(1988), Principles of Political Economy, Duesseldorf.
Minsky, Hyman P.(1990), John Maynard Keynes, Marburg.
Mises, Ludwig(1981), Die Gemeinschaft. Untersuchungen ueber den Sozialismus, Muenchen.
Myrdal, Gunnar(1974), Oekonomische Theorie und unterentwickelte Regionen, Frankfurt.
Neumann, M.(1991), Theoretische Volkswirtschaftslehre, Muenchen.
Newiger, H.-J.(1976), Aristophanes. Antike Komoedien, Muenchen.
Niehans, J.(1987), Cantillon und seine "Essai", Duesseldorf.
Niskanen, W. A.(1971), Bureaucracy and representative government, New York.
Olson, M.(1982), The Rise and Decline of Nations, New Haven/London.
_____(1985), Aufstieg und Niedergang der Nationen, Tuebingen.
Ott, A. E.(1978), Preistheorie, Darmstadt.
Pacioli, Luca(1992), Abhandlung ueber die Buchhaltung, Stuttgart.

Perangelo Garegnani(1989), Kapital, Einkommensverteilung und effektive Nachfrage, Marburg.
Petty, W.(1992), Political Arithmetick, Duesseldorf.
Peukert, Helge(1992), Das sozialoekonomische Werk Wilhelm Roepkes, Frankfurt.
Pigou, Arthur Cecil(1991), Essays in Applied Economics, London.
Plumpe, Werner, & Kleinschmidt, Christian(1992), Unternehmen zwischen Markt und Macht, Essen.
Pohl, Manfred(1992), Unternehmen und Geschichte, Mainz.
Polanyi, Karl(1979), Oekonomie und Gesellschaft, Baden-Baden.
Posner, R. A.(1977), Economic analysis of law, Boston.
Preiser, Erich(1992), Nationaloekonomie heute, Muenchen.
Quirk, J., & Saposnick, R.(1986), Introduction to general equilibrium theory and welfare economics, New York.
Raphael, D. D.(1991), Adam Smith, Frankfurt.
Rechtenwald, H. C.(1988), Adam Smith. Der Wohlstand der Nationen, Muenchen.
_____(1986), Ueber Adam Smiths "Wealth of Nations", Darmstadt/ Duesseldorf.
_____(1988), David Ricardo. Eine moderne Wuerdigung, Duesseldorf.
_____(1989), Ueber Thomas Robert Malthus' "Principles of Political Economy", Duesseldorf.
_____(1993), Der Wohlstand der Nationen, Muenchen.
Reiss, W.(1990), Mikrooekonomische Theorie. Historisch fundierte Einfuehrung, Muenchen/Wien.
Reuter, R.(1994), Der Institutionalismus, Marburg.
Richter, R.(1994), Institutionen oekonomisch analysiert, Tuebingen.
Rifkin, Jeremy(1985), Entropie, Berlin.
Robinson, Joan(1972), Die Akkumulation des Kapitals, Berlin.
_____(1980), Oekonomische Theorie als Ideologie, Frankfurt.
_____(1987), Grundprobleme der Marxschen Oekonomie, Marburg.

Rotschild, K. W.(1981), Einfuehrung in die Ungleichgewichtstheorie, Berlin.
Ruesen, Joern(1983), Historische Vernunft, Goettingen.
Salin, Edgar(1967), Politische Oekonomie. Geschichte der wirtschaftspolitischen Ideen von Platon bis zur Gegewart, Tuebingen.
Samuelson, Paul A., & Nordhaus, William D.(1987), Volkswirtschaftslehre, Koeln.
Sargent, T. S.(1982), Makrooekonomik, Muenchen.
Schachtschabel, H. G.(1971), Geschichte der volkswirtschaftlichen Lehrmeinungen, Stuttgart/Duesseldorf.
Schinzinger, F.(1977), Ansaetze oekonomischen denkens von der Antike bis zur Reformationszeit, Darmstadt.
Schmoller, Gustav(1978), Grundriss der Allgemeinen Volkswirtschaftslehre, Berlin.
Schneider, Helmut(1977), Mikrooekonomie, Muenchen.
Schumann, J.(1980), Grundzuege der mikrooekonomischen Theorie, Berlin.
_____(1992), Grundzuege der mikrooekonomischen Theorie, Berlin/Heidelberg.
Schumpeter, Joseph A.(1970), Das Wesen und der Hauptinhalt der theoretischen Nationaloekonomie, Berlin.
_____(1987), Kapitalismus, Sozialismus und Demokratie, Muenchen.
_____(1987), Theorie der wirtschaflichen Entwicklung, Berlin.
Sesselmeier, W., & Blauermel, G.(1990), Arbeitsmarkttheorien, Heidelberg.
Siebert, Horst(1996), Einfuehrung in die Volkswirtschaftslehre, Koeln.
Sieveke, F. G.(1989), Aristoteles. Rhetorik, Muenchen.
Smith, A.(1986), An Inquiry into the Nature and Causes of the Wealth of Nations, Duesseldorf/Darmstadt.
_____(1986), The Theory of Moral Sentiments, Duessldorf/Frankfurt.
Sombart, Werner(1987), Der moderne Kapitalismus, Muenchen.
_____(1992), Liebe, Luxus und Kapitalismus, Berlin.
Sommer, Arthur(1959), Friedrich List Das nationale System der politischen Oekonomie, Tuebingen.
Spree, Reinhard(1978), Wachstumstrends und Konjunkturzyklen in der deutschen

Wirtschaft, Goettingen.
Sraffa, Piero(1976), Warenproduktion mittels Waren, Frankfurt.
Starbatty, J.(1985), Die englischen Klassiker der Nationaloekonomie, Darmstadt.
_____(1989), Klassiker des oekonomischen Denkens, Muenchen.
Stavenhagen, G.(1969), Geschichte der Wirtschatstheorie, Goettingen.
Stobbe, A.(1991), Mikrooekonomok, Berlin.
Stteminger, G.(1989), Adam Smith, Hamburg.
Susemihl, F.(1978), Aristoteles Werke, Aalen.
Swedberg, R.(1994), Joseph A. Schumpeter, Stuttgart.
Sweezy, Paul M.(1976), Theorie der kapitalistischen Entwicklung, Koeln.
Teichmann, Ulrich(2001), Wirtschaftspolitik, Muenchen.
Tobin, James(1978), Grundsaetze der Geld- und Staatsschuldenpolitik, Baden-Baden.
_____(1981), Vermoegensakkumulation und wirtschaftliche Aktivitaet, Muenchen.
Treue, Wilhelm, & Manegold, Karl Heinz(1966), Quellen zur Geschichte der industriellen Revolution, Goettingen.
Turner, Michael(1986), Malthus and his Time, London.
Vasko, Tibor(1987), The Long Wave Dabate, Heidelberg/New York/Tokio.
Veblen, Thorstein(1992), Theorie der freien Leute, Frankfurt.
Waegner, Fritz, & John Maynard Keynes(1983), Allgemeine Theorie der Beschaeftigung, des Zinses und des Geldes, Berlin.
Wagner, Helmut(1995), Europaeische Wirtschaftspolitik, Berlin/Heidelberg.
Wehler, Hans Ulrich(1973), Geschichte als Historische Sozialwissenschaft, Frankfurt.
_____(1975), Modernisierungstheorie und Geschichte, Goettingen.
Weise, P.(1991), Neue Mikrooekonomie, Wuerzburg/Wien.
Wentscher, Else, & John S. Mill(1991), Ueber die Freiheit, Leipzig/Weimar.
Widmaier, Hans Peter(1974), Politische Oekonomie des Wohlfahrtsstaates, Frankfurt.
Woll, A.(1990), Allgemeine Volkswirtschaftslehre, Muenchen.
Wurm, Franz F.(1976), Wirtschaft und Gesellschaft, Stuttgart.

# 1. 영문

### A

Ambrosius 22
Aquino, Thomas 17, 24, 25, 26
  27, 28, 37, 41, 44, 45
Aristophanes 14
Aristoteles 14, 24, 25, 33, 34
  36, 37, 47, 68, 77
  246, 260, 280, 316
Augustinus 22, 24, 32

### B

Babeuf 169, 172, 173, 182, 190
Bacon, Francis 167
Barbon, Nicholas 62
Bentham 96, 281, 315
Bernoulli 280
Biel, Gabriel 28
Bodin, Jean 66
Buridan, Jean 28, 39

### C

Calvin, Johannes 47, 68
Cantillon, Richard 54, 57, 58, 72
  82, 84, 96, 134
Cato 21
Chrysostomus 22
Colbert, Jean Baptiste 50, 58, 59, 64
Comte 124, 141
Cournot 130, 240, 260, 263, 265
  289, 294, 298
centrum pretium 21

### D

De agricultura 21
De animae exilio 23
De civitae dei 23
Descartes 79, 87
Didascalion 23

## E

Engels, Friedrich  168, 188, 202, 205, 229, 231, 234
Etymologiae  23

## F

Firenze, Antonin  28, 40, 42
Forbonnais, Francois Veron de  58
Fourier  169, 172, 178, 182, 188, 189

## G

Galiani, Ferdinando  73, 81, 97, 104, 135, 280
Gresham  14

## H

Hales, John  62
Hesiod  13
Hieronymus  22
Honorius  23
Hume, David  96, 99, 134, 316

## I

iustitia commutativa  25
iustitia distributiva  25
iustitia legalis  25
iustum pretium  21, 24

## J

Jevons, William Stanley  97, 135, 162, 253, 258, 282, 290, 294

## K

Keynes, John Maynard  93, 112, 115, 322, 323

## L

Labores et expensae  25, 26, 27, 280
List, Friedrich  167, 241
Lock, John  56, 70
Luther, Martin  45, 68
lex divina  37
lex naturalis  37
lex positiva  37

## M

Magnus, Albertus  24, 25, 33, 34, 36
Mago  21
Malthus, Thomas Robert  93, 98, 110, 112, 134, 141, 241
Marshall, Alfred  141, 162, 258, 261, 264, 290, 293, 294, 315, 323, 326
Marx, Karl  50, 55, 94, 97, 101, 134, 146, 155, 158, 169, 178, 181, 188, 198, 200, 229, 231, 322
Menger, Carl  97, 135, 253, 282, 285, 306, 326
Mill, James  97, 128, 134, 241

Mill, John Stuart        97, 98, 120
                         123, 134, 310
Molina, Luis de          29, 43
Montesquieu              70
Mun, Thomas              55, 62

## N

Nomoi                    16
North, Dudley            56, 63

## O

Oikos                    19
Oresme, Nicole           28, 39
Owen, Robert   169, 172, 182, 189
                         193, 195

## P

Pareto, Vilfredo         258, 289
                   297, 306, 315, 318
Petty, William  63, 82, 85, 96, 101, 134
Platon         14, 16, 24, 34, 167
Politeia                 16
Political Arithmetic     63, 82
Politikos                16
periculum                27

## Q

Quadrivium               23
Quesnay, Francois  51, 73, 76, 78
               82, 94, 112, 137, 202, 224

## R

Ricardo, David    97, 98, 110, 134
                    202, 247, 310
Rousseau          76, 78, 111
raritas                  27

## S

Saint-Simon  123, 169, 172, 173, 179
             181, 182, 188, 189, 191, 193
Salamanca                29, 42
Say, Jean Baptiste  93, 97, 115, 127
                135, 322, 327, 330, 340
Schumpeter, Joseph Alois
      83, 98, 259, 260, 266, 267, 287
Sevilla, Isidorus        23
Siena, Bernadin          28
Sismondi                 191
Smith, Adam     51, 72, 77, 87, 93
             96, 98, 134, 168, 204, 247
             260, 263, 292, 307, 316, 323
Sraffa, Piero    97, 122, 135, 145
                         147, 298
St. Viktor, Hugo         23
Steuart, James   51, 54, 56, 59
                 63, 96, 134, 241
Summa theologiae         25
Summa theologica         40

## T

Torrens, Robert    97, 120, 134
Trivium                  23

색인 361

Turgot, Anne Robert Jacques
　　　　　　　　79, 81, 280

**U**

utilitas　　　　　　　36

**V**

Varro　　　　　　　21

**W**

Walras, Leon　　97, 135, 253
　　　　　262, 270, 274, 282
　　　　　287, 296, 301, 309

**X**

Xenophon　　　　　14

## 2. 국문

### 가

가격　17, 21, 26, 31, 36, 41, 64
　　　73, 90, 96, 139, 214, 284, 301
　　　306, 309, 331, 336, 342, 344
가치　　　17, 21, 38, 41, 73, 80
　　　119, 161, 214, 282, 284
경쟁　　　　65, 180, 194, 196
　　　260, 267, 285, 298, 306, 318
경제위기　62, 92, 180, 207, 228, 323
경제윤리　　　　　　13, 24, 98
경제질서　22, 71, 181, 185, 197, 199
경제표　　　　　84, 87, 94, 224
계획경제　　　　　9, 166, 231
고용　　　　52, 64, 69, 91, 96
고전학파　82, 96, 134, 253, 260, 286
　　　　292, 327, 332, 337, 344
공리주의　96, 101, 183, 241, 281, 314
공산주의　22, 114
과점　　　　69, 265, 267, 268
　　　　　　　271, 275, 298
관방주의　　50, 68, 92, 130, 243
교환　　　　　　　　33, 36, 37

교환가치　　90, 103, 130, 220, 246
　　　　　　　　251, 258, 280
국가지출　　　　　　59, 72, 89
국가사회주의　　　　　　　197
국부론　51, 97, 98, 100, 101, 110
　　　　　　　　　　128, 166
국제수지　　　　　　54, 55, 62
균형이론　240, 288, 300, 306, 310, 326
금융업　　　　　　　　　　47
기업가　　　129, 214, 267, 341

### 나

노동 57, 63, 66, 83, 103, 118, 122
　　　145, 180, 194, 199, 211, 219
　　　247, 323, 327, 335, 344
노동과 비용　　　　38, 41, 44
니코마흐 윤리학　　　　17, 34

### 다

대체적 진보　　　　　　5, 7
독점　　69, 170, 193, 260, 263
　　　　　　　　268, 271, 275

독점적 경쟁　　263, 267, 275, 299

### 라

로잔너 학파　　287

### 마

마르크스주의　　166, 198
무역　　46

### 바

부　　72, 80, 83, 87, 108, 161, 181,
부가가치　83, 89, 94, 210, 213, 227
부가가치율　　223
분배　71, 80, 88, 96, 101, 117, 132
　　137, 230, 237, 286, 311, 346
분업　　15
복지　9, 26, 30, 43, 55, 58, 64, 71
　　93, 133, 243, 268, 307, 314

### 사

사용가치　41, 90, 103, 130, 220, 246, 280
사회윤리　　13, 43, 45
사회주의　10, 123, 166, 183, 196
　　208, 232, 280, 297, 322, 330
사회질서　　22
산업화　　50, 232
상대적 부가가치　　222
상업　　44, 52, 72, 101, 197
상업회사　　43, 46, 60
생산　　53

소득　　91
수확법칙　　80, 110, 287
순환적 진보　　5, 9
스콜라 철학　18, 22, 24, 25, 40
　　43, 44, 77, 280
시장　101, 114, 125, 170, 177
　　184, 212, 230, 268, 290
　　301, 313, 322, 336
시장가격　　40, 44, 168
시장경제　9, 284, 317, 327, 340, 346
시장사회주의　　166, 234
신고전학파　97, 134, 142, 292, 298
　　301, 310, 318, 322, 329, 339
신적 법　　37
실업　101, 180, 216, 324, 326
　　335, 341, 346
실증법　　37

### 아

역사주의　　242
욕구　　19, 32, 44
운송업　　44
이윤　14, 35, 42, 64, 101, 106
　　114, 126, 137, 143, 193, 210
　　216, 248, 253, 261, 268, 306
이자　18, 26, 31, 38, 44, 47, 80
　　91, 129, 133, 249, 287, 311
　　327, 330, 334, 341, 345, 347
인구　　57, 65, 69, 313, 314
인플레이션　43, 52, 57, 335, 345, 348
임금　39, 57, 90, 114, 120, 133, 139
　　143, 199, 254, 272, 335, 339, 342

일반이론　　　　　　　93, 114

## 자

자본　42, 47, 55, 101, 118, 122, 171
　　　180, 219, 228, 284, 311, 328
자본가　　　　　　　129, 216, 227
자본주의　　　62, 101, 139, 168
　　　180, 198, 208, 215, 228
자본론　　　　　　　　　　202
자연법　　　　　　　　　37, 76
자유　　　　　　　　　　10, 14
자유주의　　89, 92, 96, 112, 123
　　　　　　　　37, 166, 241
절대적 부가가치　　　　　　222
정의　12, 16, 20, 31, 34, 41, 77
　　　　　　　108, 197, 237
조세　59, 65, 69, 80, 89, 315, 331
종교개혁자들　　　　　　　　45
중농주의　　51, 77, 92, 100, 102
　　　　　　　　112, 240, 322
중상주의　50, 66, 72, 82, 92, 130, 136
　　　241, 243, 280, 298, 314, 322
지대　104, 114, 118, 132, 137, 147, 248
질서　313, 317,

## 차

축적적 진보　　　　　　　　5, 9

## 타

통화량　　　　　　　44, 53, 73
통화주의　　　　　　　　50, 55

## 하

한계효용　　19, 74, 97, 240, 253,
　　　　270, 288, 296, 304, 314
한계효용학파　　133, 253, 260
　　　　　　　270, 285, 292
함무라비 법전　　　　　　　12
화폐　18, 21, 28, 40, 47, 56, 184
　　　295, 315, 323, 331, 344
화폐가치　　　　　　　　　45
화폐공급　　　　　　　　　54
화폐수량이론　　　　　　43, 69
화폐순환　　　　　　　　　43
화폐유통속도　　　　　　　53
환율　　　　　　　　　62, 323
효용　27, 36, 97, 104, 133, 253
　　　281, 290, 296, 301, 306, 314
효용가치　　　　　　　　　44
효율　　　　　　　　　9, 318